王柯平　著

跨文化美学初探

诗学与美学研究丛书

北京大学出版社

图书在版编目(CIP)数据

跨文化美学初探/王柯平著. —北京:北京大学出版社,2014.11
(诗学与美学研究丛书)
ISBN 978-7-301-24965-9

Ⅰ.①跨… Ⅱ.①王… Ⅲ.①美学—研究 Ⅳ.①B83

中国版本图书馆 CIP 数据核字(2014)第 233758 号

书　　　　名:	跨文化美学初探
著作责任者:	王柯平　著
责 任 编 辑:	张文礼
标 准 书 号:	ISBN 978-7-301-24965-9/B·1225
出 版 发 行:	北京大学出版社
地　　　　址:	北京市海淀区成府路 205 号　100871
网　　　　址:	http://www.pup.cn
新 浪 微 博:	@北京大学出版社
电　　　　话:	邮购部 62752015　发行部 62750672　编辑部 62767315 出版部 62754962
电 子 信 箱:	pkuwsz@126.com
印 　刷 　者:	北京大学印刷厂
经 销 者:	新华书店
	965 毫米×1300 毫米　16 开本　21.25 印张　347 千字 2014 年 11 月第 1 版　2014 年 11 月第 1 次印刷
定　　　　价:	49.00 元

未经许可,不得以任何方式复制或抄袭本书之部分或全部内容。
版权所有,侵权必究
举报电话:010-62752024　电子信箱:fd@pup.pku.edu.cn

目　次

"诗学与美学研究丛书"序 ································· I
前　言 ·· 1

上篇　跨文化美学

一　文化与美学的内在联系 ································ 5
　　1　文化的含义及其审美特性 ························· 6
　　2　人类学的文化观 ································· 9
　　3　社会学的文化观 ································ 10
　　4　文化学的文化观 ································ 13
二　文化碰撞中生成的美学形态 ··························· 19
　　1　文化的碰撞及其边缘效应 ························ 21
　　2　达尔文进化论的启蒙作用 ························ 24
　　3　假道日本传入的美学与诗学 ······················ 27
　　4　中国现代美学的生成与基本形态 ·················· 33
　　5　推动美学发展的文化精神 ························ 35
三　中西美学的互动与会通 ······························· 40
　　1　片断性的因借发挥 ······························ 42
　　2　系统化的学科架构 ······························ 44
　　3　中西会通式的理论整合 ·························· 45
　　4　跨学科综合型的美育实践 ························ 47
　　5　溯本探源式的跨文化思索 ························ 49
四　走向跨文化美学 ····································· 56
　　1　跨文化美学的超越性追求 ························ 56
　　2　跨文化意识与交往理性 ·························· 60
　　3　对话哲学中的多维模式 ·························· 63

五 跨文化美学研究的学理要求 …… 66
1 博观通识的学养 …… 66
2 多角度的诠释能力 …… 68
3 点面相济的比较方法 …… 70
4 独立的学术意识 …… 71
5 回望与前景 …… 73

六 跨文化研究与对话原则 …… 75
1 "交流"与"沟通"的语义悖论 …… 75
2 跨文化研究的三种形态 …… 79
3 对话原则的构成要素 …… 83

中篇 中国美学

七 中国古代审美意识后言 …… 91
1 羊大为美与羊人为美 …… 91
2 劳动实践与历史积淀 …… 94

八 礼乐诗互动关系疏证 …… 97
1 礼主乐辅 …… 99
2 乐合诗舞 …… 101
3 诗乐互补 …… 103

九 "思无邪"三议 …… 108
1 "思无邪"作为道德化准则 …… 109
2 "思无邪"即真实表现 …… 113
3 "思无邪"作为鉴赏态度 …… 116

十 中和为美的儒家美学思想 …… 119
1 孔子美学思想内核 …… 120
2 孟子美学思想要旨 …… 123
3 荀子美学思想基点 …… 125
4 "中和"观的进展 …… 126
5 两汉六朝的代表论作 …… 128
6 "中和"为美的艺术原理 …… 129

十一 自然为美的道家美学思想 …… 132
1 老子美学范畴与学说 …… 132

  2 庄子美学范畴与学说 …………………………………… 134
  3 "自然"观的演化 ………………………………………… 137
  4 艺术自觉与"自然"意识 ………………………………… 138
  5 "自然"法则与艺术实践 ………………………………… 139
  6 自然为美的理想境界 …………………………………… 141
十二 空灵为美的禅宗美学思想 ………………………………… 142
  1 禅宗美学的缘起 ………………………………………… 142
  2 尚"空"的思想基石 ……………………………………… 143
  3 禅定三境界 ……………………………………………… 145
  4 空灵的艺术特征 ………………………………………… 146
  5 空灵为美的精神追求 …………………………………… 147
十三 存在形态与情理中和 ……………………………………… 150
  1 人类学本体论的美学观 ………………………………… 150
  2 中和为美的思想基础 …………………………………… 155
  3 中庸之道的思维范式 …………………………………… 157
  4 中和为美的情理结构 …………………………………… 159

下篇 西方美学

十四 西方美学的由来与演进 …………………………………… 163
  1 名称的确立 ……………………………………………… 163
  2 横向的维度 ……………………………………………… 167
  3 古希腊罗马美学 ………………………………………… 169
  4 中世纪美学 ……………………………………………… 172
  5 文艺复兴时期的美学 …………………………………… 174
  6 理性主义与经验主义美学 ……………………………… 176
  7 德国美学的四大流派 …………………………………… 179
  8 俄国现实主义美学 ……………………………………… 190
  9 马克思主义美学 ………………………………………… 192
  10 现代美学的科学趋向 ………………………………… 194
十五 历史语境中的自然美论 …………………………………… 207
  1 古希腊与中世纪的审美意识 …………………………… 207

	2	文艺复兴时期的自然美论	211
	3	英国与荷兰思想家的审美观念	212
	4	德国美学中的自然美论	213
	5	英美作家论自然美	218
	6	俄国作家论自然美	220
	7	法国艺术家论自然美	226
十六		审美文化观溯源与反思	229
	1	康德与席勒的审美文化理念	229
	2	斯宾塞的审美文化观	234
	3	莫里斯论审美文化与人民艺术	238
	4	阿诺德论人类完善及其文化	245
	5	佩特论人生的艺术化	251
	6	20世纪的审美文化批判	254
	7	追溯过程中的反思与觉解	263
十七		美学新探的方法与视域	269
	1	古代诗学的目的性追求	269
	2	艺术价值、艺术鉴赏与感性综合经验	272
	3	美学史研究的范式与方法	279
	4	哲学美学的迷宫与主题	285
	5	艺术界定与审美创构论	291
附 录			295
	1	境界、治学与人生三议题	295
	2	才胆识力说的启示	301
	3	李泽厚画出的"世界图像"	306
	4	对话与创新之道	310
	5	跨越时空的哲学对话	313
	6	国际美学新动向	316
	7	《美学》复刊词	321
主要参考文献			323

"诗学与美学研究丛书"序

在西方，从学科发展史上讲，先有探讨文艺理论与批评鉴赏的诗学(poetics)，后有研究感性知识与审美规律的美学(aesthetics)。前者以亚里士多德的《诗学》为代表，后者以鲍姆嘉通的《美学》为标志，随之以康德的《判断力批判》、黑格尔的《美学讲演录》和谢林的《艺术哲学》为津梁，由此发展至今，高头讲章的论作不少，称得上立一家之言的经典不多，能入其列者兴许包括尼采的《悲剧的诞生》、丹纳的《艺术哲学》、杜威的《艺术即经验》、克罗齐的《美学纲要》、柯林伍德的《艺术原理》、苏珊·朗格的《情感与形式》、阿恩海姆的《艺术与视知觉》、卢卡奇的《审美特性》、阿多诺的《美学理论》等。

在中国，传统上诗乐舞三位一体，琴棋书画无诗不通，所谓"诗话""词话""乐论""文赋""书道"与"画品"之类文艺学说，就其名称和内容而言，大抵上与西洋科目"诗学"名殊而意近，这方面的代表作有儒典《乐记》、荀子的《乐论》、嵇康的《声无哀乐论》、陆机的《文赋》、刘勰的《文心雕龙》、严羽的《沧浪诗话》、刘熙载的《艺概》等。至于"美学"这一舶来品，在20世纪初传入华土，因其早期引介缺乏西方哲学根基和理论系统，虽国内涉猎"美学"者众，但著述立论者寡，就连王国维这位积极钻研西学、引领一代风气者，其为作跨越中西，钩深致远，削繁化简，但却取名为《人间词话》，行文风格依然流于传统。这一遗风流韵绵延不断，甚至影响到朱光潜对其代表作《诗论》的冠名。迄今，中国的美学研究者众，出版物多，较有影响的有朱光潜的《文艺心理学》与《西方美学史》、宗白华的《美学散步》、邓以蛰的《画理探微》等。至于中国意义上的美学或中国美学研究，近数十年来成果渐丰，但重复劳动不少，食古不化风盛，在理论根基与创化立新方面，能成一家之说者屈指可数。相比之下，理论价值较为突出的论著有徐复观的《中国艺术精神》与李泽厚的《美学三书》等，其余诸多新作高论，还有待时日检验，相信在不久的将来会"青出于蓝，而胜于蓝"。

面对国内上述学术现状,既没有必要急于求成,也没有必要制造某种民族性或政治化压力进行鼓噪,更没有必要利用现代媒体进行朝慕"新说"、夕伐"假论"之类的戏剧性炒作,因为那样只能产生焰火似的瞬间效应,非但无助于学术研究的推进,反倒招致自欺欺人、自我戏弄的恶果。"非静无以成学"。这里所言的"学",是探究经典之学问,是会通古今之研究,是转换创化之过程,故此要求以学养思,以思促学,学思并重,尽可能推陈出新。不消说,这一切最终都要通过书写来呈现。那么,现如今书写的空间到底有多大?会涉及哪些相关要素呢?

我们知道,传统儒家对待治学的态度,总是将其与原道、宗经、征圣联系在一起,故有影响弥久的"述而不作"之说。但从儒家思想的传承与流变形态来看,所谓"述"也是"作",即在阐述解释经典过程中,经常会审时度势地加入新的看法,添入新的思想,以此将"阐旧邦以辅新命"的任务落到实处。相比之下,现代学者没有旧式传统的约束,也没有清规戒律的羁绊,他们对于经典的态度是自由而独立的,甚至为了达到推翻旧说以立新论的目的而孜孜以求,尝试着引领风气之先,成就一家之言。有鉴于此,为学而习经典,"述"固然必要,但不是"述而不作",而是"述而有作",即在"述"与"作"的交叉过程中,将原本模糊的东西昭示为澄明的东西,将容易忽略的东西凸显为应受重视的东西,将论证不足的东西补充为论证完满的东西……总之,这些方面的需要与可能,构成了"述而有作"的书写空间。如今大多数的论作,也都是在此书写空间中展开的。列入本丛书的著译,大体上也是如此。

需要说明的是,"述而有作"是有一定条件的,这需要重视学理(academic etiquettes),重视文本含义(textual meaning),重视语境意义(contextual significance),重视再次反思(second reflection),重视创造性转化(creative transformation)。

对于学理问题,我曾在一次与会发言中讲过:从"雅典学园"(Akadeimeia)衍生的"学者"(academic)一词,本身包含诸多意思,譬如"学术的、纯学理的、纯理论的、学究式的"等等。从学术研究和学者身份的角度来看,讲求学理(以科学原理、法则、规范和方法为主要内容的学理),既是工作需要,也是伦理要求。就国内学界的现状看,以思想(而非一般的思想性)促研究,是有相当难度的,因为这需要具备相当特殊的条件。"言之无文,行而不远"。近百年来,国内提得起来又放得下去的有根基的思想(理论学说)不多,真正的思想家为数寥寥。因此,对大部分学者而言,以学理促研究,在相对意义上是切实可行的。学术研究是一个逐步积累和推进的过程,国内的西方学术研究更是如此。经常鼓噪的"创新""突破"或"打通"等等,如若将其相关成果翻译成便于甄别和鉴定的英文或法文,就比较容易看出其中到底有多少成色或真货。有鉴于此,倡导以学理促研究,是有一定必要性和针对性的。这其中至少涉及三个主要向度:(1)学理的规范性和科学性(借着用);(2)理解与阐释的准确性(照着讲);(3)假设与立论的可能性和探索性(接着讲)。在此基础上,才有可能把研究做到实处,才有可能实现"创造性转化"或"转换性创构"(transformational creation)。

对于经典研读,我也曾在一次与会发言中讲过这样一段感言:"现代学者之于古今经典,须入乎文本,故能解之;须出乎历史,故能论之;须关乎现实,故能用之。凡循序渐进者,涵泳其间者,方得妙悟真识,终能钩深致远,有所成就。"

所谓"入乎文本,故能解之",就是要弄清文本的含义,要保证理解的准确性。这是关键的一步,是深入研究和阐发的基点。这一步如果走得匆忙,就有可能踏空,后来的一切努力势必会将错就错,到头来造成南辕北辙式的耗费。而要走好这一步,不仅需要严格的学术训练,也需要良好的语文修养,即古今文字与外语能力。要知道,在中外文本流通中,因语文能力不济所造成的误译与误用,自然会殃及论证过程与最后结论,其杀伤力无疑是从事学术研究和准确把握含义的大敌。

所谓"出乎历史,故能论之",其前提是"入乎历史",也就是进入到历史文化的时空背景中,拓宽思维的广度与深度,参阅同时代以及不同时代的注释评说,继而在"出乎历史"之际,于整体把握或领会的基础上,就相关问题与论证进行分析归纳、论述评判。这里通常会涉及"视域的融合""文本的互动"与"语境的意义"等时下流行的解释学概念。当然,有些解释学概念不只限于文本解读与读者接受的技术性方法,而是关乎人之为人的存在形式与历史意识间的本体论关系。因此,我们在解释和论述他者及其理论观点时,自己会有意无意地参与到自我存在的生成过程里面。此时的"自我",经常会进入"吾丧我"

的存在状态,因为其感受与运思,会涉及他者乃至他者的他者,即从两人的对话与体验中外延到多人的对话与体验中。在理想条件下,这一过程所产生与所期待的可能效应,使人油然联想起柏拉图标举诗性智慧的"磁石喻"。

所谓"关乎现实,故能用之",具有两层意思。其一是在关注现实需要与问题的基础上,将相关思想中的合理因素加以适宜的变通或应用,以期取得经世致用或解决现实问题的可能效果。其二是在系统研究的基础上,通过再次反思,力求返本开新,实现创造性转化或转换性创构,以便取得新的理论成果,建构新的理论系统。譬如,牟宗三以比较的视野,研究宋明理学与康德哲学,成就了牟宗三自己的思想系统。海德格尔基于个人的哲学立场,研究尼采的哲学与荷尔德林的诗歌,丰富了海德格尔本人的理论学说。后期的思想家,总是担负着承上启下的使命,他们运用因革之道,吸收不同养料,究天人之际,通古今之变,成一家之言。这一切都是在"入乎文本""出乎历史"和"关乎现实"的探索过程中,循序渐进,钩深致远,最终取得的成就。

在此诚望参与和支持本丛书的学者,均以严谨的学理和创化的精神,将自己的研究成果呈现给广大读者诸君,以此抛砖引玉,促进批评对话,推动诗学与美学的发展。

借此机会,谨向出版资助单位北京第二外国语学院跨文化研究院诚表谢忱!

并向责任编辑张文礼君为此套丛书所做的努力深表谢意!

以上碎语,忝列为序。

王柯平

千禧十一年秋于京东杨榆斋

前　言

举凡汇集旧作，编者谦称敝帚自珍，其用意大约有三：一是以此呈现自己的研习过程与思想经历，表明自己的学术来路；二是无论所言深浅正误，盖不舍弃自己所为，愿以此"验明正身"，留作证据；三是盘点过去的构想与思索，提示自己在条件允许与必要时再接再厉，继续推进原先的论说或完成预定的计划。以上三点，均适用于本部论作。

具体说来，本书汇集了我在上世纪90年代与新千年以来所撰的部分文稿，其中有的是为课题所写，有的是为教学所撰，有的是为刊物所约。2002年，我曾在中华书局出版过一部册子，冠名为《走向跨文化美学》，该书后半部主要讨论先秦与古希腊诗学。这些年来，我先后将涉及先秦诗学的部分内容扩充在《流变与会通：中西诗乐美学释论》一书里，将涉及古希腊诗学的部分内容扩充在《〈理想国〉的诗学研究》《古希腊诗学遗韵》和《〈法礼篇〉的道德诗学》三书中。此次本书抽去相关部分，代之以其他文稿，借此机会做了少许修补。

现如今，我年近花甲，理当接受"逸我以老"的自然安排，进入尽情享受生活的阶段。但是，我觉得要真正享受生活，总离不开继续享受阅读、享受思考和享受写作；更何况自己身体健康，自觉动力十足，仍想继续探讨"轴心时期"人文化成的理想追求与相关理路。

实际上，安逸也罢，忙碌也罢，只要是"从吾所好"，那一定是快乐的生活，是享受的真谛。前日翻阅唐诗，复诵杜甫的《旅夜书怀》，对诗人的心境与伤怀深感同情，自知官场失意与衰老病痛对这位诗圣意味着什么。相比之下，敝人幸甚至哉，全无这类困扰。所以，我从"星垂平野阔，月涌大江流"两句，联想到李白"山随平野尽，江入大荒流"两行,从中看到的是壮阔的景观和豪迈的情怀。与此同时,我从"飘飘何所似,天地一沙鸥"的叹喟中,解读出个体存在的本真形态与精神世界的自由自在,反倒没有羁绊于个体渺小与人生漂泊的荒凉之感。这说明,我自知今后应当如何去生活、怎样去工作。

王柯平
2014 年初夏于京北山月斋

上篇 跨文化美学

一 文化与美学的内在联系

从文化角度研究美学,可谓大势所趋。因为,美学是文化的一部分,是文化理想和精神的集中体现。美学所研究的审美判断及其审美标准,"要比其他几乎所有的人类行为更能代表某一文化的特性"①。目前时兴的文化研究活动,也"自认为是一种美学批判活动",这是由于文化作为"整体生活方式",其自身在狭义上的伦理实践与美学密切相关,"与伦理学和审美鉴赏力的理想境界"密切相关。② 众所周知,中国现代美学是在中西文化的碰撞过程中产生的。故此,从文化研究切入美学研究,有助于廓清中国现代美学生成的真实背景及其起因,有助于梳理出中国现代美学沿革的历史逻辑,同时也有助于从中剥离

---

① 博克认为:审美判断是指对人、物、事的悦意性或美感的评价,不过,正如我们将要看到的那样,道德和实践的标准有时参与其间。……审美判断比其他几乎所有的人类行为更能代表某一文化的特性。一个社会中的艺术、音乐和文学——狭义的文化——蕴含着赋予某一传统的特殊风格的形式与内容的思想。众多民众遵照共同的美的概念进行判断和选择便产生了这些艺术风格。……艺术家利用这些技术创造完美和新颖的形式——这些形式表现文化理想,而这些理想又必须通过审美标准判断。参阅 P. K. 博克:《多元文化与社会进步》(余心安等译,沈阳:辽宁人民出版社,1988 年),第 283—284 页。

② 当代文化学家亨特(Ian Hunter)认为:文化研究非但没有超越传统的文化审美观念,反倒在各方面受到这些观念的极大影响,这些观念大多以秘而不宣的方式,极大地影响着文化思想研究课题的方向和进程,同时也影响到从事这类课题研究的方式。在这方面,亨特总结指出:"文化研究为美学所设立的范围,就是文化修养知识或实践活动所涉及的范围,这不仅有别于工作与政治等促进人类发展的动力,同时还通过把文化转向伦理学和审美鉴赏力的理想境界来延缓进一步的发展。考虑到这一限定性陈述,超越上述范围的途径便明确了。在狭义上,与美学相关的文化伦理实践必然归于作为整体生活方式的文化之中。这样,也就是通过把美学纳入经济和政治发展过程中的方式,便有可能使自我实现的承诺成为现实。"这显然带有浪漫主义美学思想的色彩,其目的旨在恢复一种人类已经失落了的"全面发展形式"(form of wholeness),旨在利用自我修养的技巧来成就一种人性完满的审美人格(aesthetic personality with full humanity)。Cf. Tony Bennett, *Culture* (London: Sage Publications, 1998), p. 21; also see Ian Hunter, "Aesthetics and cultural studies", in Lawrence Grossberg et al (eds), *Cultural Studies* (New York and London: Routledge, 1992), p. 348.

出可资借鉴的历史经验,以利于中国美学的未来发展与创新。

1 文化的含义及其审美特性

　　文化是人类劳动实践的产物。广义上的文化,一般是指人类在社会历史发展过程中所创造的物质财富与精神财富的总和。而狭义上的文化,因审视的角度不同而有不同的界说。譬如,美学、人类学、社会学与文化学在界定文化时,就有不同的侧重。在中西方,文化的理念尽管在经济与文化全球化的语境中日益趋同,但在历史流变的追溯中也可以窥知其原本的某些特点。

　　据考证,汉语中"文化"一词的词形,是由"文"与"化"复合而成,可上溯到《易经·贲·象传》中"观乎人文,以化成天下"一说。① 在专论文饰的《贲》卦里,"文"通"纹",指色彩交错而成的花纹,包含感性形式美因素,可供人直观欣赏。"人文"的含义更为丰富。有的学者认为,有别于"天文"和"地文"的"人文","更是为了美而创造的。司马光说:'古之所谓文者,乃诗书礼乐之文,升降进退之容,弦歌雅颂之声。'(《答孔问仲司户书》)……周朝的大夫单襄公更把人的道德品质、智慧才干和政治教育等社会事物的种种表现,都称之为'文'。……可见我们的祖先是多么重视用'文'即美来改变人的自然本性,克服蛮性,不断提高社会文明程度"②。有的学者则认为,"人文"是"指夫妇的结合犹如不同的色彩交织而成的花纹,由此又化生出其他人文,如父子、长幼等,于是从这些人文中产生出所谓的道德规范,即《易传》所说的'有夫妇然后有父子,有父子然后有君臣,有君臣然后有上下,有上下然后礼仪有所错'。在我们祖先看来,只有恪守这一系列道德规范,就能夫妇相爱、父子相亲、长幼相恤、朋友相信、君臣相敬,'人文'也就犹如色彩搭配得当的花纹,即鲜明生动又和谐悦目,从而达到'情深文明'(《小戴礼》)的境界"③。可见,中国古代的"人

---

① 参阅《周易》中的《贲》卦:"彖曰:贲,亨,柔来而文刚,故亨。分,刚上而文柔,故小利有攸往。刚柔交错,天文也。文明以止,人文也。观乎天文,以察时变。观乎人文,以化成天下。"
② 聂振斌等:《艺术化生存》(成都:四川人民出版社,1997年),第170页。
③ 杨启光编著:《文化哲学导论》(广州:暨南大学出版社,1999年),第20页。

文",一方面具有形式上的审美意味,属于审美范畴,另一方面具有道德上的教化意义,属于伦理范畴。将"人文"中的"文",与本义为"生长"(如"物生谓之化")的"化"组合在一起,则表示"人文化成"或"文治教化"。在日后出现的"文化"并用的术语中,如"设神理以景俗,敷文化以柔道"(王融:《三月三日曲水诗序》)和"凡武之兴,为不服也;文化不改,然后诛之"(刘向:《说苑·指武篇》)等,上述含义均得以沿用,旨在强调"文治"的治国安民艺术与"教化"的道德伦理规范和陶情冶性功能。

不难看出,中国古代的"文化"理念,反映出一种特殊的原人文精神。据徐复观的诠释,《象传》为孔门的后学,所论的"人文"之"文",应当以孔子所言为本。子曰:"周监于二代,郁郁乎文哉";"文不在兹乎"。"文"在此当以礼乐为具体内容。而后子路问成人,孔子回应"文之以礼乐,亦可以为成人矣"。这进一步证实了礼乐为文的结论,同时也说明《论语》上已经有把礼乐的发展作为"文"的具体内容的用法。由此来看《象传》之说"文明以止,人文也","文明"可释为"文采著明"(吴澄注),约同文饰之义;"止"是节制,文饰而有节制,贯穿于言行事物之中,本是礼的基本要求与内容。"所谓'文明以止'者,正指礼而言。古人常以礼概括乐,《易正义》谓:'言圣人观察人文,则诗书礼乐之谓',诗书礼乐,成为连结在一起的习惯语,实则此处应仅指礼乐,而礼乐可以包括诗书。'观乎人文,以化成天下',实即是兴礼乐以化成天下。……因此,中国之所谓人文,乃指礼乐之教、礼乐之治而言。"①正是基于这种原人文精神,我们才能理解和切近融贯在"兴于诗,立于礼,成于乐"等人格教育哲学中的礼乐情结和人文关怀,而所有这些均彰显出中国文化从一开始所容含的审美和伦理特性。当然,这种诠释只是囿于一直属于主流意识、强调经世致用和道德本位的儒家文化理念,并未涵盖与其相荡相靡、倡导精神自由和独立人格的道家文化精神。而后者,更强化了华夏文化的审美特性,使其上升到形而上学的地位,关系到人生的精神境界与安身立命之道。

与东方不同的是,西方的"文化"(culture)是与"自然"(nature)相

---

① 徐复观:《原人文》,见《徐复观集》(黄克剑编,北京:群言出版社,1993年),第206—207页。

对的概念。"culture"一词派生于拉丁文"*cultura*",源于词根"*colere*",原义为耕作(cultivate)、居住(inhabit)、保护(protect)、崇敬(honor with worship)等。在法语中,"文化"一词曾为"couture",后为"culture",于15世纪早期汇入英语,主要意思为"耕作(husbandry)、养殖农作物与动物(the tending of natural growth or crops and animals)"。16世纪早期,其义继而扩展为"人类发展的过程"(the process of human development)。

18世纪以降,"culture"一词在英法两国均用来表示某种"栽培的或耕作过的东西"(the matter being cultivated)。德国在18世纪从法语引入"文化"一词,起初拼写为"Cultur",到19世纪改写为"Kultur",接受了启蒙运动史学家所用的含义,主要表示"讲文明或有教养的过程"(the process of being civilized or cultivated)。长期以来,西方的"culture"意味着一种活动(activity),即一种物质实践过程,而后才转化为一种实体(entity),涉及精神活动事务(affairs of the spirit)。因此,有的文化史家认为,西方的"文化"一词兼有"耕作"与"耕心"两义。所谓"耕作",首先是耕种土地,农业(agriculture)一词由此而来;随后转义为耕心(animiculture),这便是后来常说的"文化是精神文化"的语义根据。[①]

根据文化一词的历史沿革,英国文化学家威廉姆斯(Raymond Williams)作出如下总结:(1) 18世纪以降,"文化"作为一个独立而抽象的名词,表示思想、精神和审美发展的一般过程;(2) 从19世纪与德国思想家赫尔德(Herder)开始,"文化"一词主要意指一个民族、一个时期或一个群体的特定生活方式;(3) 再往后,人们经常使用"文化"一词来表示理智活动,尤其是艺术活动的作品与实践。最为广泛的用法是:文化即音乐、文学、绘画、雕刻、戏剧、电影、哲学、历史或学问。各国现行的文化部就反映出文化的相关特征与职能。[②] 可见,文化的发展趋势最终还是落实在人类生活层面,特别是以艺术与审美为

[①] Raymond Williams, *Keywords: A Vocabulary of Culture and Society* (Britain: Fontana, 1979), pp.76-78;峰岛旭雄:《从比较文化的观点来看》,见大隈重信:《东西方文明之调和》(卞立强等译,北京:中国国际广播出版社,1992年),第229页。

[②] Raymond Williams, *Keywords: A Vocabulary of Culture and Society* (Britain: Fontana, 1979), p.80.

主要内容的精神生活层面。

2 人类学的文化观

值得注意的是,从词源学上来看"文化"一词的历史流变,我们发现原本与"自然"相对的"文化",至少具有双重功能:一是人对土地的耕作以及对动物(家畜)的饲养,使外在自然人化;二是通过教育来培养和提高自身的素质,使内在的自然人化。① 相应地,文化作为一种人类物质实践活动,在使外在自然人化的过程中,必然涉及一些相关的运作规程与要求(如行为模式与法则);而作为人类精神实践活动,在使内在的自然人化的过程中,也必然涉及一些必要的中介手段与形式(如各种艺术与宗教)。在这些方面,人类学、社会学与文化学,都从自身的视界出发作出了相应的解释。

注重研究文化模式的本尼迪克(Ruth Benedict)认为,文化是"将人聚集在一起的东西"(Culture is that which binds men together);人类文化是"人格的无限扩展",而非"一种生物遗传复合体","一种文化均具有达到整合的趋向,就像一个人,或多或少有一种思想与行为的一致模式"。② 这些特征表明了文化的趋同与整合作用。

侧重探讨人类学与现代生活关系的克拉克洪(Clyde Kluckhohn)等学者认为,文化是一种渊源于历史的生活结构体系,这种体系往往为群体的成员所共有。因此,从人类学的角度来看,文化意指一个民族的"整个生活方式"(total life way),是个体从群体中获得的"社会遗产"(social legacy),具有"有机的继承性"(organic heredity);它作为思维、感受和信仰方式,时刻规定着我们的生活。我们从生至死,无论有

---

① Terry Eagleton, *The Idea of Culture* (Oxford: Blackwell Publishers, 2000), pp. 1-4; Raymond Williams, *Keywords:A Vocabulary of Culture and Society* (Great Britain:Fontana,1979), pp.76-82;杨光启编著:《文化哲学导论》(广州:暨南大学出版社,1999年),第21页。按照伊格尔顿的说法,文化理念也相应地表现出一种双重特征:一是断然拒绝单纯的自然主义论调,因为文化的实际功能一直在自然界寻求超越或突破;二是断然弃绝唯心主义观念,因为心智再高的人类力量与能动作用,也只能在人类生物学和自然环境中确立自身的根基。与此相关的是,文化在这方面如同自然一样,既是描述性术语,也是价值判断术语,既涉及已经进化的东西,也关系到应当进化的对象,既能改变自然,也受到自然的限制,故此在制造与被造、合理性与自发性之间构成紧张的关系。Cf. T. Eagleton, *The Idea of Culture*, p.45.

② 本尼迪克:《文化模式》(何锡章等译,北京:华夏出版社,1987年),第1、11、36页。

意无意,总是在一种压力驱使下去遵从他人为我们打造的种种行为范式。常言所说的文化人(a man of culture),就是那种会说自己的母语、谙悉历史、文学、哲学或美术的人。① 继承性无疑是文化绵延发展的决定因素,在不同文化的交流碰撞中显得更为重要。

关注个性文化背景研究的林顿(Ralph Linton)试图打破以往区分高雅文化(high-brow culture)与通俗文化(low-brow culture)的人为界限,把人类的所有活动与行为都归于文化领域。如他所说:"文化指的是任何社会的全部生活方式,而不仅仅是社会所公认的那部分更高雅、更令人心旷神怡的生活方式。这样,当把文化一词用到我们的生活方式上时,它与弹奏钢琴和谈论(英国诗人)勃朗宁(Robert Browning)的诗歌没有任何关系。对社会科学家来讲,这些行为只是我们整个生活中的若干组成部分而已。整个文化还包括洗碗、开车等世俗行为。而且,对文化研究来说,这些世俗行为与那些在生活中被认为高妙雅致的事物相比,并没有什么高下之分。这么一来,在社会科学家眼里,不存在没有文化的社会,也不存在没有文化的个体。每个社会,无论其文化多么简陋,总有一种文化。从个人跻身于一种或几种文化的意义上看,每个人都是有文化的人。"② 显然,这是一种由高就低、抹平差异的笼统说法,有意将整个文化平面化和日常化,以适应后现代文化的平等理念。

3 社会学的文化观

在社会学那里,文化是社会学研究中不可或缺的关键概念,经常被用来替换"社会"一词。许多社会学家认为,文化发生在社会之中。人作为社会成员,既是文化的创造者,也是文化的传承者。这样,文化与社会结成相互依存的关系,没有文化就没有社会,反之亦然。比较而言,社会学家更看重文化的动态职能,即包容在文化结构中的社会

---

① Cf. Clyde Kluckhohn, "Queer Customs", in his *Mirror for Man: The Relation of Anthropology to Modern Life*.

② Carol R. Ember & Melvin Ember, *Cultural Anthropology* (New Jersey: Prentice Hall, Inc., 1985),中译本见恩伯:《文化的变异:现代文化人类学通论》(沈阳:辽宁人民出版社,1988年),第29页。

制度、组织机构、社团、群体、协会、权力、语言、传媒等有机组成部分，构成了彼此联系和相互作用的动态网络。他们认为，文化是从根本上理解人类行为、现实与社会的重要基础，只有充分而深刻地把握住文化的社会意义(social significance)，才有可能准确地而不是肤浅地解释社会现象，并从中揭示出内在的人文意义(human meaning)和思想价值观念的作用(the role of ideas and values)。①

在结构主义和功能主义社会学理论的有关界说里，一般流行着三种文化观：(1) 文化作为语言与构造活动(culture as language and constitution)。② 这里的"语言"，是指与社会行为(即个人对于他人动机及社会准则和目标的反响行为)密切关联的符号结构(symbolic structure)，其密切程度犹如语法和语义学与言语行为的关系。社会行为发生在共享的符号结构的框架之内，分析此类社会行为的意义，就等于分析相关符号结构的意义。这里所谓的"构造"，不仅意味着具有象征意义的符号构造，而且代表由社会诸因素的关系及互动方式所组成的社会结构(social structure)。这样一来，符号结构、实践行为和社会结构互为前提、彼此确证，结果使文化分析与社会结构分析密不可分，如同一枚硬币的两面。(2) 文化作为价值取向和传统(culture as value-orientation and tradition)。③ 任何文化都包含诸多具有规约性、普遍性、继承性和制度化的行为准则，它们具体表现为正当的行为规范，指导

---

① Friedrich H. Tenbruck, "The Cultural Foundations of Society", in Hans Haferkamp (ed.), *Social Structure and Culture*(Berlin/New York: Walter de Gruyter, 1989), pp. 15-35.

② 这一观点在很大程度上由列维-斯特劳斯开启，基本赞同此观点者包括下列作者：J. M. Charon, *Symbolic Interactionism* (New Jersey: Prentice Hall, 1979); H. Blumer, *Symbolic Interactionism: Perspective and Methods* (New Jersey: prentice Hall, 1969); H. Garfinkel, *Studies in Ethnomethodology* (New Jersey: Prentice Hall, 1967); B. Giddens, *The Constitution of Society* (Cambridge/Oxford: Polity Press, 1984); S. Hampshire, *Thought and Action* (London: Chatto and Windus, 1969); J. R. Searle, *Speech Acts* (Cambridge: Cambridge University Press, 1969); T. Shibutani, *Social Processes* (Berkeley et al: university of California Press, 1986); O. Winch, *The Idea of a Social Science* (London: Routledge & Kegan Paul, 1958); and Berhard Giesen and Michael Schmid, "Symbolic, Institutional, and Social-Structural Differentiation: A Selection-Theoretical Perspective", in Hans Haferkamp (ed.), *Social Structure and Culture* (Berlin/New York: Walter de Gruyter, 1989), pp. 67-85.

③ Cf. Berhard Giesen and Michael Schmid, "Symbolic, Institutional, and Social-Structural Differentiation: A Selection-Theoretical Perspective", in Hans Haferkamp (ed.), *Social Structure and Culture*, pp. 67-85.

人生的价值观念,美好生活的理想,在社会文化历史的发展过程中积淀为文化传统等等,一般通过实践、尊奉、义务与信仰等行为传布给个体。这必然与道德、安慰、真实和审美密切相连,使真(知识)、善(道德)、美(艺术)三位一体,任何企图打破这种有效性的互动关系模式而独断单行的做法,势必会导致争议和危及原本就不确定的社会统一性。(3) 文化作为生产与消费方式(culture as product and consumption)。① 这是一个现代的文化界说,意味着文化不再是引致循规蹈矩之准则的复合体,而是不断变化的文化社会生产的结果,文化解释的有效性失去绝对地位,其采纳与消费方式热衷于时尚,紧随社会结构的变化而变化。由于多元化社会的勃兴,同一社会的各种制度、机构与群体组织中可以并行不悖地同时容纳几种文化、亚文化和世界观,文化界的传统连续性逐渐被"你方唱罢我登台"的形形色色的理论、主题和风格所取代。看来,文化的这些特征,使文化的融合与变异成为可能。

诚如基森(B. Giesen)在《变了又变》一文中所言,"现代文化只有在新颖阶段才具有价值取向作用,一旦人们认为它已经过时,一旦新议题、新思想、新的价值导向登上前台,该文化的原有解释魅力及权力就会随之丧失"②。这种以"侵蚀文化传统""文化异化"以及"生产与消费"为特征的现代文化,对文化解释的需求日益增长。在艺术领域,传统的形式与母题被抛置一边,取而代之的则是无形的、异常的、未知的甚至怪诞的东西;艺术的成就以新颖取胜,因此追新猎奇成风,而因循经典模式的艺术,无论多么完美无缺,也被当作"学院派艺术"(academic art)或纯粹的"工艺劳作"(industrial art)而不屑一顾。总之,艺术、科学与宗教均取得自主性,结果使审美、科学、道德与宗教问题彼此分化,各行其道,传统与价值取向的统一性让位于由种种兼容并蓄的视界和合理意见构成的多元性。

---

① Cf. Berhard Giesen and Michael Schmid, "Symbolic, Institutional, and Social-Structural Differentiation: A Selection-Theoretical Perspective", in Hans Haferkamp (ed.), *Social Structure and Culture* (Berlin/New York: Walter de Gruyter, 1989), pp.67-85.

② B. Giesen, "The Change of Change", in *Social Change and Modernity* (ed. H. Haferkamp and N. J. Smelser, Berkeley: University of California Press, 1989).

4 文化学的文化观

在传统的文化研究(the study of culture)那里,文化主要取广义的人种学上的观念,更多地凸现出以人文教养为导向的高雅文化特征。早在1871年,英国学者泰勒(Edward B. Tylor)在《原始文化》一书中,把文化界定为"一个民族、一个时期或一个群体的特定生活方式"(a particular way of life of a people, a period or a group)。他还开门见山地指出,文化是"一个复合体,包括知识,信仰,艺术,道德观念,法律,习俗以及人作为社会成员所习得的其他种种能力和习惯"。[①] 与泰勒同时代的英国学者阿诺德(Mathew Arnold)沿用了这一文化观念,而且从审美文化的角度将其强调到极致。阿氏认为文化是"有意识地追求进步与完善"的产物。他在1882年所著的《文化与无政府》中宣称:"文化努力不懈的追求并非是为了把每个自然人教化成什么样子,也不是为了设立塑造此人的法则,而是逐步培养一种体悟什么是优美、高雅和适宜的感觉,并且使自然人喜欢这种感觉。"[②]基于这一目的所从事的文化研究,在于识别人类完善的理想规范,同时也在于标举这些规范和引导人们效仿这些规范,也就是鼓励个体调整自身的行为以便更加密切地遵从这些规范。在维多利亚时期的英国,绝大多数学者的文化观基本上与此类似。

当代文化研究(cultural studies,亦称文化学)兴于20世纪60年代,虽然"没有一个绝对的开端"(霍尔语),但可以把1964年建立的伯明翰"当代文化研究中心"(Centre for Contemporary Cultural Studies)视为主要标志,日后在文化学界形成声势浩大的"伯明翰学派"就源于此,其代表人物有威廉姆斯(Raymond Williams)、霍加特(Richard Hoggart)、霍尔(Stuart Hall)、汤姆逊(E. P. Thompson)等。与传统文化研究相比,当代文化研究是在"交叉推论的空间"(interdiscursive space)

---

① Cf. Edward B. Tylor, *Primitive Culture: Researches into the Development of Mythology, Philosophy, Religion, Language, Art and Custom* (Boston: Estes and Lauriat, 1874); cf. Tony Bennett, *Culture* (London: SAGE Publications, 1998), p.93.

② Matthew Arnold, *Culture and Anarchy: An Essay in Social and Political Criticism* (Indianopolis and New York: Bobbes-Merrill, 1971), p.39.

中展开的,该空间处于动态的延展过程,具有显著的包容性、开放性、变通性和跨学科特征,所涉及的学科领域主要包括人类学、历史学、文学研究、人文地理学、社会学、传播学、政治学、哲学以及批评理论等。如果说传统文化研究比较重视历史经典、精英文化、主流文化和象牙塔似的书斋梳理方式的话,当代文化研究则比较注重当代文化、大众文化、边缘文化或亚文化,而且注重实地调查研究、贴近社会现实,关注文化与权力、意识形态、大众传媒、现代生活方式、文化政策制定与实施之间的关系及其运作方式等。当然,这并非是说当代文化研究忽视了传统文化研究的那些基本范畴。

在文化的定义上,威廉姆斯在《漫长的革命》一书中作过专门分析。他认为文化一般有如下三种定义:(1)"理想型的"文化定义(ideal definition of culture)根据某些绝对或普遍的价值观念,视文化为"人类完善的一种状态或过程"(a state or process of human perfection)。据此,文化分析在本质上就是发现和描述生活或作品中所包含的价值观念,这些价值观念被认为可以构成一种永恒的秩序,与普遍的人类生存状态具有永久的联系。(2)"文献式的"的文化定义(documentary definition of culture)认为文化是"理智和想象活动的主流或主干部分"(the body of intellectual and imaginative work),其中翔实地记载着人类的思想与经验。据此,文化分析便成为一种批评活动(activity of criticism),主要描述和评价人类思想和经验的本质,相关语言、形式与习惯传统的各种细节等等。(3)"社会性的"文化定义(social definition of culture)则认为文化是对"一种特定生活方式的描述"(a description of a particular way of life),不仅表现艺术与学问中的某些含义和价值,而且也表现社会惯例与普通行为中的含义和价值。据此,文化分析主要在于澄清一种特定生活方式中内隐与外显的意义和价值(implicit and explicit meanings and values)。这里涉及历史批评,即联系特定传统与社会来分析相关的理智与想象活动,同时也分析生活方式中的要素,如生产组织、家庭结构、表现或主宰社会关系的机构结构以及社会成员彼此交往的独特形式等。[①] 上述三种文化定义各有侧重,但不利

[①] Raymond Williams, "The Analysis of Culture", in *The Long Revolution* (Harmondsworth: Pelican Books, 1961), pp.57-58.

于单一使用,这是文化的复杂性所致。不过,威廉姆斯认为:"这三种主要定义中都具有重要的参考价值,如此一来,它们之间的关系应当引起我们的重视。在我看来,任何适当的文化理论都必须包括这三种文化定义所关涉的三个实际领域,相反,排除其中所涉及的其他定义而单独举出其中任何一种文化定义,都是不完备的。"①

有鉴于此,威廉姆斯从人文科学角度,在总结文化概念的历史发展基础上,提出了迄今最有影响的三位一体式的文化定义,即文化含义有三:一是指各类艺术和艺术活动(the arts and artistic activity);二是指一种特定生活方式所包含的那些习得的、主要具有符号象征意义的特征(the learned, primarily symbolic features of a particular way of life);三是指一种社会与历史的发展过程(a social and historical process of development)。②

从上述几种文化界说与文化的内容来看,我们首先可以见出文化结构的大体轮廓。为了便于说明,可将文化结构划分为四个彼此相关互动的层次。(1)物质层(material dimension)。一般指满足人类物质生活需要的那一部分物质文化,通常包括饮食、服饰、居所、交通工具、劳动工具等实用物品或相关器物。物质文化尽管在可能条件下利用自然物质,但在大多数情况下则以人工创造的文化物质为基础。或者说,正是由于自然物质及其物质性不能满足人类不断增长的生活需要,人类才利用自己的智慧去延伸自然物质的功能,创造新的人造物质。因此,"物质文化的本质是其人工物质性。这种物质性充满了人的创造性,是一种比自然物质性更高的物质性"③。不消说,物质文化既然是人工所为,故以不同的物态形式凝结和体现着观念形态的文化,譬如服饰、建筑、汽车的造型与相关的审美观念。(2)制度层(institutional dimension)。主要指人类在社会活动中处理个人与他人、个体与群体之关系的制度文化,一般涉及社会的政治制度、经济制度、法律制度、婚姻制度、家族制度以及约束或影响社会成员行为的文化

---

① Raymond Williams, "The Analysis of Culture", in *The Long Revolution* (Harmondsworth: Pelican Books, 1961), p.59.
② Elaine Baldwin et al (eds.), *Introducing Cultural Studies* (London et al: Prentice Hall Europe, 1999), pp.4-7.
③ 参阅杨启光编著:《文化哲学导论》,第113页。

习俗和宗教戒律等。制度文化也同样积淀着观念形态的文化,因为任何制度文化的建立和调整,都离不开属于观念形态的社会理论和价值体系。(3) 交际层(communicative dimension)。主要指人们在社会交往与彼此沟通时所使用的交际文化,该文化由含义共享的符号体系组成,一般包括文字语言、形体语言以及用于公共场合的其他象征性标记。人类文明成果中最伟大的创造莫过于语言。而语言与思维密不可分,因此在某种意义上可以把语言文字视为思想观念的符号化产物。(4) 观念层(conceptual dimension)。主要指体现人类的社会文化心理与社会意识诸形式的精神文化。社会文化心理一方面外显为文化表层的某种情思、意向、时尚与趣味,另一方面内显为文化深层的基本人生态度、思维模式和价值尺度等,一般受到来自政治、经济、道德、文学、艺术、宗教、哲学诸方面的观念因素以及"文化基因"(cultural genes)或"集体无意识"(collective unconscious)的制约。概而言之,社会文化心理是在文化历史中积淀而成的,具有一定的文化直觉性。社会意识是人作为社会存在(social being)对社会现实的一种自觉反映和认识结果。按照社会意识与社会现实之间关系的远近,可将社会意识分为低级与高级两种形态。低级意识形态包括政治、经济、法律与道德伦理思想及其学说等,高级意识形态则包括艺术、宗教和哲学。就后者而言,黑格尔认为艺术作为"心灵的最高旨趣",以"感性观照的形式"为特征,代表一种自由而"直接的感性认识";宗教的意识形态是观念,涉及一种影响"心胸和情绪"的"虔诚态度",代表一种"想象(或表象)的意识";哲学具有"艺术的客体性",兼顾"宗教的主体性相",能把主体和客体、感性和理性统一起来,因此代表一种"绝对心灵的自由思考",是认识本身的实质精神所在,而且"最富于心灵性的修养"。①

另外,从文化结构的诸要素中,也可以推演出文化心理的一般结构特征。国内学者在研究和比较中外文化哲学的基础上,倾向于把文化心理结构归纳为以下三个基本层次:表层结构、中层结构和深层结

---

① 黑格尔:《美学》(第一卷,朱光潜译,北京:商务印书馆,1979 年),第 129—133 页。

构。① 表层结构属于比较外显的层面,指特定时代浮现在社会文化表面、笼罩和散发着感性色彩的某种意向、时尚或趣味,包括人们的情感、意志、风俗习惯、道德风尚和审美情趣等要素。中层结构属于观念积淀的层面,主要指政治、经济、道德、文艺、宗教、哲学等领域的观念要素,以观念文化的积淀与理性的思维判断为特征,对文化心理的表层结构具有直接的影响与制约作用。深层结构属于精神本质的层面,贯穿和蕴藏在文化心理的其他层面中,与人类意识中的"原始-古代积淀层"(许苏民语)密切关联。文化心理作为人类实践的结果,本是一个有机的整体,其各个构成层面均处于相互影响、制约和彼此渗透、调节的动态过程与辩证关系之中。譬如,中国"天人合一"的宇宙观,可以说是汉民族文化心理的核心内容或深层结构要素。这里的"合",在语义上与"和"相通。人与天合,是人以天道为范本,寻求精神上的安身立命之处,因此具有较多的形上学和超世的意味;人与人和,是人以圣德为参照,以和为贵,协调社会交往中的人伦关系,因此具有较多的伦理学和入世的内涵。② 在"天人合一"观的影响下,儒家形成了人"与天地参"和"上下与天地同流"的"天人合一"境界,而道家则形成了"天地与我并生,万物与我为一"的"天人合一"境界。由于前者注重其伦理学的内涵和提倡积极入世的精神,故此推崇"修、齐、治、平"的人生哲学,致力于"经世济民"和"学而优则仕"等现实追求,同时也伴随着"先天下之忧而忧"的忧患意识;而后者则突出其形上学的意味和标举遗世独立的精神,因此倡导"无为而无不为"的人生哲学,热衷于"乘云气,骑日月,游于四海之外"的自由逍遥,同时也塑造了"少私寡欲"和"燕处超然"的赤子情结。在中国知识分子的文化心理结构中,忧患意识与赤子情结作为对立而互动的两维,在现代美学形态的转型和发展中,产生了极大的影响。这一点我们将在后文中进一步论述。

再者,从以上的描述与分析中,我们也不难发现不同文化界说中存在明显的共性,即审美特性。这种审美特性一方面取决于构成文化

---

① 许苏民:《文化哲学》(上海:上海人民出版社,1990年);杨启光编著:《文化哲学导论》,第125—140页。

② 王柯平:《社会发展问题与"天人合一"说重估》,见王柯平:《中西审美文化随笔》(北京:旅游教育出版社,1999年),第279—293页。

的要素,即艺术与艺术活动,另一方面取决于文化注重趣味教养和追求完美的目的性。艺术与审美携手共进,两者既是文化发展的产物,也是人类物质生活,特别是精神生活的必需。另外,艺术与审美是文化的重要组成部分。不同的艺术表现形式与不同的审美风范,均是在特定的文化语境与社会氛围中形成的。因此,相关的美学研究与审美文化理念,应当关注相关的社会文化历史。从美学的角度来审视这一点,也许更为清楚。

(2001年写于京东杨榆斋)

二 文化碰撞中生成的美学形态

西方美学"aesthetics"一词源于古希腊文 αισθητικος 与 αισθησις,其原意是指感官的知觉(perception by the senses),因此美学原本是研究感知的学问。严格说来,作为感知之学的美学(aesthetics as a science of feeling and perception),是西方专有的一门学科。从早期古希腊哲学家柏拉图等人谈美(καλλος)、亚里士多德论诗(ποιησις),一直到1750年德国哲学家鲍姆嘉通创设美学(Aesthetica),前后历时两千余载。尔后,德国古典美学的勃兴,进而促进了这一学科的发展。因此,在一些西方美学家眼里,中国是否有美学一科是值得怀疑的。从学科范式的生成与传承方面讲,他们的怀疑态度自然有其内在的理由。不过,他们却忽视了这样一个历史事实:西方美学流入中国及其在中国社会文化语境中的创造性转换(creative transformation)。

事实上,20世纪以降,当西方美学假道日本传入华土的初期,几乎所有相关的理论讨论与概念梳理,大多使用的是汉译的西方话语。因此可以说,当时的美学,主要是介绍或译入的西方美学(translated Western aesthetics),或者说是西方美学在中国(Western aesthetics in China)。随之,在中国特有的社会文化语境中,特别是在新文化运动的有力促动下,中国学者不再满足于单向性的翻译和引进,而是满怀热情地利用西方美学的范畴、概念、方法与结构,重新挖掘自己的诗话、词话、文论、画论与书道等传统学术资源,在中西思想理论对应或近似对应的自我意识引导下,进而通过创造性的解读、组合和会通,把译入中国的西方美学逐步转换为中国化的美学或中国美学(Chinisized or Chinese aesthetics)。当然,这种美学是在跨文化的层面上创生的杂糅性美学(crossbred aesthetics on an intercultural dimension),它尽管融含本土文化的某些特点与学说,但其理论性相与研究方法,从来没有独立于西方美学范式的影响,这不仅不可能,而且也没有必要。

那么,是什么导致在中国的西方美学转换为中国美学的呢?或者说,什么是促成这一转换的动因呢?国内学者一般认为,构成这一转换机制的主因包括中国社会的现代化进程,以德国古典哲学和美学为主导的西方思想来源,近代心理学美学,马克思主义美学,中西文化碰撞的文化语境和本土文化之根等等。所有这些方面,已有不少深刻而充分的论述。譬如,从社会学的角度来看,中国百年美学的生成与发展一直伴随着其社会现代化的进程。在表现形态上,这一进程是以社会结构的变革与实践为本位的,是在中西文化的相互激荡中展开的,其现代化的观念或意识通常是以西方为主要参照系的。在文化的意义上,这一进程是全方位逐步深化的,是始于物质文化而终于精神文化的,从早期对"船坚炮利"的工具主义追求,途经社会政治与经济制度的选择性尝试,最后发展为对观念文化或精神文化的深度诉求,便是明证。期间,所谓"中体西用""新旧之学"或"全盘西化"等论争,既是文化与价值取向的抉择,更是思想意识与社会现代化进程不断深入的表现。所有这些,也都不同程度地反映到美学或艺术哲学领域,而且集中地表现在相关的提问方式之中,文学艺术的创作实践之中,特别是中国百年艺术与艺术哲学发展与流变的坎坷历程之中。本文无需重复相关的内容,这里仅就美学转换机制中的另外三个较少引人注意的要因谈一点看法,即达尔文的进化论思想、假道日本传入华土的美学与诗学、基于生生之德与赤子情结的中国文化精神。比较而言,前者在促进社会文化改造的自觉意义上,设立了西方美学向中国美学创造性转换的理论前提;后者通过鲁迅的理论与艺术实践,实现了古典虚幻式和谐诗学向现代摩罗式崇高诗学的转型;再后者则通过其内导性的催化作用(catalystic power),有力地推动了中国美学的生成与发展。

历史地看,20世纪的中国美学始终处于风风雨雨的文化转型时期。这一时期尽管受到社会动乱、偏激思潮和专制型意识形态的多次阻滞与干扰,但总体上还是维系着由传统向现代、由锢闭向开放、由稳态向动态、由守望向创新的逐步演进态势。相应地,历尽百年沧桑的中国美学流变,也彰显出类似的特征。而且,从其发轫之初,就是在新旧之学的鼓荡互动和中西美学的碰撞磨合中,着力探寻着融会贯通与创新超越的可能途径。

1 文化的碰撞及其边缘效应

如前所述,文化作为人类生活方式与生活环境的总和,包含着诸多社会决定因素(social determinants),全方位地影响着人的存在、思维、行为、交往、自我表达、情感流露以及解决问题的方式等。在每个文化之内,这些因素起码具有双重效能。它们一方面表现为霍尔(Stuart Hall)所谓的"趋同场"(site of the convergence),另一方面则构成特殊的"防护网"(safety net)。前者促使每个民族根据有意识或无意识的选择原则,于不断深入强化自身体验和身份认同的过程中,将各种导向社会谋生与环境适应的差异行为转化为相对一致的模式。后者则在团体包容及其相互间的边界规定、文化传播与社会文化心理等领域,兼顾着防御保护和隔绝疏离的作用。这样一来,文化的诸多属性,如群体性、民族性、阶级性和时代性等,自然会得到相应的强化。与此同时,在这种"场"和"网"中成长起来的人们,会对自己的文化特质产生必然性的偏爱,会把它们当作悠久而亲近的住宅家园一样加以精心呵护。因为一旦失去这些东西,人们就会觉得整个世界变得毫无生气,苦不堪言。不过,若把这种偏爱推向极端,那就无法客观地认识自己文化的真实面目,更遑论批判或补正其内含的不足与缺憾了。结果,这"场"和"网"会演变为抱残守缺的屏障,使文化趋于消极的守恒状态,造成文化隔离,阻滞文化发展,使文化最终会像各类有机体一样,难以超越自身的生命跨度,会随着自身活力的衰退而坠入施本格勒所言的文化周期性,即从朝气蓬勃的青年期,经由强健有力的壮年期,最终沦落为渐趋崩溃的老朽期。

不过,文化的这一衰变沉浮过程,未必就像施本格勒所说的那样绝对,那样周期性地万劫不复。因为,文化自身也具有创造与开放等属性。文化源于创造,兴于创造。失去创造性的文化,也就等于失去了自身的生存与发展机制。文化意义上创造,是指人工的创新与发明,是人类从事物质文明和精神文明建设的成果。文化的创造性相对于天地的自然性,是超越自然而生成的特殊属性。这种创造性不仅表现在物质文化中,而且也表现在制度文化和观念文化中,并在一定程度上影响和重构人的文化心理结构。文化的创造性离不开文化的开放性。文化功能与结构意义上的开放,通常有局部与全面之分。局部的开放或限于物质层面、制度层面、语言交际层面或观念层面,因循的是由浅入深或由小到大的逐步扩展过程。全面的开放则是立体性的,文化结构的四个层面,文化心理的三层结构,以及整个文化的所有领域,都处于自由开放和不断拓展的状态之中。这样不仅使物质文化日益丰富多彩,制度文化日益合理有效,交际文化日益具有可理解性与可沟通性,而且使精神文化日益博大精深,内容逐步升华。所有这些在文化变异中所产生的积极因素,必然使文化得以新生和持续发展,使人类的生存质量得到改善。

自不待言,基于创造性和开放性的文化新生或复兴,其重要的契机往往存在于它自身同异质文化的交流与碰撞中。高能物理实验表明,两个粒子在加速器的作用下对撞,会产生数倍于原有能量的增值效应。跨文化研究发现,两种异质文化在一定的历史条件和时空背景下发生碰撞,也会激起火花四溅的景象与互动性的磨合,进而导向文化的变革、发展乃至创新。这其中的缘由,首先在于打乱或冲破了原来的文化"趋同场"和"防护网"。这样,会激活人们的文化批判意识(critical consciousness)和文化比较的敏感性(comparative sensibility),会促使人们走出已往习惯性适应的旧巢,借助异质文化的光点或文化碰撞的火花,在反思和比照中重新审视自己文化的利弊与可塑性,并且根据自身的需要,在寻求尽可能迅速摆脱困境之方式的同时,有选择地从其他文化系统中汲取营养或可资利用的成分,进而与自己文化中的相关部分加以重新熔铸,组成自己的文化特质。其次,重在沟通、建设而非干预、征服的文化碰撞,会通过开放而平等的对话交流,拆掉文化各个部分之间的壁垒,超越东方与西方、传统与现代之间的"楚河汉界",使隔绝转化为互通、分离转化为融合、冲突转化为共存,"一分为二"的边界转化为"合二而一"的边缘。这一边缘具有强大的放射性和贯通力,"是文化种种对立二元之间或多元之间相互对话和交流、不断生发出新气象的地带,也是一个开放的和多元共存的地带。这个'文化的边缘'就像文化的'核子',不同要素在这儿接触和融合,滋生出新的东西,并迅速向周边扩散,有效地改变着人们的意识和文化本身"①。

不可否认,文化的碰撞与磨合的过程,总是伴随着理智和情感的矛盾统一过程。在理智上,人们会认识到"不识庐山真面目,只缘身在此山中"的困境,继而会抛开传统思维的定势与文化偏见,并且随着评判角度的转换和文化视界的拓宽,走向文化整合或创新的新阶段。在情感上,处于文化转型时期的人们,每当面临某种文化价值观念的抉择时,难免会因为割舍文化偏爱和挑战习惯思想,而多多少少地经历一番"感时花溅泪,恨别鸟惊心"式的阵痛。但要看到,一旦自身文化经过与他者的碰撞和成功的磨合,最终获得新生的活力、复兴的契机及其创造性的成就时,也必然会使人们在凝照之余,享受到"相看两不厌,只有敬亭山"的快感。这种情景,在一定程度上就像文化人类学家本尼迪克所描述的那样:不可避免的文化滞后现象,使我们必须在新的中间重新发现旧的,在新的可塑性中去寻找旧的确定性和稳定性。承认文化的相对性有其自身的价值,但这些价值未必就是绝对主义哲学理论所宣称的那些价值。由此而生的结果,会向习惯思想提出挑战,使得养成这些思想的人们感到揪心扒肝似的痛苦;同时,它也会激起悲观的情绪,这并非是因为它包含什么内在的困难,而是因为它把陈旧的原则完全打乱了。但只要新的观念像习俗信仰一样受到欢迎,它就会成为美好生活可资依靠的另一种屏障。那时,我们将获得一种更为现实的社会信念,还会把人类为了自己而从生存原料中创造出来的各种和平共存、平等有效的生活模式,作为希望与宽容的新基石。②

另外,在文化碰撞与磨合过程中导致的文化变异,总是伴随着相应的文化传承。比较而言,文化变异强调"革",主要表现为对原有文化传统的"否定"与创新,而文化传承强调的是"因",主要表现为对该文化传统的"肯定"和继承。这里所说的文化传统,是"先辈们不断选择和重新选择的结果"。③ 传统文化历史的具体实践表明,建设性的"因革之道",一般是"因中有革""革中有因",两者运作机制是在对立

---

① 滕守尧:《文化的边缘》(北京:作家出版社,1997年),第2页。
② 本尼迪克:《文化模式》(何锡章等译,北京:华夏出版社,1987年),第216页。
③ See Raymond Williams, *The Long Revolution* (Penguin Books, 1st ed. 1961, rep. 1971), p.69.

统一中促进文化的新生与发展的。当然,这需要屏弃非此即彼的武断做法,也需要警惕模棱两可的相对主义,而应以开放的态度和发展的观点来审视文化传统的"因革",以免使"因"沦为对以往文化经验的简单重复,或者使"革"失去不可或缺的前提条件。值得注意的是,富有活力的文化因革,通常是在社会转型时期的新旧文化、本土与异质文化的碰撞或激荡中发生的。在不同文化背景中的文化因革,自然会引致文化的创造性转换(creative transformation)。

2 达尔文进化论的启蒙作用

在维多利亚时代,英国的科学与文艺处于鼎盛时期。譬如,达尔文(Charles R. Darwin, 1809—1882)的进化论(evolutionism)被认为是19世纪自然科学的三大发现之一,与能量守恒-转换定律和细胞学说具有同等重要的革命性意义。这一学说最先主要见于达尔文的《物种起源》(The Origin of Species, 1859)和《人类的由来》(The Descent of Man, 1871)两书,论证的是物种的可变性和生物的适应性,以科学的方式摧毁了各种唯心主义的造神论,沉重地打击了宗教及其相关学说。然而,在充满政治与民族危机的中国社会与文化语境中,进化论中的有些学说远远超出了宗教和自然科学的范围,在许多有识之士中间产生了广泛而深刻的思想启蒙作用。无论是社会政治的改良思想,还是新文化运动的变革要求,尤其是国人对自身生存现状的反思与焦虑,恐怕都与进化论有着密切的关系。可以毫不夸张地说,进化论作为一种特殊的思想动力,强化了国人的忧患意识,激发了国人救亡图存的热情,同时也加速了中国文化裂变与重构的进程。在此意义上,进化论不仅促进了西方美学在中国向本土化的转换,而且有助于打破抱残守缺的传统观念,在思想界中逐步确立了开放性的自觉意识,进而在引介、感知和接受西方文化因素的同时,为中国文化的现代化或建设性重构,输入了新的血液,开拓了新的空间。美学作为一种安顿生命和改善生存方式的学问,涉及艺术鉴赏、道德修养与移风易俗等新民启蒙教育,自然也会像军事、政治、经济与伦理等学科一样,进入到提倡社会历史进化论者的视界之内。

值得说明的是,进化论思想是通过《天演论》一书传入中国的。该书的作者是达尔文思想的积极追随者赫胥黎（Thomas H. Huxley, 1825—1895），原书名为《进化论与伦理学》，译者是近代思想启蒙家严复（1853—1921），他采用了书中的部分内容，以古文的形式译出。我们知道，甲午海战（1894）后，严复先后发表了《论世变之亟》《原强》和《救亡决论》等文，批判顽固保守，主张维新变法，大声疾呼"今日中国不变法则必亡"。这些文章的核心思想与进化论密切相关。在《天演论》译本中，他以"物竞天择，适者生存"的论点，号召国人救亡图存，"与天争胜"，在当时思想界产生了振聋发聩的轰动效应。《天演论》自1898年由沔阳卢氏慎始基斋木刻出版，至1931年由商务印书馆汇集严复所译的其他名著以"严译名著丛刊"问世，其间曾多次再版，可谓盛况空前，其影响遍布国内各个思想和学术领域。20世纪初叶陈兼善在《进化论发达略史》一文中总结说："自从严又陵介绍了一册《天演论》以后，我们时常在报章杂志上，看见一大堆'物竞天择'、'优胜劣败'的话。这个十九世纪后半叶新起的学说，居然在半死不活的中国，成了日常习用的话……现在的进化论，已经有了左右思想的能力，无论什么哲学、伦理、教育、以及社会之组织，宗教之精神，政治之设施，没有一种不受它的影响。"①

结果，社会历史进化观，文化思想进化观，文艺美学进化观，一时间在国内学界蔚然成风。严复本人几乎毫无保留地接受了进化论思想，并且将其应用在分析社会历史的衰变沉浮上，认为社会历史的进化是一个客观的过程，人在改造社会和推动历史前进中具有一定的能动作用。而人是动物的一类，同样要受生存竞争和自然选择规律的支配。但是，人因为合群与合作而优越于一般动物，人或人种的发展取决于"三强"，即"血气体力之强""聪明智虑之强"和"德行仁义之强"，这就需要发挥"与天争胜"的精神，通过有效的启蒙教育，鼓民力，开民智，新民德，改造旧的国民性，创造新的文化，为此方能保种新民，救亡图存。在文艺方面，他大力提倡改良小说，试图以此来观（了解）移（改善）"人心风俗"，于是在强调其社会实用功能的同时，把中国诗词斥之为"无用之物"，令"饥者得之不可以为饱，寒者挟之不足以为温，

---

① 陈兼善：《进化论发达略史》，见《民铎杂志》3卷5号，转引自冯契主编：《中国近代哲学史》（上册，上海：上海人民出版社，1989年），第287—288页。

国之弱者不以诗强,世之乱者不以诗治"。① 严复的这一极端论说,无疑是从救亡图存的社会功利角度提出的,其历史的局限性是显而易见的。不过,这对当时的国内学者提出了一个富有挑战性的问题,并在一定程度上为中国诗学的改造与中国文论、艺术和美学的创新,铺设了温床,打开了思路,以假设和鼓动的方式确立了推陈出新的理论前提。

20世纪初期,深受进化论影响的中国学者举不胜举。在美学与文艺方面,最具代表性的要数王国维与鲁迅。王氏在《论近年之学术界》一文中对进化论的引介评价甚高,将严复及其译文与汉时随"白马负经"来都城洛阳的天竺佛教学者迦叶摩腾及其翻译的佛典相提并论。他说:"近七八年前,侯官严氏(复)所译之赫胥黎《天演论》(赫氏原书名《进化论与伦理学》,译文不全),译义出,一新世人之耳目,比之佛典,其殆摄摩腾(即迦叶摩腾)之《四十二章经》乎! 嗣是以后,达尔文、斯宾塞之名,腾于众人之口,'物竞天择'之语,见于通俗之文……"②尔后,王氏本人在论述中国宋元戏曲时,提出了文艺进化论的观点,认为"凡一代有一代之文学:楚之骚,汉之赋,六代之骈语,唐之诗,宋之词,元之曲,就所谓一代之文学,而后世继焉者也"③。另外,在翻新传统诗学、吸纳西方美学和会通中西方面,王氏从"意境说"切入,做出了突出的贡献,开启了中国近代诗学与美学。

鲁迅本人也是进化论的积极倡导者,其新文化观的理论基础主要是科学进化论。早在弱冠之年,即在南京求学之际,鲁迅就深受进化论思想的影响。1989年,他开始接触"西学",对他影响最大的要数达尔文与赫胥黎的生物进化学说。如《朝花夕拾·琐记》中所载,鲁迅对当时维新人物严复翻译的《天演论》兴趣极大。当一听说该书出版时,就在"星期日跑到城南去买了下来","一口气读下去",从中发现了"物竞天择"的新天地。鲁迅不是一般地读此书,而是达到烂熟于胸、开口能诵的程度。许寿裳在《亡友鲁迅印象记三》中说:"有一天,我

---

① 严复:《诗庐论》,转引自卢善庆:《中国近代美学思想史》(上海:华东师范大学出版社,1991年),第256页。
② 王国维:《论近年之学术界》,见《王国维文集》(北京:中国文史出版社,1997年),第三卷,第37页。
③ 王国维:《宋元戏曲考》,见《王国维文集》,第一卷,第307页。

们谈到天演论,鲁迅有好几篇能够背诵。"①在《人的历史》和《科学史教篇》等文里,鲁迅对进化学说有过比较翔实的论述。他认为新的总比旧的好,进化发展是硬道理。同时还假定进化论可以用来解决诸多问题,不仅可以促进文化更新与艺术创新,还可以延长种族与壮大生命力,乃至推动社会进步。前者见诸对"摩罗诗派"及其新声的称赞推崇,后者在 1918 年所说的一段话里表露无遗:"我想种族的延长,——便是生命的连续,——的确是生物界事业里的一大部分。何以要延长呢?不消说是想进化了。但进化的途中总须新陈代谢。所以新的应该欢天喜地的向前走去,这便是壮,旧的也应该欢天喜地的向前走去,这便是死,各个如此走去,便是进化的路。"②看来,鲁迅既受进化论的启发,也受其理论局限性的约束,在立论上显得过于直接而绝对。但要看到,鲁迅为了达到破旧立新的目的,对进化论进行了利用和改造,强化了其中发展的观点,以此来促进新文化的建构和新社会的改革。事实上,在改造国民性方面,鲁迅更是一位足踏实地、成就颇丰的实践者,其丰富的文学遗产一直影响着国人的文化心理结构,并且不同程度地强化着人们重塑国民性的自觉意识。

3 假道日本传入的美学与诗学

汉语"美学"一词是中国学者于 20 世纪初假道邻邦日本引进的。据日本美学家今道友信考证,"美学"一词是在输入西洋文化之际作为新的翻译语汇而创造的术语。最初,日本启蒙思想家西周(1829—1897)曾以意译的方式,试用过"善美学"和"美妙学"概念来取代 Aesthetik 的音译"埃斯特惕克"。明治初年,著名政治思想家中江兆民(1847—1901),翻译出版了法国美学家维隆(E. Veron)于 1878 年在巴黎发行的 *L'Esthétique* 一书,定名为《维氏美学》,从此才开始使用"美学"一词。今天,中国与朝鲜都用此词。③ 1982 年在日本出版的《文艺用语基础知识》辞典,对今道友信的上述说法作了补正。指出中江兆

---

① 转引自李泽厚:《略论鲁迅思想的发展》,见《鲁迅研究集刊》第 1 辑(上海:上海文艺出版社,1979 年),第 33 页注释 4。
② 鲁迅:《鲁迅全集》第 1 卷,第 412 页。
③ 今道友信:《东方的美学》(蒋寅等译,北京:三联书店,1991 年),第 1 页。

民翻译《维氏美学》是在明治十六、十七年(1884—1885),而从明治十五年(1883)开始,森鸥外和高山樗牛等学者就曾在东京大学以"审美学"的名称讲授美学。但一般学者认为"美学"作为一个固定化的概念得以流传,主要有赖于中江兆民的翻译之功。

根据我们的研究,将"美学"一词假道日本引入中国的可能是王国维。王氏于1898年入上海东文学社,1899年通过日本教员田岗岭云的文集,首次接触到康德与叔本华的某些思想,后习英日文准备攻究西方哲学。1900年赴日留学,1901年归国,协助罗振玉译编《教育世界》杂志。1903年开始攻读康德和叔本华哲学,同年在《教育世界》(1903年7月,第55号)上首次发表《哲学辨惑》专论,"美学"一词见于此文。其中,王氏在为哲学正名的同时,认为"教育学者实不过心理学、伦理学、美学之应用。……若伦理学与美学则尚俨然为哲学中之二大部。今夫人之心意,有知力,有意志,有情感;此三者之理想,曰真、曰善、曰美。哲学实综合此三者而论其原理者也"①。这里显然是在重复康德的说法。随后在《教育偶感四则》《奏定经学科大学文学科章程书后》和《古雅之在美学上之位置》等文中,王氏经常谈到美学一科。相比之下,王氏在当时的中国学者中,是最早研究和介绍西方美学的。尽管我们不能断定他当时是否读过《维氏美学》,但根据他在日本的求学经历以及在赴日之前对康德和叔本华哲学的兴趣,我们有理由推想他对日本学者翻译"美学"具有相当的学术敏感性,归国后将其介绍给中国学术界也是自然而然的事。

日本在1868年推行"明治维新"以来,在脱亚西化的思想主导下,翻译了大量的西方文献,涉及的领域极其广泛,哲学、美学与诗学所占比例甚大。但国内学者有自己的取舍,譬如,英国学者莫里斯(William Morris)在日本的影响甚大,但在中国就显得一般,尽管鲁迅曾经介绍过莫里斯的一些思想。另外,中国学者有不少人是通过日本的翻译文献先接触到西学,随后再自行去研读西文的原作。比较而言,日本所译介的英伦诗学,对当时留学日本的鲁迅产生了直接的影响,其中最具代表性的当推日本学者木村鹰太郎所推崇的浪漫主义文艺思潮。木村认为当时日本所处的时代特征是:软弱无力之文学家为数甚多;

---

① 王国维:《哲学辨惑》,见《王国维文集》,第三卷,第4页。

自称天才、冒牌文人众多;阿谀、谄佞、伪善、嫉妒、中伤盛行;社会万般事物停滞,人类腐败;需要拜伦的叛逆精神来拨乱反正,促进文艺健康发展。① 为此,他特意编译出版了《拜伦:文艺界的大魔王》一书,宣扬以拜伦为代表的浪漫主义诗学观。鲁迅本人读过木村的《拜伦》,并在此基础上撰写了《摩罗诗力说》,其中有不少段落转译了木村的文本。②

《摩罗诗力说》(1907)是鲁迅早期诗学的代表作。这篇在人类精神发展中探索救亡图存和改造国民性方略的诗论,既是鲁迅浪漫主义诗学与文学创作的出发点,也是充满民主革命热情、追求人本主义理想、号召思想革命的战斗檄文;既倡导"立意在反抗,指归在动作"的摩罗诗派精神,也呼吁"自觉勇猛、发扬精进"的"精神界之战士"……从历史的语境看,此文融鲁迅的艺术创作思想与启蒙主义热情为一体,在诗学与政治的经纬坐标上,达到了合规律性与合目的性的相对统一,在中国诗学从古典式和谐向摩罗式崇高的转型过程中,具有破旧立新的先导作用和标志意义。

在《摩罗诗力说》中,鲁迅满怀热情地介绍和称颂了拜伦和雪莱为首的浪漫派诗人的生平、作品、理想、艺术成就和诗学理论。这说明鲁迅从一开始就受到浪漫主义的感染,对摩罗诗派的批判现实主义精神十分赞赏。在此基础上,他所倡导的文艺观,自然是以浪漫主义为导向的,其中蕴涵着更新文学观念的火种。

首先,鲁迅认为诗人是具有革新精神立法者,如同"摩罗诗派"这样的"精神界之战士"。他们"抗伪俗弊习以成诗,而诗亦即受伪俗弊习之夭阏"。他们"多抱正义而骈殒",但依然推动"革新之潮","与旧习对立,更张破坏,无稍假借也"。与此同时,他们均是富有"神思之人,求索而无止期,猛进而不退转,浅人之所观察,殊莫可得其渊深。若能真识其人,将见品性之卓,出于云间,热诚勃然,无可沮遏,自趁其神思而奔神思之乡,此其为乡,则爱有美之本体"③。雪莱本人在《为诗辩护》("A Defense of Poetry")一文中,对真正的诗人倍加赞扬,得

---

① 北冈正子:《摩罗诗力说材源考》(何乃英译,北京:北京师范大学出版社,1983年),第5页。
② 同上。
③ 鲁迅:《摩罗诗力说》第六节。

出这样的结论:"在一个伟大民族觉醒起来为实现思想或制度上的有益改革而奋斗当中,诗人就是一个最可靠的先驱、伙伴和追随者……是不可领会的灵感之祭司;是反映出'未来'投射到'现在'上的巨影之明镜……是能动而不被动之力量。诗人是世间未经公认的立法者(Poets are the unacknowledged legislators of the world)。"①看来,鲁迅不仅受到雪莱的影响,而且接受了雪莱的观点。

其次,鲁迅同大多数浪漫派诗人一样,承认天才对于艺术创作和思想革命的重要意义。他既推崇天才("性解")的诗人,也称颂天才的个性。在鲁迅眼里,天才的诗人,首推以拜伦、雪莱等人为代表的"摩罗诗派"。中国的天才诗人屈原,虽能"抽写哀怨,郁为奇文。茫洋在前,顾忌皆去,怼世俗之浑浊,颂己身之修能……放言无惮,为前人所不敢言。然中亦多芳菲凄恻之音,而反抗挑战,则终其篇未能见,感动后世,为力非强"②,所以与西方杰出的浪漫主义诗人尚存差距。至于天才的个性,则主要表现在思进取、抗旧俗、争自由、求解放、讲真实、多新创的实际行动和不屈不挠的精神之中。因此。天才一旦出现,时常遭到"意在安生,宁蜷伏堕落而恶进取"者的竭力扼杀。在《文化偏至论》一文里,鲁迅在阐述立国必先立人的道理时,再次感叹天才在中国的可悲命运和为此付出的沉重历史代价:"夫中国在昔,本尚物质而疾天才矣,先王之泽,日以殄绝,逮蒙外力,乃退然不可自存。而轻才小慧之徒,则有号召张皇,重杀之以物质而囿之以多数,个人之性,剥夺无余。"显然,鲁迅热切地期盼着天才的出现,也呼吁社会尊重天才的作用。这里的天才与他理想的"个人"几乎同属一类。

再者,鲁迅积极肯定以真为美的艺术创作原则,也就是合艺术规律性的真实律。所谓真实,既包括艺术情感的真实,也包括艺术表现的真实。前者应当是发自内心的真情实感,因此要求作者"率真行诚,无所讳掩";后者应当是破除旧思想或旧套子轻桎后的言论自由和表现自由,因此要求作者"超脱古范,直抒所信",要成为"抱诚守真"的或摩罗式的"说真理者"。相应地,鲁迅坚决反对歌功颂德的文艺,讥

---

① Percey Bysshe Shelley, *A Defense of Poetry*, in Hazard Adams (ed.), *Critical Theory since Plato* (New York et al:Harcourt Brace Jovanovich, 1971), pp.512-513. 参阅雪莱:《诗之辩护》,见汪培基等译:《英国作家论文学》(北京:三联书店,1985年),第122—123页。

② 鲁迅:《摩罗诗力说》第二节。

笑吟风弄月的文艺,鞭挞瞒与骗的文艺。他认为那些"颂祝主人,悦媚豪右之作"没有意义,不值一提;"心应虫鸟,情感林泉"的韵语,"多拘泥于无形之图圉,不能舒两间之真美";而"不敢正视人生,只好瞒和骗"的文艺,几乎是毒害污染民众思想的主要恶源了。对此,鲁迅深恶痛绝,后来在《论睁了眼看》(1925)一文里严加痛斥:"中国人向来因为不敢正视人生,只好瞒和骗。由此也生出瞒和骗的文艺来,由这文艺,更令中国人更深地陷入瞒和骗的大泽中,甚而至于已经自己不觉得。"与此同时,他还迫切地呐喊疾呼:"世界日日改变,我们的作家取下假面,真诚地,深入地,大胆地看取人生并且写出他的血和肉来的时候早到了;早就应该有一片崭新的文场,早就应该有几个凶猛的闯将!"看得出,鲁迅所倡导的艺术真实律,还具有批判现实主义和大众启蒙主义的特殊要求,这与他把文艺视为"国民精神所发的火光"和"引导国民精神的前途的灯火"等理念是密切相关的。这也说明鲁迅诗学中的艺术真实律,不只是强调艺术的合规律性(艺术创作),同时也关注艺术的合目的性(社会职能)。时至今日,历经磨难,我们所取得的艺术实践成果,与鲁迅的理想追求尚存差距。究其要因,客观上恐怕是受忽左忽右的政治化意识形态的干扰阻滞,而主观上则由于艺术家自身思想境界及其艺术修养的局限所致。

最后,特别值得注意的是,鲁迅对文艺与科学的互补性有着比较全面的认识,这远远超越了时下那些顾此失彼的偏颇思想与急功近利的某些做法。我们知道,鲁迅早年热衷于科学救国的思想,从事过自然科学的学习与研究,深知科学与技术对国计民生的重要意义。但他也清楚,富有人文关怀精神的文学艺术,在表现人生、体味人生和启蒙人生等方面,是科学所不能取代的。如他所言:"盖世界大文,无不能启人生之闷机,而直语其事实法则,为科学所不能言者。"[①]类似的观点,在《科学史教篇》中有过深入的论述。他认为科学可以强国富民,但不能偏于一隅,走向极端。否则,社会的发展将会陷入偏废,根本的精神将会逐渐消失,国家的破灭将会跟着降临。如果"举世惟知识之崇,人生必大归于枯寂,如是既久,则美上之感情漓,明敏之思想失,所谓科学,亦同趣于无有矣"。因此,为了使人生得到全面发展,不使其

---

① 鲁迅:《摩罗诗力说》第三节。

发生偏向,我们既需要科学,也需要文艺;既需要牛顿(O. Newton)、波尔(R. Boyle)和康德(I. Kant)那样的科学家与哲学家,也需要莎士比亚(W. Shakespeare)、拉斐尔(Raphaelo)和贝多芬(Beethoven)那样的艺术家和音乐家。

正是基于积极浪漫主义和批判现实主义的文艺观,出于启蒙新民和救亡图存的终极目的,鲁迅通过"摩罗诗派"的示范作用,希望产生能鼓舞人心的"伟大壮丽之笔,独立自由之音",能超脱古范的"刚健抗拒破坏之声"和"强怒善战豁达能思之士",能"致吾人于善美刚健者"和"援吾人出于荒寒者"的宏文巨作,最终以此来唤起民众,孕育出更多的"自觉勇猛、发扬精进""破中国之萧条"的"精神界之战士"。

总之,鲁迅的诗学思想是以《摩罗诗力说》为出发点的。他深受摩罗式崇高之美学形态的影响,认为悲剧就是"将人生的有价值的东西毁灭给人看"①。在艺术创作实践中,鲁迅正视中国现实及其悲剧产生的社会根源,不仅对自己的悲剧观作了最有说服力的证明,同时还把悲剧作为一种意在启蒙新民、反帝反封建的艺术武器,作为对凌辱中国的帝国主义和祸国殃民的封建主义的一种血泪控诉。鲁迅知行合一,是中国精神界的无畏战士。他把对摩罗式崇高之美及其诗学的推崇,具体地落实在自己的艺术创作实践之中。他贬斥"颂祝主人,悦媚豪右"的歌德文艺,冷落"心应虫鸟、情感林泉"的韵语丽词,蔑视"悲慨世事,感怀前贤"的"可有可无之作",批判传统的"十景病",打破"曲终奏雅"式的大团圆主义,以会通中西的方法,独创出代表整个中华民族之悲剧的《狂人日记》,代表中国贫苦农民之悲剧的《阿Q正传》,代表中国劳动妇女之悲剧的《祝福》,代表中国下层知识分子之悲剧的《孔乙己》和《伤逝》,代表旧民主主义革命者之悲剧的《药》等作品。② 这一幕幕悲剧,震荡着当时的文坛,感染着当时的读者,有力地促进了中国旧文艺向新文艺的过渡,推动了古典虚幻式和谐向现代摩罗式崇高的转型。

---

① 鲁迅:《再论雷峰塔的倒掉》(1925年)。
② 刘再复:《鲁迅美学思想论稿》(北京:中国社会科学出版社,1981年),97页。

4　中国现代美学的生成与基本形态

从学科的一般规定性上讲,"无中生有"的中国近现代美学,正是中西文化碰撞与创造性转换的产物,或者说是诞生于中西文化之"边缘"地带的"新婴"。宏观上,其理论基础主要源于德国的古典主义美学和中国的儒道释思想,其理论形态也表现出相互别异但又彼此联系的特点,其历史文化的具体氛围是"学无东西"(王国维)、"拿来主义"(鲁迅)和"西学中用"(朱光潜等)等多声调语境,其方法也是五彩纷呈,因借与移植、传承与转换、概念嫁接与理论整合、自觉反思与分析批判都有各自发挥作用的文化和思维空间。

根据目前的研究结果,有的学者主要从文艺社会学的角度出发,将中国近代美学宏观地归结为功利主义和超功利主义美学形态。① 也有的学者更多地是从艺术哲学的角度出发,将其划分为古典和谐型与新兴崇高型美学形态。② 当然,我们也可以从相对微观的风格、旨趣和理论导向出发,将其细分为以王国维为代表的意境诗学,以蔡元培为代表的美育学,以朱光潜为代表的静穆美学,以宗白华为代表的体验美学,以蔡仪为代表的马克思主义美学,以李泽厚为代表的实践哲学美学等。其间,有的侧重于探讨艺术创造的合规律性(如意境说、古雅说和典型论),有的侧重于论述启蒙教育的合目的性(如美育说和趣味说),有的侧重于思索人格的修养和人生的艺术化(如距离说和审美境界说),有的则侧重于揭示艺术欣赏与审美体验的本质特征(如审美层次说和积淀说)。但从跨文化研究的角度去审视,这些宏观与微观的美学形态,都不同程度地呈现出中西融合的共性。

譬如,功利主义美学主要基于马克思主义所倡导的文艺具有阶级性和社会政治功能的学说,融含着儒家传统思想中的"诗以言志"和"文以载道"等观念;超功利主义美学则主要基于康德的审美无利害说(aesthetic disinterestedness),渗透着道家传统思想中的"逍遥"和"无

---

① 聂振斌:《中国近代美学思想史》(北京:中国社会科学出版社,1991年),第9—20页。

② 陈伟:《中国现代美学思想史纲》(上海:上海人民出版社,1993年),第31—70页。

为"等意识。古典和谐型美学一方面汲取了西方古典美学中和谐与优美的思想,另一方面则承继着中国文艺传统中的"中和为美"观念与程式化的"大团圆迷信"。具有激进色彩的新兴崇高型美学,作为社会经济、文化和政治发展到一定历史阶段的产物,从理论研究到艺术实践都担负着促进社会变革和国民性改造的重任,主导着中国现代美学发展的基调。尽管其理论基础大多来自西方(如博克、康德的"崇高说"和尼采等人的"悲剧说"),但也融会着中国文艺思想中的"阳刚说"与"雄强说",更何况这种新兴的美学形态由于在中国缺乏相应的艺术样式的全面支持而不够完满,因此依然兼容着古典和谐型美学的成分。

中西融合的特点,在早期影响较大的三位中国美学家(王、蔡、梁)身上,体现得甚为突出。他们为了改造中国传统而陈腐的文艺观、审美观,一方面有选择地接受了西方美学中相当数量的新理论、新观念;另一方面"又自觉不自觉地把传统的美学观念与新引进的美学观念相互诠释,融会贯通。而且在继承传统方面,他们也有各自的选择。中国古代所形成的儒、道、释三大美学传统,在中国近代美学大家那里也能明显地看出各自的余续"①。王国维主要受叔本华和尼采美学思想的影响,把艺术和审美看成解脱人生苦难、逃离现实利害的途径,同时又明显地表现出道家遗世独立的倾向,追求的是以物观物与超然物外的审美境界。蔡元培主要受康德和席勒美学思想的影响,用其超功利和审美教育的有关学说,来调和与改造儒家所倡导的那些基于诗礼乐教的经世致用主张,因此在肯定孟子所宣扬的大丈夫人格和鼓励超脱政治、个体利害及官能欲望的同时,推崇的是道德完善和刚健有为的进取精神。梁启超主要受英国经验主义培根和法国直觉主义如柏格森等思想家的影响,在标举小说革命、境为心造和趣味教育的同时,经常把"业果""圆满"和"解脱"等佛教术语引入文艺批评之中,并将佛教的"无我"同西方启蒙运动的自由、平等和博爱等价值观念联结起来发挥,借以阐述他所激赏的那种以"责任心"和"兴味"为要素的艺术化人生哲学。总之,这些在接受西学之前均享有扎实的国学功底的先贤们,都不约而同地走上了知新温故或温故知新的跨文化整合之路,力图融贯古今、会通中西,憧憬着中国文化与美学的凤凰涅槃。

---

① 聂振斌:《中国近代美学思想史》,第29页。

5 推动美学发展的文化精神

从现代文化人类学的角度看,美学发展的动力植根于某一社会的文化精神之中,超越这个范畴而仅从表面现象去理解促进美学发展的动因无疑是肤浅的。按照文化人类学的解释,文化精神是用以描述某一特定文化中价值体系整合性的一般模式和方向。文化精神与价值系统之间的关系,类似于文化形象与信仰体系之间的关系。文化精神的主要作用在于"将复杂的价值体系减少为影响价值体系各个方面的几个基本模式,并说明诸如经济、道德、审美价值之间的一致性。……用 A. L. 克罗伯的话说,'文化精神与弥漫于整个文化的诸特质紧密相连(如风格),与组成其外部特征的诸成分的整合形式相对比,文化精神包括文化的发展取向及其所追寻的、珍视的、认可的和终归有所成就的东西'"①。

在 20 世纪充满社会动荡和文化变异的中国,美学作为一门人文学科,其传布的速度和产生的影响都是十分惊人的。从其发展过程和历史文化语境看,相关学理上的追求与学科建设的需要是比较微弱的,不可能构成美学发展的动力;原人文的礼乐精神传统也不足道,它只是作为消化和诠释、比照和会通西方美学及其审美文化的本土资源而已,仅具有文化"因革"意义上的参考和取证作用。那么,到底是什么推动了中国现代美学及其形态的发展呢?我们认为其内在动力并非只是来自所谓的西方科学精神,而是主要来自本土的文化精神。这种精神从根子上讲,是基于以人为本的"生生之德"。由于中国人对"生(命)"的价值判断有别,"乐生"的方式有异,"达生"的路径不同,一方以忧患意识为主导,以儒家的"入世"思想为哲学基础,一方则以赤子情结为主导,以道家的"超世"(或"游世")和禅宗的"出世"等思想为哲学基础。

上文曾说过,中国文化传统中的"天人合一"的宇宙观,是汉民族

---

① Philip K. Bock, *Modern Cultural Anthropology* (New York: Alfred A. Knopf, Inc., 1979);博克:《多元文化与社会进步》(余兴安等译,沈阳:辽宁人民出版社,1988 年),第 293—294 页。

文化心理的核心内容。所谓"天人合一",实际上是人与天合,是人以天道为范本,下学上达,追求完善与超越的过程。在人看来,"天地有好生之德","曲成万物而不遗","有大美而不言"。那么,人之为人,就要不断地提升和完善自己,要努力达到顶天立地"与天地参"的境界。为此,人就要以天道为学习的榜样,"自强不息""厚德载物",培养"赞天地之化育"的能力和"与天地精神相往来"的美德。一句话,天地好生而化育,人也要好生而生生。所谓"生生",若用现代的话说,就是要热爱生命,珍惜生命,保护生命,救助生命,改善生命。在人类意识中,此"生命"虽以人为主,但也包括其他生命形式。推而广之的"生生之德",也可以说是一种"仁民爱物"的宇宙精神。在中国知识分子的文化心理结构中,这种精神根深蒂固,直接影响着他们的宇宙观、价值观和人生观。他们一般关注苍生民瘼,人间世态,提倡"先天下之忧而忧"的情怀,推崇"修、齐、治、平"的人生哲学,同时也承载着经世济民的使命感,充满着悲天悯人的忧患意识。这样,在国难当头的中国,在内外交困的中国,也就是在"上感国变,中伤种族,下哀生民"(康有为语)的中国,凝结在其心灵深处的忧患意识必然更为强烈。

历史地看,20世纪初期的中西文化交流碰撞,经过鸦片战争、义和团运动和甲午战争等太多、太伤感和太震撼的历史灾变之后,已经从物质文化层和制度文化层深入到追求"思想之改革"的观念或精神文化层,致使许多中国有识之士想"借思想文化以解决问题"的愿望,在很大程度上主导着当时的社会文化语境。这里所要借用的"思想文化",主要是西方的思想文化;这里所要解决的"问题",实为一系列交织在一起的复杂问题,包括国家民族的救亡图存问题、思想的启蒙问题、文化的因革问题、国民的教育问题等。所有这些问题,不管其侧重点有多大不同,但都无一例外地落实在"人"身上,也就是国人或民族的生存条件及其状态上。在此背景下,美学作为观念或精神文化的组成部分,在由充满忧患意识、负有社会责任心、意在经世济民的中国学者引入华土之日起,就自然承载着"启蒙""新民""教化"、文化革新以及国民性改造等合目的性的现实使命,因此也必然在形态发展上留下了殊深的社会功利主义烙印。譬如,梁启超宣扬美学和"小说革命",是因为在"文化上感觉不足"的同时,需要引进美学用以"新民",培养其良好的"兴味",实现其"全人格的觉悟",最终使国运隆盛,文化复兴,人生值得一过。王国维提倡美学美育,主要是从"国民的精神利益"出发启蒙民众,"为国民提供精神生命的天才",以便使国民确立健康的嗜好,培养知情意、真善美和谐发展的"完全之人物"。蔡元培引进美学和推行美育,无疑是出于"教育救国"的理想,其目标在于"以美育代宗教",培养健全的人格,即通过纯粹的美育,"陶养吾人之感情,使有高尚纯洁之习惯"。赞许"托尼学说,魏晋文章"的鲁迅,显然是要借用"拿来主义"的思想文化,进行"国民性批判"及其改造工作。即便像朱光潜这样的学者型知识分子,在社会思潮的冲击下,也不可能囿于"艺术化人生"或纯然"静穆"的理念,而是主张"无所为而为地研究和传播世间最好的知识与思想",以期"造就新鲜自由的思想潮流,以清洗我们的成见积习"。

不难看出,无论他们采取平和的还是激进的表述方式,相关的诸多文章中都渗透和流溢着道德文化的焦虑或忧国忧民的情结。这样,以康德和席勒为代表的西方启蒙美学,由于在新的语境中被赋予了如此重要的意义和显然夸大了的职能,同时又找到了适宜的文化土壤,因此在特定文化精神的推动下,通过语言转换而出现变异,融合本土资源而氤氲化生,借助现实需要而影响广布。无疑,这里所谓的特定文化精神,入乎其内则凝结为心灵深处的人文忧患意识,一种关注自身与群体命运的好生之德;出乎其外则表现为经世致用的学术精神,一种提倡"美教化,成人伦"和"文以载道"的现实追求。由此建构的功利主义美学,大多以"为生民立命"为己任,以"修、齐、治、平"为目标,以道德本位主义为逻辑结果。

需要指出的是,这种功利主义美学的工具价值是间接而有限的,不能直接用于救亡图存或抵御外辱,于是便以可能而间接的方式,主要通过悲剧和充满革命浪漫主义与批判现实主义精神的艺术表现形式,把高扬"阳刚之气"的崇高型美学形态在中国文化语境中推向极致。这当然不仅仅是为了唤醒民众而把"美好的东西毁灭给人看",也是为了提供一种新的审美范式,借以打破以"大团圆主义"为基本特征的古典和谐型美学形态。

从相关的角度来看,中国文化精神的另一核心内容当属赤子情结。通常所言的"赤子之心",是指精忠报国的爱国之心。而这里所言的赤子情结,是指注重性灵和生命自由的中国艺术精神。由老庄哲学演化出来这种传统的艺术心性,以少私寡欲、清静无为、自然天真但又"常德不离""含德之厚"①为基本特征,重视"与天为徒""与物为春""游心于物之初",向往的是"自在""悬解""人与物化"或"神与物游"的自由境界。这种心性所追求的境界,最具有艺术或审美的品位。它以"心斋""坐忘"和"澄怀体道"式的修养工夫,陶冶成会通万物的澄明虚静之心;以直觉的方式达成神与物契、物我两忘的自由境界;以非功利的态度超然物表,遗世独立,追求非实用的艺术化人生境界;以"畅神"为理想状态,热衷于"应目会心""迁想妙德""自然而然"的艺术创造活动。这种赤子情结,逐渐形成了以"魏晋风度"为主要标志的人格理想。根据这个重在"超脱"的理想,一个人会在超然物表、恬淡自守、清虚无为、"独享静观与玄想乐趣"(朱光潜语)的审美世界中,构筑个体的乌托邦,幻想在精神超脱中象征性地征服现实。总之,赤子情结意味着一种自由精神,一种"无为而无不为"的审美意识,一种超功利或无关利害的艺术化生存方式,一种以精神自由为生命最高形式的独立人格。

正是基于中国人文精神中的赤子情结,以康德、席勒、叔本华和尼采为代表的德国古典美学,很快在中国找到了自己的话语。以"自由的象征"来界定美的本质,以"无利害的凝神观照"来彰显审美判断的特征,以"游戏冲动"来标示审美的自由心理,以虚幻的艺术世界来提供精神解脱的可能途径……凡此种种,均在道家传统艺术精神的基础上得到"移花接木"式的转换与会通,从而促进了超功利主义美学的发展。鉴于赤子情结的上述特性和中国文人外儒内道的文化心理结构,古典和谐型的美学与艺术当然不会失去其应有的存在价值和消费市场。需要强调的是,在封建礼教中,在政治高压下,在内忧外患的文化悲剧氛围里,中国学人实际上也需要借助美学领域这块相对自由的空间,用自以为是的赤子情怀来缓解现实人生的苦难,抵制政治文化专制主义的桎梏作用,在密不透风的围墙中想象自由自在的艺术化人生,在非人的生存环境中维系人之为人的尊严和相对洒脱的人格。因此,在中国现代美学中,从王国维的"境界说""解脱说",朱光潜-宗白

---

① 老子在《道德经》第28章声称:"常德不离,复归于婴儿";在第55章断言:"含德之厚,比于赤子。"

华的"艺术人生说",到李泽厚的"审美境界说"和"心理本体说"等等,都包含着赤子情结,都带有超功利的诉求。

相比之下,中国人文精神中的忧患意识,偏于儒家的"入世"哲学,立足于现实人生,富有社会责任感;而与其并行的赤子情结,则偏于道家的"超世"或"游世"哲学,独钟于精神超越,富有审美自由感。前者注重道德本体,趋向于以道德教化为本位的功利主义,自行承载和践约着一定的社会使命,把经世致用或赎救他者视为己任;后者侧重自由本体,趋向于以自由精神为本位的超功利主义,渴慕潇洒出尘、来去无挂的生命体验,自觉追求超越现实的个体化存在形态。此两者亦儒亦道或外儒内道,作为中国人文精神的原创动力,必然作用于中国现代美学及其形态的发展和演变。

(2001年写于京东杨榆斋)

三 中西美学的互动与会通

如前所述,中国现代美学是在中西文化的交流与碰撞中氤氲而生的,是在中西美学的互动与会通中逐步发展的,而且在移花接木的文化变异中构成了自身的独特风范。从方法与内容上看,其显著的特征主要表现为融贯古今、会通中外。

历史地看,中国百年美学从勃兴到成熟,孕育出五种主要发展模式。这些模式各有侧重,互为前提,彼此影响,逐步深化,以类似线形的轮廓勾画出中国现代美学发展的阶段性历史轨迹和学术思想历程。概括起来,就是以译介为主的片断性因借发挥模式,以移植为主的系统化学科架构模式,注重创设的中西会通式理论整合模式,讲求应用科学效度的跨学科综合型美育实践模式和进行溯本探源的跨文化思索模式。

值得强调的是,中国现代美学虽以译介和移植西方美学为发端,但并不完全是简单的模仿或机械的复制,而是有选择地借题发挥,尽可能地局部改造,最终为中西美学的会通与理论整合创造了有利的条件。这是因为中国人文传统根深而久远,来势迅猛的"西学",从"东渐"之初就遇到本土文化的抵制。这种抵制尽管在很大程度上是文化保守主义所为,但也从消极的反拨中矫正了偏颇而极端的文化观念。譬如,针对"旧学"(中)与"新学"(西)之争,王国维法乎其上,追求真知,力排偏见,早在1911年所撰写的《国学丛刊》序中,倡导"学无新旧、无中西"之分的大文化视野。① 针对当时一度流行的文化调和主义，不少学者提出批评。宗白华在1919年11月27日的《时事日报》上发表过《中国的学问家—沟通—调和》一文，反对在中外文化之间寻求"相似"予以沟通的简单做法，"希望吾国学者打破沟通调和的念头，只要为着真理去研究真理，不要为着沟通调和去研究东西学说"②。针对"全盘西化"的思潮和异质文化的蔓延，1935年上海十教授联名发表《中国本位文化建设宣言》，公开举起"本位文化的旗帜"。对于这种两极化的文化意识，张岱年等学者均予以批评，进而倡导一种"综合创造论"的建设性主张。该主张要求在文化问题上，"兼综东西两方之长，发扬中国固有的卓越的文化遗产，同时采纳西方的有价值的精良的贡献，融合为一而创成一种新的文化，但不要平庸的调和，而要作一种创造的综合"③。所谓"创造的综合"，就是要否定文化保守派、激进派以及调和折中派的偏颇做法，主张剔除本土文化中陈旧而不良的东西，吸收外来文化中鲜活而优秀的东西，用传统文化中"其命维新"的活的成分来启发进步，有效推动外来新文化的输入与消化，

---

① 参阅王国维：《国学丛刊》序，见《王国维文集》（第四卷，北京：中国文史出版社，1997年），第366页。王氏认为："何以言学无新旧也？夫天下之事物，自科学上观之，与自史学上观之，其立论各不同。自科学上观之，则事物必尽其真，而道理必求其是。凡吾智之不能通，而吾心之所不能安者，虽圣贤言之，有所不信焉；虽圣贤行之，有所不慊也。何则？圣贤所以别真伪也，真伪非由圣贤出也；所以明是非也，是非非由圣贤立也。自史学上观之，则不独事理之真与是者，足资研究而已，即今日所视为不真之学说，不是之制度风俗，必有所以成立之由，与其所以适于一时之故。……今日之君子，非一切蔑古，即一切尚古。蔑古者出于科学上之知识，而不知有史学；尚古者出于史学上之见地，而不知有科学。即为调停之说者，亦未能知取舍之所以然。此所以有古今新旧之说也。
"何以言学无中西也？世界学问，不出科学、史学、文学。故中国之学，西国类皆有之；西国之学，我国亦类皆有之。所异者，广狭疏密也。即从俗说，而姑存中学西学之名，则夫虑西学之盛之妨中学，与虑中学之盛之妨西学者，均不根之说也。中国今日，实无学之患，而非中学西学偏重之患。京师号学问渊薮，而通达诚笃之旧学者，屈十指以计之，不能满也；其治西学者，不过为羔雁禽犊之资，其能贯串精通，终身以之如旧学家者，更难举其一二。风会否塞，习尚荒落，非一日也。余谓中西二学，盛则俱盛，衰则俱衰，风气既开，互相推助。且居今日之世，讲今日之学，未有西学不兴，而中学能兴者；亦未有中学不兴，而西学能兴者。"同上书，第366—367页。
② 参阅汝信、王德胜主编：《美学的历史：20世纪中国美学学术进程》（合肥：安徽教育出版社，2000年），第411页。
③ 参阅张岱年：《张岱年文集》（第一卷，北京：清华大学出版社，1989年），第265页；转引自傅长珍：《文化与哲学的整合——论张岱年先生早期的文化哲学观》，见《学海》，2001年第1期，第101页。

最终创造出有利于新陈代谢和复兴再生的华夏新文化。随后他还提出了"文化的创造主义",把"综合创造论"的现实意义提到攸关华夏文化再生与中国民族复兴的高度来认识。① 类似这样的文化观念和创新意识,对于那些关注中国文化建设、力图"为天地立心,为生民立命,为往圣继绝学,为万世开太平"(张载语)的中国学者来讲,必然会产生一定的激励和启发作用。这种作用势必也波及审美文化领域,在不同程度上影响中国现代美学的发展模式。

1 片断性的因借发挥

20世纪以降,中国内忧外患,许多有良知、有抱负、有民族气节的知识分子,"上感国变,中伤种族,下哀生民",均以各自可能的方式探寻着救亡图存的文化革新之道。此时的"西学东渐"或文化转型,已从原来所偏重的文化器物层面(如船坚炮利)进而转向文化制度层面(如教育制度)和文化观念层面(如科学、哲学、美学、文学艺术)。虽然"旧学"(中)与"新学"(西)之争仍在继续,但"青山遮不住",前者势运日衰,后者精进如斯,蔚然已成显学。在这种社会大环境下,"学无中西"(王国维语)和"别求新声于异邦"(鲁迅语)之类的呼声日见高涨,形形色色的西方思想理念通过译介像潮水般涌入华土。在当时的中国美学和文艺界,这一趋势也构成了一道热闹的风景线。不少从事美学译介或文艺研究的学者,出于文化革新或社会改良的愿望,怀抱"他山之石,可以攻玉"的方策,一方面批判守旧,一方面积极引进,在紧锣密鼓中"你方唱罢我登台"。

这便是中国美学在学科意义上的初创阶段。在当时特定的历史文化条件下,开山之师们不大可能,也无暇顾及系统地了解和研究西

---

① 参阅张岱年:《张岱年文集》(第一卷,北京:清华大学出版社,1989年),第265页;转引自傅长珍:《文化与哲学的整合——论张岱年先生早期的文化哲学观》,见《学海》,2001年第1期,第101页。张岱年在《世界文化与中国文化》《关于中国本位的文化建设》和《西化与创造》等文章中指出,文化的创造主义就是"不因袭,亦不抄袭,而是从新创造。对于过去及现存的一切,概取批判的态度;对于将来,要发挥我们创造的精神!惟有信取'文化的创造主义'而实践之,然后中国民族的文化才能再生;惟有赖文化之再生,然后中国民族才能复兴。创造新的中国本位的文化,无疑的,是中国文化之唯一的出路。宇宙中一切都是新陈代谢的,只有创造力永远不灭而是值得我们执著的"。

方美学源远流长的全貌,而是根据社会文化需求、个人的兴致所好与理想追求,在西方美学理论思想史的横断面上,截取了一些影响较大的学说,如康德的"审美无利害说"和"优美与崇高说",席勒的"审美游戏说"和美育论,叔本华的"生命意志说"和"静观论",尼采的"超人天才说"和"悲剧论"等,继而联系中国文艺传统中的相关因素,借题发挥,大加张扬。这其中不乏片面地理解、机械地照搬、有意地夸大、概念的套释、牵强附会地取证、文本的误读和挪用、语境的错位和变形,而且在学术规范上也显得松散、随意,甚至杂乱无序。从学理上看,所有此类弊病显然是缺乏系统研究或片断性因借的必然结果。但从文化碰撞与文化选择的角度看,上述现象在一个急于救亡图存的社会环境里又显得是那么自然而然、不可避免。

尽管如此,处于初创阶段的中国美学也不乏成功的磨合,深刻的见地,新范畴的创设,富有智慧的概念嫁接和创造性的理论建树,其中最有代表性的当推王国维的"意境论"和"古雅说"。这主要与他追新求变的独创精神、深厚的传统文化学养和自觉的超越意识具有直接关系。另外,值得注意的是,当西方的美学概念及其相关的理论思想,一旦转换为汉语的表达形式,文化的变异也就随之开始了。我们知道,文化与语言是相互作用的。前者会影响到语言的内容与结构,如新术语、新词汇的出现和语法句式的变化;后者会影响文化中原有概念在第二语言符号中的内涵,导致"按字索骥"式的创造性误读(creative misunderstanding)。研究语言与文化之间关系的萨皮尔(Edward Spir)认为,语言不仅能列举出我们周围的环境,而且具有名副其实的强制力量。"语言之所以能给我们的经验下定义,是由于它本身在形式上具有完整性,同时也由于我们总是在下意识地把预期要用语言明确表达的观念,投射到我们的经验领域里去了。"①譬如,"美学"的汉译名,是假道日本传入华土的,与原本出自古希腊语 αισθητικος(拉丁化的英译为 aesthetics)并不怎么应和。后者通常用来表示感知能力和可以感知的东西,与其相对的则是表示没有感觉或感觉麻木的 αναισθητος

---

① 参阅 Edward Spir, "Conceptual Categories in Primieire Languages", in Science, 74 (1931), p.578; C.恩伯、M.恩伯:《文化的变异》(杜杉杉译,沈阳:辽宁人民出版社,1988年),第136—137页。

（拉丁化的英译为 anaesthetic,意指麻醉、麻木或麻醉剂）。αισθητικος 作为学科,主要研究感性知觉与艺术创造和审美判断的。西方人看到这个词,从字母组成的逻辑与语义关系中便可以自然而然地推导出其基本的范畴属性。但在汉字里,"美"这一象形的语言符号所具有的直观意义,很容易自动地消解原词所包含的整体-部分之间的逻辑关系。与此同时,"美"在中国文化,特别是儒家传统中与"善"互换的语义特征和道德伦理内容,也自然会以其自身拥有的"强制力量"制约人们的解读方式。由此所引发的创造性误读与文化的变异,也必然会在中国现代美学发轫之初产生一定的效应。

2 系统化的学科架构

"五四"新文化运动将中国美学研究推向新的台阶。特别是开创性的美育实践,不仅企图利用美学辅助文艺一同担负起民众启蒙教育乃至改造国民性的重任,而且在相关学者中间激发起建构美学学科体系的热情和努力,从而使系统化美学研究模式应运而生。该模式的主导宗旨在于参照和借用西方的科学研究方法,筛选和吸纳中国治学传统中的有效成分,由浅入深、由点到面、由局部到整体地梳理和厘清美学的历史沿革、文化背景、研究对象、基本范畴、理论形态、哲学基础等方方面面,进而确立其学科架构,完善其理论体系。这样不仅有利于消除和补正片断性美学研究的种种偏颇(如"就其一点不及其余"的论述方式),而且有利于深化艺术批评和文艺学研究,同时也促动了中国美学思想与部门艺术美学的系统研究,堪称中国近现代美学发展的逻辑必然。

推动系统化美学研究的领军人物当属蔡元培。这不仅是因为他本人在德国莱比锡等所大学接受过比较系统的美学训练,回国后又积极倡导过西方《美学的研究方法》(1921),亲自讲授过西方美学,并且拟定过《美学通论》的教材编写提纲(实际上已经写出《美学的趋向》和《美学的对象》两章),更重要的是因为他入主北京大学之后,通过实施美育计划而波及全国教育领域,打下了广泛的社会基础,调动了研究人员的学术兴趣和积极性。

推动系统化美学研究的另一要素来自西方美学著作的大量译介。

从国内最早于1920年出版的刘仁航译本《近世美学》、经由朱光潜等人译介的美学名著，一直到八九十年代由李泽厚主编的大型"美学译文丛书"，真可谓琳琅满目、蔚为大观。它们除了为国内系统化美学研究提供着必要的资料和参照框架（frame of reference）外，也的确在一定程度上支撑着国内美学研究的殿堂。

国内建构近现代美学体系的努力，在20世纪三四十年代取得了显著的成果。以吕澂、陈望道、李安宅、范寿康、朱光潜、蔡仪、傅统等人为代表的美学家，相继撰写出诸多部题为美学、美学概论、美学纲要、文艺心理学以及西方美学史之类的专著。他们抑或从知识的真、善、美三分法来界定美学学科的特征，抑或从学术、精神、价值和规范角度来分析美学的性质，抑或从主要的美感理论形态来组合美学的发展体系，抑或从艺术创造的合规律性出发来批判旧美学、建立新美学。虽然有的观点失之简略，有的地方稍嫌浅泛，有的结构难免雷同，有的学说显露出照搬或挪用的痕迹，有的论述也多少残存着机械或强辩的色彩，但总体上是在不断追求完善的过程中，系统地勾画出这门学科的基本特色及其方法原理。与此同时，系统化模式也有效地促进了中国艺术美学的体系化研究，为日后建立中国古典美学思想体系奠定了基础。这方面的突出成果甚丰，譬如朱光潜的诗论，丰子恺的画论，邓以蛰的书法欣赏，李泽厚、刘纲纪、叶朗、敏泽等人的中国美学史……从论述方法和体系结构上看，其中尽管不乏理论的因借、概念的嫁接、语义的转换，但基本上还是立足于中国的文化背景与思维传统，从纵横两方面展现出中华美学思想的发展经纬和独特风貌。

3 中西会通式的理论整合

从中西文化碰撞与磨合的夹缝中发展起来的美学，始终伴随着不同形式的中西美学比较过程。这种比较，需要跨文化研究的学术视野，平等的对话意识，学贯中西的学养和会通学理方法的能力。唯此，才有可能通过相关的理论整合而有所创建、有所超越。

所幸的是，中国近现代美学界的确涌现出这样一些特殊人才。其中众所公认的有朱光潜、丰子恺和宗白华等著名美学家。他们的共同之处在于一方面到海外接受过系统的学术训练，习得西方文化与美学的科学精神,也谙悉西方学理的要求及其规范,另一方面又都从小接受过中国文化的熏陶和传统的教育,具有深厚的国学功底和东方特有的妙悟智慧,同时也自觉地担负着创造中华新文化的历史使命和热衷于人生艺术化的理想追求。

就其成果而言,朱光潜早期所著的《文艺心理学》和《谈美》等书,总体上是以西方近现代重要美学理论为主干,利用语义转换、观念比较和取证于中国传统文艺理论以及诗歌范例的方式,从而有效地化解了外来学说的生疏与隔膜,譬如借助中国古代文论中的"情景交融"和"超然物外"说,分别诠释立普斯的"移情作用"和布洛的"心理距离"论;基于康德的"无为而无不为的凝神观照说""美的自由说"与席勒的"游戏说"等,进而接道家传统之"木",提出了"人生的艺术化"这一重要理论。其后所著的《诗论》一书,则是"百尺竿头,更进一步",在会通中西学理和整合中西诗学理论基础上,通过科学的分析和对比中西诗歌的节奏、声韵、音波、情趣、意象、句法、韵法等要素,揭示了中西诗歌艺术的不同特征,其恰当的体例、严整的逻辑、缜密的求证和平实的结论,为创设中国现代诗学和中西比较诗学树立了一个新的立程碑,迄今恐怕还无人超越这一成就。难怪著译作等身的朱先生声称自己一生仅写了这么一部书。相比之下,丰、宗二位先生更多地是从书画艺术的角度对中外美学进行比较研究。他们对中西绘画的审美理想、价值特征、创作规律和构成要素的相应功能等方面,都作了开创性的研究比较和理论归结,并对其发展方向提出了有意义的前瞻性展望,其学识和风范均为后学树立了榜样。

需要指出的是,真正意义上的中西美学会通,并非是简单地"移花接木"之述,而是在讲究学问、义理和思想异同的基础上取得新的创获。常见的做法是利用西方的学理方法和科学精神,审视和诠释以传统诗学、文论和画论为主要内容的中国审美文化,抑或使含蓄模糊歧义的概念得以澄明,抑或在中西互为文本的语境中进行跨文化的沟通会通。这种中西美学会通的本质特征,犹如牟宗三在论及中西哲学之会通时所言,关键在于"解消二律背反",既承认普遍性,也承认特殊性,在沟通会通过程中追求的是普遍真理,而不是合二为一。相反,双方"各保持其本来的特性,中国保持其本有的特色,西方也同样保持其本有的特色,而不是互相变成一样。故有普遍性也不失其特殊性,有特殊性也不失其普遍性,由此可言中西哲学的会通,也可言多姿多彩"①。中西哲学会通如此,中西美学会通亦然。在这方面,其典型的范例之一要数李泽厚的审美"积淀说"。此说融贯着实践哲学的基础,得益于贝尔(Clive Bell)"有意味的形式说"(the siginificant form)和荣格(Carl Jung)的"集体无意识说"(the collective unconscious),同时也深受"只可意会,不可言传"的中国体验妙悟式思维特点的影响。尽管"积淀说"还不足以涵盖人类不断追求超越性的审美创造活动与理论研究的动态过程,但其中西会通的性相给当代中国美学研究人员以莫大的启迪。

4 跨学科综合型的美育实践

20世纪初,王国维感于僵化滞后的中国教育体系和鸦片之毒害使世风委颓的社会现状,在探讨研究教育的宗旨、人间的嗜好与孔子的礼乐诗教等问题时,积极呼吁开展美育的重要意义。同时代的梁任公,在标举"趣味教育"之时,也深刻地认识到美育在人生中的不可或缺性。但碍于时局和历史条件,他们在美育实践上并无多少实际的作为,只是尽己所能地做了一些理论铺垫工作。倒是后起之秀蔡元培,于1917年初入主北京大学后,出于教育救国以及社会改良的使命感,不仅发表了以"美育代宗教"的著名学说,而且率先垂范,以北京大学为龙头开展起不同形式的美育教学以及艺术实践活动,从而在真正的意义上开启了中国美育的先河,奠定了相关的理论和经验基础。

迄今,历经几代人的努力,中国美育的理论与实践均已取得显著的成就。时逢举国上下强调人文素质的教育改革之机,"美育"作为人格教育的重要一环终于被纳入国民教育方针之中。为适应新时期的社会要求,国内一些美学家经过长期探索和总结,提出了不少有效的美育理论和方法。这其中比较突出的要数滕守尧等人创设的生态式美育新模式。该模式不同于传统上以教师为中心、忽视学生自由创造性的灌输式美育模式,也有别于偏重学生自我表现能力而忽视艺术激

---

① 参阅牟宗三:《中西哲学之会通十四讲》(上海:上海古籍出版社,1998年),第5—6页。

发和教师作用的园丁式美育模式,而是以跨学科综合型的教学实践为出发点,通过美学、艺术史、艺术批评、艺术创造和设计等多种不同学科之间的生态组合,通过经典作品与学生之间、作品体现的生活与学生日常生活之间、教师与学生之间、学生与学生之间、学校与社会之间等多方面和多层次的互生互补关系,提高学生的艺术感觉和创造能力。诚如滕守尧本人所言,在自然"生态系统"中,各种不同物种达到一种最佳组合时,才能形成一种互生、互补、生机勃发、持续发展的生态关系。生态式美育就是一种充分体现生态智慧和不断运用生态智慧的艺术教育。这种艺术教育首先就是要打破美学、艺术史、艺术批评、艺术创作、艺术心理学、艺术社会学、文化人类学等不同学科之间的隔离状态,建立他们之间的生态关系。第二是强调艺术欣赏与艺术创造之间的相互融合和相互渗透,使敏感的艺术感与艺术创造之间贯通。第三是要通过对艺术形式的感知和分析,分辨和认识艺术作品中清与浊、大与小、短与长、疾与徐、哀与乐、刚与柔、高与下、出与入、周与疏、虚与实等不同因素和不同事物之间"物物相需"的生态关系和由此而导致的可持续性生命过程。长期接受这种训练,就回通过慢性熏陶异质同构作用,影响人的心理结构,使之成为一种与杰出艺术品同样的开放性和可持续性发展结构。

事实上,这一模式不仅具有跨学科的特征,而且也流溢着跨文化的韵致。简单说,它参照了美国艺术教育界于20世纪90年代提出的"以多学科为基础的艺术教育"(discipline-based arts education)设想,有选择地吸收了中国古代诗乐教育传统的某些积极因素和多年来行之有效的美育方法,同时也融汇了环境生态学、精神生态学和现代与后现代设计文化的有趣内容。众所周知,美学相当于批评的艺术,主要从哲学角度来分析审美概念和解释艺术表现;艺术史相当于传承的艺术,有助于人们理解历史语境中的艺术作品;艺术批评相当于沟通的艺术,主要基于艺术的合规律性来评价和诠释艺术作品及其欣赏价值;艺术制作相当于创造的艺术,是引导和鼓励人们从事艺术作品制作或创造的;环境生态保护绝非见物不见人的单一技术观念,而是基于"仁民爱物""赞天地之化育""曲尽万物而不遗"等传统伦理观念与现代"可持续发展"的思想,旨在培养人们爱护外部生态环境和协调内部精神生态环境的自觉性,进而和谐人与自然的关系,人与人的关系,以及情感与理智、物质与精神的关系；设计文化是构成现代审美文化的重要内容，旨在提高"实用品艺术化"的品位和人类生活质量。所有这些学科尽管不能完全兼容，但密切相关，对人文素养教育和现代社会生活具有直接影响。经过一段时间的实践磨合，想必会丰富艺术教育的内容、活跃课堂教学的气氛，增加学校乃至社会、家庭美育的广度和深度。

5 溯本探源式的跨文化思索

从中西文化哲学与文化诗学角度来探讨中西文化精神及其审美特性，是美学与审美文化研究的进一步深化。这不仅需要纵向的把握和归纳，而且需要横向的分析和比较，同时也需要研究者融贯古今中外和打通文史哲诸学科的深厚学养。在这方面，方东美、唐君毅、徐复观等人所取得的成就很值得我们关注。

譬如，在《哲学三慧》《生命情调与美感》《诗与生命》《广大和谐的生命精神》《从比较哲学观旷观中国文化里的人与自然》以及《中国人的艺术精神》等文章中，方东美以溯本探源的跨文化研究方式，从纵横两大维度揭示了希腊、欧洲和中国的文化精神与审美特性。首先，他从希腊、欧洲与中国的三种智慧样态的整体角度出发，来昭示各自不同的思维方式、文化精神与民族生命特征。据其所述，希腊人以实智照理，起如实慧，演生为契理文化，主要在援理证真。其民族生命特征以酒神狄奥尼索斯（Dionysus）、日神阿波罗（Apollo）和天国奥林匹斯（Olympus）三种精神为代表，分别象征豪情、正理和理微情亏，三者之中以日神精神为主脑。欧洲人以方便应机，生方便慧，形之于业力又称方便巧，演生为尚能文化，主要在驰情入幻。其民族生命特征以文艺复兴（the Renaissance）、巴洛克（the Baroque）和洛可可（the Rococo）三种精神为代表，前者以艺术热情胜，中者以科学奥理彰，后者则情理相违，凿空蹈虚而幻惑，兼此三者为浮士德精神（the Faustian）。中国人以妙性知化，依如实慧，运方便巧，成平等慧，演生为妙性文化，主要在挈幻归真。其民族生命特征以老、孔、墨为精神代表。老子显道之妙用，孔子演易之"元理"，墨子申爱之圣情。贯通老、墨得中道者厥为孔子，道、元、爱三者虽异而不隔。这样，希腊慧体为一种实质和谐,类似音乐中的主调和谐,具有情、理、欲兼顾的三叠和谐性;欧洲慧体为一种凌空系统,类似音乐中的复调和谐,具有内在矛盾之系统;中国慧体为一种充量和谐,交响和谐,具有彼是相因、两极相应、内外相孚、不滞不流、无偏无颇等同情交感之中道特点。

方东美认为上述三种文化精神及其特性,自然会影响各自的艺术表现形式和审美风格。譬如,希腊文化的三叠和谐性以体现科学精神的理(智)为主,所以提倡节制的美德,以情(感)为辅,所以控制过度的欲(望)。在艺术上,建筑艺术美表现为对称、比例与均衡三者交互和谐,悲剧诗艺美表现为动作、空间与时间三一律形式,雕刻艺术美表现为中分线经鼻尖、肚脐与两足中间三点的一体三相和谐。欧洲文化的凌空系统,其性质深秘微密,其内容虚妄假立,学理无穷抽象,处于二元或多端对立的内在矛盾系统。反映在文学上,则驰情入幻,心理动机冲突发展,如浮士德诗剧一样方生方死、转变无常、寻寻觅觅、怪怪奇奇。反映在建筑上,其形式如倾斜倚侧,危微矗立,锥峰凌霄,廊庑空灵之教堂。反映在绘画上,则讲究透视法,故浓淡分层,明暗判影,切线横堂,幻尺幅空间之远近,艳色掩虚,饰瑰奇美感之假有。中国文化追求充量和谐,讲究同情交感之中道。就艺术言,其神韵纡徐蕴藉,生气浑浩流衍,意境空灵,造妙入微,令人兴感,神思醉酡。于诗礼乐三科,诗为中声之所止,乐为中和之纪纲,礼是防伪之中教。中国建筑之山回水抱,得其环中,以应无穷,形成园艺和谐之美。绘画六法,分疆叠段,不守透视定则,然位置、向背、阴阳、远近、浓淡、大小、气脉、源流出入界划,信乎皴染,隐迹立形,气韵生动,灵变逞奇,无违中道,不失和谐。中国各体文学传心灵之香,写神明之媚,音韵必协,声调务谐,劲气内转,秀势外舒,文心开朗如满月,意趣飘扬若天风,妙合重用和谐之道本。①

再则,这位诗人兼哲学家断言,文化乃心灵的全部表现,宛如表现人类生命、情感与思理的一幅幅图画。要研究一个民族的美感或审美特性,要从其生命情调及其特征切入;而要了解其生命情调与特征,又必须探讨其宇宙观。诚如他所言:"宇宙,心之鉴也,生命,情之府也,

---

① 参阅方东美:《哲学三慧》,见《方东美新儒学论著辑要:生命理想与文化类型》(蒋国宝、周亚洲编,北京:中国广播电视出版社,1993年),第85—106页。

鉴能照映,府贵藏收,托心身于宇宙,寓美感于人生。……生命凭恃宇宙,宇宙衣被人生,宇宙定位而心灵得养,心灵缘虑而宇宙和谐,智慧之积所以称宇宙之名理,意绪之流所以畅人生之美感也。……各民族之美感,常系于生命情调,而生命情调又规抚其民族所托之宇宙,斯三者如神之于影,影之于形,盖交相感应,得其一即可推知其余者也,今之所论,准宇宙之形象以测生命之内蕴,更依生命之表现,以括艺术之理法。"①根据他的分析归纳,希腊人的宇宙,形体质实圆融,空间上下四方,时历往来古今,因此描述世界形象"具体而微",持"拟物宇宙观"。诗人所谓"天似穹庐,笼盖四野,天苍苍,野茫茫,风吹草低见牛羊",最形象地表达了希腊人的宇宙。近代西洋人的宇宙,则为无穷之境界,质、空、时、数均属无穷,其宇宙观自然应乎无穷。相比之下,古希腊人纵目瞰宇宙,自觉"地形连海尽,天影落江虚",大有"独坐清天下"之妙趣。近代西洋人豪思寄宇宙,但感"苍茫云海间。长风几万里",转生"惆怅意无穷"之远兴。西洋人这种渺无涯际的宇宙情怀,犹如歌德诗中所述:"乾坤渺无垠,生世浑如寄,晏息向君怀,驰情入幻意。"中国人的宇宙,则是一有限之质体而兼无穷之"势用"。中国人通常轻视科学理趣,而看重艺术意境,以艺术化的神思来经纶宇宙,因此其宇宙观"盖胎息于宇宙之妙悟而略露其朕兆",可用庄子的"圣人者原天地之美而达万物之理"一语加以概括。比较而言,"希腊人与近代西洋人之宇宙,科学之理境也,中国人之宇宙,艺术之意境也"②。于是,在各自的生命情调、美感特性及其表达形式上便构成一定的差异,若将其置于灯彩流翠的戏场上可如是观:

戏中人物	希腊人	近代西洋人	中国人
背景	有限乾坤	无穷宇宙	荒远云野,冲虚绵邈
场合	雅典万神庙	哥特式教堂	深山古寺
缀景	裸体雕刻	油画与乐器	山水画与香花
题材	摹略自然	戡天役物	大化流行,物我两忘
主角	阿波罗	浮士德	诗人词客

---

① 参阅方东美:《生命情调与美感》,见《方东美集》,第355—357页。
② 同上书,第357—366页。

表演	讴歌	舞蹈	吟咏
音乐	七弦琴	提琴,钢琴	钟磬箫管
境况	雨过天青	晴天霹雳	明月箫声
景象	逼真	似真而幻	似幻而真
时令	清秋	长夏与严冬	和春
情韵	色在眉头	急雷过耳	花香入梦
	素雅朗丽	震荡感激	纡馀蕴藉①

这种宏观的研究和跨文化的比较,虽不能翔实周备,但却能从总体上彰显希腊、近代欧洲和中国文化传统、文化精神和美感特征的实质要素,从类型上昭示各自的差异性和独特性。当然,古希腊的科学求真精神,在近现代欧洲是得到继承发扬的,其逻辑分析传统几乎一脉相承,所谓"欧洲文化,言必称古希腊"也说明了这其中的文化渊薮。值得指出的是,这种跨文化比较,并无扬此抑彼之嫌。譬如论及西方以科学理境为主、中国以艺术意境为主的宇宙观时,作者特意指出:"科学理趣之完成,不必违碍艺术之意境,艺术意境之具足亦不必损削科学之理境,特各民族心性殊异,故其视科学与艺术有畸重畸轻之别耳。中外宇宙观之不同,此其大较,至其价值如何论定,则见仁见智,存乎其人可也。"②

另外,基于广阔的国际文化视野和文化批评意识,作者在比照相关文化的特征和优点的同时,也指陈了各自的不足或弊病。就后者而言,希腊与欧洲文化各有三大弱点,中国文化亦有七个弊端。譬如,希腊式智慧"遗弃现实,邻于理想,灭绝身体,迫近神灵,是以现实遮可能,觉此世之虚无,以形骸毁心灵,证此生之幻妄。……从此可知希腊文化之崩溃,哲学之衰落,实为逻辑之必然结果也"③。欧洲式智慧过

---

① 参阅方东美:《生命情调与美感》,见《方东美集》,第356页。
② 同上书,第366页。
③ 参阅方东美:《哲学三慧》,见《方东美新儒学论著辑要:生命理想与文化类型》,第96页。希腊式智慧的另两大弱点为:一是认为"现实生存流为罪恶渊薮,不符理想,可能境界含藏美善价值,殊难实现,是现实与可能隔绝,罪恶与价值乖违,人类奇迹现实,如沉地狱,末又游心可能,契会善美,故哲学家之理想,生不如死,常以抵死为全生之途径"。二是认为"躯体都为物欲所锢蔽,精神却悬真理为鹄的,身蔽不解,心智难生,故哲学家必须涤尽身体之涸浊,乃得回向心灵之纯真"。

于迷恋"论辩造妙",因此"欧洲人深中理智疯狂,劈积细微,每于真实事类掩显标幽,毁坏智相,滋生妄想。观于心性之分析,感觉现量本可趋真,而谓摄幻;理性比量原能证实,而谓起疑;幻想似量究属权宜,而谓妙用。其甚也,人格之统一,后先相承而谓断灭,身心之连谊,彼此互纽而谓离异。内外之界系,尔我交喻而谓悬绝"①。中国人虽然悟道之妙,然四千年智慧昭明之时少,暗昧锢蔽之日多,原因之一在于"中国哲学家之思想向来寄于艺术想象,托于道德修养,只图引归身心,自家受用,时或不免趋于艺术诞妄之说,囿于伦理锢蔽之习,晦昧隐曲,偏私随之。原夫艺术遐想,道德慈心,性属至仁,意多不忍,往往移同情于境相,召美感与俄顷,无科学家坚贞持恒之素德,颇难贯穿理体,钜细毕究,本末兼察,引发逻辑思想系统"②。

再者,溯本探源式的跨文化比较研究,当然不是为了比较而比较。实际上,其潜在的动机是为了在揭示中外文化异同的基础上,最终达到返本开新、融贯超越的目的,以便担负起完善人类、发展文化的崇高使命。诚如方东美所描述的那样,尼采所推崇的超人,负荷着人间世的一切意义,醉心于重估一切价值,但这只是一个空洞的理想而已。这一理想若能合理地吸纳中外灿烂的文化价值,即"以希腊欧洲中国三人合德所成就之哲学智慧充实之,乃能负荷宇宙内新价值,担当文化大责任。目前时代需要应为虚心欣赏,而非抗志鄙夷。所谓超人者,乃是超希腊人之弱点而为理想欧洲人与中国人,超欧洲人之缺陷而为优美中国人与希腊人,超中国人之瑕疵而为卓越希腊人与欧洲人,合德完人方是超人"③。这显然是一种富有浪漫主义和理想主义色彩的跨文化整合观,其实现的可能性也许大多存在于人们的想象和

---

① 参阅方东美:《哲学三慧》,见《方东美新儒学论著辑要:生命理想与文化类型》,第99页。其他两个弱点分别为:"一切思想问题之探讨,义取二元或多端树敌,如复音对谱,纷披杂陈,不尚协和。举一内心而有外物之交注,立一自我而有他人与之互争,设一假定而有异论与之抵触,见一方法而有隐义与之乖违。内在矛盾不图根本消除,凡所筹度,终难归依真理。""遐想境界,透入非非,固是心灵极诣,但情有至真而不可忽玩,理有极确而不能破除。欧洲人以浮士德之灵明,往往听受魔鬼巧诈之诱惑,弄假作真,转真成假,似如曹雪芹所谓'假作真来真亦假,无为有处有还无'也。"
② 同上书,第103页。方东美将中国文化的弊端列为七点,主要是因循守旧、宗经崇圣、垄断学术、以权威约真理、经世致用、空存美谈、钓名渔利、科学精神缺乏、求真精神不足、没有独立和自由的学术传统等。同上书,第102—103页。
③ 同上书,第105—106页。

期盼中,但在新世纪文化全球化的当代语境中,我们并不怀疑其内在的启示意义。这对进行跨文化美学研究来讲,更是如此。

谈到中西文化会通融合,当代的新儒学大家们的确做了许多开创性的和建设性的工作,为我们继续研究提供了颇有借鉴价值的参照系。譬如,唐君毅、牟宗三、徐复观、张君劢等人,分别在《中西文化精神形成之外缘》和《中国文化与世界》等文中总结说,西方文化的来源为多元,融合着富有科学精神、吸纳了埃及、巴比伦和爱琴海等文化成分的希腊文化,富有基督教精神的希伯来文化,富有人本主义精神的文艺复兴时期的民主启蒙文化以及倡导理性精神的近当代科学技术文化。而中国文化的来源是一元的,三朝以来,大体上一贯相仍,虽有华夏南北二支文化思想之论和齐鲁、秦晋、荆楚三支文化分类之说,但大多是在同一文化圈内因地理影响所形成的一些差异而已。自汉唐以降,虽然与印度教、伊斯兰教、景教等文化有一定接触,但未引发真正意义上的文化冲突,没有影响中国文化精神的核心。因此,中西文化发展的环境与路径不同,便形成各自明显的特点。从互补角度看,中国文化因缺乏多元的外缘,其文化精神便有缺失,可从西方文化中补充以下四点:一为向上而向外的超越精神。二为充量客观化人类求知的理性活动的精神。三为尊重个体自由意志的精神。四为学术文化上分途的多端发展精神。① 相应地,西方文化也有必要从东方的人文智慧中借鉴以下五点:一是"当下即是"的精神与"一切放下"的襟抱。二是"与物宛转俱流、活泼周运"的圆而神的智慧。三为温润而恻怛或悲悯之情。四为文化如何悠久的智慧。五为天下一家的情怀。②这里虽然是在谈文化,但美学或审美文化作为文化整体的重要组成部分,在学理上是可以变通的。王国维在研究美学、文学、哲学、史学的过程中,有效地利用了西方的方法、观念和本土文化中固有材料互相参证的理路,取得了举世瞩目的学术成就,就是一个成功的范例。现今的跨文化美学研究,更应当从相关的文化精神切入,置于不同文化的语境中进行。

---

① 参阅唐君毅:《中西文化精神形成之外缘》,见《唐君毅新儒学论著辑要:文化意识宇宙的探索》(张祥浩编,北京:中国广播电视出版社,1993年),第308—309页。

② 牟宗三、徐复观、张君劢、唐君毅:《中国文化与世界》,同上书,第367—376页。

综上所述，从片段性的因借发挥、系统性的学科构架、会通式的理论整合、生态式的美育实践到溯本探源式的跨文化思索，宏观上体现了中国现代美学纵向发展和学科研究深化的历史逻辑过程。特别是后三种模式，可是说是中国现代美学进入成熟期的主要标志。按照我们目前的理解，中西美学的会通式理论整合，代表中西美学的创造性转换和中国化美学理论创设时期；多学科综合型美育实践或生态式美育构想，代表科学化和有效性的大美育实践模式的成型；而溯本探源式的跨文化思索，则代表一种基于文化精神分析的新方法，这种方法把美学研究放在古今中外的历史文化背景中，追求的是返本开新、融贯中外的理论超越，不仅具有前瞻性，而且是指向美学的未来的。

(2001年写于京东杨榆斋，压缩后易名为《中西美学的会通要略》刊于《学海》2001年第1期)

四 走向跨文化美学

20世纪的中国美学,既非单纯地继承中国古代传统,也非一味地移植西方美学思想,而是中国传统诗学与西方美学在跨文化交流的背景下互动磨合的结果。具体地说,通过文化变异而生成的中国现代美学,主要是在西方美学译介的支撑下和中西文化的碰撞中逐步发展起来的。基于已往成功的历史经验,从文化历史与现实语境来考量新世纪中国美学走向,我们认为以中西比较为本质的跨文化美学研究,不失其为一条可供深入探索的有效途径。

以中西比较为本质的跨文化美学研究,是在不同文化的有机语境和多维对话模式中展开的,旨在探寻和打造"超越文化的"或"适合于多种文化的"美学精神及其多样化的成果形式。这种研究包含着追求创新与超越的内在目的性,喻示着一种融贯古今中外美学思想的方法论,表现为一种互动会通式的"创造性转化"过程,即一种在比较分析中彰显各自特点、在交流对话中寻求整合会通途径、在互动互补中营构创新超越契机的动态过程。

1 跨文化美学的超越性追求

跨文化美学(trans-aesthetics)的全称是"trans-cultural aesthetics"。前缀"trans-"包含"横穿""贯通""超越""胜过""转化"等意思,"trans-cultural"通常表示"跨文化的""交叉文化的""涉及多种文化的""适合于多种文化的"与"超越文化的"。如此看来,"跨文化美学"尽管与比较美学在总体特征、具体范畴与相互影响等研究方法上存在共性,但在研究领域方面则具有更大的外延性。它首先不囿于美学理论形态中的比较研究,而是把比较美学研究置于两种以上的不同文化背景或有机语境中展开的。而文化作为一个总体性概念,一般可以分为不同的层面,如器物层面(instrumental dimension)上的物质文化,制度层面(institutional dimeision)上的制度文化,观念层面(conceptual dimension)上的精神文化。相应地,跨文化美学研究会在不同的文化层面上进行,其触角几乎可以深入到文化的所有构成要素之中。在逻辑的必然性上,这与美学应当研究人类有效劳动与生活之一切形态的审美化需求相当契合。另外,从其本质意义或终极目的上讲,跨文化美学更重视探寻和打造"超越文化的"(trans-cultural)或"适合于多种文化的"美学精神及其多样化的成果形式,从而使自身成为一种追求"创造性转化"(creative transformation)的动态过程,即一种在比较分析中彰显各自特点、在交流对话中寻求整合会通途径、并在互动互补中营构创新超越契机的过程。

在此过程中,跨文化美学研究不仅包含着追求创新与超越的内在目的性,而且也喻示着一种新的方法论。它以在跨文化形态中进行系统和深入的比较研究为主要特征,涉及西方与东方、现代与传统、历时与共时等并列互动的参照系或研究坐标。若从我们的角度来讲,所谓"融贯古今,会通中外",基本道出了跨文化美学研究的方法实质。这要求从可靠而翔实的历史和文化语境出发,对相关的理论和概念形态进行客观的比较与分析,进而探讨会通与整合的可能途径,最终追求创新式的超越或超越性的创新。在此过程中,既可在时空背景上依据历史文化发展相对平行的原则,开展作者对作者、文本对文本、学说对学说的比较分析;也可以打破时空背景和历史时期的界限,针对美与丑、美与真、美与善、虚与实、优美与阴柔、崇高与阳刚、意义与韵味、典型与意境、想象与神思、趣味与天才、自由与道德、经验与体悟、再现与表现、模仿与临摹、抽象与写意等具有本体论、价值论和生存论意义上的美学范畴,进行跨文化的比较研究,探讨它们彼此之间的相通性与差异性以及可能影响和互动作用。

毋庸讳言,在涉及相关文本的跨文化重新诠释时,其间容易出现以今释古、以己(见)度人(之见)、以本土文化视界去评判异质文化问题等话语强制做法,结果在纯学术的意义上会使跨文化美学研究的可靠性和有效性(reliability and validity)大打折扣。但要看到,不同文化之间的交流、互动、变异和趋同甚至局部的整合,无论在以往的人类文化发展历史上还是在文化全球化的现代语境中,都是可能的。中国现代美学的生成与发展,就是一个有力的佐证。更何况跨文化的比较研究,会把古今中外的美学思想及其演化的历史文化语境,带进一个更为广阔的、网络式的视野中予以立体性的考量和梳理。从中所得到的启发和感悟,不仅来自美学理论形态的方法和条理,而且来自不同审美文化的精神特质和差异。特别是那些差异,更具有思想的张力和涵泳的空间,更富有文化和认知意义上的新奇性和刺激性,更能碰出火花、激活思想、促发灵感、氤氲出创新和超越的契机。当然,这一过程容不得"短、平、快"的急功近利做法或华而不实的浮躁心理,而是需要学贯中西的学养和脚踏实地的、积厚而发的学风。

跨文化美学的超越性追求,在相当程度上是以其互补性为基本条件的。宏观而论,东方美学(尤其是中国古典美学)更多地来自艺术创作与欣赏经验的总结,注重内在生命的自由和直觉妙悟式的体验,因此高度重视艺术家的内在心态和精神过程,高度重视其内省和自省的功夫,同时也高度重视艺术世界中现实与超越的关系。相关的经验性理论总结或概括,大多旨在建议艺术家如何提高自己的"才、胆、识、力"以期修炼成有利于创作的心态或艺术境界,建议欣赏者如何神闲气静地通过艺术鉴赏来摆脱现实的绊羁与冲突而进入内心的自由与和谐。因此,在很多情况下,艺术家与欣赏者的角色认同并无严格的界限,几乎是浑然为一的。无论是强调道德修养或悠然自在的中国式人本主义美学,还是凸现神秘玄奥或超验解脱的印度式象征主义美学,都比较关注个体在审美活动中由外向内的体验和修行,其理论形态发展也大多依赖于具体而成功的艺术实践。西方的美学一般具有西方哲学的特色,以研究本质或本体作为其基本样态(forma),在科学精神和思辨传统的推动下,建构出系统而多样的理论学说。西方美学也涉及艺术,但更多地是从形上学或本体论入手,去探求艺术的理念及其本质特征,倾向于把艺术、艺术价值及其表现形式归纳为明确的形态或各种流派(如写实、浪漫、再现、表现、印象或抽象等流派)。在西方,对艺术家的训练比较侧重明显外露的技术和对材料、器具的使用,内在心态一般留给艺术家个人去处理。艺术欣赏也比较侧重客观方面,注意学习艺术史,注意区分不同的风格,注意艺术品的色彩与线条或旋律与和声,很少鼓励欣赏者"将自我置于正确的心态之中去享受艺术品,并与之产生共鸣。……许多西方艺术家与美学家反对把艺术品在观众内心中引发的特定心境或情感反应作为审美目标。西方心理学近来日益忽视艺术与其他类经验中的内心感受现象。为了达到科学的精确性,行为主义心理学日益取得主导地位,从而更注重观察和测定人类对外部世界的行为,更关注人际与社交行为,而非个性的主观诸方面"①。

比较而言,西方美学比较注重科学分析,强调逻辑的严密性,讲究理论的系统性,概念界定明确,分门别类清楚。而中国美学比较注重经验总结,大多出于即兴、片段的感受和简略、含蓄的表述,其理论逻辑的连贯性和明晰性相对欠缺。但是,西方美学"过分依赖从对美的思辨哲学假定中进行演绎推理或高度专业化的语言分析,致使许多美学家认为所有的问题根本无需涉及世界艺术或任何艺术就可得到解决。结果,不怎么重视不同民族和不同阶段丰富多样的艺术风格和价值,也未能研发出经验广泛的手段来"②。现代西方美学的衰落也证实了这一点。中国美学较多强调艺术创造的心态和实践,注重艺术欣赏的道德、精神和生命意义,认为艺术在观众内心中激发的共鸣以及主观而独特的艺术审美经验值得他人借鉴,并当作范例加以推广,但同时又鼓励个体的审美自由和深化的审美自省。就连美国著名美学家门罗也认为,"对西方最有价值的东方美学成分,不是那些东方美学家们自己总要强调的神秘主义和先验主义的东西,而是那些直接经验的记录,即那些包括像'味'一类学说中的直接经验记录与地球上各种艺术、艺术家和艺术观众的直接经验记录"③。因此,"我们需要在地球两边的美学家中更加活跃地交换思想,更多地进行合作性研究。美学作为一个世界范围的命题,应该基于对所有主要艺术地区的观察与思考"④。这无疑是东西美学的互补性所致。而加强对互补性的研究,也可以说是促进世界范围内跨文化美学会通的基础建设。

值得注意的是,中西美学的跨文化会通,一方面涉及"前见""现

---

① 参阅门罗:《东方美学》(欧建平译,北京:中国人民大学出版社,1990年),第51页(Cf. Thomas Munro, *Oriental Aesthetics*, Ohio: The Press of Western Reserve University, 1965)。
② 同上书,第4—5页。
③ 同上书,第106页。
④ 同上书,第1页。

识"与"跨文化的互动"所构成的多维视界融合,另一方面涉及普遍性与特殊性的兼容并蓄关系。这里,视界的跨文化融合与理论的互补性整合,是微妙而多彩的。一般说来,中西文艺美学在总结艺术创作或欣赏规律中所彰显出的普遍性,会突破各自的文化界限而构成交错共生的跨文化边缘地带,为跨文化美学对话及其融会贯通奠定基础;而各自表现出的特殊性,如中国文论偏于经验联想和道德感悟,西方文论则偏于语言分析和实证批评等,均不会被对方强行统合,而是各自依然保持其原有的特色。当然,在此会通过程中,西方式的干涩寡淡的语言结构型分析,有必要吸收一些富有诗意与韵味的鲜活成分,而东方式的模糊感悟的笼统印象型批评,也不妨借用实证分析的方法而取得必要的透明度。

2 跨文化意识与交往理性

与跨文化传播学研究一样,跨文化美学研究也需要培养一种跨文化意识(cross-cultural awareness)。跨文化意识是克服文化差异、取得相互理解的必要前提。对异质文化的理解,通常是一个由表及里、由浅入深、由简单到复杂的实践认识过程,与此密切相关的跨文化意识也呈现为一个不断深化的动态发展过程。跨文化意识的最高层次不是移情神入的接纳(empathic reception),而是能按照对方的观念立场设身处地地观察和思考(transspectional observation),也就是说,既能入乎其内地尽情玩味体悟,也能出乎其外地进行客观的审视批评。

根据跨文化交往与沟通过程的知解水平,跨文化意识可分为四个层次:

(1) 通过旅游观光、杂志电视等大众传媒和教科书等,对于表面明显的文化特征有所了解,但往往认为对方陌生奇异、难以置信(exotic, bisarre, unbelievable)。

(2) 通过心理上的或外在形式上的某些文化冲突场合,意识到异质文化中某些具有重要意义但却微妙的特征,这些特征与自己文化形成鲜明的对比,但依然认为对方难以置信,令人沮丧,有悖常理(unblievable, frustrating, irrational)。

(3) 通过理智的分析和细致的观察,知解到重要而微妙的异质文化特征,尽管清楚这些特征与自己文化有明显差异,但认为对方从认知的角度看是令人置信的(cognitively believable)。

(4) 通过文化的洗礼、切身的经历和深入的探讨,能够从异质文化局内人的立场出发去感受和体验对方的文化,由于主观熟悉程度的提高而认为该文化是可信的(believable because of subjective familiarity)。①

在此动态发展过程中,第一层主要基于对另一种文化中的当地生活方式与观点的尊重意愿;第二层主要基于上述尊重意识的具体表现或参与行为;第三层主要基于切身的体会和进一步的参与;第四层主要有赖于深刻的理解,入乎其内的研究或心领神会的感悟。这时,跨文化意识更多地表现为一种"移情能力"(empathy),使自己能够越出本土文化传统的背景或界限,积极参与异质文化的活动,并从他者(the other)的角度来审视其价值系统以及自个本人。在此基础上,文化知解能力与移情能力还会继续提高,随后会进入到一种跨文化认识论的过程(trans-epistemological process),从中去学习、体会和运用异质文化的信仰、假设、视野、感受、观念等精神文化要素,进而达到可以自如地按照对方的立场去观察分析和欣赏各种事物的境界,即一种超越移情能力的设身处地境界(trans-spection as being beyond empathy)。

在现实生活中,由于社会地位、教育水平、家庭背景、个人经历、文化氛围、个体世界观和价值观等方面存在一定差异,同一文化群体内的成员会在宏观上形成不同的人格类型。若按各自的文化倾向划分的话,一般可分为传统型、现代型和后现代型。传统型人格(traditional personality type)倾向于固守本土文化视界,习惯于固有的社会角色,不能设想和接受任何超出自身熟悉的范围以外的立场观点,因此其文化移情能力偏低。现代型人格(modern personality type)倾向于坚持民族文化视界,能在本土文化语境中设想和习得各种不同的社会角色,因此其文化移情能力较强。后现代型人格(postmodern personality type)倾向于接受全球文化视野,能在各种外国文化中设想不同的角色

---

① Cf. Elise C. Smith & Louise Fiber Luce (eds), *Toward Internationalism: Readings in Cross-cultural Communication* (Newbury Publishers, Inc., 1979).

观念,因此具有设身处地观察事物的能力。按照理论上的假设,跨文化意识的理想境界是超越移情能力的设身处地境界,而实现这一境界则需要拥有全球文化视野或多元文化观念。

实践表明,在确立跨文化意识的具体实践中,首先需要克服某些文化心理障碍。这些障碍可分为两极。一极是文化中心主义所积成的种族文化优越感等习惯意识或潜在意识。另一极是文化无根主义所导致的"文化自卑感"或"失语症"。文化中心主义基于自身的优越感和偏见,只看到自己文化的精髓,而看不见其他文化的精髓;只尊重自己的文化价值,不尊重其他文化的价值,同时习惯于用己之长比人之短,容易养成唯我独尊的态度。另外,文化中心主义只热衷于捍卫自己的主体性和话语权力,用主客二分法使自己处于中心地位,将他者置于边缘地带,因此无法形成平等交往的话语关系。文化无根主义则恰恰相反,所看重所仰慕的只是他者,有意拒绝自己的文化认同,犹如风标一样,随着东南西北的文化风旋转,虽游离于边缘地带,但却奢望着通过模仿或虚拟的方式将自己带入中心。介于两极之间的便是文化相对主义。这种文化观坚持所谓的客观性,在研究自己文化的同时也研究其他文化(如一些外国汉学家),看到自己文化的精髓也看到其他文化的精髓,甚至有时出于同情或好奇而夸大对方的某些方面,但其根本目的是为了补正本土文化的缺失,所以在解释异质文化时惯于使用本土文化的概念,最终还是掉进了本土文化中心论的框架之中,甚至会与文化民族主义走上同一条道。因此,积极、平等而富有建设性的跨文化意识,需要克服所有这些文化心理障碍,尝试借用哈贝马斯的交往行为理论和话语伦理学原则,确立互为主体性的话语交往形式(intersubjective discourse dialogue),使话语性的交往行为深入到理性之中,最终实现理性的交往化或交往的理性化。在此过程中,话语交往的有效性是至关重要的。话语伦理学要求人们在具体交往时,(1)言者要说出某种可以理解的东西;(2)要提供(给听者)某种东西去理解;(3)要由此使自己成为可理解的;(4)要达到与他者的默契。① 这样,我们也许有可能建立一种文化共同体主义(kultureller

---

① 参阅曹卫东:《交往理性与诗学话语》(天津:天津社会科学院出版社,2001年),第8、83页。

Kommunitarismus),或文化交往主义(kultureller Dialogismus),借此抛弃文化中心主义,有效地解决文化相对主义,把中西文化关系推向深入,进而把文化现代性设计在中国和全球加以推广。① 当然,这在很大程度上只是一种理想化的设想。现实交往中,我们所能做的第一要务就是如何"说出某种可以理解的东西"。近些年来中国理论界的文风呈现出诸多病症,其中招致抱怨最多的要数以晦涩难懂和概念轰炸为特征的"失语症"。大量的西方概念或术语,未经深入的探讨、解读与消化,以近乎生吞活剥的方式从原文转换为中文,同时以有悖基本学理要求和相应学术规范的做法,拼接杂糅于所谓的学术前沿性文章之中,结果阻滞甚至取消了读者与文本、读者与作者进行对话的可能性。从话语伦理学角度看,这种做法如釜底抽薪一样,在违背上述第一条原则的同时,也违背了其他三条原则,因此也就偏离了文化交往主义的宗旨。

总之,对话沟通的有效性取决于彼此可以理解的水平。而理解水平的高低,则又取决于相应程度的跨文化意识与交往理性。不过,无论是实现跨文化意识的理想境界,还是推行建设性的文化交往主义或交往理性,其最为有效与可能的方法之一不是靠良好的愿望或话语权力的强制,而是靠积极而平等的对话。哈贝马斯所谓的文化交往主义,是建立在文化对话哲学基础上的,其中的交往主义(*Dialogismus*)一词,事实上在词源语义上就是指"对话主义"(dialogism)。

3 对话哲学中的多维模式

对话(dialogue)是人类特有的一种历久弥新的交流方式。举凡充满宽容、动态、开放和自由等特征的对话,才是激活思想和实现真正沟通与相互理解的前提。孔子的《论语》与柏拉图的哲学,均是在对话的形式中展开的。他们各自打造的哲学,可以说是对话的哲学。在这种哲学中,对话引导参与者在彼此反驳论证中去接近一种洞见,去体悟一种智慧。在古代中国,有庄子和惠子式的对话哲学。在古希腊,有苏格拉底式的对话哲学。在他们那里,对话不仅是一种充满戏剧性的

---

① 参阅曹卫东:《交往理性与诗学话语》,第176页。

理想思辨结构,而且是一种充满诗意的文学表达形式。尼采深晓对话的奥妙,他认为对话的艺术,乃是一种无休止的歌唱,而不是一个有结局的故事;是一种非确定性的活动,而不是一种尽善尽美的东西。① 英国唯美主义作家王尔德(Oscar Wilde)也曾这样说过:"通过对话,人们可以从不同的角度展示一件物体,使我们有可能窥其全豹,就像雕刻家所作的那样。通过对话,还可以不断地揭示出所论对象的种种新的方面和性质,它们都呈现或产生于种种偶然性的场合。"②

真正开放、自由和富有智慧的平等对话是心灵与心灵的交感,在一定程度上有助于滋养出相对纯洁的精神境界与审美趣味,进而转化为对高雅型审美文化的追求。这种追求在激发灵感和导向创新的同时,也"必将促成当代人精神向更高的层次发展,也会使当代艺术更加丰富多彩。对话精神如果得以实现,我们的文化就会一步步走向世界古哲们梦想的真、善、美一体的境界,成为人人向往的审美文化"③。

值得注意的是,对话(dialogue)与辩证(dialectics)是相互关联的。辩证或辩证法的本义是指讨论的艺术(the art of discussion),能够通过揭示矛盾的双方而接近真理,常用的方法为正-反-合三段论。对话也是一种推理模式(a model of reasoning),是辩证模式的一种翻版,侧重强调对立观点中的共同性而非矛盾双方的对立性。对话形式一般分为两种,一是单面的(one-dimensional dlalogic),二是多维的(multi-dimensional dialogic)。前者主要表现为"你-我"之间的对话,其话语范围与思维空间是相对有限的;而后者除了"你-我"之间的对话形式之外,也包括"你们-我们"之间的对话形式,同时还把思索诸多正-反-合题的(the multiplicity of Theses-Antitheses-Syntheses)推理模式包括在内④,从而大大拓宽了话语范围与思维空间,使对话处于一种多角度、多层面的辩证性动态过程之中。从跨文化美学角度看,基于平等对话精神的多维对话形式,主要呈现出下列特征:

---

① 参阅曼纽什:《怀疑论美学》(古城里译,沈阳:辽宁人民出版社,1990年),第48—49页。
② 参阅王尔德:《作为艺术家的批评家》,转引自曼纽什:《怀疑论美学》,第48页。
③ 滕守尧:《文化的边缘》(北京:作家出版社,1997年),第22页。
④ Cf. Tadeusz Pluzanski, "Multi-dimensional Dialogue as the Key to Universalism", in the *Journal of Dialogue and Universalism*, Vol. X, No. 11/2000, pp.57-66.

（1）美学中的理论学说，只被当作认知的模式或思索的资源，而非打开绝对奥秘之门的万能钥匙，因此，一旦进入多维对话过程，有些学说就有可能被相对的模式或事实真相所证实或所证伪。

（2）奴仆一样臣服于权威学说的言行，在多维对话中没有市场。因为，真正的对话者不仅要求入乎其内地审查相关概念的认知价值，而且要求出乎其外地从批评的角度对其予以检视。

（3）多维对话形式没有任何先验性的形上学前提，所有科学理论地位均等、关系互补，因此反对任何文化偏见、理论顺从行为或"失语症"，积极鼓励甲说向乙说提出论据充足的挑战，使对话过程对双方或多方都具有启发作用。

（4）多维对话形式认为悖论如同古典的和辩证的逻辑一样，是描述和分析人类现实的诸多形式之一，因此也应当得到开发利用。

（5）多维对话形式旨在从不同层次和不同角度来思索复杂的艺术表现形式与相关的理论思潮，由此创造一种多边的、综合性的和多元化的对话形式与宽容机制，同时依照相互尊重的对话原则，排除强行的聚合嫁接作法，向往具有普遍性的理论整合之路。

自不待言，从事跨文化美学研究，无论是着眼于整体脉络的比照梳理还是进行具体范畴与相互影响的专题研究，在许多情况下犹如一人在原野上同时追猎两只飞兔，因此对研究者的学养以及学理上都将提出更高的要求。这方面的相关内容已有另文论及[1]，此处不再赘言。

（2001年写于京东杨榆斋）

---

[1] 参阅拙文《中西美学的会通要略》，载《学海》2001年第1期，第51—56页。

五 跨文化美学研究的学理要求

西方学者基普林(Kipling)曾经断言:"东方是东方,西方是西方,这两者永无相会之日。"(East is East and West is West/And never the twain shall meet.)就中西美学或审美文化而言,我们正是想凭借跨文化美学研究来打通两者之间人为的"楚河汉界"。当然,跨文化美学作为一种新的方法论,需要博观通识的学养,多角度的诠释能力,点面相济的科学方法和独立的学术意识,等等。

1 博观通识的学养

毋庸置疑,采用多维对话形式把美学置于跨文化的背景中进行研究,是一项富有挑战性和综合性的复杂工程。无论是像朱光潜那样从中西诗学的艺术风范入手,还是像方东美那样从中西文化哲学的精神实质入手,或者像今道友信①与门罗那样从东西方美学的理论样态入手,都需要具有融贯古今、会通东西的学养。尤其是在当代哲学、美学、文艺学等领域,以跨学科和"互为推理空间"为特征的文化学研究方法的介入,更需要人文学者在打通文史哲各科的同时,也要具备文化人类学、社会学、心理学、修辞学等方面的丰厚知识。

从事跨文化美学的研究,涉及两种以上的不同文化,因此更需要博观通识的学养,在知识积累和理论准备等方面更需要付出双倍的努力。与此同时,还需要培养一种跨文化对话的意识和能力。多年从事中西美学与文化哲学比较研究的德国汉学家卜松山深有感触地指出,跨文化对话必须具备两个显然互悖的先决条件:一是对自己固有的文

---

① 参阅今道友信:《东方的美学》(蒋寅等译,北京:三联书店,1991年)。

化具有高度的认识,通晓本土文化传统的来源与发展及其历史性;二是能够自觉地探究那些在他固有文化背景和世界观里通常被视为正确的东西或不是问题的问题,设法拉开一定的距离来审视或重新发现它们的影响和意义。在此基础上,还必须深入了解其他相关的异质文化。总之,跨文化对话涉及以下几个方面:"(1) 历史的反思和敏感性;(2) 认识对方的传统;(3) 寻求价值观上的共同点;(4) 对不同文化保持开放的态度和虚心学习的精神。"①这些基本要求,也同样适用于中国的跨文化美学研究人员。

需要强调的是,跨文化美学研究主要是在跨文化的对话过程中展开的。在中西之间展开的跨文化对话,除了知识的积累和理论的准备之外,语言的能力与学术的翻译是十分突出的问题。语言与思维密不可分。可以说,离开了语言,我们不会有什么思维,更遑论理性的思维。古希腊语中的"逻各斯"(λογος)一词,既表示"文字"(word)与"言语"(speech),也意指"理性"(reason)和"逻辑"(logic),其本身就象征着语言与思维的合一性(the oneness)。在阅读中,我们的思维受相关语言文字的影响。如果自身的语言能力不到位,那么对阅读文本的理解程度也难以到位。如果所阅读的译文有问题,那么由此引发的思维也肯定有问题。由此导致的误解或误读,更多的是常识性的误解或误读,而不是文过饰非的所谓创造性误读。因此,从纯学术的角度看,在精通相关语言与文化的基础上去阅读原文,是取得准确理解的最可靠途径。

谈到学术翻译,这对多年来靠此支撑的中国现代美学来说,更是一个重要而敏感的话题。任何形式的跨文化研究,都必不可免地涉及翻译这个主要问题。有人把翻译看作语言转换的一种形式,有人视其为一门再创造的艺术,有人仅把翻译当作一种资料来源渠道,有人(如朱光潜等)对翻译的重视程度胜过那些没有多大意思的所谓著述,也有人(如本雅明等)认为,真正的翻译应以"信"为本,应重视语言的互补关系,应当是透明的。就是说,翻译"并不掩盖原文,并不阻挡原文的光,而是让仿佛经过自身媒体强化的纯语言更充足地彰显出原文的

---

① 参阅卜松山(Karl-Henz Pohl):《与中国作跨文化对话》(刘慧儒、张国刚等译,北京:中华书局,2000年),第102页;另参阅该书第3页。

光彩。……翻译者的任务就是要解放他自身语言中被流放到陌生语言中的纯语言,在对作品的再创造中解放被囚禁在那部作品中的语言。为了纯语言的缘故,他要打破自身语言腐朽了的障碍"①。这就是说,翻译要忠实地传达原文的思想,要在正确理解的基础上进行文通字顺的透明化表述。在此过程中,必然要创造性地使用语言,甚至要化腐朽为神奇,于沉重而陌生的意义负荷的压力下,竭力追求创造性的语言转换,使不同的概念及其符号结构转化为另一种可读可解的表达方式。在西方美学的汉译实践中,朱光潜把康德的美学概念 disinterested satisfaction 译为"无所为而为的玩索",宗白华将叔本华的美学概念 serene contemplation 译为"静观默照",可以说是创造性语言转换的范例,均在沟通外国美学理论和促进中国现代美学发展中产生了积极的影响。倘若他们没有融贯古今、会通中外的学养,恐怕也不会取得如此显著的成果。

2 多角度的诠释能力

在遵循平等对话原则的同时,多角度或多层面的诠释能力也是必不可少的。这其中首先涉及"无限的交流意志"(will to boundless communication)。这种交流,旨在取得相互的理解和真知灼见,旨在发掘世界与人生的深层含义,旨在重构人格和完善人性。按雅斯贝尔斯的话说,它在某些方面类似于"心灵的交感",必须是开放、热烈、坦诚和深刻的。它要求我们不仅要与周围显豁易见的、习以为常的或者人人都接受的事物相交流,而且要与棘手的、有争议的、对其一知半解的以及为我们的意识和能力所限制的事物相交流。这既是人与人的交流,又是对符号或密码加以接受和领会的交流,是为达到最高境界而必须付出的永无休止的努力。事实证明,人与人、人与社会、人与自然、乃至人与解释学所说的各种"文本",在思想、情感、知识等方面的交流是无止境的。一次邂逅、一次知遇、一次凝照、一次解读(特别是跨文化的文本解读),只能获得初步印象,了解某个侧面,看到序列中的部分

---

① 参阅本雅明:《翻译者的任务》,见《本雅明文集》(陈永国、马海良编,北京:中国社会科学出版社,1999年),第288—289页。

环节,解释篇章中的部分含义。但是,这却不断刺激和强化人的交流欲望。人类的本性也果真奇妙,对未知的彼岸世界总是充满无限的追慕之情。于是,从古至今,先贤时哲演示了一幕幕"路漫漫其修远兮,吾将上下而求索"的人生实践系列剧。

其次,还包括"批评的循环"(the critical circle)观念。实践证明,我们对某一文本的理解与释义,之所以持有现在的看法,是因为有证据在,而且可以证明。然而,每当发现新的和相反的证据时,我们乐于改变原先的看法。可是,在这一刻到来之前,我们尚无理由不相信我们所相信的东西。不断地发现旧释义的不妥当性,不断地建立起新的释义,这便是他所谓的"批评的循环"的要旨所在。我们从事跨文化研究,本质上也是一种开放性而平等的对话过程。在此过程中,有必要以"批评的循环"方式来解读文本。因为,这种循环诚如海德格尔所言,是构成一切理解的基础。用我们的话说,它是提高对话质量的动力。

另外,诠释意识也关系到"视界的融合"这一重要的辅助因素。按照伽达默尔的有关说法,对文本的历史理解既不是主观的但又不是不可能的,因为文本不只是过去的一篇东西而已,它只要被人阅读,就会继续产生含义。然而,文本是受语境制约的,是以一种兴趣视界,即读者内心引入文本的语境形式呈现在读者面前的。这种释义语境严格说来属于解释者所认为的语境,是受他置身其中的传统限定的,而本文一般又是这一传统的组成部分。这样,对于过去的理解自然要受到对当前情境的理解的影响,对于文本的释义也自然受到自己的历史情境和某种利害关系的制约。这样一来,释义者受语境束缚的视界,因其开放性和灵活性而得以扩大,从而将当前的视界与过去的视界包容在一起,由此产生出一个新的视界。就是说,"这种融合包含了一种当前视界的扩展,因为据说历史研究常常就是去消除某种偏见并诱发宽容。另外,这种融合还包含对过去视界的一种凝聚,从而使仅属暗示的东西成为那一视界的明确因素"①。其结果,我们面对过去的文本,会"思接千载",会联系现实,也会跨越一种文化语境而进入另一种文化的语境,从而开辟出有利于创新的跨文化边缘地带。因为,只有在

---

① 霍埃:《批评的循环》(兰金仁译,沈阳:辽宁人民出版社,1987年),第121页。

这里,"博观""通识"的跨文化对话者才更有可能因"圆照"而"见异",因"见异"而追问,因追问而深思,因深思而创获。

3 点面相济的比较方法

真正科学的跨文化比较研究是全面而系统的。反之,仅局限于类似概念(点)的比较而忽视其相关文化背景和理论体系流变(面)的研究。常见的所谓比较,概括起来大概有自以为是的"相互攀比"式、"对号入座"式、即兴强制式、旁证点缀式等数种随意而简单、偏颇而狭隘的做法,与前述新儒家方东美、唐君毅、牟宗三、徐复观等人所实施的比较思维、中西互补的方式相去甚远。其实,跨文化比较尽管以平等的对话原则为本,但在从事多种文化精神实质和理论思维特征的比较研究时,往往会有意或无意地从自己最熟悉的文化知识出发,习惯于持守本土文化的立场,期望在同其他文化的比照中发现本土文化的利弊和重构的契机。但在方法方面,不能忽视"吴森十戒":一戒不察行情,二戒争长论短,三戒门当户对,四戒金砖砌墙,五戒架床叠屋,六戒浮云遮月,七戒辣手摧花,八戒轻重不衡,九戒先贤今服,十戒张冠李戴。①

从事比较研究的英国学者劳埃德(G. E. R. Lloyd)极力反对常见的"零碎研究法"(piecemeal approach),也就是我们所说的那种鸡零狗碎的比较研究方法。他根据自己多年研究中国和希腊文明的经验,恳切地告诫说——

> 把中国与希腊哲学中的单个学说或概念逐一进行排列,直接进行比较和对比,就好像它们都在讲述同样的问题似的,这种做法虽然不会引致什么灾难,但显然是行不通的。所以,我们不能先从希腊哲学方面入手,譬如说,先从中挑选出一些特别著名的理论学说或概念,然后再着手从中国思想中寻找其对应的东西,因为这种作法会给人这样一种印象:好像这类对应的学说与概念

---

① 参阅吴森:《比较哲学与文化》(台北:东大图书公司,1990年),第199页;转引自李咏吟:《走向比较美学》(合肥:安徽教育出版社,2000年),第12页。

在先前早有结论似的。①

无疑,这是一种带有简单攀比色彩的"张冠李戴"式做法,是难以得出科学性的结论的。其实,触及一个学说或概念,必然会牵动潜隐其背后的一大片文化,特别是观念层面的文化因素。因此,仅限于狭义的文本语境(点)而不计广义的历史文化背景(面),单就个别学说或概念进行比较的做法,难免会失之偏颇,有画地为牢之嫌。这就需要点面结合,要把单个学说或概念的比较研究,放在相关的历史文化背景以及具体的文本语境的"大平台"上操作。此外,在系统而深入研究比较的过程中,不忽视"形同",更重视"质异",不为表面或语义转换所形成的相似性所迷惑,而要"入乎其内"地寻根探源,"出乎其外"地反思比较。要知道,在跨文化比较研究中,"异"或"差异性"(differences)的实际意义,经常大于"同"或"相似性"(similarities)的实际意义。这是因为"异"的内涵张力,不仅为比较提供了场所,而且为思维拓宽了空间,也为对话、交流和创新构成了有利的契机。由此得出的结果,通常不是从诸多异同中提炼出一个圆融万相的类似"月印万川"式的真理性说法,而是多种可能的、具有不同启发意义的真理性说法。另则,还必须明确比较研究的基本宗旨。即:它不在于推导或绅绎出某个独一无二、贯通一切的真理,也不在于建构出某种绝对正确的知识,而在于为人们探寻真理提供一个更为广阔的基础或思维空间,以便充分利用现有的人类精神资源来更好地理解万事万物。

值得指出的是,在一个不断拓宽的、由多元文化构成的思维空间里,独断与教条的话语权力会日益弱化,取而代之的将是平等的对话意识。这种对话意识只要是以追求真理为导向,那必将有利于激活人们的思想,有利于人们认识和把握真理。

4 独立的学术意识

没有独立的学术意识,上述学理要求就可能落空。质而言之,这种意识以追求真理为终极目的,要求排除各种非学术因素的干扰,以

---

① G. E. Lloyd, *Adversaries and Authorities* (Cambridge: Cambridge University Press, 1996), p. 3.

客观的态度和科学的精神从事学术研究。相应地,"畏圣人之言"与"存而不论"等陈腐思想,理应为不断追问和分析批判所取代。因为,在真理面前,人人平等;对真理的探求,始终伴随着从遮蔽走向澄明的过程。

值得强调的是,独立的学术意识是开放的而非封闭的,是合学术规律性而非合实用目的性的,是兼容所用科学学说而非囿于任何教条阈限的,是提倡自由平等的讨论而反对权威迷信或武断独裁的。这些原本并非问题的常识,有时在特定的政治生态中反倒成了问题。对此,聂振斌先生在总结中国近代美学思想发展的经验教训时,将这一问题提到了学理的高度进行了历史而客观地分析。他在强调实事求是地运用马克思主义科学学说及其科学方法论的同时,深刻地揭露了时而困扰正常学术研究的某些怪现象。譬如,"有人对马克思主义真理不感兴趣,唯一令他感兴趣的是马克思主义的权威。因此一个严整的科学理论体系,在他那里变成几条极其抽象的教条,或者把个别词句变成随处可贴的标签,用以打人、吓人,捆绑别人的手脚。在学术领域谁想尝试新方法,另辟途径,立刻就会被扣上不坚持马克思主义或反马克思主义的帽子。马克思在他们那里已经不是可亲近、可信赖、可发展的真理,而变成一种僵死的、令人可怕的东西。这种所谓的'马克思主义'与具体科学研究已经不是指导被指导的关系,而变成了束缚与反束缚的矛盾"①。这一批评委实入木三分,并从反面提醒人们培养独立的学术意识的必要性。

另外,独立的学术意识也需要严格的学术规范作保障。古人云:"诚者,天之道也。诚之者,人之道也。"真正的学者应当诚心正意地格物致知,而不是靠巧滑的心机或剽窃的手段博取虚名。尤其是在跨文化美学的著述中,要言之有据,谁说的就是谁说的,不可借用语言或语义转换这一过程,有意不注明资料出处而掠人之美、贪天之功。在国内外学术界,这些小聪明难逃法眼,为学者所不齿。

总之,新世纪呼唤独立的学术意识,实事求是的学理精神和科学的研究方法,同时期望中国的美学工作者率先垂范,在真正创新的道路上迈出坚实的步伐。

---

① 聂振斌:《中国近代美学思想史》(北京:中国社会科学出版社,1991年),第6—8页。

5 回望与前景

对西方美学如何转换为中国美学进行二次反思，令人感受最深的是这一创造性转换过程。该过程不仅反映出中国社会与文化现代化的坎坷历史，而且也在一定程度上折射出中国学人的心路历程。面对当时救亡图存、世道艰难的悲剧性命运，中国学人总是自觉地承担起历史的责任，认定自己的使命，有意无意地采用断章取义和创造性误读的方法，在特定的语境中把生物进化论扩展到社会历史文化等各个领域，从而凸现出社会历史进化观、文化进化观和文艺进化观的各自张力，使中国的社会结构、意识形态、文化价值取向和文艺美学思想等，在中西思想文化相互碰撞中取得了跳跃式的变革与发展。尽管其中存在许多漏洞和夹生的地方，但终究为社会、文化与思想的现代化，奠定了相当牢固的基础，也为后来的社会变革与改革开放提供了思想的资源以及历史的教训。

与此同时，我们也深有感触地发现，任何新文化、新思想，绝非无本之木、无源之水。中国美学从西方美学转化而来，不仅有赖于来自西方美学的思想资源，而且也有赖于来自本土文论的思想资源。这一转换过程所包含的种种启示说明：

（1）要解构一个惰性十足但历史悠久的弱势文化，仅靠自身的裂变是不够的，很需要外来强势文化的有力冲击，很需要"别求新声于异邦"的拿来主义，这样可以在动态性的相互撞击中，有选择地加以互动互补式的吸纳、会通与整合，由此而吐故纳新或推陈出新，使创造性或改良性的文化重构成为可能。

（2）译介外来文化来改造本土文化，是一项内导性的（input）重要工作。近代以来，中国的学术发展，大多是在翻译文化的支撑下运作的，就连国学研究中所采取的方法论或范畴划分方法，也在一定程度上参照了西方的相关学理。时至今日，这种翻译文化依然是不可或缺的学术资源之一。事实上，经济与文化全球化或全球地域化都加快了多元文化之间的文本流通。因此可以说："翻译这种文本流通活动已不是一种可有可无的文本转换手段，它构成了今天任何民族和文化的基本生存方式。1985年，美国语言学家恩格尔曾做过这样的论述：

'随着这个世界像一个日益干瘪的橙子一样日益缩小,各文化中的所有民族日益接近(无论是勉强地还是心存疑虑的),我们在这个地球上剩余的岁月或许可以干脆用这样一个重要论断来表达:翻译或者死亡(Translation or die)。或许有一天,世界上每一个生物的生存与否,也许会取决于对一个关键词的紧迫的或准确的翻译。'"①此言尽管有些耸人听闻,但只要回顾一下我们在延安时期对"革命文学"一词的翻译及其带来的后果,我们或许在一定程度上可以理解恩格尔这句话的良苦用心。

(3) 因此,要从事翻译这项工作,光靠某种猎奇心理或功利目的是绝对不行的,而是需要一种自觉的开放意识,需要尽可能高的学术品位和责任感,特别需要学通中外的学者。这种学者不仅能够"大其心以体天下之物",法乎其上地选择优秀的文本和思想的精华,而且能够"虚其心以取天下之善",虚心认真地研究和学习异质文化的长处,辨别和扬弃本土文化的短处,进而以"尽其心以谋天下之事"的职业精神,在会通与整合中外文化的同时,追求真正的创新与超越。中国美学的生成与发展,老一辈美学家的辛勤努力,就是一个可供参考的范例。

在新世纪,我国所面临的社会文化语境是多向度、多层面的。经济文化全球化的迅猛发展趋势,全球地域化在后现代思潮鼓动下的逐步崛起,中国社会文化现代化的进一步发展,物质、精神与政治文明建设工作的进一步深化,既要吸收人类先进文化的一切有益成果,又要尽力保持中国文化自身的优秀特色,这都需要中国人文学者走在时代发展的前列,充分利用各种有价值的科学信息和跨文化的比较方法,进行有针对性和前瞻性的介绍、交流、研究、沟通、消化、比较、转换、创新和超越。美学如此,其他学科亦然。这就是新千年中国人文学者的任务所在,使命所在。

(2001 年写于京东杨榆斋)

---

① 参阅李河:《出于传统与现代紧张关系中的文本流通》,见《开放时代》2002 年第 6 期,第 43—44 页。另参阅《来自世界的写作》(*Writing from the World*. Iowa University Press, 1985), vol. 2, p. 2。

六 跨文化研究与对话原则

广义上的"跨文化研究",不仅是以比较的方式在两种以上的文化之间展开,而且是在不同学科之间进行,因此具有跨学科比较研究的特点与学理要求。如果说文化一般可划分为器物、制度、观念等不同层面的话,那么,仅在融含文、史、哲、宗教、艺术等诸多内容的"观念维度"(conceptual dimension)上进行"跨文化研究",就是一个极其庞大而复杂的系统工程。入其堂奥,真正的研究者或许会在惊叹与惶然之余联想到德国哲学家尼采的坦诚告诫:"在我们的五指之外,便是无知的汪洋大海。"不过,这并不能构成新世纪人文学者望而却步的理由。我们坚信:从对话的角度切入跨文化研究,尽管难度依然,但会大有所为。

1 "交流"与"沟通"的语义悖论

勃兴于20世纪中叶的"跨文化研究"(cross-cultural studies),最先比较侧重的是"cross-cultural communication"。就"communication"一词而言,原意主要表示(1)"传授知识的行为或过程"(the act or process of communicating as imparting knowledge or making known);(2)"通过言语、书写或符号传授或交流思想、意见或信息"(the imparting or interchange of thoughts, opinions, or information by speech, writing, or signs);(3)"某种得以传授、交流或传播的东西"(something imparted, interchanged, or transmitted)。(4)"两地之间的(交通)通路"(passage between places)。该术语的汉译相对简明,一般为"传达;传递;传播"

或"通信;交流;交际;交往"等。① 基于上述词意,"cross-cultural communication"的通常说法有"跨文化交流""跨文化交际""跨文化交往""跨文化传播"或"跨文化沟通"等数种。

这里,我的问题是:如果"交流""交际""交往"与"传播"更多地表示相关行为或活动之过程的话,那么"沟通"则更多地意味着相关行为或活动的效果及其成果。在现实生活与社会交往中,我们经常会遇到虽然彼此交流交际但并未实现沟通的诸多尴尬境遇。其间,双方也许怀着良好的愿望和追求相互理解的目的说了一大堆话,但依然是"各唱各的调、各吹各的号"。这样,当我们有意无意地用"交流"(或"交际")与"沟通"去串讲 communication 时,就不难发现其中所隐含的"语义悖论"(semantic paradox)。这种悖论现象在 cross-cultural communication 过程中是十分常见的。譬如,作为"幸运国家"(the lucky country)的澳洲,在 20 世纪 70 年代经历了突发性的经济繁荣之后,生活水平与质量得到飞跃性的提高,不亚于西方其他发达国家。在这种社会背景下,作为"外来客人"的澳洲白人,与原本是"土地主人"的土著人之间,在政治经济、文化教育、医疗保健、生活质量等领域形成天壤之别。出于基督教式的良心发现以及缓解社会差别矛盾的目的,一些有识之士敦促政府拨出专款,为土著人提供包括衣食住行等在内的免费教育。其结果是土著学生欢天喜地地入学,但两周之后却陆续辍学。政府急派教育官员分赴各地,尽力寻找。结果在山林中发现许多土著学生脱掉校服,与长辈赤条条地躺在巨石上悠然自得地晒太阳。为了说服家长鼓励孩子返校,一位白人官员与一位土著家长之间进行了这样一场对话:

  白人官员:你现在身强体壮,精力充沛。
  土著家长:是。
  白人官员:你应当学习知识,掌握一门技能。
  土著家长:为什么?
  白人官员:找一份好工作。

---

① Jess Stein (ed.), *The Random House Dictionary of the English Language* (The Unabridged Edition, New York:Random House, INC., 1981). 另参阅陆谷孙陆谷孙主编:《英汉大辞典》(上海:上海译文出版社,1991 年)。

土著家长:那有啥用? 我现在不是生活得很好吗?

白人官员:那是。不过,你还是应当趁自己现在年轻,上学学习,掌握技能,找份工作,多挣些钱,目前用不了,可存入银行,等你老了,干不动了,再使用这笔钱养老。

土著家长:(听后大笑不已)

白人官员:(感到莫名其妙)你笑什么? 难道我说的不对?

土著家长:对不对我不知道,但我终于明白了一个道理。

白人官员:什么道理?

土著家长:你们白人之所以有那么多烦恼,老得那么快,就是因为你们想得太多。今天还没有过去,你们就开始考虑明天的事情。我们土著人就不那样。

白人官员:那为什么?

土著家长:嗨! 我告诉你吧。今天就是今天,没有什么明天。明天一到还是今天。

白人官员:什么?"明天一到还是今天?"……(最后,这位官员满怀疑惑地默念着"明天一到还是今天"这句话,怏怏离去,也不知道是谁说服了谁。)

此事在几部介绍澳大利亚文化风情的书籍中虽有大同小异的"演义",但基本不离其要旨。这里,我们引用此例想说明什么呢? 概而论之,有如下四点:

(1) 这位白人官员是怀着现代人通常所理解的"善意","众里寻他千百度",去同土著人进行"说服"工作的。这一过程无疑是"交流"或"交际"的过程,但是并未达到彼此理解意义上的"沟通"目的,因此带着"跨文化交流"中所遇到的困惑无功而返。

(2) 未能"沟通"的原因很多,在我个人看来,主要有两个:一是双方对"学习、技能、工作、挣钱"等社会活动的价值判断存在差异,二是双方在时间观念上存在差异。相比之下,后者更具有决定意义,因为前者是建立在涉及人生阶段论的时间观念基础上的。人类学家普遍认为,生活在原始部落或丛林里的人们,主要关注的是当下,而不怎么在乎未来。或者说,"未来"对他们来讲是虚拟的,尚不存在的,难以进入他们视界的。因此,原始人一般不做有关未来的承诺。而现代人或所谓的文明人则恰恰相反。他们的许多思想意识、价值观念、活动方式、心理状况等,在很大程度上受到时间观念的影响和制约,有时甚至到了"自我异化"(self-alienation)的程度。譬如,现代人凭借自己的才智或工具理性,创造了以钟表为普遍形式的计时器。结果,在现实生活中,我们的活动方式(包括起居在内)均受到控制,在某种意义上不仅做不了钟表的主人,反而沦为其奴隶。另外,钟表是有限时间的计算和标识工具,除了调控人的活动方式之外,还会无形中强化人对时间有限性的意识。这对于人来讲,对于这个虽是有限存在但却矢志追求无限和超越的特殊种类来讲,也构成了形而上学意义上的"存在悖论"(paradox of Being)。为此,托马斯·曼在小说《魔山》中,曾就时间问题长篇大论,想通过无数隐喻唤起无限。他描述了时间反复的方式,并在日常矫正仪式中将每天等同起来,以此引出永恒的循环意识。他还通过主人公汉斯-卡斯托普(Hans Castorp)不再戴手表的隐喻,来象征时间也许会成为永恒和无限。对于标举"忧患意识"的中国人来讲,"生年不满百,常怀千岁忧"就是一个典型的表述。这种忧患意识通常是指向未来的,因为未来式的时间观念对我们具有"意识专政"的功能。有时处于当下的心境,原本是轻松而愉快的,而一旦触及未来的时间观念,我们有可能因为思虑过多而不寒而栗。当然,不可否认,当我们身处困境或绝境时,也会因为憧憬虚拟的未来世界而获得活下去的希望,悬置自杀的念头,缓解痛苦的强度。可见,时间性在这里成了现代人生存的主题。

(3)土著人的时间观念决定了他们的生活、行为与价值判断方式。"明天一到还是今天",是他们表达时间观念的一种平实方式,这在他们看来算不上什么了不起的箴言。然而,这种时间思维方式,与我们的思维方式几乎是逆向的,因此具有哲理性的震撼作用。那位澳洲白人官员所体验的困惑,想必是异质文化观念碰撞的结果。由此可见,任何文化都有其特殊的灵光和值得普遍尊重的成分,不能简单地用物质标准予以衡量或评判,这当然也需要打破唯我独尊的民族文化中心论的藩篱。有鉴于此,当人们在青藏高原乘车旅行,看到草原小路上衣衫褴褛、一步一拜的朝圣者时,也许会肃然起敬,不再那么自命不凡,不再认为自身在精神生活方面优于他们。

(4)从语言表层意义上讲,跨文化交流是一回事,似乎并不困难;

但从内在的语义层面上讲,跨文化沟通则是另一回事,因为在语言文字的背后,潜藏着一大片文化。后者实际上就是"主体性文化"(subjective culture),属于文化的"内在结构"(internal structure)。这种文化不仅涉及主体的文化身份(cultural identity)和主观判断,而且涉及构成观念文化的诸多要素,尤其是内在决定人类外显行为的各种视界、情感、信仰、欲望、价值体系、时空观念、思想意识等。在上例中,白人官员与土著家长之间所进行的"跨文化交流",可以说是成功的,因为各自都说了要说的话。但由于时间观念和价值判断等方面的差异所构成的"文化距离"(cultural distance)或"交流沟"(communication gap),他们彼此并未在相互理解的意义上取得"跨文化沟通"的实际效果。目前,在全球化语境中探求普世伦理原则之所以困难重重、"误解"甚多,也正是因为这些观念背后的文化差异在作祟。

2 跨文化研究的三种形态

黑格尔曾言:同样一句话,不同人的说出来就会有不同的含义。相应地,同样一句话或一个理念,不同的文化也会有不同的解读或认识。中西方艺术哲学中所言的"美"与"丑"是如此,其政治意识形态中所谓的"民主"与"人权"更是如此,这样就给相互理解与彼此沟通造成诸多困扰。其中原因固然很多,但文化因素是至关紧要的。因为,在很大程度上,文化诚如霍尔(Edward Hall)所言,"是人类生活的环境。人类生活的各个方面无不受到文化的影响,并随着文化的变化而变化。或者说,文化决定人的存在,包括自我表达的方式以及感情流露的方式、思维方式、行为方式、解决问题的方式等等。……正是这些在一般情况下十分明显、习以为常然而很少加以研究的文化方面,以最深刻和最微妙的方式影响着人们的行为"[1]。

众所周知,文化的影响巨大、功能甚多,如个体身份意义功能(identity meaning function),团体包容功能(group inclusion function),团体之间的边缘规定功能(intergroup boundary regulation function),生态

---

[1] Edward Hall, *The Silent Language* (Greenwish Conn., 1959);参阅胡文仲主编:《文化与交际》(北京:外语教学与研究出版社,1994年),第10页。

适应功能(ecological adaption function)和文化交际功能(cultural communication function)等。但在解读或认识层面上,不同的文化都显现出这一共相:其作用如同一处庇护所(shelter)或安全网(safety net),兼防御保护与隔绝疏离这一两重性于一身。也就像有的学者所喻示的那样:文化犹如一副太阳镜。它保护眼睛使其免受外部强烈光线的刺激,并且提供某种程度的安全感与舒适感。但是,正是这副具有保护性的有色镜片,同时又妨碍我们真切而清楚地观看外部物象。这就是说,文化会造就民族文化中心论的态度与行为。[①] 民族文化中心论(ethnocentrism)意指那种有意或无意的社会文化心理倾向,习惯于从传统的思维定势或文化偏见出发,认定自己的文化实践活动优越于其他文化社团或民族的文化实践活动。作为文化人,我们各自都或多或少沾染上民族文化中心论的偏见(ethnocentric biases),总以为自己的文化审视和评价方式"更文明"或"更正确"。这种毛病通常在人们进入社会化(socilaization)或适应所处社会的既定行为准则的文化化(enculturation)过程中生成的,其主要决定因素一般来自构成深层社会文化心理结构的不同信仰、价值观念和道德伦理准则等。这样一来,在人与人的社会交往中,特别是在来自不同文化社群的人员之间的社会交往中,人们彼此说话、交谈或讨论,但时常流于表面形式上的"话语交际"(discourse encounter or intercourse),而未达到实际意义上的"沟通"(communication)或"相互理解"(mutual understanding)。正因为如此,跨文化沟通或理解的必要性、可能性及其研究方法,近年来在社会语言学、哲学、美学、解释学与文化学等领域,蔚然演化为一种"学术时尚",演化为一种基于"文化转向"(cultural turn)的"跨文化转向"(intercultural turn)趋势。譬如,1997 年"跨文化哲学学会"(Gesellschaft fur Interkulturelle Philosophie)在德国成立;1998 年《对话与普世论杂志》(Dialogue and Universalism)发表跨文化意义上的比较美学研究专集(Comparative Aesthetics);2000 年初"国际普世论研究学会"(International Society for Universalism)易名为"国际普世对话学会"(International Society for Universal Dialogue);2000 年中外学者合作,

---

[①] Stella Ting-Toomey, *Communicating Across Cultures* (New York: The Guilford Press, 1999), p.14.

《跨文化对话》(*Cross-cultural Dialogues*)杂志创刊;2001年9月北京第二外国语学院成立跨文化研究所(Institute for Transcultural Studies);同年10月香港中文大学举办国际跨文化学术研讨会并成立"跨文化研究中心"……凡此种种,皆从不同侧面表明了跨文化研究的新趋势。

"跨文化"是一个外来术语。所"跨"的对象无疑是"文化";所"跨"的方式从本质上讲就是比较;所"跨"的目的虽然出于不同的需要,但主要是追求异质文化社群成员之间的相互交流、沟通与理解。不过,这个笼统的汉译名同时表示三个不尽相同的语词:"cross-cultural""intercultural"和"transcultural"。这实际上隐含着跨文化研究的三种形态。具体说来,这三个复合词是由同一词根"cultural"加上三个不同前缀"cross-""inter-"和"trans-"构成的。在这里,"cross-"主要包含着"横过""穿越"或"交叉"等意思,"cross-cultural"一般表示"交叉文化或交叉文化地域的""涉及多种文化或文化地域的"。"inter-"一般包含"在……中间""在……之间",或"在……内"等意思,"inter-cultural"一般表示"不同文化间的"。"trans-"主要包含"横穿""通过""贯通""超越""胜过""转化"等意思,因此"transcultural"通常表示"跨文化的""交叉文化的""涉及多种文化的""适合于多种文化的"以及"超越文化的"。

在传播学(communication studies)中,cross-cultural是指具有比较性的交际或沟通过程,这里所比较的主要对象是不同文化在交际时所出现的相互冲突方式。需要说明的是,在现代文化学(cultural studies)领域中的"跨文化研究"(cross-cultural studies),有时也是在同一文化社群中不同形态的亚文化之间进行的,譬如在女性文化与男性文化之间进行的跨文化研究便是如此。① 而inter-cultural则是指不同文化社团成员之间所进行的交际或沟通过程,譬如美国进口商与中国出口商之间的商务谈判等,其中涉及文字等符号交换过程,以及对内容意义、

---

① 譬如,研究男女交往活动的塔南(Deborah Tannen)认为,男女言语风格不同,特征有别,双方的交谈的确代表一种跨文化交际的方式(He argues that characteristics of the two forms of speech are so distinct that talk between men and women really represents a form of cross-cultural communication)。Cf. Deborah Tannen, *You just Don't Understand: Women and Men in Conversation* (New York: Ballantine, 1990), pp. 34-35; cited from Elaine Baldwin et al. *Introducing Cultural Studies* (London et al: Prentice Hall Europe, 1999), p. 72。

身份意义和关系意义进行编码和解码等话语活动。相比之下，trans-cultural 的使用频度较低。我个人以为，从"跨越"和"交叉"的意思来看，trans-cultural 与 cross-cultural 的基本意思比较接近，但前者的意思更为丰富，具有"超越"和"转化"的意味。其实，从 transcultural 的终极意义上讲，最重要的是追求"创造性的会通、转换和超越"。特别在文化与经济全球化的大背景下，在积极倡导"多元文化"与"可持续发展"的当今时代，追求创新与超越的跨文化研究(transcultural studies)更具有提升的空间，发展的活力以及长远的历史意义。譬如，在器物文化层面，梁思成开创的中(大屋顶)西(多层楼体)合璧式的现代建筑就是成功的范例。在制度文化层面，在改革实践中建设有中国特色的社会主义及其市场经济体系，就是一个中西社会与经济结构趋同的典型实例。在观念文化层面，王国维的"境界说"，显然是以跨文化的研究方式融会变通康德的"精神说"(Geist)、席勒的"审美王国论"(asthetische Staat)、佛教的"境界"(Visaya)概念与中国传统的"滋味说"和"兴趣说"等艺术思想的结果。当代学者李泽厚创设的审美"积淀说"，曾在美学界引起很大反响，被视为20世纪中国美学发展的重要标志。究其根本，也是会通中西哲学、美学与心理学思想资源的结果。前文已论，此处不赘。

　　要而言之，上述三种"跨文化"研究形态，其基本共性在于比较，也就是在两种以上的文化之间进行比较。这种比较的目的和范围是多样化的：抑或帮助解决不同文化背景的人们在社会交际中所遇到的实际问题，以期取得相互理解或真正沟通的效果；抑或总体性或局部性地探讨不同文化中的文学、艺术、宗教、哲学、历史、政治与经济等领域的各自特征和可比较性；抑或研究不同文化中某个共同感兴趣的专题论述或相近时代两位历史人物的某一思想侧面等。但是，不管研究者出于什么兴趣或目的，也不管其侧重什么研究范围或领域，有一点必须明确：跨文化研究决非那种查询"你有我也有"的简单攀比过程，而是不断追问、揭示、批评和澄明的动态过程。在这一过程中，倘若缺乏真正的对话意识，那将无法走出民族文化中心论的泥沼，自然也谈不上跨文化研究的可能效度。

3　对话原则的构成要素

从旧"轴心时期"(the axial period)①到"新轴心时期"②真正促进人类文化历史发展与革新的主要因素不是宣扬"弱肉强食"的强权政治,而是标举"平等意识"的对话精神。无论是"究天人之际",还是"通古今之变",都需要在"入乎其内"和"出乎其外"的审视观照过程中进行有深度的对话(dialogue)。

不过,在旧"轴心时期",主要是由少数思想家主导着对话的形式。无论是《论语》中所记述的孔子式对话,还是柏拉图笔下苏格拉底式对话,我们不难发现对话的一方总是享有无形的知识权威地位或近乎垄断性的话语权力,而另一方则经常处于点头称是的接纳地位或被动局面。这样的对话方式尽管在"授业解惑"方面给人以多种启发,但由于不甚平等的对话关系而使人容易产生受到某种"强行牵制"的感觉。相形之下,"新轴心时期"的文化不再由少数几个伟大的思想家来主导思想意识或支配话语权力,而是以思想群体的"诸神合唱"方式来促进未来文化的发展。这一特征更强调多元文化的互动共存和相对发展,更推崇跨文化研究的动力作用。而这一切又都取决于一种对话精神或对话意识。

所谓对话,它首先是人类一种历久弥新的交流方式。举凡充满宽容、动态、真诚、开放和自由等特征的对话,才是激发和实现真正沟通或相互理解的前提。尤其是不同文化及其人群之间的这种对话,将会有助于建立真正的人伦关系和实现与他者的心灵沟通。特别需要强调的是,始终伴随真诚与开放的对话意识,涉及文化的器物、制度与观念等各个层面,深深地扎根在人类文明的古老传统之中。另外,当代对话哲学所倡导的理想的对话意识是超越文化的地域边界或文化的历史时空的,是需要转化为一种"全球意识"和"宇宙意识"的,其终极目的在于"使地球呈现出与以往任何时候都不同的风貌,成为人和自

---

① Cf. Karl Jaspers, *The Origin and Gaol of History* (London: Routledge & Kegan Paul, 1952), pp.1-19.

② 参阅汤一介:《新轴心时期与中华文化定位》,见《跨文化对话》第6期,18—30页。

然生存的最佳环境"①。

可见,在多元文化语境中,对话的机制是丰富的,对话的渠道是多样的,对话的效度是无限可能的,对话的意识是不可或缺的。把对话作为跨文化研究的基本原则,还有必要强调以下几个相关的因素:平等的意识、无限的交流意志、批评的循环、视界的融合与自我反思。

平等的意识(sense of equal footing)从字面上不难理解,主要是指参与对话的各方,在对话过程中都享有平等的地位,都否认片面的权威或对真理的独占,都反对固执己见或差强人意的做法。在交谈中,对相关论题各抒己见,即便出现争论,也是善意的和建设性的,其争锋所至,只针对问题的所在,而不掺杂其他负面因素。倘若得出结论,取得共识,那是万幸,皆大欢喜;倘若没有,那么对话双方可以自由地带着自己与他人的想法离开,经过进一步的反思以后,来日再会谈、再交流、再追问。在平等意识引导下,个人的见解和智慧与他人的见解和智慧互动,更多的问题与难题相遇,必然会使对话过程更富有活力、动态性和创新的可能。然而,在实际对话中,我们往往会陷入由自信与不自信所构成的连续统一体(continuum)内。建立在科学认识基础上的自信无疑是一个积极因素。但自信过度者,经常会有意或无意地以权威自居,自以为真理在握,把对问题的解释权划归己有,其结果只能催促他人出局,消解对话的活力。相反地,缺乏自信者,则会在自己认为的权威面前出让话语权利,膜拜于对方的逻各斯(λογος)脚下,结果沦为点头称是的人(yes-man)。这种现象在许多情况下是人为的产物。

因此,我们特意突出对话过程中的平等意识,将其视为个人学养修炼的一种特殊境界。按照眼下的理解,培养这种平等意识固然需要以厚实的学力和科学的胆识为支点,但首先需要确立一种宽容而诚实的态度。这种态度具体表现为:(1)"**大其心以体天下之物**"(张载语)。有了这样的胸襟,才有可能"虚其心以受天下之善",确保开放性与真诚性,养成倾听的意识和平等交流的精神,建立大学问、大文化或多元文化的概念,同时也才有可能在跨文化的对话中抛开民族文化中心论的有色眼镜,尽量客观地审视和比较所研究的对象。(2)"**吾**

---

① 参阅滕守尧:《文化的边缘》(北京:作家出版社,1997年),第3页。

爱吾师,更爱真理"。这种亚里士多德式的态度,是以追求真理(αληθεια)为根本导向的。从中可见,尊师的美德值得称赞,但热爱和追求真理的美德更应得到肯定和鼓励。古往今来与海内域外的先哲时贤,作为人类思想的启蒙者,在华严的真理面前都是一样的。否则,还谈什么真正创新意义上的"为往圣继绝学"或"可持续发展"呢?

(3)"**我知道自己无知**"。苏格拉底的这句名言(α μη οιδα ουδς οιομαιςιδεναι)的英译是"I don't assume that I know whatever I don't know"①,可以直译成"我不认为我知道所有我不知道的东西"。这自然会使人联想起孔子的认知态度:"知者为知之,不知为不知,是知也。"也会使人重温尼采的格言:"在我们的五指之外,便是无知的汪洋大海。"(Beyond the five fingers lies the vast sea of ignorance.)当然,这里所言的"无知",不仅指大千世界的万事万物,也表示对终极真理的认识和把握。漫长的人类文明史,只不过是不断探询和接近终极真理的过程而已,更何况个人的有限知识呢?

伴随着平等的对话精神,还需要对话者具备"**无限的交流意识**",采用"批评的循环"方法,注重"视界的融合"途径,切忌"零碎研究法"所导致的"张冠李戴"之弊。相关论述见于前文,此处略去。总之,我们只能设法接近对文本的正确理解,或者尽量把这种理解描述得更好或更妥切一些。即便是这样的结果,也是建立在"批评的循环"基础之上的。而循环性又是建立在对文本进行不断重新思考的必要性基础之上的。而不断进行重新思考的必要性又是因为人类理想认识到自己的局限性所致。通常,某些似乎一目了然的东西,到了最后竟会变得不那么容易解释了,甚至突然变得让人摸不着头脑了。更何况还会不断涌现出不同的解释和相关的旁证材料。因此,对文本进行批评的循环性解读或释义过程,不仅是"人类认识自己本性和地位的一个基本原则",而且由此所获得的认识也"成为人类经验与探索之可能性的一种条件"。② 另外,以海德格尔(M. Heidegger)与伽达默尔(Hans-Georg Gadamer)为代表的解释学所倡导的历史循环论认为:对文本的

---

① Anne H. Groton, *From Alpha to Omega* (Newburyport MA: Focus Information Group, 1995), p.183. Socrates demonstrates his wisdom in Plato's *Apology* 21d.

② 参阅霍埃:《批评的循环》,第14—15、9页。

理解是变化的,相关的释义有其历史的局限性。解释学要公正地对待这一事实,要对任何释义的确定性提出挑战,以此引起人们的不断反思。

当然,对话原则还要求对话者具有"**自我反思**"(self-reflection)的能力与"**自觉批评**"(conscientious criticism)的意识。前者不仅要求对他人的解读方式与释义结果进行反思,而且要求对自己的解读方式和释义结果进行反思。同样,后者要求对自己理解上的偏见进行批评和消解,而且要求对研究对象可能存在的缺失加以揭示和评判。诚如倡导中西比较哲学研究的学者拉巨(P. T. Raju)所建议的那样:"在历史长河中,东西方直接或间接的相互接触和影响与日俱增,作为历史个体的人,现在没有一个纯然是东方的或西方的。当今时代需要我们对人类和宇宙的综合概念取得相互的理解与发展,因为整个世界越来越自觉地由部分走向彼此联结,不同的文化及其哲学也在相互撞击。……这就需要进行不偏不倚的或超越成见的研究比较,尤其是在有关乎人的问题上,要竭力保持一种绝无偏见的、不以自我为中心的和开放的心灵……要积极开展自我反思与自我批评。笛卡儿要求哲学家在思考之前须先铲除所有偏见。培根建议要打破所有'偶像'。……否则,我们评判他人的准则必将是主观的和暂时的,而非客观的或普遍有效的。"①

最后,特别值得注意的是,对话式的跨文化研究,虽以比较为基本特征,但决非简单或笼统的攀比过程。诚然,所研究的对象与范围尽管调试在某一焦点上,但由于文化传统的差异,历史背景的不同,价值判断体系以及思维方式的间离,其有关说法和所用概念客观上均存在"形同而质异"的问题。因此,在讨论过程中,对其有意进行"对号入座"式的简单排列组合是万万要不得的,这样会容易以强辩的方式构成独断与偏颇的结论,从而会严重违背对话与交流的初衷,导致劳埃德(G. E. R. Lloyd)所批评的那种在比较哲学中因采用逐一比附式的"零碎研究法"(piecemeal approach)而得出的那些似是而非的结论。

有鉴于此,我们在从事跨文化研究过程中,力求遵从上述对话原

---

① P. R. Raju, *Lectures on Comparative Philosophy* (Poona: University of Poona Ganeshkhind, 1970), pp. 48-50.

则,立足于文本与历史意识,重点揭示和诠释比较对象各自所阐发的内容、论说的方式及其原因目的,同时努力贴近具体的历史文化语境,从中辨析双方理论学说的异同,并在跨文化视界的融合(the fusion of intercultural horizons)中,努力开拓出具有创新和超越可能性的"文化的边缘地带"。

(2001年写于京东杨榆斋,刊于首都师范大学
《文学前沿》2002年第1辑)

中篇 中国美学

七　中国古代审美意识卮言

审美意识一般包括审美感受和与之相关的审美趣味(鉴赏力)、审美观念、审美理想、审美心理等。在人类历史的长河中,审美意识始终作为社会意识形态的一个组成部分,伴随着文明发展的脚步和审美实践活动,从遥远的过去走到现在、走向未来。我们考察中国人的审美意识及其发展过程,通常主要采用两种具有代表性的方法:一是重文字训诂的考据法,二是重历史分析的考古法。

1　羊大为美与羊人为美

迄今,从重文字训诂的考据研究结果看,有些学者根据《说文解字》(羊部)中对"美"字的解释——"美,甘也。从羊,从大。羊在六畜主给膳也。美与善同意"①——而得出如下结论:"羊大"即肥硕肉多的羊,"甘也"即好吃可口的味。由"羊大"的姿态创写出来的"美"字,其本义不在为了表达对于羊大的姿态或形象的视觉感受,而在于表达古代人的味觉感受。这种美的味觉感受就是味觉经验的审美感受,因此,"可以说,中国人最原始的审美意识起源于膘肥的羊肉味甘,这一古代人的味觉感受"。② 这便是常见的"羊大为美说"。

从结构上看,原始的审美意识与人的生命本能需要和官能愉悦享受有着直接的关系,最初以味觉感受(美味)为契机,随即带动了视觉感受(美色)的能力,再后便增加了嗅觉感受(芳香)和听觉感受(悦音)等方面的内容。

---

① 许慎:《说文解字》(北京:中华书局,1963年),第4卷,第78页。
② 笠原仲二:《古代中国人的美意识》(杨若薇译,北京:三联书店,1988年),第3页。

从时间上看,这种审美意识主要存在于原始社会后期至阶级社会初期这一漫长的历史阶段。随着人的全面觉醒、物质文明的持续发展和社会生活的丰富多样,这种最初囿于生理快感的审美意识逐步拓宽了自身的领域,具有了广泛的社会意义和伦理意义,于春秋战国时期发展到"美善等同"的历史阶段。此时,凸现道德伦理价值的"善"成了审美意识的核心内容,原始时期那种基于感官本能的审美意识被彻底地否定和超越了。

秦汉时期之后,魏晋玄学勃兴,因任自然、返璞归真和澄怀体道等观念成了生活的理想。这样,"真"被纳入了审美意识,从而使其发展到"美真等同"的最高历史阶段。这种"真",既非科学意义上的真,也非康德所谓的普遍有效性的真,而是终极意义上的有关生命本源的"真",既超越了感性的快感与不快感,又超越了理性的或伦理的善恶评价。在这一阶段,以"真"为内容的审美意识否定了前一阶段以理性和伦理精神为基础的审美意识,从而达到了"不意识善恶甚至连美丑也不意识的境地",或回到自然怀抱中的返璞归真的境地。人在这种美或真的面前,于大彻大悟之际,物我两忘,离形去知,与道同体,一切世俗的束缚羁绊、凡虑尘累都被一扫而净,人类的灵魂得到最高的升华,人类的精神得到完全的解放。但要指出,这种"真"对善恶与美丑的超越,不是简单地否定和抛弃,而是本质性地肯定与吸收,是在扬弃前两阶段审美意识的偏颇性基础上包容了它们的合理内容。例如,可口的美味或美食,不仅给人以官能的愉悦和生命的意义,而且是宇宙本源性的或最为真实的东西。

值得注意的是,基于上述"羊大为美"之说,有的学者做了进一步的探讨。认为"美"字最初并非由"羊大"二字及其姿态组合创写而成,而是由"冠羊"而舞的巫术礼仪演变而来。远古时期,崇拜羊图腾祖先的民族每举行播种、祈丰、狩猎、诞生等巫术仪式时,总要由其代表人物(一般是酋长兼巫师)或头插羊角,或身披羊皮,或把整只死羊捆在头上,扮演成羊祖先的样子,大蹦大跳,大唱大念,从而形成一种美的巫术歌舞仪式。细审甲骨文和金文的"美"字,会发现该字皆由两部分组成,"上面作'羊'下面作'人',而甲文'大'字训'人',像一个人正面而立,摊着两手叉开两腿正面站着,'大'和'羊'结合起来就是'美'字。这些字形,都像一个'大人'头上戴着羊头或羊角,这个'大'

在原始社会里往往是有权力有地位的巫师或酋长,他执掌种种巫术仪式,把羊头或羊角戴在头上以显示其神秘和权威"。① 因此,有不少学者认为:"'美'的原来涵义是冠戴羊形或羊头装饰的'大人'('大'是正面而立的人,这里指进行图腾扮舞、图腾乐舞、图腾巫术的祭司或尊长),最初是'羊人为美',后来演变为'羊大为美'。"②据此,他们假定"美"字最初象征头戴羊形装饰的"大人",同巫术图腾有直接关系。后来,纯粹意义上的"美"的含义,由于脱离了图腾巫术,而同味觉的快感连在一起。如此说来,原始审美意识不是发端于味觉感受,而是源自与舞蹈相结合的原始巫术(注:舞、巫同源)祭祀活动。这种审美意识不仅具有图腾崇拜的意味而且包含艺术创生的先兆。

笔者认为,无论是"羊人为美"说还是"羊大为美"说,虽然道出了原始审美意识萌生的可能途径和审美感性的本原特征,但过分依赖汉字的象形品性而囿于对"美"字的训诂考据来推断立论,其结果难免会失之偏颇。因为,中国文字(甲骨文)的形成基本上与青铜时代同步,也就是在传说的"夏制九鼎"的历史阶段(约公元前21—约公元前15世纪)。要知道,文字的发明是人类文明发端的象征,是人类历史发展到一定阶段的产物。在此之前,人类已经经历了漫长的发展时期,譬如从茹毛饮血的自然存在到制作简单工具的新旧石器时代。所以,可以肯定地说,审美意识的产生必定是远古的事,其发展与形成并非一日之功,不会晚到文字出现的时代,这与古代神话等口头文学不是等待文字创生之后才会出现是一样道理。另外,古代人固然是以生存为主要目的,其生存手段或物质条件因生产力落后而十分简单,但围绕着生存,其实践活动与生活范围不仅仅限于美味或吃。因为,即便是一般的动物也在吃饱后因"过剩的精力"而"游戏"(如席勒所描述的狮子和普列汉诺夫所描写的某些鸟类),更何况比它们聪明的人类呢?所以,我们不难设想,与人类生存或实践活动相关的其他活动和事物也必然会激发起古代人的审美意识。

---

① 李泽厚、刘纲纪主编:《中国美学史》(北京:中国社会科学出版社,1984年),第1卷,第79—81页。
② 萧兵:《〈楚辞〉审美观琐记》,见中国社会科学院哲学所美学研究室编《美学》(上海:上海文艺出版社,1981年),第3期,第225页。

2　劳动实践与历史积淀

相形之下,重历史分析的考古法则弥补和突破了上述方法的不足与局限。应用这一方法的学者,在探索原始审美意识萌生、形成与发展的过程中,从"劳动创造了人本身"这一科学原理出发,坚持历史唯物主义和实践美学的基本观点,把研究的重点放在分析古代劳动工具、装饰品、图腾符号、陶器、青铜器、原始神话和象形文字等的造型(质料、形状、色彩、线条和内容等)演变与其文化象征意味之上,从而得出审美意识最初紧紧地依附于人类的物质生产进程,以满足生存需要为主要特征;其后受原始宗教、图腾崇拜和巫术礼仪的支配与影响,而逐步出现精神化的趋向;最后,随着艺术生产、艺术创造力与想象力的发展,而走向独立和成熟。

总之,劳动创造了人,也创造了人的审美意识和其他一切形态的高级意识。因此,人作为历史存在,其审美意识不能是先验的或抽象的,而只能是历史的和具体的。① 换言之,这种意识必然是人类实践活动和社会历史文化的"积淀"成果,并随着人类文明历史的进程不断丰富和发展。比如,山顶洞人的"穿带都用赤铁矿染过",或在尸体旁撒红粉,就不只是对鲜艳红色的动物性生理反应,而是开始包含着某种观念意义或巫术礼仪的符号意义;或者说,并不只是为了感官愉快,而是具有了一定的社会内涵。诚如李泽厚所言:"在对象一方,自然形式(红的色彩)中已经积淀了社会内容;在主体一方,官能感受(对红色的感觉愉快)中已经积淀了观念性的想象、理解。"② 再如,新石器时代的仰韶型(半坡村和庙底沟)和马家窑型的彩陶纹样(半坡型的人面含鱼纹,庙底沟型的鸟纹与几何形花纹,马家窑型的蛙纹和旋涡纹等),对原始人们的感受已经不只是均衡对称和形式快感,而且具有了比较复杂的观念和想象的意义。这些抽象几何纹饰"并非某种形式美,而是抽象形式中有内容,感官感受中有观念,如前所说,这正是美和审美在对象和主体两方面的共同特点。这个共同特点便是积淀:内

---

① 敏泽:《中国美学思想史》(济南:齐鲁书社,1987 年),第 1 卷。
② 李泽厚:《美的历程》(北京:文物出版社,1981 年),第 4 页。

容积淀为形式,想象、观念积淀为感受。这个由动物形象而符号化演变为抽象几何纹的积淀过程,对艺术史和审美意识史是一个非常关键的问题"①。应当看到,这种重社会劳动实践和文明历史分析的研究方法,依据文物考古的具体成果,对古代中国人的审美意识的发展历程也作出了相应的推断。

从历史上看,原始人的审美意识发轫于旧石器时代(The Paleolithic Period),特别是其晚期,如北京周口店"山顶洞人",距今约18000年,一般可从现已发掘出的原始、粗糙和简陋的石器或工具中见出原始意义上的形式美(不同程度的具有对称或均衡的形式)和色彩美(富有色泽感的黑晶石石料工具)的萌芽。随着原始物质文明的发展,到了以农耕和家畜饲养为主要生产手段的新石器时代(The Neolithic Age),原始人的审美意识在经历一个漫长的历史时期之后得到了进一步的发展。在公元前4515年—公元前2460年间的仰韶文化时期,从那些代表早期人类绘画和雕塑的陶器图饰与陶塑中,可以看到当时开始趋向成熟的审美意识,甚至从那些所谓的"有意味的形式"(the significant form)中发现了关于美的朦胧的原始观念。接着,审美意识经历了原始宗教、图腾崇拜、原始歌舞和巫术礼仪等不同的华夏文明历史阶段,到了青铜艺术和文字创生的时代(中国历史上夏朝,约公元前21世纪—约公元前15世纪)终于积淀而成。其后,随着文明的进程与人性的觉醒,审美意识经过长期的积累,在西周(约公元前11世纪—约公元前771年)"制礼作乐"的时代,"经礼三百,曲礼三千"(《礼记·礼器》),可谓趋向观念化和系统化的高级发展阶段,由此形成了具有初级理论形态的中国古典美学思想体系。据文献所载,西周礼乐并举,诗歌舞一体,重在"礼以道其志,乐以和其声"(《礼记·乐记》),或"以乐礼教和,使民不乖"(《周礼·地官》),以便达到"礼别异,乐合同"(《荀子·乐论》)以及"经夫妇,成孝敬,厚人伦,美教化,移风俗"(《毛诗序》)的最终目的。所以,到了诸侯争霸、礼崩乐坏的春秋时期,立志"修、齐、治、平"的孔子发出了"周监于二代,郁郁乎文哉,吾从周"的感慨。

要知道,西周礼乐文化经过孔子的宣扬推崇,长期以来成为中国

---

① 李泽厚:《美的历程》,第18—19页。

封建社会的理想范本,对我国后来包括美学思想在内的思想文化,有着重要而深远的影响。纵向地看,西周之后,中国审美意识经过春秋战国时期"百家争鸣"的陶冶、儒道互补型的理性精神的洗礼,以及楚汉浪漫主义的浸染,加之佛教虚幻主义的影响,走上了一条不断拓宽、日益丰富和多维结构的发展道路,在玄学之风盛行的魏晋时期达到了新的高度,于盛唐结出了丰硕的成果。宋明以来,理学、名教、文字狱与近现代的战乱和文化专制主义等,尽管在不同程度上影响或制约了文艺的创作和繁荣,但并没有阻止中国人审美意识的不断深化与多元发展,这种态势始终伴随着物质文明和精神文明前进的脚步,继往开来,持续不断。

　　大体说来,古代中国审美意识萌生于旧石器时代,与原始生产或生活工具的形式与先民喜好的色彩有着密切关系。古代象形文字的创写,标志着审美意识的相对成熟,"美"字内涵的象征意味是中国先民感觉发展及其历史积累的结果。其中,从各自渊源来看,"羊大为美"趋向甘美之"味",此"味"后来在中国审美思想中成为重要范畴,时至今日,人们在评鉴绘画、音乐或歌舞等艺术作品时,依然习惯于用"有点儿味道"来表述自己的感受或肯定。相比之下,"羊人为美"趋向巫术仪式之"巫"与"舞"。在这里,"巫"涉及原始崇拜意识与神秘祭祀活动,"舞"关乎原始歌舞表演与朴素审美形态。勃兴于周代的礼乐文化或人文化成思想,为后来的审美意识奠定了坚实的基础,并在不断追求精致和丰富的过程中贯穿于整个中国审美文化历史。

(1995 年写于京东杨榆斋)

八　礼乐诗互动关系疏证

在《论语》中,孔子从"修身为本"的思想出发,以"仁"德品性为根本尺度,试想通过不同形式的艺术教育,来完成或造就"文质彬彬""文之于礼乐"的君子人格。所谓"兴于诗,立于礼,成于乐"(《泰伯》),均是针对"成人"(即完成或成就人格)这一基本的教育宗旨而言。在孔子那里,诗教、礼教和乐教实际上构成了三位一体的艺术教育过程。在此过程中,"诗""礼""乐"相互作用,各有侧重。

无论是倡导"克己复礼为仁",还是自称"述而不作,信而好古",孔子的人文理想及其文化情结,均系于周室盛时的"礼乐"文化,这正如他自己所言:"周监于二代,郁郁乎文哉,吾从周。"(《八佾》)

通观《论语》,孔子于不同语境里谈到"人"共计162次,其中有114次用来表示一般意义上的"人";涉及"文"24次,其中有11次用来表示文献典籍及其负载的知识,另有8次用来表示文采或文饰。① 因此,西方许多学者在研究孔子的思想时,习惯于用 humanism 一词予以涵盖,译成中文就是我们常说的"人文主义""人本主义"和"人道主义"。

在中国语言历史上,"人文"连用首见于《易传》里的《贲》卦之《彖传》。"《彖》曰:'贲',亨,柔来而文刚,故亨。分,刚上而文柔,故'小利有攸往'。刚柔交错,天文也。文明以止,人文也。观乎天文,以察时变。观乎人文,以化成天下。"这里所谓"文明以止,人文也"中的"文明",一般被解释为"文采著明"(吴澄注),大体上意指"文质彬彬"中的文饰或文采修养;而"止"是表示节制或容止,文饰或文采加以节制,

---

① 参阅"论语词典",见《论语译注》(杨伯峻译注,北京:中华书局,1980年),第213—214、224页。

从而落实在具体的行为与事物中,这正是礼或礼教所要求的基本内容。于是,当代学者徐复观认为,所谓"文明以止"者,正是指"礼"而言。古人常以"礼"来概括"乐"。在《易正义》里,"言圣人观察人文,则诗书礼乐之谓"。诗书礼乐,成为联结在一起的习惯语,实则此处应指礼乐,则礼乐亦可以包括诗书。所谓"观乎人文,以化成天下",实际上就是兴礼乐以化成天下。因此,中国所谓"人文",乃指礼乐之教、礼乐之治而言。相应地,要了解中国所谓"人文"的基本意义,就等于要了解中国礼乐的意义。① 而礼乐作为中国数千年文化的根基,不仅历史久远,而且意义深广。就其要义而论,"乃在于对具体生命中的情欲的安顿,使情欲与理性能得到谐和统一,以建立生活行为的'中道'。要使情欲向理性升进,转变原始性的生命,以成为'成己成物'的道德理性的生命,由此道德理性的生命,以承担自己,承担人类的命运"②。这里显然隐含着形而上的或超越性的道德追求,一方面是道德理性对原始情欲的超越,另一方面则是人类总体命运对个体利益的超越。

简单地说,礼乐的意义主要反映在两大层面上。首先,在社会政治领域,通过"制礼作乐"的人文教化形式,来建立合乎人伦道德秩序与能够满足人性合理需求的"礼治"社会,也就是荀子所说的那种"乐合同,礼别异,礼乐之统,管乎人性矣"(《乐论》)的社会,即那种以礼乐教育来和合人际关系、以"和乐而不流""群居而不乱"为特征的社会。其次,在个人修养方面,借助礼、乐、诗教,来成就"文之以礼乐"的君子型人格,来"穷神知化",实现情理和谐统一的完整生命形态,最终达到孟子所标举的那种"仁民而爱物"的天地境界。孔子所谓"兴于诗,立于礼,成于乐",实际上高度概括了这一个体修养过程的三大阶段。

从中国礼乐文化历史发展的逻辑顺序来看,"礼"占主导地位,当在"乐""诗"之前。这三者之间的互动关系,可以这样排列:礼主乐辅,乐合诗舞,诗乐互补。

---

① 参阅徐复观:《原人文》,见《徐复观集》(黄克剑编,北京:群言出版社,1992 年),第 206—207 页。
② 参阅徐复观:《谈礼乐》,同上书,第 208—209 页。

1 礼主乐辅

史传周公"制礼作乐"。就礼乐关系而论,无论是从前者的演示形式看,还是从后者的基本职能看,礼占主导地位、乐为辅助作用是不争的历史事实。因为,礼乐文化的本质与礼乐教育的宗旨,均是以实施"礼治"为中心任务的。

关于"礼",我们在有关典籍中可以看到诸多大同小异的界说。譬如:"礼,经国家,定社稷,序民人,利后嗣也"①;"登降揖让,贵贱有等,亲疏之体,谓之礼"②;"礼者,尊卑之差,上下之制也"③;等等。"礼",确是一个相当宽泛的概念,其内容十分庞杂琐细。若用现代的话说,它既是典章制度,包括"社会组织,政治体制,社会秩序等上层建筑"④,同时又是各种形式的不成文法或习俗惯例,"包括了由天子到庶人各阶级各阶层的行为规范,从诸侯盟会到婚丧嫁娶,从祭祖先到祭鬼神的各种仪式、规模,都做了具体的规定……它明确、严格地规定了上下等级、尊卑长幼之间的秩序,对全体社会成员具有极大的强制力和约束力"⑤。不过,这只是礼的基本内容及其政治、社会与伦理职能。事实上,礼作为古代"六艺"之一,在具体的实行过程中,还包括相应的礼器与服饰等安排,上下揖让、俯仰进退与人数排列等规定,以及典雅、大方与得体等风度要求。这些都是需要专门加以训练的。倘若熟练掌握,达到"游于艺"的程度,那自然会在实际运用时"从心所欲不逾矩"(《为政》),从中体验到具有"游戏"特质的审美自由品味。

其实,在古代的礼仪演示过程中,是包括乐舞诗歌在内的。那场面如同一种以礼为核心内容的综合性艺术表现形式。譬如,根据《仪礼》所载,在《乡饮酒礼》和《燕礼》篇中,就融含着这样一些音乐歌舞节目:

---

① 参阅《左传·隐公十一年》。
② 参阅管子:《心术》。
③ 参阅《后汉书·荀爽传》注。
④ 参阅冯友兰:《中国哲学史新编》(北京:人民出版社,1992年),第135页。
⑤ 参阅周克庸:《孔子的'礼乐'理想及其美学观》,见山西省孔子学术研究会编:《孔子思想研究文集》(太原:山西人民出版社,1988年),第372页。

工歌:《鹿鸣》《四牡》《皇皇者华》。
 　　　　　(专业乐工演唱三曲)
笙奏:《南陔》《白华》《华黍》。
 　　　　　(器乐[笙]奏三曲)
间歌:歌《鱼丽》,笙《由庚》;
 　　歌《南有嘉鱼》,笙《崇丘》;
 　　歌《南山有台》,笙《由仪》。
 　(歌唱与器乐演奏相间,六曲,轮流三次)
乡乐:《周南》:《关雎》《葛覃》《卷耳》;
 　　《召南》:《鹊巢》《采蘩》《采苹》;
 　　　　　(群众合唱民歌六曲)
舞蹈:《勺》(六乐中《大武》的一章)。①

"在上列节目中,1至3节都是专业乐工演唱及演奏的部分;其中所唱的诗歌,都是用贵族根据民间曲调而写的词,内容不外乎描写宴饮、旅途生活和互相祝颂等。第4节群众合唱的民歌,其内容有爱情生活,婚姻生活,旅途生活,劳动生活等,虽然都是反映现实的,当绝没有显明地表示反抗斗争情绪的诗歌在内;而况,即使在这民歌一类中间,也还夹杂着一部分描写贵族爱情生活、宣扬封建礼教的东西,如《关雎》《葛覃》等。"②

　　另一方面,从孔子所推行的礼乐诗教的宗旨来看,也不难找到礼主乐辅或礼摄诗乐的证据。譬如,在《论语》中,谈礼74次,论乐22次,言诗14次,断言"不学礼,无以立",并且在倡导"克己复礼为仁"的同时,还一再强调"非礼勿视,非礼勿听,非礼勿言,非礼勿动"(《颜渊》)。由此可见"礼"或"礼治"在孔子心目中的重要地位。另外,孔子谈及季氏时如此愤慨:"八佾舞于庭,是可忍,孰不可忍?"(《八佾》)显然也是因为对方违背了礼数,是当时"礼崩乐坏"的典型人物。再

---

① 参阅《乡饮酒礼》《燕礼》,见《仪礼译注》(杨天宇撰,上海:上海古籍出版社,1994年),第102—139、221—265页;杨荫浏:《中国古代音乐史稿》(北京:人民音乐出版社,1981年),上册,第38页;阴法鲁:《孔子论音乐》,见《孔子诞辰2540周年纪念与学术讨论会论文集》(上海:上海三联书店,1992年),第1450—1451页。
② 参阅杨荫浏:《中国古代音乐史稿》,上册,第38页。

者,孔子论诗,可以兴、观、群、怨,并讲"不学诗,无以言",但最终还是要落实在"迩之事父,远之事君"或用在行政达政、外交"专对"的"礼治"实践活动之中。

当然,与"仁"相比,"礼后乎"(《八佾》),"乐"更是如此。孔子无疑是积极倡导和推行"礼乐"文化的,但他又强调指出:"礼云礼云,玉帛云乎哉?乐云乐云,钟鼓云乎哉?"(《阳货》)在孔子看来,把"礼"等同于礼尚往来的玉帛圭璋,把"乐"等同于敲敲打打的钟鼓乐器,而看不到礼的安上治乱之功,乐的移风易俗之用,只是流于表面形式,搞花架子,那无异于舍本逐末,不着边际,无视礼乐的精神实质。这精神实质,不是别的,而是"仁",即仁心仁德的培养。《论语》中,孔子根据不同对象对"仁"做过不同的解释,但有一点是最为根本的,那就是弟子樊迟问"仁"时所下的结语"爱人"(《颜渊》)。从词源结构上讲,"仁"是二人以上所结成的人际关系。这种关系是以仁爱为基础的。而这种爱又是由亲子之爱、家人之爱进而扩充到"泛爱众而亲仁"(《学而》)的普遍之爱(universal love)或"博爱"(fraternity),这里虽然没有那么浓厚的宗教色彩,但的确具有在俗世间追求精神超越的超道德意义。不消说,这种以"爱人"为主要内容的"仁",不仅是"人伦之至"(孟子语),是"人所以为人的总的特点",而且是"修身"或个人修养所要达到的最高标准。① 举凡具有这一"仁"德之人,便是孔子所说的那种"仁者"或"仁人",而这正是完全人格的代名词。因此,孔子把"仁"奉为礼乐文化的精神,突出强调"人而不仁,如礼何? 人而不仁,如乐何?"(《八佾》),可以说是其"仁学"逻辑发展的必然。

2 乐合诗舞

依据儒家的有关学说,"乐"的生成及其效用可分为三个层面,即物理、心理和伦理层面。从物理或感性层面看,"乐,五声八音总名"(《说文》);"八音并作,克谐为乐"(《乐记》注),这是在讲音乐由不同的音阶与和谐的曲调旋律组成。从心理层面看,"乐由中出","夫乐者,乐也,人情之所不能免也"(《乐记》),这是在讲音乐表现内心的感

---

① 参阅冯友兰:《中国哲学史新编》(北京:人民出版社,1992年),第147页。

受,同时又引发快乐的情绪。从伦理层面看,"乐和同"、"乐以化人"、"致乐以治心,则易直子谅之心,油然生矣"、"乐者,天地之和也"(《乐记》),这是在讲音乐具有道德教化作用,能够培养平易宽厚慈爱之心,有助于谐和人际关系与维系稳定的社会关系。

对音乐的上述界说,主要是围绕孔门"六经"中的乐论而言。实际上,古代音乐作为"六艺"(礼、乐、射、御、书、数)之一,其内容还包括舞蹈和诗歌。据《周礼》所载,音乐科目的内容主要是前文所列的"六乐",亦称"六舞",即"云门、咸池、大韶、大夏、大濩、大武"等六代古典乐舞作品。它们实属乐舞配合互融、相得益彰的复合体式。在掌管学政、以"乐德教国子"的乐官大司乐那里,就是用上述"乐舞教国子",以六律、五声、八音同六舞配合,谐和音节,使舞声相合,舞步踩着韵律进退。祭祀天地鬼神人时,不仅要依照先后尊卑的次序排列,而且音乐曲调和歌舞形式也有一定的规定。譬如,"奏黄钟,歌大吕,舞云门,以祀天神。乃奏大簇,歌应钟,舞咸池,以祭地示。乃奏姑洗,歌南吕,舞大韶,以祀四望。……乃奏无射,歌夹钟,舞大武,以享先祖"。"乐舞"之外,还要以"乐语教国子,兴、道、讽、诵、言、语"。(《春官·宗伯》)这里所说的六种"乐语"形式,自身虽有分别,但迄今难以详知或说清。按朱自清的推测,它们"似乎都以歌辞为主。'兴''道'(导)似乎是合奏,'讽''诵'似乎是独奏;'言''语'是将歌辞应用到日常生活里。这些都是用歌辞来表示情意,所以称为'乐语'"。① 比较而言,在这六种"乐语"中,"兴""讽""诵"大概是以配乐方式来诵读或吟唱诗的;"道""言""语"是基于诗歌的内容或文本含义来教诗或用诗的。前后两者反映出"乐以诗为本"和"诗以乐为用"的特点,其终极目的无疑是推行诗乐教育、范导人心情怀的。

从生成角度看,诗、乐、舞三者原本也是孪生的姊妹艺术。在汉代及其以前的典籍中,对此有过不少论述,最早的文字记载见于《尚书》里的《尧典》:

> 帝曰:夔!命女典乐,教胄子。……诗言志,歌永言,声依律,律和声,八音克谐,无相夺伦。夔曰:於!予击石拊石,百兽率舞。

---

① 朱自清:《诗言志辨》,见《朱自清论诗》(上海:上海古籍出版社,1999年),第11页。

这段记载虽被疑为后人伪作,但却道出了其他古代文献所记述的基本论点。譬如:

> 诗,言其志也;歌,咏其声也;舞,动其容也。三者本于心,然后乐器从之。(《乐记》)

> 诗者,志之所之也;在心为志,发言为诗。情动于中而形于言。言之不足,故嗟叹之;嗟叹之不足,故永歌之;永歌之不足,不知手之舞之,足之蹈之也。(《诗大序》)

最后,从表演形式看,上文所列传的《乡饮酒礼》和《燕礼》中的音乐节目中,不仅包括笙奏的音乐,合唱的诗歌,还有一节《勺》舞。可见,早期的民族文化中,从内容、生成到表现形式,诗、乐、舞三位一体,彼此融合,但通常以"乐"为总称,涵盖"诗""舞"两者。这里需要指出的是,上列仪礼所演示的音乐节目中,其大部分乐歌名称,虽出自诗三百篇,但主要代表其乐章而非诗义。乐章通常断章取义,以辅礼仪之用,不能与诗义简单混同。

3 诗乐互补

从上述乐合诗舞的三种情况看,诗乐原本是合二而一的艺术表现形式。中国人所谓的"诗歌",实际上隐含着诗与歌彼此合体的传统特性。孔颖达在注释《经解》时指出:"然诗乐章,诗乐是一,而教别名:若以声音干戚以教人,是乐教也。若以诗辞美刺讽谕以教人,是诗歌也。"①

这段话实际上也表露出另外一层意思,即同样的诗作,配以曲调旋律传其音声者为乐,而借以美刺讽谕传其义理者为诗。对于诗乐相分的问题,郑樵在《乐府总序》中说过这么一段话:

> 古之达乐三,一曰风,二曰雅,三曰颂。所谓金石丝竹匏土革木,皆主次三者以成乐。礼乐相须以为用,礼非乐不行,乐非礼不举。自后夔以来,乐以诗为本,诗以声为用,八音六律为之羽翼耳。仲尼编诗,为燕享祀之时用为歌,而非用以说义也。古之诗,

---

① 转引自朱自清:《诗言志辨》(北京:古籍出版社,1956年),第118页。

> 今之辞曲也。若不能歌之,但能诵其文而说其义,可乎? 不幸腐儒之说起,齐鲁韩毛各为序训而以说相高,汉朝又立之学官,以义理相援,遂使声歌之音湮没无闻。然当汉之初,去三代未远,虽经生学者不识诗,而太乐氏以声歌肄业,往往仲尼三百篇,瞽吏之徒,例能歌也。奈义理之说既胜,则声歌之学日微。

这就是说,《诗经》里的诗篇,原本是附庸于乐谱和舞蹈的辞曲或歌词,主要是用于礼仪的辅助工具。但随着声乐和义理两家的分化,诗才逐步脱离了乐舞的领域。特别是到了独尊儒术并建立学官的汉代,声歌之学日益衰败,义理之说空前昌盛,以"四家诗"为代表的义理派占了绝对上风,由此大大地抬高了诗的地位,将那些收录其中的古代民间的情歌艳曲,确定为中国圣贤学者的传道典籍。在这方面,王国维说得再明确不过:

> 诗乐二家,春秋之季已自分途。诗家习其义,出于古师儒……其流为齐、鲁、韩、毛四家;乐家传其声,出于古太师氏……其流为制氏诸家。诗家之诗,士大夫习之,故诗三百篇至秦汉俱存;乐家之诗,惟伶人世守之,故子贡时尚有风、雅、颂、商、齐诸声,而先秦以后仅存二十六篇,又忘其八篇,且均被以雅名。……①

总之,在孔子时代,诗与乐开始分家。从前主要是以声为用的诗,此时日益偏重于诗的义理层面了。但是,由于"诗为乐章,诗乐是一"的传统十分久远,就是在诗乐分家之后,也还有很大的影响。通常,论乐的不会忘记诗,论诗的也不能忘记乐。② 因此,在孔子本人看来,305篇既是诗,又是乐。而且,从"兴于诗,立于礼,成于乐"的个体修养过程来看,诗,感发志向,使人振奋,有助于确立和追求理想目标;礼,德行规范,使人伦有序,言行节制,在社会上站得住,行得正;乐,成性治心,陶冶情操,使人之所学得以内化,成为自觉,造就完全的人格。孔子所倡导的诗教,讲究"温柔敦厚";乐教,讲究"广博易良",礼教,讲

---

① 参阅王国维:《观堂林集》卷二;另见洪国梁:《王国维之诗书学》(台北:台湾大学出版委员会,1984年),第164—165页。

② 参阅朱自清:《诗言志辨》(北京:古籍出版社,1956年),第118—119页。

究"恭俭庄敬",都是针对人伦教化的。这三者之间,立足于"礼治"这一基本宗旨的诗教与乐教,如同礼教的两翼,在成就人格或"文之以礼乐,亦可以为成人矣"这一方面,具有十分突出的互补性。

这种互补性,是彼此互动、相辅相成的。所谓"志之所至,诗亦至焉。诗之所至,礼亦至焉。礼之所至,乐亦至焉"(《孔子闲居》)的说法,也确然证实了这一点。朱子对"诗、礼、乐"的注解,讲得更为显豁明了。他说:

> 诗本性情,有邪有正,其为言既易知,而吟咏之间,抑扬反复,其感人又易入。故学者之初,所以兴起其好善恶恶之心,而不能自己者,必于此而得之。
>
> 礼以恭敬辞逊为本,而有节文度数之详,可以固人肌肤之会,筋骸之束。故学者之中,所以能卓然自立,而不为事物之所摇夺者,必于此而得之。
>
> 乐有五声十二律,更唱迭和,以为歌舞八音之节,可以养人之性情,而荡涤其邪秽,消融其查滓。故学者之终,所以至于义精仁熟,而自和顺于道德者,必于此而得之,是学之成也。①

从这段话中也可以看出,在由诗、礼、乐构成的三位一体、互动互补的人格修养过程中,诗教为兴起志向的初级阶段,礼教为恭行修身的中间阶段,而乐教则为学养内化和成就人格的终极阶段。这一终极阶段,是乐教的最高成就,是一种圆融的境界,一种以"仁"为核心的道德理性与生理欲望及情感意趣达到谐和统一的境界。此时所成就的人格,类似于孔子所谓的"仁者"。对于"仁者",知仁好仁乐仁,不仅是道德行为的自觉实践活动,而且也是悦心悦意的审美体验或悦志悦神的精神享受。孔子所说的"知之者不如好之者,好之者不如乐之者"

---

① 参阅朱熹:《四书章句集注》(北京:中华书局,1983年),第104—105页。朱子在此处还引用了程子的有关注解,现在读来也颇有一番滋味:"天下之英才不为少矣,特以道学不明,故不得有所成就。夫古人之诗,如今之歌曲,虽闾里童稚,皆习闻之而知其说,故能兴起。今虽老师宿儒,尚不能晓其义,况学者乎?是不得兴于诗也。古人自洒埽应对,以至冠、昏、丧、祭,莫不有礼。今皆废坏,是以人伦不明,治家无法,是不得立于礼也。古人之乐,声音所以养其耳,采色所以养其目,歌咏所以养其性情,舞蹈所以养其血脉。今皆无之,是不得成于乐也。是以古之成材也易,今之成材也难。"这显然是一派厚古薄今的言论,虽然言过其实,但也不乏令人反思的成分。

(《雍也》),基本上道出了这种圆融境界的实质。相应地,"此时的人生,是由音乐而艺术化的人生,同时也由音乐而道德化了。这种道德化,是直接由生命深处所透出的'艺术之情',凑泊上良心而来,化得无形无迹,所以便可称之为'化神'。……这是儒家'为艺术而人生'的真正意义"①。

从礼乐的关系看,"礼由外作"的"礼",具有道德伦理的强制性力量,与作为社会成员的个体不得不服从的"规矩"密切相关。而"乐由中出"的"乐",具有陶情冶性、潜移默化的审美愉悦作用,在疏导和渗透到人的情感中时,表现为一种自由畅快的心理状态和自觉追求的内在动力。二者互为表里,彼此交融,最终把社会化与道德化的外在必然性和约束性,转化为个人内在的自由性和自觉性,进而在情感与道德谐和统一的自我完善中,达到"从心所欲不逾矩"的艺术化人生境界。用现代的话说,"成于乐"是高于"兴于诗"和"立于礼"的人格完成阶段。"'成于乐'之所以在'兴于诗'(学诗包括有关古典文献、伦理、历史、政治、言语以及各种知识的掌握,由连类引譬而感发志意)'立于礼'(对仪礼规范的自觉训练和熟悉)之后,是由于如果'诗'主要给人以语言智慧的启迪感发('兴'),'礼'给人以外在规范的培育训练('立'),那么,'乐'便给人以内在心灵的完成。前者是有关智力结构(理性的内化)和意志结构(理性的凝聚)的构建,后者则是审美结构(理性的积淀)的呈现。不论是智慧、语言、'诗'(智慧通常经过语言而传留和继承),或者是道德、行为、'礼'(道德通常经过行为模式、典范而表达和承继),都还不是人格的最终完成或人生的最高实现。因为它们还有某种外在理性的标准或痕迹。最高(或最后)的人性成熟,只能在审美结构中。因为审美既纯是感性的,却积淀着理性的历史。它是自然的,却积淀着社会的成果。它是生理性的感情和官能,却渗透了人类的智慧和道德。它不是所谓纯粹的超越,而是超越语言、智慧、德行、礼仪的最高的存在物,这存在物却又仍然是人的感性。它是自由的感性和感性的自由,这就是从个体完成角度来说的人性本体。"②

---

① 参阅徐复观:《中国艺术精神》(沈阳:春风文艺出版社,1987年),第24—25页。
② 参阅李泽厚:《华夏美学》(北京:中外文化出版公司,1989年),第52—53页。

对于孔子的艺术教育三阶段学说,日本学者今道友信也曾做过似乎相近但却有异其趣的论述。他指出,孔子所谓"兴于诗,立于礼,成于乐",就是认为人可以通过艺术来完成自我,这其中涉及三个阶段:首先是人在诗中觉醒、升腾,超离规定的限界,使精神根据诗艺术而觉悟到存在;其后,进入到以典雅、崇高、优美、严肃为特征的礼艺术中,由此而向存在靠近;最后是以音乐的现实态达到自我形成的目的。自我形成是修炼自己,是使精神向着自由上升,其最高形态是从这个世界获得解放和自由或沉醉式的超越。需要指出的是,今道友信也认为"成于乐"是人格修养的最高阶段,是突破社会局限和精神上升的完成,因为只有音乐才能使人的精神超越这个世界,才能使人获得十分渴望的完全自由和超越境界;但是,那种自由和超越是一种沉醉状态,是"走向死的积极的演习"或"庄严的道路",而"那死是意味着精神的永生,是和精神上的最终目的相同的沉醉,是人的精神从人世中的最后解放,是自由的完成"。① 很显然,这位美学家是从庄禅以及存在主义的精神哲学角度来诠释孔子的艺术教育思想的,我个人以为这已经偏离了孔子积极入世和成就人格的一贯宗旨。不过,他批评说,孔子艺术教育学说的弱点在于"没有把对超越进行解释的可能性归诸于诗的艺术"。这一点是值得我们深思的。

(2002 年写于京东杨榆斋)

---

① 参阅今道友信:《东方的美学》(蒋寅等译,北京:三联书店,1991 年),第 104—107 页。

九 "思无邪"三议

关于《诗经》，孔子在《为政》篇中确曾下过这样的断语："《诗》三百，一言以蔽之，曰：'思无邪'。"如果抛开历史语境，望文生义，仅从字面意思对其妄加推断，很容易在解读古典文献时出现偏差乃至严重的误读。自汉代以降，尤其是到了宋代理学时期，一些研究《诗经》的文人学者，对孔子"思无邪"说的泛道德化解释，就是一个典型的例子。他们一般以为，"思无邪"主要是对"思想纯正"的诗歌意旨或内容而言，因此将其奉为泛道德化法则，无视当时社会现实和民俗风情的历史背景和道德语境(moral context)，立足于现行的道德意识来以今律古，也就是仅从现有的伦常规范角度出发，自以为是地去评判那些描写包括男欢女爱等各种生活体验和情思意趣在内的古人诗作。

有关史料表明，从太史公司马迁到理学家朱熹等人，都一再确认孔子有删《诗》之劳。朱熹在《诗经集传序》里断定，诗歌在周代兴盛时期——

> 上自郊庙朝廷，而下达于乡党闾巷，其言粹然无不出于正者。圣人固已协之声律，而用之乡人，用之邦国，以化天下。至于列国之诗，则天子巡守，亦必陈而观之，以行黜陟之典。降自昭穆而后，浸以陵夷，至于东迁，而遂废不讲矣。孔子生于其时，既不得位，无以行劝惩黜陟之政，于是特举其籍而讨论之。去其重复，正其纷乱，而其善之不足以为法，恶之不足以为戒者，则亦刊而去之，以从简约，示久远，使夫学者即是而有以考其得失，善者师之而恶者改焉。是以其政虽不足以行于一时，而其教实被于万世。①

---

① 参阅朱熹:《诗经集传序》,《诗经集传》,见宋元人注:《四书五经》,中册,(天津:古籍书店,1988年),第1页。

从这段话中不难看出以下几点：(1)《诗经》所收集的内容，原本是诗又是歌，是入乐调有声律的；(2) 从列国采集来的诗，一方面用于教化天下，另一方面供天子审观察政，这在周室东迁之前的文明教化中处于主导地位；(3) 孔子之时，因不受重用，自知从上而下地推行礼乐文化无途，故退而施教，以诗为基本素材，引申评析，微言大义，针对时政与世风的弊端行劝善惩恶之实；(4) 为此，孔子在用诗过程中"去其重复，正其纷乱"，已便"考其得失"，也就是史上所记的"删诗正乐"之功。

值得注意的是，当时诗与乐配，浑然一体。孔子删诗正乐，自然包括诗家之诗和乐家之歌，两者尽管使用的都是来自《诗经》的文词或歌词。不同的是，前者以"传义"（含义）为宗旨，后者则以"传声"（乐调）为导向。这就是说，孔子以"思无邪"三字来概括《诗经》的基本特质，不仅是就其语义而言，而且也针对其音乐而言。换句话说，那些在道学家看来含有所谓"淫邪"之义的诗篇，其音乐并非如此，否则，孔子返鲁"正乐"还有何意义？另外，孔子论诗，以"思无邪"涵盖其要旨，绝非浑然不分的张冠李戴。由此我们可以推断，孔子在整理《诗经》时，想必会以"思无邪"为准则。然而，那些被后来的道学家判定为"淫奔之词"并力图革除的诸多诗篇，孔子本人为何察而不觉或视而不见呢？不管怎么说，他不但没有删除，而且用作必读教材。他推崇备至的《周南》和《召南》，不乏大胆描写男女之间钟情怀春的浪漫诗篇。所以，夫子所言的"思无邪"，还隐含另外一层意思，也就是我们所说的在诗歌欣赏过程中所持的一种诗性或审美鉴赏态度。

1 "思无邪"作为道德化准则

举凡阅览过《诗经》的读者大都知道这一事实：《诗经》中描写男女爱情的篇章委实不少。从内容与手法上看，《国风》中的某些民歌表现得尤为突出。在积极倡导"存天理，灭人欲"的宋代理学或道学时期，朱熹作为当时的代表人物，对孔子评价《诗经》的"思无邪"一说，作出如下注解：

> "思无邪",鲁颂《駉》篇之辞。凡《诗》之言,善者可以感发人之善心,恶者可以惩创人之逸志,其用归于使人得其性情之正而已。然其言微婉,且或各因一事而发,求其直指全体,则未有若此之明且尽者。故夫子言《诗》三百篇,而惟此一言足以尽盖其义,其示人之意亦深切矣。①

显然,朱子是从道德教化的思想目的出发,从"传其义"的角度来注解"思无邪"这一说法的。这样,在将孔子的许多言论尊为绝对的道德律令的后世儒家学者那里,"思无邪"就有可能被当作普遍的道德化法则,用来"削足适履"式地评判诗歌的思想内容。相应地,也自然会以男女诱惑或行为淫邪为理由,苛责和否定《诗经》里的诸多篇章。这在竭力倡导"存天理,灭人欲"的宋明理学或道学时期,情况更是如此。

朱熹自己在评点《诗经》时,就曾将《国风》中的诸多诗篇斥之为"男诱女之辞"与"女惑男之辞"。所谓"男诱女之辞",也就是男性诱惑或勾引女性的抒情诗歌(实则是描写男欢女爱的情歌),包括数篇,例如《召南》中的《野有死麕》:

> 野有死麕,(死獐子撂在荒郊,)
> 白茅包之。(白茅草把它来包。)
> 有女怀春,(姑娘啊心儿动了,)
> 吉士诱之。(小伙子把她来撩。)

朱注为"言美士以白茅包其死麕,而诱怀春之女也"。再如《邶风》里的《静女》:

> 静女其姝,(娴静的姑娘撩人爱,)
> 俟我于城隅。(约我城角楼上来。)
> 爱而不见,(暗里躲着逗人找,)
> 搔首踟蹰。(害得我抓耳又挠腮。)

朱注为"静者,闲雅之意。姝,美色也。城隅,幽僻之处。不见者,期而不至也。踟蹰,犹踯躅也。此淫奔期会之诗也"。再如《郑风》里的《将仲子》:

---

① 参阅朱熹:《四书章句集注》(北京:中华书局,1983年),第53—54页。

将仲子兮,(二哥请你听我讲,)
无逾我里,(不要翻过我里墙,)
无折我树杞!(别把我树来压伤!)
岂敢爱之,(哪敢吝啬这些树,)
畏我父母。(只怕我的爹和娘。)
仲可怀也!(二哥叫我好牵挂!)
父母之言,(只是爹娘要责骂,)
亦可畏也。(心里想想有点怕。)

朱注为:"将,请也。仲子,男子之字也。女,女子自我也。里,二十五家所居也。杞,柳属也。生水旁。盖里之地,域沟树也。莆田郑氏曰:此淫奔者之辞。"

所谓"女感男之辞",也就是女性诱惑或勾引男性的抒情诗歌(实则是描写男欢女爱的情歌),亦有数篇,例如《郑风》中的《遵大路》:

遵大路兮,(沿着大路往前走啊!)
掺执子之袪兮。(拉住我的衣袖口啊!)
无我恶兮,(请你不要厌弃我啊!)
不寁故也。(故人不能马上丢啊!)

朱注为:"淫妇为人所弃。故于其去也,执其袪而留之曰:子无恶我而不留,故旧不可以遽绝也。宋玉赋有'遵大路兮揽子袪'之句,亦男女相说之辞也。"再如《郑风》里的《山有扶苏》:

山有扶苏,(有扶木长在高山,)
隰有荷华。(有荷花开在浅滩。)
不见子都,(见不着子都美男。)
乃见狂且。(倒碰上一个疯汉。)

朱注为:"淫女戏其所私者曰。山则有扶苏矣,隰则有荷黄矣。今乃不见子都,而见此狂人何哉!"再如《郑风》里的《狡童》:

彼狡童兮,(那个小伙太狡猾,)
不与我言兮。(不肯和我再说话。)
维子之故,(为了你这小冤家,)
使我不能餐兮。(害得我茶饭咽不下。)

朱注为:"此亦淫女见绝而戏其人之词。言悦己者众。子虽见绝,未至于使我不能餐也。"这表明此女是不甘寂寞的。再如《郑风》里的《子衿》:

> 青青子衿,(你衣服纯青的士子呀,)
> 悠悠我心。(我无日无夜都在思念你!)
> 纵我不往,(我就不能到你那里去,)
> 子宁不嗣音。(你怎不肯和我再通消息呢?)

朱注为:"青青,纯绿之色。子,男子也。衿,领也。悠悠,思之长也。我,女子自我也。嗣音,继续其声问也。此亦淫奔之诗。"总之,基于"思无邪"的泛道德化原则,朱熹还把描写思念妻子、爱人或丈夫的《东门之墠》与《风雨》等篇,视为记述"淫者"的遐想或"淫奔之女"的春心之作,甚至还把描绘女性美色的《有女同车》等篇疑为"淫奔之诗"。

在先师的影响下,朱熹的三传弟子王柏更为激进,在他所撰的《诗辩说》中,把十五国风中的 32 篇均打上"淫诗"的标记,主张予以革除,其中就有 13 篇属于《郑风》。它们包括①:

《召南》——《野有死麕》;

《邶风》——《静女》;

《鄘风》——《桑中》;

《卫风》——《氓》《有狐》;

《王风》——《大车》《丘中有麻》;

《郑风》——《将仲子》《遵大路》《有女同车》《箨兮》《狡童》《褰裳》《丰》《东门之墠》《风雨》《子衿》《野有蔓草》《溱洧》;

《秦风》——《晨风》;

《齐风》——《东方之日》;

《唐风》——《绸缪》《葛生》;

《陈风》——《东方之池》《东门之枌》《东门之杨》《防有鹊巢》《月出》《株林》《泽陂》。

据我个人的理解,这其中至少涉及三个原因:一是基于"存天理、灭人欲"的理学宗旨,囿于对"思无邪"之说的泛道德化解读,秉承和

---

① 参阅袁宝泉、陈志贤:《诗经探索》(广州:花城出版社,1987 年),第 262—264 页。

发挥了朱熹的注诗观点,把描写属于人类本性的"食色"之词都视为有伤道德风化的"淫诗"和"淫奔之诗"。二是误解了孔子论乐而非论诗的某些言辞,其中最具代表性的莫过于"郑声淫"一说。其实,孔子讲得很清楚,他所憎恶的是"郑声之乱雅乐也"(《阳货》)。他是将"郑声"与"雅乐"并举,担心郑国的流行音乐破坏和搅乱了典雅的传统古乐。所以,他特意指出"(雅)乐则韶武。放郑声,远佞人。郑声淫,佞人殆"(《卫灵公》)。这显然是建议舍弃郑国的音乐,认为其音调靡曼淫秽、有伤大雅,与"郑诗"并无直接关系。三是《诗经》中的确存在一些民歌,朴素而诗意化地描述了古代先民大胆追求爱情的方式以及野外幽会合欢的场面,因此,在道学家眼里便成了挑逗或诱惑人们情欲的诲淫之作,于是就以今律古,把后来人为的某些道德律条与清规戒律奉为绝对的评判标尺,强行套用在古代先民身上,对其原本自然随意乃至狂放无束的生活方式妄加指责。

2 "思无邪"即真实表现

不过,宋代理学家对"思无邪"之说的解释不尽相同。譬如,在程颐看来,"'思无邪',诚也"。而"诚"字,一般是指真诚、真心、不虚伪或真实无妄。就《诗》三百而言,这里所谓的"诚",可以被理解为先民之真情实感的自然流露或真实表现。

儒家向来讲究修辞立诚。在《大学》里讲"修身",其要目之一就是"诚心正意"。在《中庸》里,还赋予"诚"以形而上的意义,即:"诚者,天之道也;诚之者,人之道也。"程颢还进而指出:"'修辞立其诚',不可不仔细体会。若能修省言辞,便是要立诚。若只是修饰言辞为心,只是为伪也。若修其言辞,正为立己之诚意,乃是体当自家敬以直内,义以方外之实事。"[1]我们知道,诗歌的艺术魅力,不仅在于真诚实意的言辞,更重要的是源自真实的思想与情感表现。舍此,只能流于内容苍白的文字游戏,难以感人、动人,更谈不上"化人"。对于这一点,朱熹本人也十分清楚。在谈到为什么写诗时,他做出这样的回答:

---

[1] 参阅康晓城:《先秦儒家诗教思想研究》(台北:文史哲出版社,1988年),第158页。

> 人生而静,天之性也。感于物而动,性之欲也。夫既有欲矣,则不能无思。既有思矣,则不能无言。既有言矣,则言之所不能尽,而发于咨嗟咏叹之余者。必有自然之音响节奏而不能已焉。此诗之所以作也。……诗者,人心之感物而形于言之余也。①

可见,诗是表达人之思想情感的产物,是因物而思、感物咏怀、有感而发、先吐为快的结果,在某种意义上是人的心理与精神生活的组成部分。就《诗经》而言,朱熹也知道,"凡《诗》之所谓《风》者,多出于里巷歌谣之作。所谓男女相与咏歌,各言其情者也"②。这里的《风》,就是十五《国风》。若以"诚"为标准,《诗》305 篇中当以十五《国风》为首选。而其中描写男女爱情的诗篇又是典范中的典范。譬如,《齐风》里的《东方之日》篇,以自然质朴的笔调,不仅真实地记述了女性主动求爱的情境,而且生动传神地勾画出蹑足前行的姿态:

> 东方之日兮,(东方日出这时候,)
> 彼姝者子,(那个姑娘好清秀,)
> 在我室兮。(她到我的住房来。)
> 在我室兮,(她到我的住房来,)
> 履我即兮。(踩着我的步子走!)
>
> 东方之月兮,(月出东方这时候,)
> 彼姝者子,(那个姑娘好清秀,)
> 在我闼兮。(她到我的门内来。)
> 在我闼兮,(她到我的门内来,)
> 履我发兮。(踩着我的脚步走!)

这位漂亮姑娘大白天来到男友家里造访,月夜时分又悄悄进入情人的寝室幽会,主动大方,自然而然,从中也可以看出当时的民俗风情相当"开化"或"自由",并无那么多人为设置的交往忌讳或"男女授受不亲"之类清规戒律。相比之下,《召南》里的《野有死麕》所描写的风流浪漫更让人吃惊:

> 野有死麕,(死獐子撂在荒郊,)

---

① 参阅朱熹注:《诗经传序》,见《诗经集传》,第 1 页。
② 同上。

白茅包之。(白茅草把它来包。)
有女怀春,(姑娘啊心儿动了,)
吉士诱之。(小伙子把她来撩。)

林有朴樕,(森林里砍倒小树,)
野有死鹿。(野地里躺着死鹿。)
白茅纯束,(茅草索一齐捆住,)
有女如玉。(姑娘啊像块美玉。)

"舒而脱脱兮!("慢慢儿来啊,悄悄地来啊!)
无感我帨兮!(我的围裙可别动!)
无使尨也吠!"(别惹得狗儿叫起来!")

按照朱熹的注解,"如玉者,美其色也。……舒,迟缓也。脱脱,舒缓貌。感,动。帨,巾。尨,犬也。此章乃述女子拒之之辞。言姑徐徐而来,毋动我之帨,毋警我之犬,以甚言其不能相及也。其凛然不可犯之意,盖可见矣。"①其实,这里所描写的真实情况未必如此。从具体语境看,这是男女野合时的情话,也就是半推半就的、真真切切的"情话"。想想看,怀春的女子与情人跑到野外树林里幽会偷情,还硬撑着摆出"凛然不可犯"的架子,尽力回避男欢女爱的热情,那能叫"幽会偷情"吗?"无感我帨兮",有人将其直译为"我的围裙可别动",而有的则将其意译为"别拉我围裙我自己来哟!"从语境看,后者不是没有道理的。另外,"白茅纯束,有女如玉"两行中的形象描写,恐怕不只是指那位少女的容颜之美,也可能包括她的肌肤之美。显然,朱子的注解有曲为之嫌。诚如有的《诗经》研究者所言,这"真是掩耳盗铃,硬充聋子以自欺。第3章3句语虽含蓄,意则甚明,乃偷情时的戒慎之辞,读者玩味,自能得之"。因为,"谓《国风》的风字应作《左传》'风马牛不相及'的风字解。服虔注曰:'牝牡相诱谓之风',牛与马互不同类,所以牛不会和马争风吃醋的。《国风》的特征,本来就是男女相诱之作,这是民歌的本色,那里能够将道德教训来规范它,我们知道连孔子也不删郑风的所谓淫诗"。②

---

① 参阅朱熹:《诗经集传序》,见《诗经集传》,第9页。
② 参阅糜文开、裴普贤:《诗经欣赏与研究》(台北:三民书局,1972年),第99页。

3 "思无邪"作为鉴赏态度

前文说过,孔子以"思无邪"来概括《诗经》的主旨,不仅是指"传其义"的诗,而且还指"传其声"的乐。而诗与乐既有联系,又有区别。前者主要是诉诸文字语义和阅读理解的艺术表现形式,而后者终究是依赖曲调韵律和听觉感悟的艺术表现形式。相应地,两者在审美效果上会出现一定的差异。换言之,道学家所谓的"淫诗",是根据自身的道德行为准则专就文意来评判的,而以这些民歌歌词为基础所谱写的音乐,用耳朵听来将会产生另外一种"思无邪"的效果,更何况经过删正之后的"三百五篇,孔子皆弦歌之,以求合韶武雅颂之音"呢?①

不过,按照我们目前的理解,这还不是"思无邪"之说的本质所在。因为,我们所遇到的现实情况是:即便是那些所谓的"淫诗"或描写"淫奔之辞",孔子为何没有删除殆尽呢?看来,要进一步澄清这方面的疑问,还需要走入历史,克服以今律古的毛病,将孔子所言的"思无邪"当作一种欣赏诗歌时的鉴赏态度。

所谓走入历史,不要以今律古,就是说要正视《诗经》或春秋时期的历史现实,不要局限于后世人为的道德观念或行为规范,仅以此来评判、框定或指责古代先民的生活与社交方式。那时,男女之间的接触与交往比较自由,没有那么多清规戒律。这一点可从《出其东门》篇中窥其一斑:

> 出其东门,(出了东城门,)
> 有女如云。(女子多如云。)
> 虽则如云,(虽然多如云,)
> 匪我所存。(不是意中人。)
> 缟衣綦巾,(白衣绿巾妻,)
> 聊乐我员。(相爱又相亲。)

在这样自由交往的社会氛围里,谈情说爱自然是重要的生活内容,描写男女爱情或男欢女爱的诗句,也自然显得质朴、率直、大胆。就连冠于《诗经》首篇、历代诗家推崇备至的《关雎》篇,也是从"关关雎鸠,在河之洲"起兴,接着就"窈窕淑女,君子好逑"写起。另外,从

---

① 参阅司马迁:《孔子世家》,见《史记》卷四十七。

《尚书》《论语》等先秦典籍来看,也没有夫妇伦理道德、妇女贞操或从一而终之类观念的论述。相反地,孔子认为"食色,性也",把饮食男女看作人类的本性使然,这便奠定了孔门人本主义的基石。再者,《孔子世家》也不回避或忌讳这一记载:叔梁纥"与颜氏女野合而生孔子"。"大成至圣先师竟是非婚生子,倘用封建的伦理道德标准去衡量,那是颇不光彩的事情。但是,先秦诸子中尽管非孔的大有人在,却没有一人拿孔子的身世做文章,足见这在当时人们心目中是一件十分平常的事。"①童书业在《春秋左传研究》中也指出:"春秋时贵族家庭犹保有甚浓重之家长制色彩,故男女关系较为通融,平辈间、上下辈间皆可发生婚姻关系,而最突出者为子承生母与弟之接嫂:此均家长制大家庭之特色。"②家族中既然可以如此,那么,家族以外男女交往的"通融"和"自由化"程度,那就更加可想而知了。这样,诗歌里所反映的男欢女爱、幽会情话,不仅是现实生活的真实写照,而且是传诵调情的语词。如此看来,讲究"仁、义、道、德"的孔子,不删除那些所谓的"淫诗",在很大程度上是尊重历史的结果。

那么,在此历史背景下,又当如何看待孔子关于"思无邪"的学说呢?从诗歌欣赏的角度看,我们也可以将其视为一种特殊的鉴赏态度(a specially aestheticized attitude),这样从逻辑上讲似乎更合乎情理一些。因为,在熊十力看来——

> 若就每首诗看去,焉得曰皆无邪耶?后儒以善者足劝,恶者可戒为言。虽于义无失,但圣意或不如斯拘促。须知,圣人此语,通论全经,即彻会文学之全面。文学原是表现人生。光明黑暗,虽复重重,然通会之,则其启人哀黑暗向光明之幽思,自由不知所以然者。故曰思无邪也。……《关雎》古今谁不读。孰有体会到乐不淫、哀不伤者。情不失其中和。仁体全显也。仁者,万化之本源,人生之真性也。吾人常役于形,染于物欲,则情荡而失其性。乐至于淫,哀至于伤,皆由锢于小己之私,以至物化,而失其大化周流之真体。此人生悲剧也。③

其实,远在提出上述观点的熊十力之前,朱熹本人也曾看到了这

---

① 参阅袁宝泉、陈智贤:《诗经探索》,第265页。
② 同上书,第269页。
③ 参阅熊十力:《〈诗经〉略说》,见《熊十力集》(黄克剑主编)(北京:群言出版社,1993年),第269页。

一点。他在后期《读吕氏诗记桑中篇》时对原来的观点作了如下补充：

> 孔子之称思无邪也，以为诗三百篇劝善惩恶，虽其要归无不出于正，然未有若此言之约而尽者耳，非以作诗之人所思皆无邪也，今必曰有彼以无邪之思铺陈淫乱之事，而悯惜惩创之意自见于言外，则曷若曰彼虽以有邪之思作之，而我以无邪之思读之，则彼之自状其丑者，乃所以为吾警惧惩创之资耶？而况曲为训说，而求其无邪于彼，不若反而得之于我之易也；巧为辨数，而归其无邪于彼，不若反而责之于我之切也。①

这段话尽管充斥着道德家言，但确也道出了"思无邪"的另一层含义，那就是作诗之人"所思皆无邪"，只是直抒胸怀、有感而发、真实表达自己的情思意趣而已。即便诗中的某些内容会涉及男欢女爱之情之事，但读诗之人只要心思纯正，"走得端，行得正"，让自己"以无邪之思读之"就无碍了。

笔者认为，"思无邪"式的诗性或审美鉴赏态度，无疑是以深厚的道德修养为底蕴，以"中和之美"为理想，以超然物外为特征，类似于一种暂时摆脱物欲情欲的、心灵相对净化的"凝神观照"。此刻，审美主体抑或"观者不欲"，抑或"欲者不观"，纯然不为个人私利或实际需求所动。这样，别说是读描写柔情似水、男婚女嫁的《关雎》，就是读描写男女幽会、野外偷情的《野有死麕》之类的诗篇，也不会想入非非或"情荡而失其性"，反而会更加深切地体悟到诗中真切的描写、诚挚的情愫、先民的浪漫、古代的生活与社交方式乃至溢于言外的心理和哲理价值，进而洞察人生"五味"及其真谛。

总之，这种"思无邪"式的鉴赏态度，在某种意义上近似于程子所倡导的那种超越性"静观"态度，即那种"万物静观皆自得，四时佳兴与人同。道通天地有形外，思入风云变态中。富贵不淫贫贱乐，男儿到此时豪雄"式的"静观"态度。显然，这种态度的理想结果，最终是要导向艺术化和道德化的人生，即情（审美感性）与理（道德理性）的协调统一。

（2002年写于京东杨榆斋）

---

① 《晦庵先生朱文公文集》卷七十。

十 中和为美的儒家美学思想

追溯中国古典美学发展历程,常见的方法主要有四种。第一种方法是以人物为主线,以分期为框架的历史方法。这方面的研究目前有两种代表性意见。一种观点认为可将中国美学史分为以下几个时期:(1)中国古典美学的发端(先秦、两汉);(2)中国古典美学的展开(魏晋南北朝至明代);(3)中国古典美学的总结(以刘熙载为殿军的清代前期);(4)中国近代美学(鸦片战争以后)和以李大钊美学思想为主要标志的中国现代美学("五四运动"前后)。① 另一种观点认为中国美学的发展过程可以初步分为五个时期:(1)先秦两汉;(2)魏晋至唐中叶;(3)晚唐至明中叶;(4)明中叶至戊戌变法前;(5)戊戌变法到现在。② 这种方法的特点是脉络清楚,资料翔实,信息量大。第二种方法是按朝代顺序及其代表人物的思想体系纵向梳理的历史方法③,其特点与上一种方法相近。第三种方法是以基本命题为导向的范畴或体系方法。④ 其特点是宏观立论,轮廓比较明显。第四种方法是兼顾历史的纵向发展但以主流学派为描述对象的集约型方法。其主要特点是核心内容比较突出,便于一般读者了解。我们在这里将采用最后一种方法。

总体而论,中国古典美学的基础奠定于先秦,融含在当时的哲学和艺术理论著作之中。有人将其追溯到《乐记》,有人将其追溯到《论

---

① 叶朗:《中国美学史大纲》(上海:上海人民出版社,1987年),第8—10页。
② 李泽厚、刘纲纪主编:《中国美学史》(北京:中国社会科学出版社,1984年),第1卷,第34—55页。
③ 敏泽:《中国美学思想史》(济南:齐鲁书社,1987年),第1卷。
④ 参阅曾祖荫:《中国古代美学范畴》(武昌:华中工学院出版社,1986年);曹利华:《中国传统美学体系探源》(北京:首都师范大学出版社,1994年)。

语》,也有人将其追溯到《老子》,我们认为可以上溯到《易经》。在这部主要用来占卜算卦的古代奇书中,那种以天象和地象来推测人世机缘和命运的天人感应或天人相通成分,便是贯穿中国哲学与美学史的"天人合一"的思想源头所在。其中有关阴阳之道、言意之辨、观物取象、情见乎辞、贲饰尚素、通变入神等命题的论述,对后世的文艺理论影响极大。近年来,不少学者的研究成果也证明了一点。① 但从理论形态上看,中国古典美学发展的源头是以老庄为代表的道家、以孔孟为代表的儒家、以墨翟为代表的墨家、以韩非为代表的法家和以屈原为代表的楚骚美学思想。墨法两家由于过于强调功利实用,偏于"非乐",斥美贬艺,其思想出现不久便开始衰微,后继乏人,没有产生多大影响。楚骚美学思想大多体现在"晾采绝艳"和奇幻瑰丽的"骚"体文学之中,是北方儒家理性主义美学原理同南方充满奇丽的幻想、激越的感情、原始的活力的巫术文化相结合的产物,对后世的骈文词赋以及"不平则鸣"说有着明显的影响。比较而言,儒道两家是构成中国美学思想体系的基本要素,源远流长,可谓"中流砥柱"。后来禅宗美学思想汇入其中,互动互补,形成了"三重奏"式的发展模式。一般说来,以儒道互补为主要特征的中国美学思想体系于中唐宋明时期完全成熟,后于清朝作了总结。基于笔者目前的学习体会,这三家学说的代表性美学特征可从中和为美、自然为美与空灵为美等三个命题出发,这里先谈儒家美学思想要义及其历史发展主线。

1 孔子美学思想内核

儒家学派的奠基人当推孔子(前551—前479),其思想体系以"礼"为核心,但因"克己复礼为仁"的命题和方法论而建立了"仁学"。相应地,其美学思想作为其整个思想体系的组成部分,也自然而然地构筑在其仁学基础上,所追求的是以"中庸"原则为导向的"中和"为美之境,相关思想内核多见于内含二十篇的《论语》一书。

---

① 姜一涵:《〈周易〉中的美学思想概述》,见《中国美学论集》(北京:宝文堂书店,1989年),第71—87页;刘述先:《从天人合一新释看人与自然之关系》,见《儒家思想与现代化》(北京:中国广播电视出版社,1992年)。

(1) 终极目的与人生境界

在孔子那里,"礼"是人之为人的标志,"仁"是人为人的内因。"礼由外作",带有来自外部的强制性;真正的"仁"则不同,它是一种"诚于中而形于外"的内在修养结果,是人们内心情感上的自觉要求,是内化入意识或心理结构中的东西。要做到这一点,就得诉诸教育和"修身"。当然,"仁"作为一种人生境界是分层次的。孔子所讲的"知之者不如好之者,好之者不如乐之者"(《雍也》),就道出了三种境界。一是知道什么是"仁"的知仁境界;二是喜好"仁"的好仁境界;三是乐于行"仁"或以"仁"为快乐的乐仁境界。于是,外在的规范最终转化为内在的心灵的愉快和满足,外在和内在、社会和自然在这里得到了和谐的统一,故此成了"仁"的最高境界。孔子认为乐仁者能"贫而乐",如他自己的体验:"饭疏食,饮水。曲肱而枕之,乐亦在其中矣!不义而富且贵,于我如浮云"(《述而》);如他赞美弟子颜回:"一箪食,一瓢饮,在陋巷,人不堪其忧,回也不改其乐。贤哉,回也!"(《雍也》)这便是后来为宋明理学称颂的"孔颜乐处"。

(2) 艺术教育的立体模式

那么怎样才能达到"仁"的最高境界以便享受人生的最大乐趣呢?仅靠思想教育或道德训化是不行的,更重要的是靠艺术教育或审美教育。正是出于这一目的,孔子从人格发展的角度提出了"游于艺"和"成于乐"的审美教育观念。这实际上是一个由纵横两个维度组成的立体型审美教育模式:横向为"志于道,据于德,依于仁,游于艺",纵向为"兴于诗,立于礼,成于乐"。这"艺"是指以礼为最高形式的礼、乐、射、御、书、数等"六艺"。"游于艺"要求人们熟练掌握各种技艺和自然规律来服务于人的劳动实践和社会生活,人在此掌握过程中获得了自由感和愉悦感,而这两种感受或体验恰恰是美感的主要特征。这"乐"当然是指音乐。"成于乐"是指通过可以冶性和成性的音乐之熏陶,使人格得以圆满、成熟和完成,因此以孔子为代表的儒家向来注重乐教。当然,"人而不仁,如乐何?"(《八佾》)乐教的最终目的是为了"成仁"。后来的《乐记》和荀子的《乐论》对此做了系统的研究和论证。

(3) 诗歌艺术的基本功能

需要指出的是,在孔子所倡导的审美教育模式中:"诗"具有十分重要的作用。孔子极为重视诗教,不仅编有《诗经》,而且提出诗论。例如,他认为"《诗》三百,一言以蔽之,曰:'思无邪'"(《为政》);"诗,可以兴,可以观,可以群,可以怨。迩之事父,远之事君,多识于鸟兽草木之名"(《阳货》);同时还告诫他的儿子和弟子:"不学诗,无以言"(《季氏》);"诵《诗》三百,授之以政,不达;使于四方,不能专对;虽多,亦奚以为?"(《子路》)由此可见,诗歌在孔子那里具有多重功能,如社交、为政、审美、德育、认知、修身等。实际上,在孔子的诗教中,诗歌主要是作为社交、审美和伦理等三种话语形式而备受推崇的。①

(4)"中庸"原则的功用

孔子批评艺术的尺度是"中庸"原则,亦称"中和"原则。据此,谈及音乐,"子谓:《韶》,尽美矣,又尽善也。谓:《武》,尽美矣,未尽善也"(《八佾》)。这就是说,孔子既看到美与善的统一,又看到两者的差别。但他认为艺术作品应当是美与善的高度统一,只有这样才符合"中庸"之道。具体说来,他要求艺术作品在其表现的内容和形式上遵循"乐而不淫,哀而不伤"(《八佾》)和"过犹不及"(《先进》)的"中和"原则,因为他从中"意识到了艺术所表现的情感应该是一种有节制的、社会性的情感,而不应该是无节制的、动物性的情感。这个基本的思想使得中国艺术对情感的表现在绝大多数情况下都保持着一种理性的人道的控制性质,极少堕入卑下粗野的情欲发泄或神秘、狂热的情绪冲动"。② 对于人格美的论述,孔子同样依照"中庸"的原则,不仅标举"文质彬彬"说,而且还提出"五美"说:"君子惠而不费,劳而不怨,欲而不贪,泰而不骄,威而不猛。"(《尧曰》)所以说,以孔子为代表的儒家美学思想的核心在于追求一种"极高明而道中庸"的"中和"之美。无论是对艺术(如"道志"的诗歌、"道和"的音乐),还是对人格("中庸""和而不流"与"文质彬彬"的君子),这种"中和"之道始终

---

① 王柯平:《孔子诗教要旨》,见英文版《中国社会科学》1996 年第 4 期。
② 叶朗:《中国美学史大纲》,第 105 页。

"一以贯之",垂范古今,既有如上所述的积极影响,也有因过分强调社会功利性而妨碍艺术想象力和独创性的消极作用。

(5) 自然美与"比德"说

除了"贫而乐"和"游于艺"的人生态度之外,孔子还提倡一种亲近自然的审美态度。例如,他由衷赞赏曾参所述的志向——"暮春者,春服既成,冠者五六人,童子六七人,浴乎沂,风乎舞雩,咏而归。"(《先进》)另外,在《雍也》篇中,孔子以"比德"的方式来观赏山水或自然美,由此得出如下结论:"知者乐水,仁者乐山。知者动,仁者静。知者乐,仁者寿。"这一观点也外延到欣赏艺术美的活动中,因此在中国美学上占有十分重要的位置。要而言之,孔子的美学思想主要反映和包容在"美""善""仁""和""兴""观""群""怨"等范畴之中,从而构成了影响至今的儒家美学的内核。

2 孟子美学思想要旨

孟子(约前372—前289)的美学思想在很大程度上可以说是孔子美学体系的继续。在他所著的《孟子》七篇中,除了对以道德品性为特征的"仁义"、以美善统一为特征的"中和"等思想做了进一步的阐发以外,其主要贡献在以下几个方面:

(1) 美的定义

在中国思想史上,论"美"者甚多,而较早界定"美"者当推孟子。这一定义是基于个体理想人格发展的考虑。原话是从孟子论述"何谓善?何谓信"引出:"可欲之谓善,有诸己谓信,充实之谓美,充实而有光辉之谓大,大而化之之谓圣,圣而不可知之之谓神。"(《尽心下》)这里,以"仁"为核心的理想人格发展过程被划分为六个阶段或等级:"善""信""美""大""圣"与"神"。"美"集"善"和"信"于一身,既有内秀(善心仁德),又有外美(风度行为)。对"大""圣"和"神"来讲,"美"是人格向更高阶段发展的起点,具有承上启下的重要作用。总之,孟子所论,是对孔子"尽善尽美"说的继承和发挥。

(2) 人格美论

孔子和孟子都十分重视人格美,两人的美学思想与其伦理思想是密切联系在一起的。如果说,孔子比较推崇文质彬彬、美善合一、安贫乐道、自强不息的君子风度,那么,孟子则在肯定这些品德的同时,更强调善养"浩然之气"的阳刚之美。所以,人们普遍认为,在中国美学史上,孟子是第一个较为明确地从人与动物的区别上来审视人格美之本质的。而且,继孔子之后,他进一步高扬了个体人格发展的主动性和实现以仁善为旨归的理想人格的可能性,为此提出了"善养吾浩然之气"的说法:"'敢问夫子恶乎长?'曰:'我知言,我善养吾浩然之气。''敢问何谓浩然之气?'曰:'难言也!其为气也,至大至刚,以直养而无害,则塞于天地之间。其为气也,配义与道;无是,馁矣。是集义所生者,非义袭而取之也。行有不慊于心,则馁也。'"(《公孙丑上》)这种"配义与道""集义所生"和"至大至刚"的"浩然之气",是个体的情感意志与其追求的道德目标融合统一所产生的一种内在气质或精神状态,是个体人格精神美的表现。概而论之,这种人格精神美的具体特征就在于"富贵不能淫,贫贱不能移,威武不能屈"(《滕文公下》),与孔子所倡导的人格精神的"中和"之美有一种互补关系。

(3) 共同美与理义美

在《告子上》中,孟子有段著名的论述:"口之于味也,有同嗜焉;耳之于声也,有同听焉;目之于色也,有同美焉。至于心,独无所同然乎?心之所同然者,何也?谓理也,义也。圣人先得我心之所同然耳!故理义之悦我心,犹刍豢之悦我口。"这里,孟子明确指出味、声、色的美诉之于口、耳、目几种感官,就给人以共同的快感或美感。这种感觉力是人所共有的,是人类社会历史文化积淀的结果,类似于康德所说的"通感"或"联觉"(common sense or synaesthesia)。此外,孟子还首次表明"理义"犹如美味美食可以使人一饱口福、获得美感享受一样,也能使人心或人的精神感到愉快欢欣,体验到一种特殊的美感。这就是说,人的道德精神也具有审美性质,能够引起审美快感。这是古代审美意识深化的表现,因为这一意识超越了一般把美囿于感官声色享乐的局限,从而把人格精神当作审美对象加以标榜。

(4) 天人关系与诗歌欣赏

由于《道德经》二十三章中的"天"被讹为"失",所以人们以往惯于把"天人合一"的思想渊源溯至比庄子稍早的孟子(虽有道理,但并不准确,详见下文《自然为美的道家美学思想》老子部分)。其根据是孟子在《尽心上》中论及君子或圣人的人格特征时,先后讲过"万物皆备于我矣"和"夫君子所过者化,所存者神,上下与天地同流"两名句。前者是就宽广的心胸而言,后者是就感化力量而言。这对后世塑造人格精神美、欣赏自然美以及追求自我超越意识或"天人合一"的人生境界产生了深远而积极的影响。

广义的诗歌欣赏即为艺术欣赏。孟子深知诗歌语言的特征与诗歌表达思想感情所运用的各种艺术手段(如比、兴等修辞技巧),极力反对"按字索骥"式的仅从字面解诗的做法,因此指出:"说《诗》者,不以文害辞,不以辞害志,以意逆志,是为得之。"(《万章上》)就是说,正确理解诗歌的方法在于首先要懂得诗歌的整篇用意及其艺术特征,不局限于字面的表层结构分析,因为那样会妨碍对其所表达的真实意思的理解;在把握住诗"辞"的深层含义基础上,也不要让"辞"妨碍自己正确理解诗人所要表达的情感志向;最后,则要依据诗歌的正确辞"意",经过回溯或追溯("逆")的方式来推断出诗人的情思志向("志")。另外,孟子还提出了读诗要"知人论世"的观点。这就进一步突出了诗歌等艺术欣赏的独特性及其社会学意义。

3 荀子美学思想基点

孟子之后,孔子美学思想的继承者和发挥者便是荀子(名况,字卿,约前298—约前238)。所著《荀子》(引文只注篇名)一书的美学思想比较集中地反映在《礼论》和《乐论》等篇中。其最为突出的两点是"化性而起伪"说与音乐"以定和"说。在《性恶》篇中,荀子提出了与孟子的性善论相对立的性恶论:"人之性恶,其善者伪也。"在他看来,"不可学不可事而在人者,谓之性;可学而能可事而成之在人者,谓之伪,是性伪之分也"。就是说,"性"是天生的,与生俱来的,如视听食色;而"伪"是人为的,是后天努力习得的,如仁义道德。对"性"来讲,美无意义;对"伪"来说,美有价值。这种价值在于人的社会性或社会化的人性。如他所言:"性者,本始材朴也;伪者,文理隆盛也。无性则伪之无所加,无伪则性不能自美。性伪合,然后圣人之名一,天下之功于是就也。"(《礼论》)这便是"化性而起伪"之美说的大意。关于音乐"以定和"说,我们认为是沿着儒家"礼之用,和为贵。先王之道,斯为美,大小由之"(《论语·学而》)的思路和孔子的乐教思想继而发挥的。荀子认为音乐可以陶冶人的情感,教化人的道德,进而从情感上协调人们的社会关系,使人们能够和睦相处。他说:"乐在宗庙之中,君臣上下同听之,则莫不相敬。闺门之内,父子史弟同听之,则莫不和亲。乡里族长之中,长少同听之,则莫不和顺。故乐者,审一以定和者也。"(《乐论》)另外,针对墨子"非乐"的相关论调,荀子反其意而驳之,认为音乐"人人也深","化人也速","乐中平则民和而不流,乐肃庄则民齐而不乱,民和齐则兵劲城固。敌国不敢婴也"(《乐论》)。最后,还断言音乐可以"善民心",可以"移风易俗",可以使人"耳目聪明,血气和平",可以使"天下皆宁,美善相乐"。总之,荀子是从人的自然本性和社会本性两方面来考察审美和艺术活动的。这两者与人的自然欲望("性")有直接联系,但又必须符合人的社会伦理("礼")要求。"所以,要求人的自然本性与社会本性相统一,是贯穿整个荀子美学的基本原则。"①这一原则显然是儒家追求"中和"境界的美学理想的继续。但是,荀子美学思想的明显失误在于过分夸大艺术(如音乐)的社会功利作用,这必然使他忽视了艺术自身的审美品质与艺术美的某些超功利特征。尽管如此,荀子的美学直接影响了《乐记》中基于社会价值判断的美学原则及其方法论原则。

4 "中和"观的进展

越来越多的学者认为,《乐记》是中国古代一部比较系统的音乐著作,其成书的时间晚于荀子的《乐论》,是对孔子以来儒家音乐美学思想的总结。该书基于儒家追求"中和"境界、重视礼乐教育的美学思想,围绕着"乐合同,礼别异"的命题,在分析了声、音、乐三者的区别与

---

① 叶朗:《中国美学史大纲》,第329页。

联系之后,反复论述音乐的社会功能。认为"乐者为同,礼者为异。同则相亲,异则相敬。礼义立,则贵贱等矣;乐文同,由上下和矣……乐近于仁,义近于礼。致乐以治心……可以善民心",故"乐由中出,礼自外作。乐由中出故静,礼自外作故文。大乐必易,大礼必简。乐至则无怨,礼至则不争……"总之,《乐记》强调音乐作为艺术的社会功能不在于传授知识,也不在于道德教训,而是依照贵和贵仁的社会要求去陶冶、调谐与培养人的健康的情感和精神世界,使人达到一种"反情和志""百物皆化"的"极和"境界,也就是使个体的官能欲望同社会的道德要求、使人的自然性同社会性达到统一的境界。另外《乐记》还深刻地揭示了音乐艺术欣赏与创造中对象同主体的相互关系,不仅发现两者之间存在一种内外相应同类互动的关系,而且看到艺术作品的形式媒介同主体的情感之间也存在一种"以类相动"的情况,同时还看到主体在艺术创造过程中的作用以及艺术创造与艺术家个性的联系等等。[①] 中国的《乐记》上承先秦、下启后世,犹如亚里士多德的《诗学》,在中西美学史上具有同等重要的地位。

儒家经典《礼记》十分明确地提出"致中和"的情感表现原则,认为"喜怒哀乐之未发谓之中,发而皆中节谓之和。中也者,天下之大本也;和也者,天下之达道也。致中和。天地位焉,万物育焉"(《中庸》),同时,还从人世万物的总体角度把"极高明而道中庸"奉为最高的理想。实际上,《礼记》在论礼乐相成中的"理"与"节"、文质相辅中的"文饰"与"德行"、诗教中的"温柔敦厚"、乐教中的"广博易良"以及礼教中的"恭俭庄敬"等原则时,也都不同程度地隐含着"中和"为美的理想追求。

在《吕氏春秋》中,我们看到儒家贵和美学思想得到了进一步的阐述和发挥。但由于它吸收了道家的某些思想,在论证"声出于和"时,还提出了"和出于适"的原则;在从伦理道德的角度考察音乐的社会功能的同时,也从重生养生的需要考察音乐的审美功能。可以说,是《吕氏春秋》开启了儒道互补的先河。

[①] 叶朗:《中国美学史大纲》,第357—361页。

5　两汉六朝的代表论作

两汉时期,儒家美学思想的代表作应是《毛诗序》和《春秋繁露》。前者基于古代"诗言志,歌永言"的命题,进一步论述了儒家关于诗的教化作用,提出了诗的"六义"说(风、赋、比、兴、雅、颂)与"风以动之,教以化之"的说法。先秦诸子对于天人关系的论述和《乐记》中对"同类相动"经验的推断,直接影响到"废黜百家,独尊儒术"的思想家董仲舒(前179—前104)。因此,他在《春秋繁露》(引文注篇名)中归结性地提出和阐发了"天人感应"或"天人合一"的命题,对后世的审美意识和绘画艺术影响极大。他认为"人生有喜怒哀乐之答,春秋冬夏之类也。喜,春之答也;怒,秋之答也;乐,夏之答也;哀,冬之答也"(《为人者天》);而"天亦有喜怒之气,哀乐之心,与人相副,以类合之,天人一也"(《阴阳义》)。董仲舒的许多比喻尽管牵强附会,但确在某种程度上阐明了审美活动中的"同类相动"经验,在一定程度上类似于西方格式塔心理学美学所说的"异质同构"现象。

到了六朝时期,玄学之风勃兴,儒家思想作为显学或名教处于相对沉寂的状态,但其热爱生命积极入世和求实的精神依然不同程度地影响着当时的文论,这在曹丕的《典论·论文》、陆机的《文赋》和刘勰的《文心雕龙》中不难看出。其中最为突出的是《文心雕龙》对儒家一贯标举的"明道""征圣"和"宗经"等美学标准的系统论述。

先就"明道"而言,刘勰从"道之文"讲起,以此论及"道"与天文、地文与人文的关系,认为寻常人难以理解和把握,唯有圣人可以洞察"道"隐含在天地万物与圣贤文辞中的精义,因为他们怀有"道心",能识"神理",更可用"文"表现"道"或以"文""明道"。刘勰曾言:"玄圣创典,素王述训,莫不原道心以敷章,研神理而设教,取象乎河洛,问数乎蓍龟,观天文以极变,察人文以成化;然后能经纬区宇,弥纶彝宪,发挥事业,彪炳辞义。故知道沿圣以垂文,圣因文而明道。"(《原道》)这个"道"到底是指什么?我想主要是指"中道",即"中正"之道、"中庸"之道或"中和"之道。在传统儒家思想中,"中道"也是"常道",是贯穿在万事万物中的正确性原则。

再就"宗经"而论,刘勰断言"文能宗经,体有六义":"一则情深而不诡,二则风清而不杂,三则事信而不诞,四则义直而不回,五则体约而不芜,六则文丽而不淫。"(《宗经》)在这里,刘勰是本着"剖情析采"的意向,想说明"为情而造文"的原则,对情、风、事、义、体、文提出具体要求,从中流露出儒家所倡导的"温柔敦厚"的"雅正"思想。这种思想从根本上说是"中和"观在文艺创作领域的延伸,所追求的是情文并茂,内容与形式的统一与完美。

6 "中和"为美的艺术原理

唐五代时期,虽然道禅比较盛行,但儒家从未消遁。其言志、载道与致用的美学思想,明道、征圣与宗经的美学标准,一直受到重视,尤其在韩愈和柳宗元等人的文论中得到凸现。另外,白居易从诗歌"补察时政""泄导人情"这一基本论点出发,力图复兴儒家强调艺术的社会功用的政教美刺的美学思想。后来,张彦远在编撰《历代名画记》时,顺理成章,把儒家关于诗歌和乐教的思想引入绘画,认为"夫画者:成教化,助人伦,穷神变,测幽微,与六籍同功,四时并运,发于天然,非由述作"。

宋明理学历经"濂、洛、关、闽"学派和"陆王心学"的阶梯式推动,虽在方法论上走的是一条"儒道释"互补的道路,但主要还是以后两者来补充前者,从而把儒家的"中和"或"中道"与"天人合一"等思想发展到极致。首先,邵雍(1011—1077)在《伊川击壤集序》里依据儒家传统的"中和"原则,重复孔子之说,认为诗人作诗是"经道之余,因闲观时,因静照物,因时起志,因物寓言,因志发咏,因言成诗,因咏成声,因诗成音。是故哀而未尝伤,乐而未尝淫,虽日吟咏情性,曾何累于性情哉"。尔后,"二程"在《遗书》中,继而把"和顺积于中,英华发于外"奉为文章创作的法则。而关学代表人物张载(1020—1077)则上承孔孟,述而有作(见《正蒙》,下面引文只注篇名),一方面宣扬"中和"仁德之道,认为"中正然后贯天下之道,此君子之所以大居正也……学者中道而立,则有仁以弘之"(《中正》),并且认为孔子"七十与天同德,不思不勉,从容中道"(《三十》);另一方面阐释"信、美、大、圣、神"之说,认为"诚善于心之谓信,充实形外之谓美,塞乎天地之谓大,大能成性之谓圣,天地同流、阴阳不测之谓神"(《中正》)。继而在《西铭》篇中,张载完善了儒家关于天人合一和仁民爱物的学说。如他所言:"人,吾同胞;物,吾与也。……存,吾顺事;没,吾宁也。"君子当"为天地立心,为生民立命,为往圣继绝学,为万世开太平"。张载虽主要是从人生哲学的角度来谈"中道"与"天人"关系,但必然影响到抒写反映人生的艺术。到了朱熹(1130—1200)那里,"中和"美学原理被直接诠释孔子的诗论,譬如把"诗可以怨"注解为"怨而不怒"。

清明美学的代表人物当推著有《姜斋诗话》的王夫之(1619—1692)、著有《原诗》的叶燮(1627—1703)、著有《画语录》的石涛(约1642—1717)和著有《艺概》的刘熙载(1813—1881)。除石涛外,王、叶、刘三人上接先贤,直追诸子,融汇百家。他们虽然提出了许多丰富的艺术思想与学说,如王夫子的"情景说"和"现量说",叶燮的"理、事、情"说和"才、胆、识、力"说,以及刘熙载的"按实肖像"说和"凭虚构象"说,但对文与质、真与假、诚与幻、空灵与实际、诗品与人品、阳刚与阴柔等范畴的相互关系的论述,始终遵循着儒家"中和"为美的美学准则。

综上所述,儒家美学以孔子为发端,以"仁学"为基础,由孟子和荀子各从一端将其发展为一种与伦理学和心理学联为一体的儒家美学思想体系。我们认为,在儒家美学的诸多标准中,"中和"为美是最为基本的。据于此,对艺术实践,讲求"乐而不淫""哀而不伤""怨而不怒"、刚柔互补;对人格发展,讲求"文质彬彬"、外饰内修、美善统一乃至"仁民爱物"式的天人合一。当然,"中和"为美的准则是以社会伦理意义上的"仁"为旨归的,这就必然使儒家美学思想注重艺术的社会功能、人格的社会意义和自然的象征价值。

因此,在艺术领域,儒家充分肯定审美和艺术在陶冶人的性情或协调人际关系等方面的价值,十分强调艺术教育的重要性,认为诗歌音乐具有"移风易俗"和"治国安邦"的社会效用,积极提倡美与善、情与理的统一。在人格美领域,儒家一方面肯定个体人格的独立性,另一方面强调人全面发展的社会意义,认为"人的发展和人格的独立只在最终导致个体与社会的和谐一体时,才真正具有审美价值"[①],故此推行立体型艺术教育模式来培养"文质彬彬"的君子、"善养浩然之

---

① 韩林德:《境生象外》(北京:三联书店,1995年),第254页。

气"的大丈夫和"舍生取义"的志士仁人等。在自然美领域,儒家主张"比德"说,倾向于从伦理道德和人格心理结构的角度去观照自然景物,惯于将其比拟为某种人格品性的象征或隐喻性表现。若从美学角度考察,儒家在审美观念上注重美善统一,约以"中和";在美感经验上,注重道德修养、理性判断;在审美趣味上,注重功用、理智、人工与现实。①

(1995年写于京东杨榆斋)

---

① 张文勋:《儒道佛美学思想探索》(北京:中国社会科学出版社,1988年),第1—22页。

十一 自然为美的道家美学思想

从文化心理结构的深层意义上看,对后来各种中国美学思想和艺术理论产生深远影响的是以老子(名聃,约前580—约前500)[①]和庄子(名周,约前375—约前275)[②]为代表的道家美学思想。这主要是因为道家强调精神自由,倡导返璞归真,反对"为物所役"或人的异化,并在追求自然无为、与道同体或"游心太玄"的理想境界中,首次把审美同超功利的人生态度密切地联系在一起,从而把握住了审美活动乃至艺术实践的根本特质。不消说,道家美学是围绕着"道"这一中心概念展开的。所以,论"道"即是论美。

那么,从"道法自然"与"百姓皆谓我自然"等命题中,就不难推导出"自然为美"这一道家美学思想的基本尺度。

1 老子美学范畴与学说

老子在《道德经》(引文只注章数)一书中,提出了一系列范畴,如"道""朴""有""无""美""恶""真""善""虚""实""味""妙""气""象""大""远"等,直接或间接地影响着中国古典美学思想体系与特点的形成和发展。例如,他提出"大音希声"和"大象无形"(四十一章)的观点,与后来的"空灵玄远"和"境生象外"等艺术创作和欣赏理论就有着深刻的渊源关系;他关于崇尚自然和有无相生的理论,就直接影响到后来的"平淡朴拙"和"虚实结合"等审美理想和艺术原理;

---

① 老子生卒年代不详,史学界有不同意见。依据"孔子问礼于老聃"之说,我们认为老子先于孔子,故从任继愈主编:《中国哲学史》(北京:人民出版社,1985年版,第1卷)所说。
② 同上书。

他对于美丑善恶的论述——"天下皆知美之为美,斯恶已;皆知善之为善,斯不善已"(二章),朴素地道出了它们相互依存、互为条件的辩证关系,而没有将其看成绝对的东西。当然,这种在没有任何前提的情况下完全取消美丑和善恶的对立,臆想采取一种超出价值取向之上的生活态度,的确有其"我独昏昏"与"我独闷闷"的消极一面,但终究提供了一种新的或逆向的审美判断方法。

(1) 天人关系与自然为美

纵观中国的哲学与美学思想史,对天人关系的论述可谓"一以贯之"。一般把此说的渊源追溯到董仲舒或孟子,我们认为其源头隐含于《周易》,发端于老子。根据新近对《道德经》二十三章的考证结果[①],"失"于文不通,以往解释牵强附会,应当训为"天",文理才显顺畅。我们发现若参照二十五章中老子对"域中四大"(道、天、地、人)的论述,这一校诂的理由更显得充足。老子的原话是这样说的:"故从事于道者,同于道;于德者,同于德;于天者,同于天。同于道者,道亦乐得之;同于德者,德亦乐得之;同于天者,天亦乐得之。"可见与道-人和德-人关系一样,与"天"保持一致的人,"天"也乐意得到他或包容他。所以,人要想和谐发展、活得洒脱,就得在天地中寻得自己的安身立命之处,就得修道养德、依道(最高法则)而行,这就是老子所告诫的"人法地,地法天,天法道,道法自然"(二十五章)。这里所谓的"自然"意指自自然然、自然而然或听其自然,即不强行、不妄为、更不胡作非为的"无为而无不为"的顺应事物发展的客观规律的生活状态。这一状态是存在的本然状态,是与道同体的、遗世独立的、逍遥自由的,因此也是审美的。

(2) 形上追求

老子有感于权贵商贾沉迷于声色犬马的腐朽生活,对只追求感官享受而无视精神需求或弃道废德的社会现象提出了严厉的批评:"五色令人目盲,五音令人耳聋,五味令人口爽,驰骋畋猎令人心狂,难得

---

① 高亨:《老子正诂》(北京:中华书局,1988 年);古棣、周英:《老子通》(上部老子校诂)(长春:吉林人民出版社,1991 年)。

之货令人行妨。"(十二章)就是说,酒色歌舞之美,游猎收藏之乐,是人之所欲的东西,但若纵欲过度、忘乎所以,不仅会毁了自己,而且会诱坏他人。因此,老子倡导"载营魄抱一"(十章)的修身养性之道和"涤除玄鉴"(十章)的审美观照方法。前者强调形神合一,不可偏废,以免形散神离;后者要求清除欲念杂想,净化心理环境,以虚静的态度观照和体悟"玄"或"道"这个最高的认识目的。"涤除玄鉴"无论是作为一种具有形上意义的精神追求,还是作为一种静观体道的方法,对后世的艺术鉴赏以及艺术理想有着深远的影响。

2 庄子美学范畴与学说

与老子并称"老庄"的庄子堪称一位"诗哲"。与先秦其他哲学家相比,他的性格与思想最富有诗意或美学的意味。闻一多称其为"最真实的诗人",认为"他的思想本身就是一首绝妙的诗"。庄子尽管很少专门谈美学论艺术,但他的哲学可以当作美学来读,他的哲学命题可以视为美学命题,两者是浑然一体、难以分离的,因此对中国的审美意识和艺术哲学影响极大。可以毫不夸张地说,不研究庄子,就不能真正懂得中国的艺术。

在《庄子》一书中,我们不难发现它在传承老子以"道"为本的思想的同时,着意发挥了有关"气""大""真""技""言""意""形""神""无为"和"游心"等观念,标举了追求绝对精神自由的理想,强调了保持人格独立的意义,批判了"人为物役"等社会异化现象,指出了"乘物以游心"等审美活动的超功利性,倡导了"以天为徒""与物为春"和"身与物化"的人生艺术化或审美化境界等。的确,"他处处都力求从宇宙的本体('道')高度来论证人生的哲理,把人类的生活放到整个无限的宇宙中去加以观察,以此来探求人类精神达到无限和自由的道路……并且把人类的生活同宇宙的无限联系起来,把人类提到了'与天地并生,与万物为一'的地位,认为人类应效法那支配着宇宙万物的无所不在的'道',使自己成为永恒的无限自由的存在"。[①] 总之,理论

[①] 李泽厚、刘纲纪主编:《中国美学史》(北京:中国社会科学出版社,1984年),第1卷,第237页。

上,庄子把老子的相对主义思想发展到了极致,不仅要"齐万物"(如生死、荣辱、贵贱、祸福、苦乐等),而且要"超然物外",完全摆出一副不食人间烟火的架势。其实,他本人却充满了悲天悯人的情怀,十分重视人类的生存状态,用现在时髦的话说,庄子思想中隐含着人本主义的终极关怀情结。他的哲学或美学的根本目的在于使人"明哲保身",使人看破虚幻浮化或过眼烟云似的功名利禄,使人的生活和精神达到一种不为外物所束缚、所统治的绝对自由的独立境界,而这种境界往往是通过与道同一的审美体悟来实现的。

(1) 自然美与人格美

值得强调的是,庄子言美论真("故圣人法天贵真"《渔父》),常与天地万物并举,并且隐含"道"的自然无为或本原本真特性。如他所言:"天地有大美而不言,四时有明法而不议,万物有成理而不说。圣人者,原天地之美而达万物之理。是故至人无为,大圣不作,观于天地之谓也。"(《知北游》)"判天地之美,析万物之理,察古人之全,寡能备于天地之美,称神明之容。"(《天下》)这"大美",作为"道隐无名"故"不言"的"大道"显现,存在于天地万物之中,人需要静心凝神地仰观俯察方能感知和了解它。真若达到这一境界,便成为"至人""大圣"或"真人""神人"。庄子笔下的理想人格虽名目繁多,而实为一种。那就是"堕肢体,黜聪明,离形去知,同于大通"(《大宗师》)的得"道"之人或与"道"同体之人。这种理想人格是"道"的化身,这种人格美的本质在于"乘东维,骑箕尾,而比于列星"(《大宗师》)般的绝对自由性和不为外物所奴役束缚的独立性。

(2) "游心"之道与"游心"于道

要达到理想人格的精神境界,就有赖于自然无为、逍遥自在的"游心"之道,即"游心于物之初"、探求"至美至乐"(《田子方》)的"游心"之道。庄子在《逍遥游》《大宗师》《知北游》和《田子方》等篇中,对这种"游心"之道均以谈玄论道的象征笔法做了详尽的说明,所谓"外天下""外物""外生""朝彻""见独""无古今""心斋"和"坐忘"等,连接起来便组成了一套"采真之游"的系统方法。那位神气拂拂,"乘云气,骑日月,而游乎四海之外"的"真人"或"至人",不也正是依靠这种与道同体、合于天德、虚无恬淡、充满自由想象的"游心"吗？在中国人的审美意识中，隐于山林或浪迹山水之中的心理趋向极为强烈，这与庄子所倡导的"逍遥游"审美思想有着直接的关系。

不消说，"游心"之道为方法途径，"游心"于道才是最终目的。后者就是庄子所说的以便"得至美而游乎至乐"（《田子方》）的境界。在这里，人从有限进入到无限，从瞬间进入到永恒，一方面是"天与人不相胜"，另一方面是人与道二合一，虚静澄明，无忧无虑，悠然自在，流连忘返……这一切只能出于自然，不能假借人为。否则，"游心"失散，美乐不存。

（3）"自然"之道与自然为美

"道法自然"是老子哲学与美学思想的基石。在他看来，自然界和人类社会只有遵循"自然"这一普遍的法则，万物才能够和谐共存，社会才会有正常秩序，人类才可能健康生活。庄子继承和发展了这一思想，从中引申出一种"自然"之道。据此，庄子论道，讲"自然"（普遍规律）；论美，讲"自然"（审美对象）；论人生，讲"自然"（以天为徒，因任自然）；论情性，也讲"自然"（精诚品性）。他认为人的情性表现要"真"或"精诚"，才会动人感人；而"真"是"受于天"的，是"自然不可易"的，这就是说它必须遵循"自然"或"自然而然"这条基本法则。如他所言："真者，精诚之至也。不精不诚，不能动人。故强哭者虽悲不哀，强怒者虽严不威，强亲者虽笑不和，真悲无声而哀，真怒未发而威，真亲未笑而和。真在内者，神动于外，所以贵真也。……真者，所以受于天也，自然不可易也。故圣人法天贵真。"（《渔父》）显然，人在情性表现上是不能弄虚作假的，那就成了一种讨嫌的"矫情"或"虚情假意"。相反，应当讲求真诚自然，遵从"自然"之道。因为"诚于中而形于外"的真情，才具有动人感人的力量，以此表现在艺术中才具有审美的价值。这便是自然为美的原因所在。从中国艺术的发展来看，"自然"之道与自然为美的思想具有深远的影响和丰富的美学内涵。

（4）技艺与艺术

古时技与艺不分，技艺作为一个笼统的概念，本身就包含着现在所谓的艺术，在这方面东西方是基本一致的。庄子在《养生主》中借

"庖丁解牛"的故事论述"技"与"道"的相通关系,在《齐物论》中所揭示的"人籁""地籁""天籁"的不同特征,以及在《天道》与《外物》中所阐述的"言"与"意"的价值关系,虽不是专门的艺术论,但却道出了艺术创造和艺术形象的一般特征,也提出了艺术作品的品位差异或等级问题,对于后世艺术理论有着直接的影响。

3 "自然"观的演化

在中国学界,被认为成书于战国时期的《易传》(或称"十翼"),向来被当作儒家的经典。其中《系辞》的哲学和美学思想最为丰富。现在看来,该书也受"老庄"思想的影响,有的学者甚至断言其非儒家经典,乃道家系统的著作。① 在春秋战国那个"百家争鸣"的时代,各种学派互相诘难或论证,各种思想彼此交浸或吸纳,想必是十分自然的事。比如,《系辞》中提出的"立象以尽意"之说,很容易使人联想到老子的"无言"之辩和庄子的"言不尽意""得意忘言"之论。因此,这部书应当被看作是"儒道互补"的结果。

被看作是战国末年"杂家"代表作的《吕氏春秋》,是对先秦美学思想的罗列性总结。它虽在整体上是以儒家思想为主,但也吸取了道家关于"道本""太一""重生"和"法天地"等思想,并将其作为自己音乐理论的哲学基础。庄子对"大美"的论述,在《吕氏春秋》中得到了进一步的张扬。总之,旨在折中和补充儒道和阴阳五行等几家思想的杂家,对西汉《淮南子》的美学思想产生了直接而明显的影响。

到了汉朝,道家的美学思想主要为淮南王刘安(前179—前122)等人所继承和发挥。其著《淮南鸿烈》或《淮南子》,从对自然之道的了解出发,在继承道家美学基本思想的同时,舍弃了它的某些消极游世的倾向,吸收了儒家某些积极入世的思想,注意到了自然规律与人的目的的同一性,朴素地肯定了物质世界的美及其客观性,强调了美所具有的相对性和条件性。另外,还凸现了人的内在的情感、趣味、理想、想象和精神追求对艺术创造和欣赏的重要功能,并且从朴素的辩证法出发,把"文"与"质"、"内"与"外"、"形"与"神"等作为矛盾统一

---

① 陈鼓应:《老庄新论》(上海:上海古籍出版社,1992年)。

的范畴引入了中国艺术哲学或美学。

4 艺术自觉与"自然"意识

汉末魏晋南北朝时期是人与艺术自觉的时代。诚如宗白华所概括的那样:这是"中国政治上最混乱、社会上最苦痛的时代,然而却是精神史上极自由、极解放、最富于智慧、最浓于热情的一个时代。因此也就是最富有艺术精神的一个时代"①。当时玄学大兴,佛学流行,从而冲破了儒家名教的藩篱,带动了道家思想的复兴,促进了文学艺术和美学理论的发展。就前者而言,"王羲之父子的字,顾恺之和陆探微的画,戴逵和戴颙的雕塑,嵇康的广陵散(琴曲),曹植、阮籍、陶潜、谢灵运、鲍照、谢朓的诗,杨衒之的写景文,云岗、龙门壮伟的造像,洛阳和南朝的闳丽的寺院,无不是光芒万丈、前无古人,奠定了后代文学艺术的根基与趋向"②。就后者而言,曹丕的《典论·论文》、陆机的《文赋》、刘勰的《文心雕龙》、钟嵘的《诗品》、嵇康的《声如哀乐论》、顾恺之的《论画》、宗炳的《画山水序》、王微的《叙画》、谢赫的《古画品录》以及葛洪的《抱朴子》等,大多是专门的文艺理论著作,包含着丰富的美学思想内容。特别是在儒道释参融互补的文化理论的背景下,在论述"气""神""妙""风骨""隐秀""神思"等美学范畴的同时,还提出了"澄怀味象"(宗炳)、"得象忘言"与"得意忘象"(王弼)、"传神写照"与"迁想妙得"(顾恺之)、"气韵生动"(谢赫)与"声无哀乐"(嵇康)等具有深远影响的美学命题。显然,宗炳是上接老子"涤除玄鉴"的命题来讲"澄怀观道"和"澄怀味象"的。实际上"味象"就是"观道",两者是同一过程,即从外在形象出发,入乎其内,静观凝思体认融通"道"的精神。而王弼则是上接庄子的"得鱼而忘筌""得兔而忘蹄""得意而忘言"来讲"得象而忘言"与"得意而忘象"的,认为"意以象尽,象以言著……忘象者,乃得意者也,忘言者,乃得象者也。得意在忘象,得象在忘言。故立象以尽意,而象可忘也;重画以尽情,而画可忘也"。③

---

① 宗白华:《美学与意境》,(北京:人民出版社,1987年),第183页。
② 同上。
③ 转引自叶朗:《中国美学史大纲》(上海:上海人民出版社,1985年)。

对这一命题,陶渊明的"采菊东篱下,悠然见南山。山气日夕佳,飞鸟相与还。此中有真意,欲辩已忘言"一诗,可以说是最好的注解。这种寄情于山水的审美观照,是抛开思辨或概念的"忘言"境界。

就审美理想而言,魏晋人所倾向或追求的那种"简约玄澹、超然绝俗的哲学的美"①,是对"自然为美"这一道家美学标准的充实与发展。这里所谓的"自然",不仅指自由旷达的审美风格与态度,而且指玄妙广阔的审美对象与范围。嵇康所言的"目送归鸿,手挥五弦;俯仰自得,游心太玄"就是对潇洒不群、超然自得、论道谈玄、浪迹山水的魏晋风度的具体写照。这种"游心太玄"作为最高的精神或审美境界,和庄子所论的"游心"于道是同一的。

5 "自然"法则与艺术实践

唐朝以后的文艺思想,随着禅宗的兴起,道禅相混,参融交浸,与儒互补,"三教"趋同。这种理象一直波及后世,到宋明理学达到高潮。但就道家"自然为美"的基本准则而论,比较明显地反映在唐末司空图(837—908)、宋代苏东坡(1037—1101)、方万里(1227—约1306)、明代李贽(1527—1602)与"公安派"、清代石涛(1642—约1718)等人的诗论、文论与画论之中。司空图崇尚老庄哲学,自称"取训于老氏",所著《二十四诗品》中贯穿着"游心于道"的形上追求,突出了"道法自然"的美学理想。其中第十则专论《自然》:"俯拾即是,不取诸邻,俱道适往,着手成春。如逢花开,如瞻岁新,真与不夺,强得易贫。幽人空山,过水采蘋,薄言情悟,悠悠天钧。"

这里,所谓"自然"是指天趣,是一种不用雕饰的诗风或美学风格,与矫揉造作相对。从描述看,这是一种随意、从容、神闲、气静、悠然、自得的氛围,是一种"佳名本天成,妙手偶得之"或"清水出芙蓉,天然去雕饰"的诗境。要想达到自然之境,就得"素处以默,妙机其微",就得讲冲淡、沉着、高古、典雅、疏野、清奇、飘逸和旷达等。通篇看来,司空图对诗境诗风的描写,到处弥漫着一种宁静、清幽、淡远的和谐气氛,流溢着一种怡然、飘逸、潇洒的审美情调,这与他崇尚道家自然为

---

① 宗白华:《美学与意境》,第184页。

美的思想是有直接联系的。另外,他还在《与李生论诗书》中,上承老庄而脱变出"韵外之致"与"味外之旨"等命题。① 对宋代严羽的"妙悟"说、清代王渔洋的"神韵"说,以及近代王国维的"境界"说,都产生了积极的影响。

宋代苏轼工诗善词,富有艺术实践经验,熟练掌握创作规律,讲求文章要"行云流水",诗画要"天工与清新""莫之求而自然",使作品浑然天成而又变态横生。他的"清丽"说和"平淡"说,看来是以追求自然天趣、平和淡远的境界为最终目的的。② 南宋方回(字万里)在论及诗艺时,一再标举自然为美的说法。认为诗的"意味之自然为清新",要求诗应出于"天真之自然",而非学问言语或道德说教,并且一反儒家的"中和"原则,明确指出"人不能无情……夫哀以思、哀而伤,非诗人之罪也,可以哀而哀,可以伤而伤也"。③ 从反对礼教、追求自由与个性解放的思想出发,明代李贽在其乐论中,明确地提出了"自然美"的命题及其相关的美学特征。他说:"自然发于情性,则自然止乎礼义,非情性之为外复有礼义可止也。惟矫强乃失之,故以自然为之美耳,又非于情性之外复有所谓自然而然也。故性格清彻者音调自然宣畅,性格舒徐者音调自然疏缓,旷达者自然浩荡,雄迈者自然壮烈,沉郁者自然悲酸,古怪者自然奇绝。有是格,便有是调,皆情性自然之谓也。若有意为自然,则与矫强何异。故自然之道,未易言也。"④这与庄子对自然和人为的论述几乎同出一辙,不仅道出了自然为美的主要原因,而且表明了不同自然形态的心理基础。李贽的这些思想直接影响到"公安派"的审美观念。如袁中道就极力推崇自然为美的范式,认为"大都自然胜者,穷于点缀,人工极者,损其天趣。故野逸之与浓丽,往往不能相兼"⑤。清代石涛在《画语录》中,把自然观推向极致,要求绘画创作"自然而不容毫发强也",并且为此特意创立"一画"法。中国书法艺术同绘画一样,也讲究自然天成,忌讳媚俗矫饰或烟火气。中国园林艺术的最高境界则是"虽由人作,宛自天开"。这实际上是"自然为美"法则的典型体现。为此目的,就得"巧于因借,精于体

---

① 北京大学哲学系美学教研室编:《中国美学史资料选编》(北京:中华书局,1981年),上册,第311—316页。
② 北京大学哲学系美学教研室编:《中国美学史资料选编》,下册,第32—41页。
③ 北京大学哲学系美学教研室编:《中国美学史资料选编》,上册,第91—96页。
④ 同上书,第131页。
⑤ 同上书,第170页。

宜",充分利用布景、借景、引景、分景和隔景等造园手法。

6 自然为美的理想境界

要而言之,道家美学思想是以"道"为中心命题而展开的。其论"道",也就是论"美";论对"道"的认识和体验,也就是论对"美"的认识和体验。在此意义上,以老庄著作为代表的道家经典也就可以当作道家的美学来读。总体而论,道家美学旨在追求绝对的精神自由和超然的独立人格,崇尚"天人合一"的境界,标举"自然为美"的理想,倡导艺术化的人生。就"自然为美"这一道家美学的基本准则来讲,它贯通古今,延展流变,内涵丰富。最初,在老子那里,"自然"首先是就"道"这一无所不包的普遍规律而言,其次是就一种体"道"养"德"的方法而言。后来,到了庄子那里,它不仅被当作"游心"于道的态度与情性表现的法则;而且被扩充为"游心"的领域或审美的对象。再后,"自然"演变为一种艺术风格与创作法则,相应地,"自然为美"也深深地积淀在中国人的审美意识之中,从而形成一种普遍的审美品位与审美标准。于是,在审美观念上,道家以"道"为"大美"或最高的美,认为世间的美善是相对的,因此(特别在艺术美和人格美方面)重真诚自然(天成),轻人为矫饰(造作)。在审美经验上,重"涤除玄鉴""静观默察"和"心领神会"的直觉体验,追求超然物表、"游心"于道和"得至美而游乎至乐"的审美境界,因而"得意忘言"或"得意忘象",轻视艺术的社会功能和审美过程中的语言逻辑与理性思考等等。相应地,在审美趣味上,正如上所述,道家崇尚自然淡远、飘逸古雅、平和清新的艺术美,注重本性天真、遗世独立和悠然自在的人格美。所有这些特征与儒家倡导"中和"为美的理想准则形成鲜明的对照。最后,在艺术精神上,"庄子所追求的道,与一个艺术家所呈现出的最高艺术精神,在本质上完全相同。所不同的是:艺术家由此而成就艺术的作品;而庄子则由此成就艺术的人生。庄子所要求,所待望的圣人、至人、神人、真人,如实地说,只是人生自身的艺术化罢了"[①]。

(1995年写于京东杨榆斋)

---

① 徐复观:《中国艺术精神》(沈阳:春风文艺出版社,1987年),第49页。

十二 空灵为美的禅宗美学思想

佛入华土一般认为是在两汉之间。这种源自古代印度的宗教与哲学,对中国传统的本土文化发展产生了极为深远的影响。魏晋南北朝时,佛教(Buddhism)依托玄学之风,适应当时人们祈求来世天国幻想的社会文化心理需要,得到迅速的发展和普及。"南朝四百八十寺,多少楼台烟雨中"(杜牧)这类唐代诗人的喟叹,便是对当时寺庙林立、法雨佛风盛行弥漫的具体写照。

1 禅宗美学的缘起

佛教经六朝隋唐,嬗变为天台宗、三论宗、唯识宗、华严宗、净土宗、律宗、密宗和禅宗等具有中国特色的许多教派。唐时禅宗(南顿宗)自六祖慧能之后,演化为中国式的佛教,最为普及流行,因此不少人把佛教等同于禅宗,把其他佛教宗派的概念与义理都纳入禅宗门下。但是,话又说回来,禅宗终究是佛教一支,与其他宗派具有互动关系,有些基本范畴是共同或近似的。就其哲学与美学范畴而言,通常包括"妙""圆""色""空""境""真""幻""秽浊""清净""真如""涅槃"等。

禅宗(Chanism 或 Zen Buddhism)的缘起见于其典籍《传灯录》《指目录》《传法正宗记》和宋代普济编定的《五灯会元》等。据载:"世尊在灵山会上,拈花示众。是时众皆默然,唯迦叶尊者破颜微笑。世尊曰:'吾有正法眼藏,涅槃妙心,实相无相,微妙法门,不立文字,教外别传,付嘱摩诃迦叶。'"这固然是虚构的故事,但却道出了禅宗从一开始就极富审美情趣的基本特征。拈花微笑喻"顿悟",涅槃法门言"微妙",实相无相意"空幻",不立文字为"方法"。中国禅宗自其始祖印度僧人菩提达摩(Bodnidharma,？—528 或 536)以来,传承的法信通常以偈为证,正如李白所说的"谈经演金偈"传统。这种以唱词说诗的方式来"内传法印,以契证心,对付袈裟,以定宗旨"十分独特,本身就具有深厚的审美意味。更为有趣的是,上述那种拈花微笑、心传宗旨的说法往往以"花"(华)的隐喻表现在几乎所有的传法偈语中。始祖达摩对二祖慧可(487—593)说的偈语中有"一花开五叶,结果自然成"句,二祖慧可对三祖僧璨(？—606)说的偈语中有"因地种华生"和"华亦不曾生"句,三祖僧璨对四祖道信(580—651)说的偈语中有"从地种华生"和"华地尽无生"句,四祖道信对五祖弘忍(602—675)说的偈语中有"花种有生性,因地花生生"句,五祖弘忍对六祖慧能(通惠能,638—713)说的偈语中有"有情来下种,因地花还生"句,而六祖慧能留给门徒的偈语中有"顿悟花情已,菩提果自成"句。总之,体味这些偈语,哪怕是禅外人,也会觉得其中以"花"(华)喻禅、以"果"喻成佛的"花果"意象,既有禅意,又含诗情,容易给人一种空灵玄妙的审美感受。其实,仔细揣摩体味慧能那首深得五祖弘忍赏识并因此赢得袈裟的偈语——"菩提本无树,明镜亦非台。本来无一物,何处惹尘埃。"①——同样也能够体悟到这种空灵玄妙的美感。

2 尚"空"的思想基石

有的学者认为,禅宗的思想基石源自"大乘空宗"。"空",梵文原文是 suuya,意思是"空虚"。许多大乘的重要经典,如《法华》《华严》等,其主要思想都是建立在般若基础上的。所谓"般若性空,者即是"②。而所谓"般若",梵文为 Prajna,意译"智慧",佛教用来指如实了解和透彻参悟万事万物之实质、本性或真谛的智慧。所谓"空",是指"法"空,意思是说一切事物(即"法")都因缘而生,徒有幻相,本身并不存在,引申的说法就是"色空"或"四大皆空"。自佛祖释迦牟尼以来,"悟"是识得佛性、真如或禅理的最基本、最传统的方法。悟得

---

① 参阅《坛经》(宗宝本)。《坛经》(法海本)为:"菩提本无树,明镜亦非台。佛性常清净,何处有尘埃。"

② 季羡林:《中国禅学丛书代序》,见任晓红《禅与中国园林》(北京:商务印书馆,1994年),第 11 页。

"无我"是低层次,悟得"空"才是高层次。"因为悟空对中国禅僧和禅学诗人,是至关重要的。中国禅宗的几个祖师所悟得的,也就是这个空。……'无我'的思想,'空'的思想,一旦渗入中国的诗歌创作,便产生了禅与诗密不可分的亲系。"[1]也有的学者认为禅宗的思想基础多来自老庄,断言"禅宗是披着天竺式袈裟的魏音玄学,释迦其表,老庄(主要是庄周思想)其实,禅宗思想,是魏晋玄学的再现,至少是受玄学的甚深影响。……禅宗顿教,慧能是创始人,他的始祖实际是庄周。禅宗南宗的本质,是庄周思想"[2]。其实,这并不难理解。最早佛教传入华夏之时,佛经作为一种异质文化,在语言翻译上遇到了难题,故有"格义""诠译"和"直译"的方法论之争。在梵汉概念的转换上,免不了要借用许多道家(尤其是庄子)的术语。被汉译佛经史上四大译家之一鸠摩罗什(Kumarajiva,344—413)誉为"秦人解空第一人"[3]的东晋佛教学者僧肇(384—414)与同时代的高僧慧远(334—416)等人,最初都醉心玄学,博通六经,尤善老庄。他们在协助或自己翻译讲解佛经时,必然把老庄的术语连同其内涵融入佛典。后世禅僧在释读典籍时也必然沿着这一思路,或照本讲章,或再行发挥。如此一来,原本依托玄学而兴的禅宗思想,与道家思想结成一种融合互补的关系。另外,老庄倡导"观"(道)或"味"(象),这"观"与"味"作为识道体道的方法,实与禅宗体认佛性的"悟"相若。同时,道家尚虚贵无,这"虚"与"无"作为精神境界,实与禅宗追求的"空"境相关。后来,禅宗也讲"悟道""平常心是道",并且在许多方面与道家(特别是庄周)有"相通、相似以至相同处,如破对待、空物我、泯主客、齐生死、反认知、重解悟、亲自然、寻超脱……"[4],所以人们常把禅宗与庄周联系起来,认为禅即庄,尤其是在艺术或审美领域,二者经常浑然一体,几乎到了难以明确区分的程度。但在本质或终极目的上,庄、禅还是有差别的。前者重生,齐万物而不认为四大皆空,顺自然求超越而不弃世或出世;后

---

[1] 季羡林:《中国禅学丛书代序》,见任晓红《禅与中国园林》,第11—12页。
[2] 范文澜:《中国通史》,转引自张育英《禅与艺术》(杭州:浙江人民出版社,1993年),第4册,第3页。
[3] 王志敏、方珊:《佛教与美学》(沈阳:辽宁人民出版社,1989年),第163页。
[4] 李泽厚:《禅意盎然》,见《走我自己的路》(北京:三联书店,1986年),第396—397页。

者不重生也不轻生,而是一味尚空,视天下一切或为虚幻或无意义,真实只在禅心之中,在神秘的心灵体验之中。

3 禅定三境界

从"禅"的本义来看,它原是"禅那"(梵文 Dhyana)的略称。意译作"思维修""弃恶"等,通常译作"静虑",即由心灵的静观默照而获得智慧和超脱的意思,故此有人将其与"禅定"混称。禅定作为一种"安静而止息杂虑"的修行方法,一般有所谓"四禅定",即坐禅修行的四个阶段。[①] 据说,在"初禅"阶段,人能排除欲念杂虑,获得一种因摆脱烦扰现实而生的喜悦之感;在"二禅"阶段,这种喜悦感进而逐渐得到净化,成为身心的一种自然而然的属性;在"三禅"阶段,这种着有外物色彩的喜悦感逐渐消失,心中只留下纯净、自然、平和、适意的精神乐趣;最后到了"四禅"阶段,这种乐趣也化为乌有,人达到一种超然遗世的境界,得到澄明透彻的智慧。而这一无上境界是只可意会、不可言传的。此时,亦如慧能在阐释《金刚经》的过程中所说:"万物色像,日月星宿,山河大地,泉源溪涧,草木丛林,恶人善人,恶法善法,天堂地狱,一切大海,须弥诸山,总在空中。"并且"心量广大,犹如虚空,无有边畔,亦无方圆大小,亦非青黄赤白,亦无上下长短,亦无嗔无喜,无是无非、无善无恶、无头无尾"。[②] 这里展现的是"物空"和"心空"两幅图景。

从与"四禅定"相关的禅宗"三境界"来看,也能体味到对空灵之美的诗化描写。第一境是"落叶满空山,何处寻行迹"。这里似乎描写的是一种渐入禅关而寻禅未得的情景。这一设问本身就表明禅心未定、着眼外求和忽视内省的初级状态。第二境为"空山无人,水流花开"。这里似乎描写的是一种"片石孤峰窥色相,清池皓月照禅心"的情景。就是说,寻禅者通过静观默照,基本进入到清静寂定的心境,达到似乎已经悟到禅理真谛而实际上还没有的境界,犹如"脱有形似,握手已违"的状况。第三境是"万古长空,一朝风月"。"这就是描写在

[①] 葛兆光:《禅宗与中国文化》(上海:上海人民出版社,1986年),第6页。
[②] 转引自王海林:《佛教美学》(合肥:安徽文艺出版社,1992年),第215页。

瞬刻中得到了永恒,刹那间已成终古。在时间是瞬刻永恒,在空间是万物一体,这也就是禅的最高境界了。这里,要注意的是,瞬刻即永恒,却又必须有此'瞬刻'(时间),否则也就无永恒……一切皆空,又无所谓空;自自然然地仍然过着原来过的生活,实际上却已'人圣超凡'。因为你已经渗透禅关——通过自己的独特途径,亲身获得了'瞬间即可永恒'='我即佛'的这种神秘感受了"。① 由此可见,禅宗的缘起与思想基础、禅意与禅境的最高层次等四个方面,均向我们表明了"空"的突出特征及其审美意味。禅宗这种"空"的理想境界被引入到诗歌、绘画与书法中后,对中国艺术创作和美学思想的发展产生了深远的影响,也从而形成了以空灵的意境为美的禅宗美学思想准则。

4 空灵的艺术特征

概而言之,空灵的意境一方面是指艺术风格和形象的空幻、玄远与飘逸品性,另一方面是指其富有灵气、灵性并且表现灵巧和精妙的旨趣、情思与意向。唐代诗人王维(701—761)的不少诗作便是比较典型的例证。如"空山新雨后,天气晚来秋。明月松间照,清泉石上流";"江流天地外,山色有无中";"山路原无雨,空翠湿人衣";"空山不见人,但闻人语响。返景入深林,复照青苔上"等,往往给人一种空灵、玄远、寂静、闲适和清丽的审美体验。尔后唐朝诗僧皎然(生卒年不详)以诗谈禅理——"至道无机但沓冥,孤灯寒竹自青荧。不知何处小乘客,一夜风来闻诵经";抒禅趣——"秋天月色正,清夜道心真""闲行数乱竹,静坐照清源";写禅境——"古寺寒山上,远种扬好风。声余月树动,响尽霜天空。永夜一禅子,冷然心境中"。另外,皎然还在他所著的《诗式》一书中从不同的角度,对空灵的意境与诗风作了理论上的阐述。如:"虽尚高逸而离迂远。虽欲飞动而离轻浮";"至苦而无迹,至近而意远"等。禅宗美学所追求的空灵意境也影响到司空图。他所说的"不着一字,尽得风流"以及"象外之象,景外之景"就能说明这一点。不难看出,"不着一字"说,一方面接受了禅宗乃至佛教"不立文

---

① 李泽厚:《庄玄禅宗漫述》,见《中国古代思想史论》(北京:人民出版社,1986年),第208—209页。

字"的传统,另一方面继承了道家"得意忘言"的思想,可谓道禅相通互补的一个范例。当然,悟禅与作诗终究不同,正如钱锺书所言,"了悟以后,禅可不著言说,诗必托诸文字"①。另外,兴于唐代的草书,在风格上讲求龙飞凤舞、飘逸玄远、自然天成,在很大程度上是受禅宗空灵为美与道家自然为美等思想的熏陶与催化。

5 空灵为美的精神追求

宋明理学时期,儒道释合流。禅宗空灵为美的思想在文学艺术方面的反映,见诸苏轼、严羽和张岱等人的文论诗说之中。比如,苏轼认为"欲令诗语妙,无厌空且静;静故了群动,空故纳万境"。② 这里所说的"空静"与禅宗标举的"空灵",二者作为理想的艺术境界,有着异曲同工之妙。著有《沧浪诗话》、倡导"妙悟"说、对明清两代美学思想影响极大的严羽(生卒年不详),曾说过一段绝妙的话,可以视为"空灵"说的最佳注解。他说:"所谓不涉理路、不落言筌者,上也。诗者,吟咏情性也。……羚羊挂角,无迹可求。故其妙处透彻玲珑,不可凑泊,如空中之音,相中之色,水中之月,镜中之象,言有尽而意无穷。"③

明末张岱则明确提出"诗以空灵才为妙诗"的论点,并且推崇绘画善"以坚实为空灵的观点"。④ 谈及音乐(弹琴),张岱认为只有"十分纯熟,十分陶洗,十分脱化"的技艺和修养,才能奏出一种"非指非弦,非勾非剔"的"生鲜之气",因此才能达到"自致清虚"的艺术境界。这分明也是在推崇"空灵为美"的艺术境界。⑤ 禅宗崇尚空灵之美的思想也影响和促进了唐宋以来的文人画和文人园林。比如营造山水园,因禅理与自然、禅境与园境、禅趣与文人士大夫的立足心性解脱、追求旷达适意的生活态度及其自然平和、清静淡远的审美趣味之间的灵犀相通,故讲究用缀石叠山、借景引景等方法,着意创造一种曲径通幽或

---

① 钱锺书:《谈艺录》(北京:中华书局,1993 年),第 101 页。
② 北京大学哲学系美学教研室主编:《中国美学史资料选编》(北京:中华书局,1988 年),下册,第 35 页。
③ 同上书,第 78 页。
④ 同上书,第 193 页。
⑤ 胡经之:《中国古典美学丛编》(北京:中华书局,1988 年),上册,第 159 页。

小中见大的空灵玄远的精神空间。从计成对借景的阐述中,我们不难看出这种审美追求。如"高原极望,远岫环屏。堂开淑气侵人,门引春流到泽。……兴适清偏,怡情丘壑。顿开尘外想,拟入画中行。……眺远高台,搔首清天那可问;凭虚敞阁,举杯明月自相邀",等等。①

另外,禅宗空灵为美的思想还反映在园林景点的命名之上,如"空心潭""筛月亭"和"静心斋"等。这里,禅心、诗情与画意融为一体,结果从实景中生禅境,从有限中生无限,于缥缈中见韵致,于空灵处见精神……最终形成了中国园林"特有的写意化的自然美和诗画一般的空灵之美。在世界造园系统中,这种写意的,空灵的境界独树一帜"。②

清代画僧道济(即石涛,又号苦瓜和尚)在《画语录》中,融儒道禅美学思想为一体,总结了唐宋以来文人画的特色,自成体系,提出"一画之法",认为"人能以一画具体而微,意明笔透。……用无不神而法无不贯也,理无不入而态元不尽也。信手一挥,山川、人物、鸟兽、草木、池榭、楼台,取形用势,写生揣意,远情摹景,显露隐含,人不见其画之成,画不违其心之用……一画之法立而万物著矣"。据此,论笔墨,要求"灵""神""飘渺";论皴法,要求"虚实中度,内外合操";论山川,要求"神遇而迹化";论氤氲,要求"画于山则灵之,画于水则动之,画于林则生之,画于人则逸之"。③ 所有这些显然都有助于创造出空灵的画境来。近乎同时代的画家笪重光(1623—1692)深受道禅审美意识浸染,从艺术创作的规律角度论"虚实相生"和"实景""真境",而终极目的则在于求"空景"和"神境",即"空灵"的意境。因为,"空本难图,实景清而空景现;神无可绘,真境逼而神境生。虚实相生,无画处皆成妙境"。④

不可否认,清人刘熙载的《艺概》,堪称中国古典艺术理论与美学思想的集大成者。关于"空灵",他有专门论述,并以苏轼的词和李白的诗为例进行说明。认为"'我欲乘风归去,又恐琼楼玉宇,高处不胜寒',尤觉空灵蕴藉"(《词曲概》);而"李白诗凿空而道,归趣难穷,由风多于雅,兴多于赋也"(《诗概》),这里所论的也是空灵。但刘熙载

---

① 胡经之:《中国古典美学丛编》(北京:中华书局,1988年),上册,第158页。
② 季羡林:《中国禅学丛书代序》,见任晓红《禅与中国园林》,第222页。
③ 北京大学哲学系美学教研室主编:《中国美学史资料选编》,下册,第328—332页。
④ 胡经之:《中国古典美学丛编》,上册,第250页。

同明张岱一样,强调"结实"与"空灵"的辩证统一关系,认为"文或结实,或空灵,虽各有所长,皆不免著于一偏。试观韩文,结实处何尝不空灵,空灵处何尝不结实"(《文概》)。① 如上所述,禅宗崇尚空灵的思想一方面源自佛教"大乘空宗"关于"般若性空"的智慧论,另一方面来自老庄(特别是庄周)尚虚贵元、"得意忘言"的体道说。对于其缘起就富有审美意味、并且讲究"轻暖轻寒二月天,天桃红绽柳凝烟。莺啼蝶舞皆禅悦,般若分明在眼前"的中国禅宗美学来讲,追求空灵意境和亲近自然之美便构成了它的基本特征。这空灵,作为一种特殊的美学形态或范畴,被引入艺术之中,自然形成一种创作的理想或准则,而在艺术形象或表现中则转化为空灵的意境。按照我们初步的理解,这空灵之境一方面是指艺术风格和形象的空幻、玄远与飘逸品性,另一方面是指其富有灵气、灵性并且表现灵巧和精妙的旨趣、情思与意向。

一般来说,禅宗这种尚空灵、羡玄远、倡顿悟的美学思想,与道家贵自然、慕淡泊、重虚无的美学思想交融互补,遥相呼应,首先激发了中国诗歌、书法、绘画、园林以及音乐等艺术的无限包容性("空纳万境""小中见大""天人合一"与"宇宙大化")等特征,不仅丰富了艺术意味,而且拓宽了艺术的空间;其次,进而虚化了"得意忘言"的审美思想,极大地促进了"虚实相生"这一艺术创造规律的发展。另外,这种在空灵中见佛性、得般若,在顿悟中体禅悦、入涅槃的禅宗美学观照精神及其方法,极大地丰富了中国人的审美意识和审美心理活动。因此,人们既能从一朵花蕾里窥知宇宙万物的流变,也能从一片树叶中推测人生在世的沉浮。同时,表现在审美观念上,则以空灵为美,以万象寂灭的涅槃为最高境界,以超尘出世的净土或西方极乐世界为终极目标;表现在审美经验上,则注重妙觉顿悟,强调万法皆空,推崇圆融感受;表现在审美趣味上,则贵清净幽寂的氛围,尚空灵玄远的意境,求"梵我合一"禅境中的禅悦。

(1995年写于京东杨榆斋)

---

① 叶朗:《中国美学史大纲》,第556页;敏泽《中国美学思想史》,第3卷,第374—376页。

十三　存在形态与情理中和

上世纪90年代中期,笔者出于教学之需,以历史追溯的方式探讨古代中国审美意识问题,在课堂讲稿基础上整理出几篇中国美学札记,其中包括前文中概述的"中和为美"的儒家美学思想,"自然为美"的道家美学思想,以及"空灵为美"的禅宗美学思想。现在看来,这些初论委实疏漏甚多,但其理论要点仍有继续讨论的必要。为此,在吸收其他相关研究成果的同时,也需要根据自己的理解来追求其潜在意义,也就是对于人类的存在形态及其存在质量的启示意义。基于这一目的,本文尝试从人类学本体论的美学观切入,谈谈情理中和说的相关意义。

1　人类学本体论的美学观

概言之,我在此所说的人类学本体论(anthropo-ontology),主要关注的是人类的存在形态(form of human being)及其存在质量(quality of human being)。这里所言的"存在"(being),涉及人类生命或生存意义上的性质及其追求,因此在现实意义上也可将人类的存在形态视为人类的生命形态,将其存在质量视为生活质量。当然,"生命"在这里具有本真特性和精神意味,关乎人在现实世界里如何安顿自身和提高生活质量的感知与思想方式。若从美学角度看,这自然会涉及审美智慧。

有的西方学者认为,自黑格尔以来的现代哲学,已经用新的方式改变了我们所理解的知识根基。在维特根斯坦等人看来,知识根基不再是各种"命题"(proposition)或"意见"(opinion),而是"生命形态"

(form of life)。① 这与人所用来思考和交流的语言有关,也与人自身的存在形态和社会情境有涉。应当看到,这个曾被黑格尔等哲学家视为绝对或无限精神的世界,最终竟然蜕变成一种偶然出现的动物恣意妄为的场所,这个动物实际上转化为人,创设了自己的自由王国,并将其当作新的发现。② 事实上,这个自由王国,既是人之为人的产物,也是人之为人的场所。至于自由,则是人的"生命形态"的最高追求。参照康德的观点,自然向人生成,而人向自由生成,这是追求人生至福的过程。而这一过程,也正是人之为人的完善过程。在此过程中,人或人类可谓"一种独特的存在"(a unique sort of being),可谓"一种交融着生物过程与能力和文化过程与能力的混血儿或合成物"(a hybrid uniting biological and cultural processes and powers)。③

对于人这种"混血儿",若从生物学角度来看,人在本质上属于自然存在(natural being)或肉身存在(physical being),通过物质手段来满足其生理需求在很大程度上决定着人的自然属性及其存在形态或生命形态;若从文化史的角度看,人在本质上属于社会存在(social being)或精神存在(spiritual being),通过人文来造就人性、通过理智来满足其精神需要在很大程度上决定着人的社会属性及其存在形态或生命形态。若从整合论(holism)的角度来看,人在本质上是自然与社会、肉身与精神两种存在形态的混合物,要保障和提高其理想的存在形态或生命形态,既要满足其生理或外在需求,也要满足其精神或内在需求。但要看到,人在生理与精神两个向度上的存在形态,都是随着生存环境与文化转型进行适当调适和与时俱进的(go with the passage of time)。

值得一提的是,前面所说的"存在形态"(form of being),有别于现象界的"生活状态"(state of life),但前者在一定范围内包裹在后者之中,就好比圣奥古斯丁的"上帝之城"位居于"世俗之城"罗马之中一样。因此,在讨论"存在形态"时,就会涉及"生活状态",就会从两者

---

① Ludwig Wittgenstein, *Philosophical Investigations* (Trans. G. E. M. Anscombe, New York: Macmillan Company, 1964), pp.1-214.

② J. Margolis, *The Arts and the Definition of the Human: Toward a Philosophical Anthropology* (Stanford: Stanford University Press, 2009), p.24.

③ Ibid., p.19.

对比的角度予以审视。在现实中,人的生活状态依然陷入过于世俗化的困境,其陷入程度当然因人而异。在通常情况下,不少人过着一种"生活为生活所遮蔽"的生活,由于社会从众心理,结果出现他人之所欲即为自己之所欲、他人之所为也是自己之所为的情境。人们朝夕营营,不见其功,结果与本真的、自在的、创造性的和自由性的"存在形态"或"生命形态"日渐疏离,我即非我,非我即我。有时细想起来,确如梭罗所言:"人之将死,方知没有生活过。我不愿过并非生活的生活,但生命又是那样可贵;我也不愿逆来顺受,除非万不得已。我想活得深刻洒脱,想吮吸生活中的所有精髓。"①看来,有人忙忙碌碌一辈子,死前竟然感慨如斯,其中所隐含的悖论,正好道出现实人生背后的困境。

如何克服或超越这种困境呢?中外思想家或神学家们提供了不少方案,这对于不同人会有不同的引导效用。在笔者看来,人们在参考这些方案时,似乎也有必要重新审视自己的"存在形态",因为这要比"生活状态"更为根本,甚至可以当作剥离或超越生活为生活所遮蔽之生活的内在动力,是人之为人的创造性生成的本真意义之所在。

在东西方,基于本真、创造和超越的意向,分别对于人之为人的"存在形态"提出了诸多典型范式,这里列出其中比较熟悉的六种:

(1) 人之为人,在于内圣而外王(To be man as man is to become sagely within and kingly without)。这一设定代表中国哲学的精神,可谓中国式的理想存在形态,是人之为人的最高追求,其目的在于鼓励人们借助道德修为与社会实践,开出天人合一的天地境界,养成"从心所欲不逾矩"的君子人格。

(2) 人之为人,在于成为得道真人(To be man as man is to become the true-man with the Dao)。这是道家倡导的人之为人的最高境界,无疑代表一种理想化的、超然物外的存在形态,由此可望确立独立的人格与精神的自由,可望摆脱将人生颠倒悬挂的苦难际遇,也就是可望实现庄子所说的"悬解"目的。

---

① Henry D. Thoreau, *Walden and the Essay on Civil Disobedience* (New York: Lancer Books, 1968), p.113.

(3) 人之为人,在于像佛(To be man as man is to become Buddha-like)。这是佛教禅宗一门推崇的人之为人之终极追求,是一种建立在人人皆有佛性并可实现佛性这一假设基础上的存在形态,这类似于一种超越生死但不生不灭的涅槃化境,是看破一切法相而把握真如的顿悟。

(4) 人之为人,在于像神(To be man as man is to become god-like)。这是古希腊道德哲学的理想假设,是柏拉图标举的理想化生存形态,是其鼓励"人向神生成"(to become divine of the human)的终极成果。具体而论,这是以爱智求真养善的哲学家为参照范型,意在通过正确教育的途径,激发人们自为的德行修为,成就个体非凡的德性(包括智慧、果敢、节制、正义、虔敬、健康等,成为城邦的完善公民。这一假设的主要理据是神为善因、神赐理性、灵魂不朽、人为神裔等学说。

(5) 人之为人,在于信主成圣(To be human is to become a saint via the faith in the Lord)。这显然带有基督教的神学色彩,讲求的是宗教信仰和超越精神,由此给人设定了一个自我实现的至高标准,同时也为人提供了一条逃避现实的解救之路。在基督教那里,通往真理之路不是探索性的,而是先验设定的,不容置疑的;人只要听神的话,跟着神走,就等于踏上真理之途,就能把握真理。此真理与神同在,合二而一;把握住真理,就等于超凡入圣了。

(6) 人之为人,在于成为超人(To be man as man is to become an Overman)。这是尼采的主意,是其认为可以赎救人类自身或摆脱人生困境的途径。实际上,这是反基督教传统的一种颠覆性理念,故要求人们放弃外求他者或祈祷神灵的做法,要求人们在幻想中感受现象世界的美化,在陶醉中感受生命力充盈的快乐和自在,在想象中进入似神非神的艺术形上学体验。换言之,这旨在鼓励人们以"酒神精神"或"冲创意志"去追求一种超越而自由的存在形态,这种存在形态在本质上属于一种艺术化的或审美化的存在方式。

不难看出,以上六种范式,主要是依据传统形而上学的思路,在现象性的个体生存与本真性的生命形态之外,寻找或确立一种人之为人的根据,以此来支撑人生的希望,来范导人生的目的。这里面的确包含着有效而积极的用意,即便在科学发展而宗教式微的当代,我们已然不能忽视这一理路的现实关联性。值得注意的是,当尼采与传统形而上学告别之后,在他力图颠覆和摧毁基督教意识形态的抗争中,他特意标举精神自由和富有"冲创意志"的"超人",这已然是在生命的本真意义上设定的追求目标或超越向度。这看起来好像贴近人生本身,但主要针对的是消极虚无主义提出的消解对策,这使人不由自主地联想到在德国盛行一时的"狂飙突进运动"的遗风,以及在欧洲影响深远的浪漫主义情怀。也许,在那个充满诗意和价值重估的年代,这种呼吁会得到一定的回响。然而,在当今这个工具理性为主导的、十分讲究实惠实用的,甚至显得了无趣味的散文化时代,尼采式的呼吁权当是荒野上的呐喊,虽可振发于内或传之于外,但却湮没在无边的空旷和无声的死寂之中。

既然上列范式难以实现或落实,我们不妨根据儒家中和为美的思想,假定另外一种人之为人的存在形态,那就是"人之为人,在于情理和谐"(To be man as man is to be emotionally and rationally harmonious)。这一点正是我所说的人类学本体论的美学追求。自不待言,这一存在形态,是以儒家的"中和"思想为理论依据,旨在兼容"情理中和"的特点,提供另外一种供人思考、相对可行的理路。这种存在形态的追终目的,不是期待个体成为什么样的理想人格,而是尽可能地提高个体的生活质量,免得最后发出"人之将死,方知没有生活过"的悔悟性感慨。

在中国思想史上,若从人类学本体论的角度来看待存在形态,我觉得情理中和或情理平衡的状态,可视为实现自由而健康的存在形态的有效途径。我们知道,情理两个因素的含义是多方面的。就"情"而论,若参照李泽厚的说法,我们可以从中引出主观方面的心理因素,诸如情感、情绪、情欲、情怀、情爱等,可用于感性直观或审美直观;同时,我们也可以从中引出客观方面的环境因素,诸如情况、情景、情境、情致等,这有助于提供感性直观或审美直观的场所或对象。这两个方面的因素,最终会形成人的情感结构。就"理"而论,我们可以从中引出理性、理智及其探讨的道理、原理等。这些因素涉及理智直观、道德理性、社会化实践、内在自然的人化等,最终会形成人的理性结构。当外在与内在的自然人化超过"中道"的界限以后,当工具理性成为人的生活与意识的主宰以后,"情"的匮乏或"情感结构"的销蚀就成了人们无法回避的心理问题和有此引发的社会问题,因此需要李泽厚所说的以"情本体"为基质的"人自然化"回归。当然,"自然人化"与"人自然化"不是走向"两端",而是走向"中和"。究其本质,这种"中和"是建立在"情理中和"基础上的。这种合情合理或合乎情理的文化心理结构,可以是社会性的、伦理性的,更可以是审美性的、艺术化的,这对解决或纾缓当代社会严重的文化心理问题,在一定程度上是可鉴可为的。

譬如,在追求"情理中和"境界的过程中,基于"情"的感性或审美直观,有助于人们打破或超越主体与世界的欲求关系与认识关系(一种不自由形态),进而形成一种无拘无束、超越功利的审美关系(一种自由状态),从中可以体验到黑格尔所说的那种令人感到精神解放的力量。与此同时,基于"理"的理智或自由直观,一方面认识事物的规律并顺应这些规律,另一方面发挥自由意志的作用,在确立道德意识的同时形成超越意识,由此进而追求至善与至福。在中国美学传统中,人之为人的最高追求和最高德行,不在道德境界,而在天地境界。这天地境界,一方面可以开出"天人合一"的审美境界,另一方面则可以开出"内圣外王"的精神境界。因此,我们有必要重思"中和为美"之说的相关问题。

2 中和为美的思想基础

要而言之,儒家的政治伦理尚于中行或中道,其思想渊源可上溯到《尚书》《论语》《易传》《中庸》与《乐记》等典籍。与此相应的儒家美学思想,主要推崇"中和为美"的基本原则。这里所谓"中",涉及"中正"与"时中"两个方面,由此可导引出正确适度与依度立美的一般法则;这里所谓"和",涉及"包容"与"谐和"的互动关系,由此可引发出基于中和的情理兼容结构,同时也造就出基于中和的审美价值及其审美体验。不过,"中和为美"之美,不仅涉及艺术作品的形式与内容之美,同时也关乎言行与举止之美。前者属于美学领域,后者归于道德范畴。但无论怎么讲,这种"美"包含着动态的、精神的与道德的目的性追求,决不能等同于西方美学中用于修饰的和感性学意义上的美学宾词(aesthetic predicate)。

就"中和为美"说的哲学基础而论,一般认为其根本点是儒家的"中庸之道",这在《中庸》篇中得到比较集中的论述。至于《中庸》与《乐记》所论的"中和之纪",从其发端来说,也是"中庸之道"在情理结构和音乐美学中的外延或落实而已。所谓"中庸",郑玄释其为"中和之为用也",可简约为"用中";与此同时,因"庸"含"常"义,郑玄又认为"用中为常道也"。后来的二程,继而将"中庸之道"视为"天下之正道"与"天下之定理"。若沿用顾颉刚的说法,"中"等同于"中正",也就是"正确与适当"的意思。依次,我们就很容易理解"执两用中"的思想。这一思想在《中庸》里的完整表述是:"执其两端,用其中于民。"用现代汉语展开来讲,此话是说在理解基础上把握住事物对立的两个极端,并在这两个极端之间选择、判断和运用正确而适当的一点。有的学者将其界定为"正确性原则"(张国庆)。我觉得"正确性原则"(principle of correctness)更多地趋向于认识论范畴,这需要得到科学的论证,涉及客观性和普遍性两个向度,而中国哲学中所言的"中",很难符合这一要求或实现这一标准。因为,中国哲学中所言的"中",是以道德规范为评价参照的,或者说,中国式的"中"观更倾向于伦理与价值判断。为此,我们不妨将其称之为"正当性原则"(principle of legitimateness)。除此之外,上述"中"观还应包含"适度性"的一面。因为在中国人的传统思维中,"适度性"表现一种"因时而中"的"度",把握好了"度",也就等于接近于"正当性"或"合理性"。在对立统一的辩证关系中讲"度"的把握,更具有灵活性,更符合"时中"原则。近年来,李泽厚十分重视"度"的作用,一再强调在制造和使用工具过程中要把握好"度"。按我的理解,这是继"以美启真"和"以美储善"之说以后,提出的"依度立美"之说。[①]

当然,"中庸之道"应有其他深意。庞朴整合上述说法,将其解释为相互关联的三层含义:"执两用中,用中为常道,中和可常行。"其中,第三义是根据何晏的解释——"中和为常行之德也",认为"中庸之道"并非那么玄妙难解、高不可及,反倒是普通及寻常可行的处事修为

---

① 李泽厚:《实用理性与乐感文化》(北京:三联书店,2005年),第38—45页。

准则,要不然也就无以论"极高明而道中庸"了。①

古希腊人也讲究"中道"(mesos),讲究"不多不少"(never too much, never too less),类似于"过犹不及"的"中庸之道"。亚里士多德在《伦理学》中对此专有论述。譬如讲到德行(arête),他认为"勇敢"介于两端之间,这两端分别为"怯懦"和"野蛮"。他断然认为两端为恶,中间为善。这善或勇敢,可以表述为"勇而不怯"和"勇而不蛮"。当然,这种思维逻辑形式只限于具有普遍性的德行,而不适用于日常生活中具有个别性的做法(譬如吃多少肉为好),同时也不适用于非道德的行为(譬如私通多少次为度)。其实,在柏拉图那里,类似于"中道"的"适度"原则,不仅应用于教育实践(因人使用教材),而且应用于艺术鉴赏(不应过分快乐或悲伤,否则对于身体有害,对于德行有损)。所以,"轴心时期"的中国-希腊思想比较,是有一定参照基础的,可在异中见同,也可在同中见异,但要注意形同而质异的问题。

3 中庸之道的思维范式

既然"执两用中"包含一种对立谐和的辩证关系,这其中起码涉及"两"与"中"这三个成分。这里的"中",是基于"两"的选择、判断和运用。因为再说"中和",不可能是单向度的,而是多元素的,否则不可称之谓"和"。另外,"中庸观念认为,任一独立的德目,总是不完善的,总有它的不足之处和过激之处"②。因此,基于"中庸"的三层含义,庞朴将其常见的思维范式归结为四种:A 而 B,A 而不 A′,不 A 不 B,亦 A 亦 B。

A 而 B 的形式,譬如"宽而栗""直而温""强而义"等,主要在于以对立方面 B 来济 A 的不足;与之相辅的,就是 A 而不 A′的形式,譬如"刚而无虐""哀而不伤""乐而不淫"等,所强调的是泄 A 之过,勿使 A 走向极端。

不 A 不 B 的形式,譬如"无偏无党""无反无侧""无近无远"等,要

---

① 庞朴:《"中庸"平议》,见《庞朴文集》第四卷(济南:山东大学出版社,2005 年),第 13 页。
② 同上书,第 14 页。

求不立足于任何一边,把"过犹不及"或"不偏不倚"的主张一次表现出来,强调的是对立双方的彼此节制,这有利于彰显"用中"的特点,有助于取得一种纯客观的姿态。

亦 A 亦 B 的形式,譬如"刚强猛毅""温柔敦厚""广博易良"等,侧重表明对立双方的互相补充,最足以表示"中庸"的"和"的特点,有利于收到"中"的效果。

就 A 而不 A′的形式而言,我们也可以将其微调为 A 而不 B,这样更为简易便捷一些。据《左传·襄公二十九年》所载,季札在评论《诗经》《颂》诗之乐的演奏效果和欣赏体验时指出:"至矣哉! 直而不倨,曲而不屈,迩而不逼,远而不携,迁而不淫,复而不厌,哀而不愁,乐而不荒,用而不匮,广而不宣,施而不费,取而不贪,处而不底,行而不流。五声和,八风平,节有度,守有序,盛德之所同也。"暂且不论这是否有夸张之嫌及其道德化偏好,其中所包含的 14 项因素——正直而不倨傲,曲折而不卑下,亲近而不逼迫,疏远而不离心,迁动而不混乱,反复而不厌倦,哀伤而不忧愁,欢乐而不淫荒,使用而不匮乏,宽广而不显露,施舍而不耗费,收取而不贪婪,静止而不停顿,运行而不流荡,正好表现出五声和谐、八音协调、节拍有度的情景,以充分实现的"中和"境界而使《颂》诗之乐达到顶点,同时以儒家惯用的"比德"的方式象征出盛德之人应有的优良品格。孔子后来评价《关雎》之乐,也是受此影响,认为此曲此调"乐而不淫,哀而不伤",合于"中和"之纪。另外,儒家所论的君子"五美"之德,即"惠而不费,劳而不怨,欲而不贪,泰而不骄,威而不猛",显然也合于 A 而不 B 的思维形式。也正是凭借这种逻辑,构成了不同形态的中和之美。这种中和之美,抑或反映在音乐风格上,抑或反映在审美体验上,抑或反映在价值判断上,抑或反映在道德修为上。

至于其他思维形式,譬如亦 A 亦 B,也体现在孔子所倡导的教育理念之中,如强调"温柔敦厚"的《诗》教,肯定"疏通知远"的《书》教,推崇"广博易良"的《乐》教,标举"洁静精微"的《易》教,热衷"恭俭庄敬"的《礼》教,等等。在此基础上,孔子还嫌不够,力主深化,继而提出亦 A 亦 B 而不 C 的价值判断形式,认为深通《诗》教者应"温柔敦厚而不愚",深通书教者应"疏通知远而不诬",深通《乐》教者应"广博易良而不奢",深通《易》教者应"洁静精微而不贼",深通

《礼》教者应"恭俭庄敬而不烦"。

4 中和为美的情理结构

在中国传统思想以及社会实践活动中,习惯上讲合情合理或情理不分,很推崇情理之间的平衡与和谐。这其中固然涉及人伦的软情感与事物的硬道理之间的相互关系,但也表明一种旨在追求中和为美(好)状态的情理结构。

这种情理结构的中和形态,在《中庸》开篇就有这样的表述:"喜怒哀乐之未发,谓之中;发而皆中节,谓之和。中也者,天下之大本也;和也者,天下之达道也。"朱熹在《四书章句集注》中是这样解释的:"喜怒哀乐,情也。其未发,则性也,无所偏倚,故谓之中。发皆中节,情之正也,无所乖戾,故谓之和。大本者,天命之性,天下之理皆由此出,道之体也。达道者,循性之谓,天下古今之所共由,道之用也。此言性情之德,以明道不可离之意。"这就是说,喜怒哀乐等情感,在不受感性情绪干扰或外来因素激发的时候,便处于中正不偏的状态或心态,既不失衡,也不冲动,更不会妄为或偏执,因此称之为"中"。这些情感发作或激发出来之后,都合乎义理礼节,进入合理节制的状态和自然畅快的流露,因此称之为"和"。这些得到中节且情理协和的情感,既通过适度宣泄而得以表现,也符合道德规范与礼仪要求,既不危及他人,也不伤害自己,可以说是一种合情合理的状态,其情理之间的结构也属于内在平衡的关系。

值得关注的是,喜怒哀乐等情感从"未发"或"中"的状态进入到"已发"或"和"的状态,确是一个微妙的变化过程。在此过程中,我们可以引出两个中介性环节:其一是"理生于情"。因为人之为人,不同于动物,不是自然存在,而是在理性引导下的道德存在,其上述情感需要合理节制,不能让其随意泛滥或任意宣泄,故需要通过人文教化而设立相应的理性原则来规范。如果将这些理性原则称之为"理"的话,我们也可以说是"理生于情"或"因情而生理",这涉及前面所述的"正当性原则"或"合理性原则"。其二是"情节于理"。当作为理性原则的"理"通过人文教化得以确立和予以应用之时,当喜怒哀乐等情感由于特定原因而发作或被激发出来之时,人的道德意识会依理性原则加以调节,使其得到合理控制,不至于流于泛滥或走向极端,不至于让人完全情绪化或为情所困,这需要情理互用以达到情理谐和,让情感得到适度流露,此谓"情节于理",涉及前面所说的"适度性原则"。

根据中和为美的儒家思想,无论是日常生活中的言行举止,还是艺术表现中的情理结构,都要求以辩证、有机、互动、互补的方式使其达到中和的境界。在前者,中和的境界便是符合中道伦理的美好境界(善);在后者,中和的境界便是符合中和准则的审美境界(美)。这两种境界,在日常生活与艺术鉴赏过程中,均有助于人们取得情理中和的适度感受与存在形态,这种形态无疑是愉悦的和有益于健康的。

不可否认,我们在举荐中和情理结构的同时,不是忽视其中隐含的不利因素。凡事大多具有两面性,也就是我们通常所讲的正面与负面作用。就"中和"说的负面机制而言,它至少表现在以下三个领域:其一,追求中和型情理结构会对艺术表现与艺术创作产生一定的制约作用。譬如,在推崇"文以载道"的原则下,倡导"乐而不淫,哀而不伤"的雅正风格与中和情理,会因为突出道德教化而冲击艺术创作,也就是阻滞艺术中自由的与深入的情感表现。这在极端情况下,犹如让原本自由的艺术家带上脚镣去跳舞。其二,为了中和而中和的艺术表现方式,譬如强化或迎合喜好大团圆结局的文化心理习惯,对原本自由的审美活动与审美意识会造成一定程度的制约作用,这当然也会影响到艺术创作与审美趣味。其三,基于"中和"思想的"雅正"原则,在道德化审美观念的主导下,会阻碍艺术家对人性人情的深度开掘。古希腊人虽然推崇"适度"原则,但他们享有公民社会和法治社会赋予的自由精神,对于生死问题惯于从命运角度审视,对于大团圆的结局不屑一顾,因此成就了古希腊的悲剧范式及其艺术特征,并由过失、净化与冲突等学说中凸显出积极的艺术效果和深刻的人生哲理。鲁迅曾言,悲剧是把美好的东西毁灭给人看。而依循"中和"或"雅正"原则的中国艺术表现方式,惯于在大团圆的结局上下工夫,但无法创作出古希腊悲剧那样震撼人心的艺术杰作。

(2009年写于京东杨榆斋,2013年冬稍加修补)

下篇 西方美学

十四 西方美学的由来与演进

> 说来说去,美学从目前看非但没有废退过时,反而必不可少、合乎时宜。在一个当代艺术与传统美学发生冲突的时代……现代美学只能采用一种形式,那就是对传统美学范畴施行合理的和具体的消解。①
>
> ——T. W. 阿多诺

远在古希腊进期,"美""丑""悲剧"与"喜剧"等审美范畴便开始逐一进入人类认识的视界。原本属于哲学附庸的"美学",自1750年作为一门相对独立的学科宣告诞生起,实可谓络绎不绝,历尽沉浮,在人类思想史上终于占有了自己的一席之地,创生了林林总总的思辨体系与理论学说。迄今,对人类的审美实践活动而言,这些体系与学说仍然不乏其启迪作用,尤其是走向科学的心理学美学。

1 名称的确立

每论及"西学"或西方人文科学,"言必称古希腊"似已成为定势。就"美学"而言,也必然要追溯到古希腊。事实上,西方语言中的"美学"一词,如拉丁语 *aesthetica*,英语 aesthetics,德语 Asthetik 以及法语 esthétique 等,均源自希腊语 aisthetikos。该词原本的意思关涉人的感觉与感性知觉(feeling and perception)。其日后之所以能够发展成为一门相对独立的学科,首先得益于古希腊先哲们(通常以柏拉图和亚

---

① T. W. Adorno, *Aesthetics Theory* (trans. C. Lenhardt, London: Routledge & Kegan Pall, 1984), pp. 468-470.

里士多德为代表)从本体论和认识角度对客观事物之美、丑等特性所进行的理论思索。

如前所述,汉语"美学"一词源自中江兆民所译《维氏美学》,始用于1884—1885年间①,后经中国学者于20世纪初假道日本引进。

那么,来自西方的"美学"又是何时产生的呢?从历史发展过程看,应是1750年。具体地说,应以德国哲学家鲍姆加通(A. G. Baumgarten, 1714—1762)于当年发表的《美学》(Aesthetica)一书为标志。鲍氏把考察美和艺术的学问纳入感性认识领域,以希腊语"感性"或"感知"(aisthetikos)一词为词根,赋予了意为"感性学"或"感知学"(aesthetica)这一拉丁语称谓。

从历史与理论背景上看,《美学》诞生的时代正是大陆理性主义盛行的时代。当时,以莱布尼兹(Leibniz)和沃尔夫(Wolff)为首的理性主义者居于德国文坛的绝对权威地位。他们从认识论角度把认识分为"低级认识"(即感性认识)和"高级认识"(即理性认识),断言前者不属于真正的认识,后者才是真正的认识;前者只是通向后者的一个阶段,一个必须经过而又必须克服的认识阶段。在他们眼里,文学艺术被视为一门科学,一种高尚的精神活动,仅受理性的支配,与感性毫无关系,因此务必排除感性对文学艺术的影响。否则,就会使其成为感性的东西,而感性的东西必须是下流的东西,必然与高尚的精神活动背道而驰。这显然把理性神化了,把理性作用绝对化了。有感于斯,鲍姆加通提出批评,并为感性认识在正名。他认为文学艺术是感性认识(的对象与结果),这种认识的获得主要通过感觉与想象等感性范畴活动,而非理性活动。但这种感性认识是有价值的,是美学的特征所在。他在积十余年功力所著的《美学》"导论"里指出:

> 美学作为自由艺术的理论、低级的认识论、美的思维的艺术与理性类似的思维的艺术,是感性认识的科学(a science of sensitive knowledge or a science of perception)。②

这是对"美学"的总体性界说。所谓"自由艺术",相当于我在所

---

① 今道友信:《东方的美学》,第1页。
② 鲍姆加通:《美学》(简明等译,北京:文化艺术出版社,1987年),第13页。

言的鉴赏性"艺术"(如诗歌、绘画、雕刻等),有别于人类生活急需的"自然艺术"(即技艺,如农耕、手工、作坊等)。美学作为自由艺术的理论,必须要研究艺术的本质、艺术美特征、艺术创造与欣赏的规律等。所谓"低级的认识论",主要是针对理性主义的绝对化与武断性提出的。鲍姆加通认为低级认识与高级认识在价值上并无高低优劣之分,两者均是价值相等的不同认识而已。这样一来,就不存在从认识论的价值方面来贬低艺术的问题,并且在一定程度上使艺术的认识有了不为其他认识所支配或代替的独立性。自然地,美学作为研究艺术的"低级的认识论",其独立的作用与地位也随之应运而生。美学作为"美的思维的艺术",是就美学研究的基本对象而言的。艺术是一种认识,而认识是思维的结果。"美的思维"有别于"逻辑思维",侧重于"现象的完善"而非"概念的完善",强调的是"审美的真"(aesthetic truth)而非"逻辑的真"(logical truth),凭借的是"感性形象中介"而非"理性抽象中介"。相应地,这种"思维的艺术"通常是在思维或分析"美是什么?"的过程中展现出来的。美学作为"与理性类似的思维的艺术",委实道出了审美思维的基本特征。这种"与理性类似的思维"也就是沃尔夫所说的"类似理性",它对事物的洞悉或认识既有清楚的一面(象是理性),又有模糊的一面(又不是理性)。在艺术鉴赏或审美经验中,感性认识的获得往往通过所谓的"类似理性"。

需要指出的是,同时用"艺术"和"科学"两个概念来界定美学是鲍姆加通的一大创举。在他看来,美学是一门科学,但仍是一种艺术,这一点不可否认。因为,艺术是"处在一定关系之中的规则总和"①,是"使某物更加完善的各种规则的总和"②,而科学也是各种规则的总和,其基本宗旨都在于指导实践。只不过艺术所提供的规则理由不充分,通常具有随意性和模糊性,而科学所提供的规则理由充分,一般具有确定性和清晰性。美学所提供的规则是建立在"类似理性"或感性认识的基础之上,因此二者兼之——既具有艺术的随意性和模糊性,也具有科学的确定性和清晰性,所以它既是艺术又是科学。

在《美学》一书中,鲍姆加通认为美学的目的是:感性认识本身的

---

① 鲍姆加通:《美学》,第36页。
② 同上书,第9—10页。

完善(完善感性认识)。而这完善也就是美。据此,感性认识的不完善就是丑,是应当避免的。感性认识不是别的,而是"表象的总和"。其普遍美在于"事物和思想的美","次序和安排的美"以及"表现的美"。① 与此同时,鲍姆加通还着意强调了审美训练的意义。如他所言:

> 对于审美训练,我并不只是要求仅让精神达到一定程度的和谐。相反,审美训练既要求精神达到和谐,又要求情感达到和谐。精神受到乏味无力的训练还能有所作为。然而,如果情感遭到忽视,或者完全遭到损毁,完全坠入激情控制一切的境地,坠入一无所顾地追求伪善、争赛、乱爱、阿谀逢迎、放荡不羁、花天酒地、无所事事、懒惰、追求经济活动或者干脆追求金钱的境地,那么,到处就会充斥着情感的匮乏,这种匮乏会破坏一切可能被认为是美的东西。②

鲍姆加通如此强调审美训练,与其重视审美教养密不可分。通过审美训练而提高的审美教养,一方面能够激发人的审美情绪、天赋才能及其鉴赏能力,使人观照审美对象时能够"超过在未经训练状态下可能达到的审视程度";另一方面则能使人适度地把握自己,提高自身的道德水准和丰富自身的精神生活,进而指导实践活动。毋庸讳言,鲍姆加通的《美学》出版后受到相当的冷遇。有的学者认为书中陈述的是"一些空洞的默想"(温克尔曼);有的学者视其为"一些串通在一起的关于美学的奇谈怪论"(莱辛);也有的学者(赫尔德)对美学是"美的思维的艺术"这一界说提出异议,并且认为美学只能是关于趣味(taste)或鉴赏力的美学,而不能是有关趣味的技艺;甚至连著有三卷《美学》大作的黑格尔本人,对"美学"(asthetik)这一称谓也颇有微词,凡此种种,不一而足。但这并没有抹杀鲍氏《美学》一书的历史价值。共价值不仅在于宣告美学"脱离"哲学而诞生,而且在于其承上启下的理论推动作用。

---

① 鲍姆加通:《美学》,第18—20页。
② 同上书,第29页。

2　横向的维度

自美学诞生起,迄今已近两个半世纪。这期间,美学在不同历史阶段的文化思潮的冲击与带动下,经历了一个时冷时热、进起进伏的发展过程。但总的趋势是不断地走向成熟。这首先反映在美学研究领域的拓宽与科学理论方法的建立方面。譬如,根据现代美学的定义,美学是研究美和审美规律的科学。这不仅涉及美的本质与美感经验,而且涉及美的形态与价值特征。广义上的美,既包括自然美,也包括艺术美,而且还包括社会生活美等。广义上的美学,既研究人对现实的审美态度、理想与关系,也研究艺术创造、欣赏与教育的规律,同时还研究人类有效劳动的一切形态及其审美价值等。总之,随着人类文明的发展与审美意识的进步,美学也同其他科学一样,其对象与范围会不断扩展开来,与此相关的概念或学说也会发生变化。美学自身发展的历史足以说明这一点。①

就西方美学的历史沿革而论,我们可以从横向与纵向两个方面进行考察。从横向上看,西方美学可根据研究对象与方法的侧重点不同而大体划分为本体论美学,认识论美学和价值论美学。

(1) 本体论美学

本体论美学一般侧重研究美的本质,美的规律,带有形而上学与纯粹思辨的特点,旨在回答美的普遍有效性问题。本体论美学被认为是美学研究中的最高层次,但绝非美学研究的全部。现有成果表明:有关美的本质及其规律的探讨虽比已往深刻,但问题远未解决,似乎成了一个"不解之谜"。柏拉图在《大希匹阿斯篇》里,曾展开"什么是美?"或"什么是美的原因?"之类问题的诘问,结果是不了了之,得出的答案是"美是难的"。也就是说,美是难以说清的,难以界定的,难以明确的,等等。难怪有人认为"美的本质问题一旦澄清,美学或许就不

---

① 参阅奥夫相尼柯夫主编:《简明美学辞典》(冯申译,北京:知识出版社,1981年);竹内敏雄主编:《美学百科辞典》(刘晓路等译,哈尔滨:黑龙江人民出版社,1986年);王世德主编:《美学辞典》(北京:知识出版社,1986年)。

复存在了"。这虽是戏谑之言,但却道出了问题难度之大这一事实,同时也表明了美学家们为何对此孜孜以求的魅力所在。

(2) 认识论美学

认识论美学主要侧重研究审美活动中的审美经验(或体验),也就是人在审美活动中的认识规律,旨在解决"审美认识如何可能?"与"美感心理特征何在?"等问题。我们知道,审美经验是审美活动的产物,属于主体性经验范畴,涉及人的审美态度、审美理想、审美趣味、审美心理与美感层次等。认识论美学借助现代科技成果及其研究手段,对主体审美经验的动态过程作了更为深刻和科学的描述、揭示与实证,对提高人的审美修养与审美意识(或审美敏感性)具有一定的指导意义,特别为审美教育(或艺术教育)提供了不少具有相当科学性和应用性的理论方法。但认识论美学往往忽视了对审美活动之客观范畴的研究,多少有些"画地为牢"之嫌。因为,审美活动首先是建立在主客双方互动关联基础之上的。忽视其中一方,都不可能从整体上把握和洞识审美活动的特点与规律。

(3) 价值论美学

价值论美学主要侧重研究主客体之间的审美关系,艺术与现实之间的审美关系,艺术作品内容与形式以及形式之间各部分的审美关系,目的在于揭示美的价值与人类生存理想的关系。或者说,在于阐明认识美的价值对提高人类生活质量有何意义或作用。不难看出,上述三组审美关系均涉及各自的审美价值特征、形态、取向与判断,因此可以说,审美关系实为价值关系。实际上,价值论美学在对主客体审美关系的研究中,必然会引发出审美与人生的价值关系问题。美,无论是狭义的还是广义的美,终究是人类认识发展与社会实践的结果,与人类的生存理想有着日益密切的价值关系,对人类生活质量具有直接或间接的促进作用。故此,价值论美学在精神意义上包含着对人类的"终极关怀"。

3　古希腊罗马美学

从纵向上看,西方美学的发展经历了不同的历史阶段,而不同的历史阶段必然表现出不同的风格特征。这里先从古希腊罗马时期的美学谈起,随之会论及中世纪、文艺复兴时期以及后来的美学发展。

古希腊罗马时期(前6世纪—3世纪)为美学的发端阶段。古希腊美学的代表人物是柏拉图(Plato,前427—前347)和亚里士多德(Aristotle,前384—前322)。柏拉图的美学思想主要隐含在其著名的"理念说""灵感说"和"道德论"中。他认为在所有表象背后有一绝对的和完美的"理念"或"理式"(Idea or Eidos),这理念是实物之本,美之源泉,善之原因。艺术作品作为实物(理念的影子)的摹本,是理念的"影子的影子"。这实质上是形而上美学原则和艺术摹仿原则的理论基石。关于诗人的创作灵感,柏拉图认为它来自一种特殊而神秘的"迷狂"状态(madness)。在此状态中,神灵凭附在诗人或艺术家身上,把灵感输送给他,暗中操纵他去从事创作。这样,诗人或艺术家便成了神的代言人,艺术作品的魅力源自灵感这一神奇的"磁石"。柏拉图从其政治理想——"理想国"的整体利益考虑,提倡智慧、勇敢、责任和节制,贬低情欲、放荡、挥霍和怯懦。因此,他认为艺术再现与表现的内容,必须按照和实际生活中一样的道德标准来评判,必须有利于"理想国"公民健康的道德教育及其人格发展。正是基于这一道德主义原则,他对代表希腊古典美的荷马史诗提出尖锐的批评,对艺术表现的内容做了原则上的规定,对不符合道德要求但极有才赋的诗人敬而远之——给他"涂以香油,戴上毛冠,送他到别的城邦去"①。

继柏拉图之后的是其弟子亚里士多德。这位承上启下的思想家被尊为欧洲美学思想的奠基人。他的《诗学》(Poetica)被视为第一篇最重要的美学论文,是迄至18世纪末叶一切美学概念的根据。② 一般来说,亚氏的美学思想主要反映在"摹仿""整一"和"净化"三论之中。

---

① 柏拉图:《理想国》(郭斌和、张竹明译,北京:商务印书馆,1995年),398a—b。
② 车尔尼雪夫斯基:《美学论文选》(缪灵珠译,北京:人民文学出版社,1957年),第124页。

他认为艺术所摹仿的决非柏拉图所说的只是现实世界的外形(现象或表象),而是现实世界所具有的必然性和普遍性,即现实世界的内在本质与规律。因此,艺术并非与"真实隔着三层",其本身就具有真实性,艺术甚至比现实世界更为真实。关于艺术作品或现实事物中的美与不美的问题,亚氏认为这主要决定于其相关结构的"整一"性,也就是在于把"原来零散的因素(即部分)结合成为一体(即有机整体)"。整一性意指有机整体性,是亚里士多德美学思想的基本要素。据此,他断言悲剧之所以是希腊文艺中的最高形式,就在于其结构比史诗更为严密。美在和谐的思想也是建立在"整一说"之上的。只有各部分按大小、比例和秩序巧妙安排、融贯一体,才能见出和谐,见出多样统一的形式。"净化说"的出处是《诗学》第六章对悲剧的定义,即悲剧"激起哀怜和恐惧,从而导致这些情绪的净化"[①]。"净化"(katharsis or catharsis)一词的原义是"导泻"或"疏泄",这里则指艺术感染力对人之情感乃至精神的净化作用。在亚里士多德看来,古希腊悲剧艺术可使人某种过分强烈或压抑的情绪得以宣泄,进而达到平静乃至净化,这对恢复和保持人的心理健康具有积极的影响与效应。从社会意义上看,柏拉图和亚里士多德在探讨艺术的兴致过程中,"都背着道德主义考虑的包袱"[②]。

罗马时期的美学思想家主要有贺拉斯(Horatius,前65—8),朗吉弩斯(Casius Longinus,213—273)和普洛丁(Plotinus,约205—270)。贺、朗二氏受亚里士多德的启发,各著有《论诗艺》,论点基本相似,认为完满一致的整体就是和谐,也就是美。颇为有趣的是,贺拉斯劝人"勤学希腊典范,日夜不辍",并且明确表示诗歌或艺术具有给人教益和供人娱乐的功能,也就是我们常说的"寓教于乐"的效用。朗吉弩斯步其后尘,突出文艺的情感效果及其生动表现,对崇高风格的论述便是佐证。另外,他十分强调自然美观赏与人类的尊严,有段话现在读来依然给人以启示——"大自然把人放到宇宙这个生命大会场里,让他不仅来观赏这全部宇宙壮观,而且还热烈地参加其中的竞赛,它就

[①] 亚里士多德:《诗学》(罗念生译,北京:人民文学出版社,1982年),第6章,第19页。
[②] 鲍桑葵:《美学史》(张今译,北京:商务印书馆,1985年),第27页。

不是把人当做一种卑微的动物;从生命一开始,大自然就向我们人类心灵里灌注进去一种不可克服的永恒的爱,即对于凡是真正伟大的,比我们自己更神圣的东西的爱。因此,这整个宇宙还不够满足人的观赏和思索的要求,人往往还要游心骋思于八极之外。一个人如果四方八面地把生命谛视一番,看出一切事物中凡是不平凡的,伟大的和优美的都巍然高耸着,他就会马上体会到我们人是为什么生在世间的。"①

比较而言,罗马时期美学的代表人物首推普洛丁。这位希腊罗马古典主义美学的殿军,新柏拉图主义的领袖,中世纪神秘主义的始祖,站在古代与中世纪交界线上的思想家,在西方美学史上享有重要的地位。普洛丁著作甚丰,有45卷之多,统名为《九章集》(Enneads),其中含美学专论。他所开创的"流溢说"(亦称"放射说"),既是其哲学基础,也是其美学基础。他把柏拉图的"最高理念"(the highest Idea)转称变通为"太一"(the One)。即"本原的神"(Original God)。这浑然太一的神是宇宙万物之源,超越一切存在与思想,是纯粹的精神实体或最高的真善美三位一体。② 柏拉图曾把"善理念"或"善自体"比作太阳,普洛丁十分醉心于这一隐喻,也把"太一"和"神"比作太阳,认为光从中"流溢"或"放射"出来,普照世间万事万物。因此,物质之美只是由于"沾光"而美,或者说,只是由于分享了神的光辉而美。如他所言,"物体美是由分享一种来自神明的理式(或称理念)而得到的";"神才是美的来源,凡是和美同类的事物也都是从神那里来的"。③ 另外,这"神明的理式"亦真亦善,所以美也即真即善。这"美是由一种专为审美而设的心灵的功能去领会的"。这美所产生的情绪是"心醉神迷,是惊喜,是渴念,是爱慕和喜惧交集"。对最高的本原的美的观照,要靠净化了的、纯然理智的和美的心灵。有些人之所以对美视而不见,是因为它们不具备审美所需要的能力。这就如同眼睛若要观照对象,就得设法使自己和那对象相近似。"眼睛如果还没有变得像太阳,它就看不见太阳;心灵也是如此,本身如果不美也就看不见美。所

---

① 朱光潜:《西方美学史》(北京:人民文学出版社,1979年),上卷,第114—115页。
② 同上书,第116页。
③ 北京大学哲学系美学研究室编:《西方美学家论美和美感》(北京:商务印书馆,1980年),第53—63页。

以一切人都必须先变成神圣的和美的,才能观照神和美。"① 论及艺术,普洛丁认为它具有独创的一面,可以弥补事物原来的缺陷,但艺术美却不在物质,也不在摹仿,而在于艺术家的心灵所赋予的理念或理式。比如,希腊艺术家菲迪阿斯雕刻天神宙斯,并不是按照什么肉眼可见的蓝本,而是按照他对于宙斯如果屑于显现给凡眼看时理应具有某种形象的个人体会。可以假定,普洛丁认为宙斯雕像所具有的美或真,在于其充分象征了一位具有精神性质的大神。② 这一观点实际上为艺术创作的象征主义打开了窗口。

4 中世纪美学

中世纪(4—13世纪)通常也被称为"黑暗时代"(Dark Age),即一个据说是偶像崇拜、扼杀人性和压制科学的时代,一个"没有'美的艺术'的形式美、没有自觉的思想和行动的时代",结果,"在基督教道德对抗美学的压力下,美学被完全压垮了,以致它的历史不得不从头开始"。③ 于是,有的德国美学史家们从普洛丁一下子跳到了18世纪。

实际上,这种对于中世纪的贬义称谓与武断结论很值得商榷。就美学而论,它既没有被基督教道德的对抗所扑灭,也没有被神学完全搅乱。当时,人们为了捍卫自己的新美学,不仅借助古代的艺术和思想,而且还创造了一些新的哲学手段与理论方法。④ 比如,早期受毕达哥拉斯学派影响的圣奥古斯丁(St. Augustine,354—430),在利用数的和谐来解释灵魂归返上帝的规律的同时,将"数"视为精神发展的要素,把"数学"当作审美的尺度,认为美在"整一"或"和谐",物体美是"各部分之间的适当比例,再加上一种悦目的颜色"。后起之秀圣托马斯(St. Thomas Aquinas,1226—1274)也在一定程度上秉承圣奥古斯丁的学说,强调数、秩序及其形式的作用,认为美包括三个要素:形态的完整性、比例的均衡性与颜色的鲜明性。并且指出美与善一致,皆

---

① 北京大学哲学系美学研究室编:《西方美学家论美和美感》,第53—63页。
② 鲍桑葵:《美学史》,第151页。
③ 吉尔伯特、库恩:《美学史》(夏乾丰译,上海:上海译文出版社,1989年),第158页,注(7)。
④ 同上书,第157—170页。

基于形式，但仍有区别。"凡是只为满足欲念的东西就叫做善，凡是单靠认识到就能立刻使人愉快的东西就叫做美。"①但是后来，他们双方走向新柏拉图主义和神秘主义。前者断言美的根源是上帝，我们所爱的只是低级的美，若与天上的美相比，就显得微贱而不足道。这句话颇能概括中世纪美学否定世俗艺术、抬高僧侣或宗教艺术的潜在意向。后者坚信事物的美在于协调和鲜明，而神是一切事物之协调和鲜明的原因，事物之所以美，是由于神住在它们里面。② 这便把美的事物完全归为神的创造，同时也必然将美学当作神学的附庸。

总的来说，中世纪美学在继承新柏拉图主义传统的同时。注入了大量的神学因素，将美完全与神等同，强调宗教信仰，追求超精神和超实体的客观存在，结果演化为占主导地位的神秘主义美学。原则上，神秘主义美学依照的是按神的法律所规定的次序：

> 首先去了解造物主和他不可言说的美，然后再遵从智慧的意向，从意蕴或精神性的角度去观照世界，并把它的整个美，不管是内在于意蕴中的也好，还是外在于可以知觉的形式中的也好，都解释为表现了对造物主的赞美。③

这就是说，上帝是最高的美，是万物之美的本源，人通过观照感性事物的美，可从中体验到上帝的美，即从有限美中见出无限美，从个体经验中感受到不可名状的至美至福，达到人神契合的精神境界。这当然要凭借一种神秘的冥思或玄想，要通过个人的亲身体验。质而论之，神秘主义作为中世纪一种特殊的审美活动，及其所要达到的精神极致状态，"是与中世纪基督教信仰和实践中的一些现象密切相关的。正是这些现象，使神秘主义在中世纪所达到的状态，是一种特殊的审美极致状态"④。这些现象主要表现为"精神升华、隐修与天启"。精神升华一般需要经历六个阶段——感觉、想象、悟性、理智、明慧与心灵最高之点，即良心的豁朗。在神秘的精神升华中上帝的至善至美是达到极致实在(supreme Reality)，此乃一切存在的源泉与目的。精神

---

① 朱光潜：《西方美学史》，上卷，第63—67页。
② 同上。
③ 鲍桑葵：《美学史》，第187页。
④ 孙津：《基督教与美学》(重庆：重庆出版社，1990年)，第179—180页。

升华的最高境界以整一性为特征,即人与上帝的至善至美达到契合为一的状态。隐修是一种意在达到某种极致状态的人生态度,其特征是采用一种自我孤独的方式来肯定和开拓人生,因此有别于对现实生活的疏离或弃绝。隐修的目的在于达到一种精神上的极致状态,或者说,"在于寻求使基督教理想达到一种和谐与独立的境地"①。所谓天启(Revelation),是指在沉思默想的祈祷中得到上帝对人的天启。这一具有神秘主义性质特征的活动"实际上就是使上帝的至善至美与具有个性的个人行为结合起来,使美的完满实现最终落实在个人的体验中"②。看来,若抛开神性因素不计,这种神秘主义美学似乎可谓体验美学的先导。另外,其中有些成分使人不由联想起道家美学的某些特征,只不过神秘主义美学追求的是人与神的契合为一状态,而道家美学则追求的是人与道的契合为一境界。

5 文艺复兴时期的美学

文艺复兴时期(Renaissance,14—16世纪)是人类文化史上推陈出新、继往开来的重要阶段。随着人的主体性的觉醒和人的眼光从天(神)上移到地(人)上,神秘主义的承诺与禁欲主义的热情也随之淡化了,取而代之的是人本主义的理想与追求。相应地,该时期的美学也以人本主义(humanism)为主要特征,崇尚人性与人权,依此对抗神性与神权,倡导人的尊严与审美的情趣,要求艺术表现人的生活理想与世间的爱情,宣扬个人的进取精神和要求平等的愿望。于是,人逐渐成为各类艺术(如绘画、雕刻、诗歌与戏剧等)表现的中心内容。

譬如,达·芬奇(Leonardo Da Vinci,1452—1519)认为"画家应当描绘两件主要的东西:人和他的思想意图"。莎士比亚(W. Shakespeare,1564—1616)热情地赞美人是"宇宙的精华,万物的灵长"。这些均是排除神学、以人为中心的时代精神的反映。而且,这种"对诗歌、绘画和雕刻艺术的新态度的逐步确立,对人类力量的新的自信心的逐步确立,以及相信可以直接观察自然的这种观念的逐步确立,都

---

① 孙津:《基督教与美学》(重庆:重庆出版社,1990年),第194页。
② 同上书,第195页。

是文艺复兴自身成熟的标志"。①

需要指出的是,早期文艺复兴是主要围绕着诗学和造型艺术理论展开的。像但丁(Dante Alighieri,1265—1321)、彼特拉克(F. Petrarca,1304—1374)和薄伽丘(G. Boccaccio,1313—1375)等文艺复兴的先驱们,深受亚里士多德《诗学》与贺拉斯《诗艺》的影响,一方面把诗歌奉为来自"上帝怀抱"的一种神学,想借助证明艺术的神性来提高艺术的地位,进而为表现世俗精神的艺术立法。另一方面肯定诗歌的教育功能认为诗歌是达到道德目的的一种娱乐方式,能够引导"崇高的灵魂同那些因道德上的疾病而垮掉的灵魂分道扬镳"。其后,塔索(Tasso,1544—1595)发挥此说,认为诗歌可以诱导我们接近真理,这就像在碗边上涂糖汁劝儿童喝良药一样。因此诗歌是"培植美德的愉悦"和"安定心灵的良药"。②

在造型理论方面,以艾伯蒂(L. B. Alberti,1404—1472)、弗朗切斯卡(Pierodella Francesca,约1416—1492)、达·芬奇和丢勒(A. Durer,1471—1528)为代表的艺术家们,深受毕达哥拉斯学派形式主义美学思想的影响,普遍认为美在形式比例,美来自一定数量及秩序的部分与整体的和谐;在艺术创作方面,他们要求艺术(如绘画)在师法自然的同时须创造出"第二自然",重视透视、比例和明暗等艺术技巧,强调理性与经验的协调统一作用。所有这些关涉艺术创作的基本理论与方法问题大多囊括在《芬奇论绘画》一书中。③

顺便提及,文艺复兴时期人才辈出,群星璀璨,除了上列代表诗人与画家之外,还有米开朗基罗、拉斐尔和威尼斯画派等杰出艺术家,他们的美学与艺术理论来自个人的艺术创作实践,内容丰富但未成体系,在一些重大问题上意见分歧甚至自相矛盾。但是,由于其承上启下的历史作用,文艺复兴时期的美学不失为跨入近代西方美学的转折点,对后来美学的发展有着积极而深远的影响。

---

① 吉尔伯特、库恩:《美学史》,第218页。
② 同上书,第220—221页。
③ 戴勉编译:《芬奇论绘画》(北京:人民美术出版社,1979年)。

6 理性主义与经验主义美学

17、18世纪是大陆理性主义美学和英国经验主义美学滥觞和主导的时代。宏观而论,这两种美学流派是相对而出的,是文艺复兴时期人本主义美学为反抗中世纪神权而要求艺术表现人的理性与经验这一思潮的继续和发展。理性主义美学以法国的笛卡儿(Descartes,1596—1650)、布瓦洛(N. Boileau Despreaux,1636—1711),德国的莱布尼兹、沃尔夫和鲍姆加通等人为主要代表。他们大多受中世纪新柏拉图主义神学目的论的影响,强调理性作用,推崇"天赋观念",视理性为超感性经验的先天的存在,是人与生俱来的良知良能,是获得真正认识或真理的可靠途径,是衡量一切的标准,也是人性中的主要部分。因此,只有符合理性法则的事物才是完善的,而完善的也就是美的。正像沃尔夫所说的那样:美在于一件事物的完善,这种完善能引起我们的快感。另外,这些理性主义者还继承发扬了自古希腊以来的形式主义美学思想,都十分看重物体的形式美,惯用"和谐""秩序"和"寓变化于整齐"等形式法则来规定美的标准,借此为形式美构建"理性"基础。比如,笛卡儿认为音乐的美在于一定的比例与均衡。这种比例与均衡的美最终有赖于它们能从数学意义上获得最高的论证,因此在他所著的《音乐提要》中以图解的方式来陈述音调和音程的条理性及其相互关系。莱布尼兹也持相同看法,认为"音乐是一种被感受到的数的关系","音乐就是意识在数,但是意识并不知道它在数数"。①

需要指出的是,理性主义美学尽管因崇尚理性而轻视感性;甚至有把理性作用绝对化的倾向,但并未完全否认感性认识。笛卡儿本人认为美是平稳的刺激。按照我们的理解,这"刺激"不仅关乎理性(如反思与推理等),也涉及感性(如愉快与忧伤等感受或情绪)。莱布尼兹也曾明确地把审美限于感性认识范围。鲍姆加通则提出美就是靠感性而认识到的完善(即世界或事物的和谐与秩序)。与此同时,鉴于审美认识的复杂性和微妙性,这些理性主义美学家们也或多或少地表现出怀疑主义的思想。比如,笛卡儿在回答美究竟是什么的问题时

---

① 鲍桑葵:《美学史》,第232页。

说:"所谓美的和愉快的都不过是我们的判断和对象之间的一种关系;人们的判断既然彼此悬殊很大,我们就不能说美和愉快能有一种确定的尺度。"①莱布尼兹也觉得美感是一种混乱的朦胧的感觉,是无数微小感觉的结合体。因此,"我们不一定能找到一件事物之所以令人愉快的究竟何在,它给我们的究竟是哪种美,它是通过心灵而不是通过理解力去感觉的"②。

在同一时期,能与大陆理性主义美学比肩的当属英国的经验主义美学。其代表人物有培根(F. Bacon,1561—1626)、霍布斯(T. Hobbes,1588—1679)、洛克(John Locke,1630—1704)、夏夫兹博里(Anthony A. C. Shaftesbury,1671—1713)、哈奇生(F. Hutcheson, 1694—1746)、荷加斯(W. Hogarth,1697—1764)、休谟(David Hume,1711—1776)和博克(Edmund Burke,1729—1797)等。经验主义美学的基础是经验主义哲学。这种哲学,作为当时在自然科学影响下发展而成的一套思想体系,否认有所谓"天赋观念"或先天的理性观念,强调感性认识是一切知识的来源。由此生成的美学,自然推崇个体感觉经验,注重审美心理研究,突出认识的实践功用,将美学探讨由玄学思辨引向科学领域。经验主义者们大多从审美经验出发,普遍反对美在形式、比例或完善的观点,认为"美并不是事物本身里的一种属性。美只存在于观赏者的心里",是人对快感的一种评价。因此,美虽然有一般标准和原理,但通常在具体的审美过程中是相对的,是因人而异的,"每一个人心见出一种不同的美。这个人觉得丑,另一个人可能觉得美。每个人应该默认他自己的感觉,也应该不要求支配旁人的感觉"③。这在某种程度上几乎是古希腊"趣味无争辩"(Taste is undisputable)一说的翻版。

在审美问题上,经验主义美学注重审美趣味(taste)及其作用。认为理智用于辨别真伪,趣味则能产生美、善或丑、恶等情感;前者侧重揭示事物在自然界中的实在情况,无增无舍,后者却有一种制作功能,故能形成新的创造;前者冷漠而超然,不是行动的动力,后者产生快感

---

① 朱光潜:《西方美学史》,上卷,第184页。
② 北京大学哲学系美学研究室编:《西方美学家论美和美感》,第84—85页。
③ 同上书,第108—109页。

或痛感并从而构成幸福和痛苦,故为行动的动力。欣赏诗歌的美或其他种类的美都有赖于主体的审美趣味。这种趣味作为一种富有传统性的能力,是有差异的,主要因为个人气质的差异以及与其相关的本国习俗与看法。但趣味如同一种"内在的眼睛"或内在感官,是可以分析和培养的。夏夫兹博里甚至宣称自己的神圣使命就在于培养同胞良好的审美趣味,在于通过艺术的升华来提高现代人及后代人的道德水平。①

在美与崇高等审美范畴的分析方面,博克功不可没。他把人类的基本情欲分为"自体保存"和"社会生活"两种。前者涉及崇高感,即面临恐惧对象却无真正危险的自豪感和胜利感;后者涉及美感,是因物而生的爱或类似爱的欲念。他认为崇高与美是对立的。相形之下,

> 崇高的对象在它们的体积方面是巨大的,而美的对象则比较小;美必须是平滑光亮的,而伟大的东西则是凹凸不平和奔放不羁的;美必须避开直线条,然而又必须缓慢地偏离直线,而伟大的东西则在许多情况下喜欢采用直线条,而当它偏离直线时也往往作出强烈的偏离;美必须不是朦胧模糊的,而伟大的东西则必须是阴暗朦胧的;美必须是轻巧而娇柔的,而伟大的东西则必须是坚实的,甚至是笨重的。它们确实是性质不同的观念,后者以痛感为基础,而前者则以快感为基础。②

毋庸讳言,经验主义美学是一个笼统的概念,其内部也存在不少意见分歧。比如,夏夫兹博里和哈奇生师徒假定审美能力是天生的,这与休谟等人的观点明显相左。同时,夏、哈二氏还坚持美在和谐与比例适度,这与博克等人的思想形成鲜明对照。也许正是由于这些意见分歧或自相矛盾,使经验主义美学波及欧洲大陆,激发了德国美学的发展。其中用来解释美感来源的趣味说、效用说、同情说和共鸣说等,直接影响到康德的审美判断说与无功利说,以及后来属于实验-心理主义美学流派的立普斯的移情说和谷鲁斯的内摹仿说等。

---

① 吉尔伯特、库恩:《美学史》,第 322—324 页。
② 北京大学哲学系美学研究室编:《西方美学家论美和美感》,第 322—324 页。

7 德国美学的四大流派

于 18 世纪末脱颖而出的德国美学绵延近一个世纪。按照我们的理解,它始于康德(Immanuel Kant,1724—1804),终于尼采(Friedrich Nietzsche,1844—1900)这位"欧洲最后一位形而上学思想家"(海德格尔语)。德国美学的思想渊源主要有理性主义美学、经验主义美学和启蒙主义美学,实际上也可以说,它是在批判、吸收、整合和改造上列三家美学问题的基础上形成与发展的。这个建树颇丰、影响甚远的大流派,由于不同阶段不同的研究中心与方法,相继经历了一个由批判美学、唯心主义美学、浪漫主义美学与唯意志论美学组成的"四重奏"式的发展进程。

(1) 批判美学

批判美学的代表人物是康德和席勒(J. C. Friedrich von Schiller,1759—1805)。康德的美学是其哲学的重要组成部分,主要基于批判当时几个思想运动向他所提出的根本问题。一是批判论证与认识论相关的自然秩序,因而著有《纯粹理性批判》(Critique of Pure Reason)一书;二是批判论证与伦理学相关的道德秩序,因而著有《实践理性批判》(Critique of Practical Reason)一书;三是批判论证自然秩序与道德秩序如何相互协调,因而著有《判断力批判》(Critique of Judgment)一书。《判断力批判》实际上是对审美判断力或鉴赏力(aesthetic judgment or taste)的批判论证,是康德批判美学的集中概括。在美学领域里,康德意在调和以鲍姆加通为代表的理性主义美学观点与以博克为代表的经验主义美学观点。他认为这两派混淆了美和相关的概念,没有认识到美自身应有的特质。因此,"他把审美活动归于判断力而不归于单纯的感官,这就是反对经验主义派的看法;同时,他认为审美判断的主要内容是情感(快感)而不是概念。'完善'概念应该归在审美目的判断范围内,这就是反对理性主义派的看法。他拿经验主义派的快感结合上理性主义派的'符合目的性',这就形成他在美学领域里的经验主义与理性主义的调和"①。有鉴于此,有的学者认为"在康德美学中,有少数独创性的观点",它"使前八十年英国出现的各种学说的差异性和对立性系统化并固定下来",除了"体系形式"之外,并未给前人的著作增加什么东西。但必须承认,康德美学体系的出现,是从根本上震撼世界的事件。因为这一体系证明了美感如何在道德、逻辑和现实方面保持着它唯一而独特的性质,证明了它比物理学更有多样性和哲理性。因此我们认为,真正意义上的美学,实质上是从康德起步。

康德的批判美学体系博大而繁杂。就其主要观点而言,康德从质、量、关系和方式等四个方面系统地分析和论述了美与崇高及其审美判断的基本特性。关于美,他作了如下的义界和概括:(1) 在质的方面,美有别于愉快和善。审美趣味是一种不凭任何利害计较而单凭快感或不快感来对一个对象或一种形象显现方式进行判断的能力。这样一种快感的对象就是美的。(2) 在量的方面,审美判断与概念无涉,美是不涉及概念而普遍地使人愉快的。(3) 在关系方面,也就是在审美对象与其目的之间的关系方面,美是一个对象的符合目的性的形式,但感觉到这形式美时并不凭对于某一目的的表现,即审美主体意识不到一个明确的目的。在此,他把美分为"纯粹美"(pure beauty)和"依存美"(adherent beauty),前者是一种我们不能明确地认识其目的或利益的美,如古代装饰性的图案花纹、音乐中的幻想曲和自然美等,即一种没有失去纯洁性的自由美。后者是一种与某种实用目的交织在一起的美,如宫殿与教堂之美。这种美虽失去了纯洁性,但却获得了丰富性。依存美的最高形式是理想美,是"审美的快感与理智的快感二者结合"的一种美。(4) 在方式方面,凡是不凭概念而被认为必然产生快感的对象是美的。这种必然性是建立在共通感或共同感觉力(common sense)之上的。美于崇高,康德在整合与发挥博克的崇高学说的基础上,将其分为数量的崇高与力量的崇高。前者的主要特点在于对象体积的无限大,如浩瀚大海和崇山峻岭等;后者的基本特点在于对象既引起恐惧又引起崇敬的那种巨大的威力或气魄,如雷电和风暴等。比较而言,康德认为美涉及对象的形式,其特点是有限制,

---

① 朱光潜:《西方美学史》,上卷,第358页。

而崇高则涉及对象的"无形式",其特点在于"无限制"或"无限大"。因此,美更多地涉及质,而崇高更多地涉及量。从审美心理上看,美感始终是单纯的快感,而崇高感则由压抑转化为振奋,由痛感转化为快感,所以使观赏者的心灵处在动荡不已的状态,有助于提高或升华人的道德精神。因此,如他所说——

> 在我们的审美判断中,自然之所以被判定为崇高的,并非由于它可怕,而是由于它唤醒我们的力量(这不是属于自然的),来把我们平常关心的东西(如财产、健康与生命)看得渺小,因而把自然的威力……看作不能对我们和我们的人格施加粗暴的支配力……在这些情况下,心灵认识到自己使命的崇高性,甚至超过自然。①

正是在这个意义上,人们才能够比较全面地理解康德提出的"美是道德的象征"这一结论。关于艺术,康德也有过不少重要论述。他认为"艺术是一种自由的游戏",艺术的精髓在于自由——即想象力和理解力自由结合的活动。艺术与自然关系密切,自然只有在貌似艺术时才显得美,艺术也只有使人知其为艺术而且又貌似自然时才显得美。美的艺术应当创造审美意象或艺术典型。因此,无论是自然美还是艺术美,"一般也可以说是审美意象的表现"。需要一提的是,康德非但没有能够达到调和理性主义美学与经验主义美学之间的矛盾,反倒使其更加复杂化和尖锐化了,同时也使其更富启发性和建设性了,从而更加凸现出他在西方美学史上的显赫地位。

值得注意的是,我们在谈及康德的批判哲学与美学时,总是习惯地将第三批判比作第一批判和第二批判之间的桥梁。对此,我们需要进一步搞清"为何要建立这座桥梁"的问题。当然,这个问题至少可以分为两个部分:一是"建立这座桥梁的依据何在"?二是"建立这座桥梁的目的何在"?在我看来,这一依据是内在逻辑依据,也就是构成人性的知、情、意三种能力(知识能力、情感能力、意志能力)。比较而言,位于桥梁此岸的第一批判,论证的是与认识论相关的自然秩序,涉及

---

① 朱光潜:《西方美学史》,上卷,第380页;另参阅康德:《判断力批判》(宗白华译,北京:商务印书馆,1987年),上卷。

人凭借纯粹理性或理智直观能够认识什么的知识能力(知);位于桥梁彼岸的第二批判,论证的是与伦理学相关的道德秩序,涉及人凭借实践理性或自由意志应该做什么的意志能力(意),而起桥梁作用的第三批判,论证的是自然秩序与道德秩序如何相互协调,涉及人凭借审美判断或自由感受如何鉴赏自然与艺术的情感能力(情)。至于目的,我认为是道德理想目的,也就是人之为人所能取得的最高成就。这一成就可以表述为"极高明而重德行"。所谓"极高明",那就是能够认识到人所能够认识的极限,能够洞察事物的本相,能够感悟自然与艺术的精微;所谓"重德行",那就是在敬天畏人的同时能够知天事人,能够义无反顾地恪守康德设定的"绝对律令"。举凡达到这一境界的人,就有可能实现人的完善,体验人的至福,在自由意志的感召下践履"绝对律令",自觉自愿地尽到人之为人的义务,从而成为一个有智慧、有趣味、有修养、有道德的高尚之人。自不待言,从此岸经过桥梁抵达彼岸,绝非像步行过桥那样轻松,而是一个提高和考验认知、情感与意志三种能力的卓绝过程。正是在此意义上,康德的第三批判被视为其"批判哲学的冠顶位相或顶端阶段"(crowning phase)。①

那么,在康德那里,这又是如何可能的呢?从第三批判的结构来看,前半部分析的是审美判断(aesthetic judgment),后半部分析的是目的论判断(teleological judgment)。然而,在第 48 节里,康德明确指出目的论判断不仅是审美判断的基础,而且是审美判断务必考虑的条件。如果说审美判断是感知判断,是基于鉴赏或趣味、凭借反思来评判自然美与艺术美,那么,目的论判断则是理性判断,是基于伦理神学的道德原则、凭借理性来判断自然美与艺术美。通常,目的论判断将假设上帝存在的需要视为实现至善(自由与幸福)之可能性的条件,这不仅会使人理直气壮地将全知、全能、全善、全在等神性特征与心中的上帝观念结合在一起,还会使人在评判自然美及其内在合目的性时联想到作为整体的自然设计者或创造者(上帝或神)的理念。换言之,自然在这里不再看上去像是艺术,而其自身就是艺术,是超人类的艺术,是上帝创造或设计的艺术。所以,康德认为人需要从道德立场出发来

---

① R. A. C. Macmillan, *The Crowning Phase of the Critical Philosophy: A Study in Kant's Critique of Judgment* (London: Macmillan, 1912).

观察自然的种种机制,由此确认自然的内在合目的性是适合于实现至善这一道德对象的。相应地,自然美不仅仅是自然事物的美,而且是其合目的性的美,更是自然创造者通过此种合目的性表现出来的美;于是,自然美具有了神性,成为神的作品。与此同时,艺术在这里是天才创制的,而天才是自然的馈赠;艺术美作为物之美的表象,理应追溯到造物的本源。从根本上说,这一切在间接意义上也是神的恩赐或上帝的作为。那么,第三批判中所描述的美的王国,显然脱离不开上帝造物的影子。在此意义上,人所凝照的美的王国,也就是"神的王国"的"象征"或"投影"了。① 另外,无论是鉴赏家还是艺术家,当他们将目的论判断作为基础和条件纳入自己的审美判断中时,他们所领悟的对象与所创制的作品,就会是康德所期待的东西,而这些东西正是在合目的性的向度上有助于实现自然的终极目的或人之为人的至高境界。再者,人作为自然的终极目的应是理性或道德存在,此乃人实现至善和达到至福的可能途径。人虽然凭借文化和教育培养起自身的鉴赏力或审美判断力,但人归根结底是在道德法则(尤其是伦理神学的道德法则)范导下的理性或道德存在,因此在感性审美判断过程中,人必然会诉诸理性道德判断或目的论判断,这样一来,人从感性审美判断中所体验到的审美情感,将会转化为与目的论判断相关的道德情感。究其根本,康德所说的目的论,一方面是以其局限作为理论上证明上帝存在的基础,另一方面是以其能量作为道德上证明上帝存在的基础。而与目的论结伴同行的美学,旨在让人为道德做好准备,这样便使审美判断既是感性化的,也是道德化的,甚至可以说是伦理神学化的,其终极目的就是使人成为"极高明而重道德"的高尚之人,成为不计利害而践履绝对律令及其义务之人。

席勒的美学思想主要受康德哲学与美学的影响,后者以审美判断作为桥梁来连接自然秩序与道德秩序的思想结构对前者的启示甚大。比较来看,席勒美学的独到之处在于对审美教育的论述。他认为人的发展可分为三个不同的状态或阶段:首先是服从自然力量的物质状态或感性阶段,其次是摆脱自然力量的自由状态或审美阶段,最后是控制自然力量的道德状态或理性阶段。艺术作品作为审美对象或活的

---

① 叶秀山:《启蒙与自由——叶秀山论康德》(南京:江苏人民出版社,2013年),第9页。

形象,其形成是一个辩证发展的过程。在此过程中,人就从"感性的人"变成"审美的人",进而再转化为"理性的人"。这就是说,审美阶段是一个中间阶段,是人"从感觉的被动状态向思想和意志的主动状态"转变中的一个必不可缺的桥梁。总之,"要使感性的人成为理性的人,除了首先使他成为审美的人,此外没有其他途径"①。这便把审美教育及其意义提到了前所未有的高度。其次,席勒认为审美与游戏联系密切,两者均以自由为特征。人具有游戏冲动,人只有在游戏时才是自由的,才会在时间中消除时间(无限)。游戏冲动使强制人的精神的感性冲动与形式(理性)冲动融为一体,"使人在物质方面和道德方面都达到自由"。② 因此,从这种游戏出发,想象力在它的追求自由形式的尝试中,终于飞跃到审美的游戏。另外,席勒认为不仅实现人性的完满(这种完满在于人的感性与理性的统一,在于摆脱物质需要的束缚,在于人道的生存方式,在于能对纯粹的形象显现进行无为而无不为的自由欣赏)要靠审美教育,就连建立合理的社会制度也要靠审美教育。故此,他十分推崇审美王国是自由王国这一著名的乌托邦假设:如果"在权力的力量的王国里,人与人以力相遇,其活动受到限制;在安于职守的伦理的王国里,人与人凭法律的尊严相对,其意志受到束缚;在有文化教养的圈子里,在审美的王国里,人就只需以形象显现给别人,只作为自由游戏的对象而与人相处。通过自由去给予自由,这是审美王国中的基本法律。……只有审美趣味才能给社会带来和谐,因为它把和谐建立在个人的心中"③。显然,审美王国作为自由王国,凭借良好的审美趣味就能构建起符合法理和人际和谐的理想社会。这种乌托邦理念为浪漫主义美学的勃兴埋下了伏笔。

(2) 浪漫主义美学

德国美学另一个重要组成部分是浪漫主义美学。浪漫主义是产生于18世纪末以德国耶拿为中心的一种文艺思潮,涉及艺术、哲学、美学和宗教等所有精神领域,后来演进为19世纪的一大精神文化运

---

① 席勒:《美育书简》(徐恒醇译,北京:中国文联出版公司,1984年),第23封信。
② 同上书,第14封信。
③ 同上书,第27封信。

动。这一流派的杰出代表人物有施莱格尔兄弟(W. Schlegel,1767—1848;F. Schlegel,1772—1829)与诺瓦利斯(Novalis,1772—1801)。

在早期,施莱格尔兄弟和诺瓦利斯等人,主要是通过他们于1798年创办的杂志《雅典娜神殿》(*Athenaeum*)来阐述其生活与艺术主张的。这些思想家们"借助一种精巧的感受性与一种天生的精神自由,巧妙地对待前辈们遗留给他们的各种基本观念,并试图把这些观念用于种种新的经验之中。但是,由于缺乏解释生活(文学和艺术的外壳)的基本经验,他们无法解释现实,因此混淆了世人的幻想、道德家的理想和形而上学家的直感之间的界限"①。也许正由于这一原因,他们多是诗人哲学家,认为诗人与思想家的差别是表面性的,诗人是宇宙的解释者,梦幻生活是灵感的源泉。他们往往处于销魂摄魄的精神状态中,完全抹杀感觉与理智这两种领域的差别,追求情感的与想象的官能的满足,以便借此来摆脱理性的统治,获得绝对意义上的精神自由。

在他们看来,理想的美是"无限度的美","美的"意指"精神上的"。因此,一切美的艺术都在分享诗歌所充满的哲理性的尊严,都有助于具体体现"精神的王国"(Kingdom of Spirit)。譬如,F. 施莱格尔宣称唯有诗是无限和自由的,因为,"在诗的宇宙里,没有任何东西静止不动,一切都在变化,一切都在变形,一切都在和谐地运动"。这诗与宇宙相对应,二者包罗万象,均具有统一性、整体性与和谐性。诺瓦利斯因循这一思路,继而认为人们必须在自身周围建立诗的世界,并生活于其中,因为诗的世界是一个理想的完美世界,创造性主体可以纵横于诗界的无限空间,借此脱离现实的异化世界,恢复人生的本真或本然。他还假定"整个人类最后将具有诗意",新的黄金时代会随之到来,人类将能用爱与和谐的无限权威来统领自我和世界。②

(3) 唯心主义美学

德国美学的另一要素是唯心主义美学。该学派以谢林(F. W. J. Schelling,1775—1854)、索尔格(K. W. F. Solger,1780—1819)、施莱尔

---

① 吉尔伯特、库恩:《美学史》,第488—489页。
② 周国平主编:《诗人哲学家》(上海:上海人民出版社,1987年),第58—101页。

马赫（F. D. E. Schleiermacher, 1768—1834）与黑格尔（G. W. F. Hegel, 1770—1831）等人为主要代表。在初期，德国唯心主义美学大体上受浪漫主义美学思潮的影响，以理念和现象这两个柏拉图式的世界为基础，期待它们在艺术中统一起来。比如，谢林认为艺术是在现象中启发绝对理念的东西，或者说是在有限事物中表现出无限的东西，美则是艺术作品的特点，是通过有意识活动与无意识活动的统一而表现出的无限性。因此，没有美，也就没有艺术作品，反之亦然。① 另外，谢林还曾宣称艺术是哲学唯一永恒的验证物，哲学在艺术中达到极限，因为艺术是"绝对"或"绝对观念"（the Absolute）的"流露"，这一"绝对观念"意味着世界的本原。不过，谢林的论说是粗线条的，有有待黑格尔的进一步研究与发挥。

黑格尔是德国唯心主义美学的集大成者，其《美学》巨著便是有力的见证。总体而论，黑格尔美学的根本命题是对美的界定："美是理念的感性显现。"这"理念不是别的，就是概念，概念所代表的实在，以及这二者的统一。……概念与实在的统一就是理念的抽象的定义"。② 概念涉及事物的普遍性，具有理性特质；实在则指个别事物本身，具有感性特质。仅有概念，失之片面，不真实；仅有实在，也失之片面，也不真实。两者通过"否定之否定"的辩证过程而彼此结合，达到一般与特殊的统一或理性与感性的统一，这样才真实，才理想，才美。实质上，这一"理念"在黑格尔那里就是真实世界的"绝对理念"，也称"绝对精神""心灵"（Geist），甚至"神"或"普遍力量"等。总之，"理念"构成了艺术表现的内容；"感性显现"是有限或实在事物的感性形象，意味着艺术表现的形式。从而强调了艺术表现中理性与感性、内容与形式以及主观与客观的辩证统一关系。但黑格尔由于局限于客观唯心主义的原则，其出发点还是抽象的理念，因此主、客观关系仍然是颠倒的。

黑格尔对艺术及其发展史的分析，便是基于他对美所下的定义，认为艺术是普遍理念和个别感性形象（即内容与形式）对立统一的精神活动。在这一精神活动的辩证发展历史过程中，艺术也相应地出现了象征型艺术、古典型艺术和浪漫型艺术这三个不同的阶段与风格。

---

① 北京大学哲学系美学研究室编：《西方美学家论美和美感》，第 186—187 页。
② 黑格尔：《美学》（朱光潜译，北京：人民文学出版社，1979 年），第 1 卷，第 135 页。

象征型艺术形式可以说相当于艺术的准备阶段,如古代波斯、印度和埃及等东方艺术。这种艺术虽呈现出某些崇高的特性,但理念得不到合适的感性显现,因此物质多于精神,形式大于内容,显得不够协调,故而被古希腊的古典型艺术所取代。在古典型艺术(如希腊史诗和雕刻等)中,物质与精神、形式与内容达到了和谐统一。但古典型艺术的缺陷在于其所表现的精神是有限的、不自由的,这与人追求无限的精神自由是相悖的。为此,浪漫型艺术(如基督教艺术和后来的浪漫派艺术)便应运而生。它打破了物质与精神、形式与内容的平衡关系,形成精神超越物质、内容大于形式等特征。到此阶段,艺术登峰造极,继而走向衰落,精神随之脱离艺术,最终发展到"最接近艺术但比艺术高一级的领域",也就是进入到宗教或哲学阶段那里去了。[①]

黑格尔对自然美的论述,也是从唯心主义观念出发,认为"自然美只是属于心灵的那种美的反映,它所反映的只是一种不完全不完善的形态,而按照它的实体,这种形态原已包涵在心灵里"[②]。所以,"自然美只是为其他对象而美,这就是说,为我们,为审美的意识而美"[③]。在探讨美的本质问题上,黑格尔的重要贡献是把美的本质与人的本质结合起来分析。他肯定人的主动性和自我创造性,认为美是人的本质的外化或对象化,艺术的起源在于人的自我创造或劳动实践。例如,"一个小男孩把石头抛在河水里,以惊奇的神色去看水中所现出的圆圈,觉得这是一个作品,在这作品中他看出他自己活动的结果"[④]。这一思想为后来的马克思主义美学提供了十分重要的素材。对于悲剧的分析,他也超过前贤,提出了著名的"冲突说"。在他看来,悲剧所表现的正是两种对立的理想或"普遍力量"的冲突和调解,悲剧就是由悲剧人物遭受痛苦或毁灭而实现的,但悲剧人物所代表的理想却不会因此毁灭,所以悲剧结局同时是一种"永恒正义"的胜利。关于悲剧的审美效应,不只是"恐惧和怜悯",还有"愉快和振奋",这显然比亚里士多德的悲剧学说前进了一大步。总之,整个德国美学可以说是在黑格尔那里,进入了一个更加广阔和更加有实际意义的新天地。黑格尔本

---

① 黑格尔:《美学》(朱光潜译,北京:人民文学出版社,1979年),第1卷,第132页。
② 同上书,第5页。
③ 同上书,第160页。
④ 同上书,第39页。

人在美学方面的成绩与问题,一直启发和带动着近现代美学的开拓与发展。

(4) 唯意志论美学

唯意志论基于意志高于理性的主张,进而把意志视为宇宙的本体或本质,假定凭借意志便可窥测宇宙的真相或万物的根源。在德国,唯意志论的代表人物是叔本华(Arthur Schopenhauer, 1788—1860)和尼采。

在美学上,叔本华主要是受康德和黑格尔等人的影响,对优美、壮美的论述和对艺术的分类就是佐证。叔本华认为,美的东西中的美一般具有两大功能:一是通过审美观照(aesthetic contemplation)把我们从意志、目的和欲望中解放出来,二是通过一种关乎其本质的观念来充实我们的心灵。在他眼里,艺术是人类理智的最高成就,是知识的最高形式;音乐艺术是意志的摹写,可代表人类本身;艺术的目的是把人引入忘我境界,暂时从意志的束缚中解脱出来;艺术世界是人类得以解脱和自由的精神王国或暂时的安身立命之处。叔本华在美学方面的突出贡献是把观照这一观念从哲学领域转入艺术领域,将其从对理性的信仰中解脱了出来,为用一种更加精确的观念——审美快感——来取代静观方式提供了可能。[①] 审美观照可以说是叔本华美学思想的基点。在主体方面,它要求观照者在认识上甩掉为意志服务的枷锁,注意力不再集中于欲求的动机,不关利害、没有主观性、纯粹客观地静观事物,只就它们是赤裸裸的表象而完全委心于它们。这样,那种在欲求道路上永远寻求而又永远不可得的安宁就会在转眼之间光临我们。这是一种没有痛苦的心境,是纯粹的观照,是在直观中浸沉,是在客体中自失,是一切个体性的忘怀。在效应方面,它可以消除物我之间的差别,使人达到物我两忘或物我同一的境界,使主客体双方暂时跳出时间之流和一切其他关系,使人暂时摆脱因受意志、欲望和因果律等干扰而生的种种烦恼。当然,这一切都取决于因审美观照而生的那种不受意志驱使的心境。作为纯粹的认识主体,有了这种善于静观的心境,"人们或是在牢狱里,或是在王宫中观看日出,就没有

---

① 鲍桑葵:《美学史》,第 466—472 页;吉尔伯特、库恩:《美学史》,第 612—620 页。

什么区别了"①。

通常,浪漫主义思想家们是从生命问题入手来建构其哲学或美学理论的,因此对人类的生存或生命的意义表现出一种"终极关怀"的热情。叔本华因受古印度哲学的影响,视世界为虚无,视意志为主宰,视欲求为绊羁,视人生为苦海,视死亡为大限。总之,人生如怒海行舟,千方百计想避开暗礁和旋涡,最终却必不可免地船沉海底——死亡。由于人生的悲哀无药可救,叔本华便自觉地否定生命的意义,认为人最大的过错是生临此世,最好的解决办法就是放弃生命——自杀。但是,他又看到"生命意志"(der Wille zum Leben)的普遍存在,人们大多不甘心如此了断自己,因此指出另外两条自我解脱的途径:一是"归于梵天",追求"涅槃"境界;二是求助艺术,通过审美观照进入暂时摆脱痛苦的安宁心境。所有这些悲观论调,直接影响了尼采的思想,激发了尼采的情怀。不过,热爱生命的尼采从此门进去,却走上了另外一条道路,一条以"重估一切价值"为基本纲领、以"强力意志"或"冲创意志"(der Wille zur Macht)为根本动力的人生艺术化之路。或者说,尼采哲学与美学的要义,就在于弃旧(旧的人生观和审美观)图新(新的人生观和审美观),在于通过艺术赋予人生以意义,在于从艺术中探寻人生的出路。因此,他认为艺术是富有生气的能力借助形象与提高生活的愿望所引起的一种激励;艺术与各种有益的事物及状态所引起的刺激,能唤起我们的美感或强力感增大的感觉;美只有通过一种自我确认的活动才能获得,借此来调整、改变和压倒现实,使其变得符合人类的需要。这样,我们在判断美时,就要赋予物体一种完全不同于物体之本质的魅力。也就是说,要把物体理解为美的,就意味着要把物体理解为虚假的。尼采的这一主张显然与古典主义的原则——"只有真的才是美的"——是根本对立的。实际上,所谓的"真"在他看来也实为"谎言",但"存在"(Sein)缺此不可。

根据"重估一切价值"的原则,尼采倡导人们敢对传统的观念说声"不!"因此,已往有关感性与理性的和谐或人与自然的统一等学说,在他看来全是浅论浮言,不屑一顾。他认为希腊式的完美并非产生于内

---

① 叔本华:《作为意志和表象的世界》(石冲白译,北京:商务印书馆,1982年),第249—275页。

心世界的和谐,而是产生于内心世界的冲突。古希腊民族热爱生命,有着旺盛的生命本能,因此才比其他民族更深切地看出人生的悲剧性质,体会到更深沉的痛苦。正是从这痛苦中,出于自卫的需要,产生了他们对美和艺术的不断增长的需要,激发了他们对日神和酒神艺术的崇尚心理。据此,尼采断言人生苦难的救星不是耶稣基督,不是释迦牟尼,而是象征古希腊艺术精神的日神阿波罗(Apollo)和酒神狄奥尼索斯(Dionysius)。要而言之,日神精神强调梦境,教人迷于美丽的外观,止于虚幻的世界或艺术的世界,依此逃避现实,不要追究本体;酒神精神强调醉境,教人正视现实,不畏毁灭,在放纵自弃的状态中充分享受欢歌狂舞的自由,在寻找本体的同时追求一种与宇宙本体融合的感觉。在梦境中,使我们认识到自己的"最高尊严就在作为艺术作品的价值之中";在醉境中,使我们领略到"在太一怀抱中的最高的原始艺术的快乐"。总之,"日神精神教人执著个体生命,迷恋生命的梦境,忘掉人生的痛苦。酒神精神教人超脱个体生命,正视人生的痛苦,从痛苦中获得悲剧性陶醉,前者是一种纯粹审美的人生观,后者是一种悲剧的人生观,两者共同构成尼采的艺术化人生哲学"。[①] 在尼采那里,艺术化是人生的意义所在,是人生的出路所在。艺术化的人生是热情奔放、积极奋进的人生,是潇洒自如、值得一过的人生。它要求人们肯定生命,肯定个人的痛苦与毁灭,肯定宇宙生命的永恒与轮回,同时,要求人们弘扬"强力意志",提高创造能力,站在生命之上,学会俯视下方,"笑傲一切悲剧"(Laugh at all tragedies)。

8 俄国现实主义美学

已往的西方美学史家大多忽视俄国美学的杰出贡献。从19世纪30年代到60年代以别林斯基(1811—1848)和车尔尼雪夫斯基(1828—1889)等为主要代表的俄国美学流派,奠定了现实主义艺术的美学基础,被视为马克思主义美学产生以前唯物主义美学的最高成就。别林斯基受黑格尔客观唯心主义的影响,车尔尼雪夫斯基则受费

[①] 吉尔伯特、库恩:《美学史》,第680—686页;参阅周国平主编:《诗人哲学家》,第197—239页。

尔巴哈人本主义的影响,但相继从唯物主义的立场出发,开创了现实主义美学的新领域。

首先,在现实与艺术的关系上,俄国现实主义美学认为现实是艺术的基础,生活是艺术的源泉,现实美高于艺术美;相应地,艺术是现实生活的能动反映,艺术不仅再现生活,而且说明和判断生活,要对社会生活起积极作用。因此,艺术应当具有人民性,应当体现时代精神,应当成为人民争取自由解放的有力武器。其次,在艺术创造的方法上,现实主义美学强调艺术应对现实生活进行加工和概括。艺术概括的实质是典型化。典型化的目的是塑造典型人物。典型人物是个性与共性的完善融合体。另则,现实主义美学主张艺术必须忠于现实,真实性是艺术的生命。艺术作品的价值在于思想性、真实性和艺术性三者的统一。比如,别林斯基认为艺术所反映的现实生活本身就是美的,"一切美的事物只能包括在活生生的现实里"。但他同时又强调艺术创造,认为艺术采用现实的材料,将其"提高到普遍的、类的、典型的意义上,用它创造出一个和谐的整体"。关于审美判断,他认为只受理智支配而无感情参与的判断是片面的,只有当"理智与感情完全融洽一致的时候",才能有正确的审美判断。然而,别林斯基并未完全摆脱黑格尔的影子,依然认定美来自心灵。如他所说:"无论在哪一种情况下,美都是从心灵深处发出的,因为大自然不可能具有绝对的美;这美隐藏在创造或观察它的那个人的灵魂里。"这灵魂犹如一面镜子,镜子模糊,大自然的景象也就模糊;镜子明净,大自然的景象也就明净。①

车尔尼雪夫斯基的美学思想主要是围绕着"美是生活"这一命题展开的,旨在唯物地提出艺术与现实的审美关系,否定唯心主义的美学理论和"为艺术而艺术"(art for art's sake)的唯美主义美学观点。如他所说:"美是生活;任何事物,我们在那里面看得见依照我们的理解应当如此的生活,那就是美的;任何东西,凡是显示出生活或使我们想起生活的,那就是美的。"因此,他认为艺术再现现实,并不修正或粉饰现实,艺术美不如现实美生动;"真正的最高的美是人在现实世界中所遇到的美,而不是艺术所创造的美",生活本身就是美,美不是什么理念在物象上的显现,而是生趣盎然的物象本身。"就审美范畴而言,别

---

① 北京大学哲学系美学研究室编:《西方美学家论美和美感》,第241—258页。

人把生活了解为仅仅是观念的表现,而我们却认为生活就是美底本质。"关于崇高,车尔尼雪夫斯基将其与"伟大"等同,认为"任何东西,如果是比我们拿来跟它比较的事物更伟大的,那就是崇高的。任何东西,凡是我们拿来和别的东西比较时显得高出许多的,便是伟大"。①关于想象力,他认为在美感中确实起着不小的作用,当它不是作为改变我们所观察的物象的一种力量,而是作为回忆力和比较力而发生作用。

必须指出,车尔尼雪夫斯基的美学思想有其矫枉过正之处。他固然是从现实或唯物主义立场出发,断言"美是生活",艺术美是生活美的再现,但却没有看到艺术的创造性和能动性,没有看到艺术与现实的辩证关系,这便为后来的机械反映论美学播下了种子。另外,他从经验主义出发,对美和崇高的定义均失之宽泛,缺乏深刻的分析与科学的严密性;同时,"生活"在他那里也几乎成了"生活的观念"或"生活的理想"。

9 马克思主义美学

诞生于 19 世纪中叶、由马克思(Karl Marx,1818—1883)和恩格斯(Friedrich Engels,1820—1895)所开创的马克思主义美学,以《1844 年经济学哲学手稿》为蓝本,散见于两人的其他著作与书信中。这种以辩证唯物主义和历史唯物主义的原理与方法,研究美、美感和艺术创造与欣赏活动的一般规律的美学理论,是马克思主义科学体系的重要组成部分。这种美学理论,后来经过列宁(Lenin,1870—1924)、斯大林(Stalin,1879—1953)和毛泽东(1893—1976)等著名马克思主义者的总结与倡导,以及拉法格(Paul Lafargue,1842—1911)、梅林(Franz Mehring,1846—1919)、普列汉诺夫(Puliehanov,1858—1918)和高尔基(Gorky,1868—1936)等人的研究与实践,在社会主义国家的文学艺术界产生了极其广泛而深远的影响。

要而言之,马克思主义美学是在批判旧美学的同时继承和发展其中合理内核的过程中产生的。首先,它阐明了美学和艺术与社会生活

---

① 北京大学哲学系美学研究室编:《西方美学家论美和美感》,第 241—258 页。

的辩证关系。认为美学研究的主要对象是艺术,艺术是上层建筑的一种社会意识形态。艺术在一定经济基础上产生,随着经济基础的变革而变化,并和其他社会意识形态相互影响、制约,又反作用于一定经济基础。美学、艺术的发展尽管常与经济的发展不相平衡,但归根到底仍然取决于一定历史条件下的经济状况。其次,它强调了美学与艺术的社会功能。认为在阶级社会里,美学与艺术具有相应的功利性、阶级性、革命性、人民性和党性等。另则,它揭示了艺术的内容与形式的辩证统一关系。认为艺术创造典型形象,以个别反映一般,表现社会生活的某些本质方面;要求艺术达到内容美与形式美的高度统一,创造具有先进社会内容和民族形式的作品,通过其审美作用教育人民认识世界与生活,从而树立先进的世界观和正确的生活观。

比较而论,马克思主义美学的突出特点在于强调人类社会实践(广义的劳动)在美学与艺术发展中的重要意义,在于提出"人化的自然"这一科学论断,同时也在于发现人类"按照美的规律来建造"(或创造或生产)这一伟大真理。例如,马克思和恩格斯认为艺术起源于劳动,因为劳动使猿转变成人,劳动创造了人本身以及人的所有器官,劳动使手达到高度发展、愈来愈灵巧,结果使手"仿佛凭着魔力似地产生了拉斐尔的绘画、托尔瓦德森的雕刻以及帕格尼尼的音乐";与此同时,广义上的劳动也创造了"感受音乐的耳朵"和"感受形式美的眼睛"等。总之,"人的感觉、感觉的人性,都只是由于它的对象的存在,由于人化的自然界,才产生出来。五官感觉的形成是已往全部世界历史的产物"。由此不难推论,是人类的劳动实践创造了美和美感。人之所以是人,是因为人"通过实践创造对象世界,即改造无机界",借此证明"自己是有意识的类存在物";人与动物都生产,但人之所以有别于动物,是因为"动物的生产是片面的,而人的生产是全面的……动物的产品直接同它的肉体需要相联系,而人则自由地对待自己的产品。动物只是按照它所属的那个种的尺度和需要建造(如营造巢穴——引者注),而人却懂得按照任何一个种的尺度来进行生产,并且懂得怎样处处都把内在的尺度运用到对象上去。因此,人也按照美的规律来建造"。①

---

① 马克思:《1844 年经济学哲学手稿》(北京:人民出版社,1985 年),第 46—83 页。

显然,在马克思看来,人是在劳动实践中,在改造世界中,在按照美的规律来建造各种产品中,把自己的本质、意志、情趣和理想等对象化或客观化了,这不仅证明了人的存在及其力量,而且当人反观自己所造的产品和审视其中所表现的人的本质和情趣等因素时,即"在他所创造的世界中直观自身"时,会由衷地产生自豪感、喜悦感、胜利感、美感和不断创造的动力等。在此意义上,我们方能真正理解"人类的一切成果都是追求美的产物"(马克思)这句话的深刻内涵。

10　现代美学的科学趋向

19世纪末以来,随着德国美学的终结与科学精神的勃兴,西方近现代美学呈现出一种更加多元化的研究与发展趋向,不仅方法多样,而且流派繁多。比如,有从形而上和本体论出发研究美学与艺术的表现主义美学、现象学美学、存在主义美学和解释学美学,有从语言学和语义学出发研究美学与艺术的分析美学、结构主义美学和符号论美学,有偏重于客观实证与经验研究的自然主义美学,有侧重科学实验和心理分析的实验美学和心理美学,也有推崇信息科学的信息论美学以及强调继承传统与批判现实的新马克思主义美学等。上列多数学派已有专著评介[①],这里出于旅游美学教学的需要,仅对心理学美学和信息论美学中的有关学说作一简述。

(1) 心理学美学

与传统美学相比,近现代美学的一个显著特征就是倡导和应用心理实验和心理分析的方法,来研究审美关系与审美活动的科学精神,结果使心理美学得到了迅速而长足的发展。诚如克罗齐在《美学的历史》一书中所言,纯粹心理学的和联想律的(美学)方向,在立普斯(T. Lipps,1851—1914)和他的学派那里是明确的。作为一个学派,心理美

[①] 李斯托威尔:《近代美学评述》(蒋孔阳译,上海:上海译文出版社,1980年);朱狄:《当代西方美学》(北京:人民出版社,1984年);李兴武:《当代西方美学思潮评述》(沈阳:辽宁人民出版社,1989年);M.李普曼编:《当代美学》(邓鹏译,北京:光明日报出版社,1986年);王鲁湘等编译《西方学者眼中的西方现代美学》(北京:北京大学出版社,1987年)。

学上承实验美学,下启完形心理学美学,经历了一个相当长的发展时期。其中具有代表性的学说主要有"移情说""内模仿说""距离说""异质同构说"和"集体无意识说"等。

甲、实验原理

实验美学以费希纳(G. T. Fechner,1801—1887)为主要代表。费希纳先后于1871年和1876年发表了一篇题为《实验美学》的演说和一部名为《美学导论》的著作,标志着一种新的科学美学的开端。他把过去偏重于哲学思辨的美学划归为"自上而下的美学"(aesthetics from above),把科学的经验的美学称之为"自下而上的美学"(aesthetics from below),这一方法和观点后来在美国经验自然主义美学那里得到进一步的应用和发展。据此,费希纳从各个具体的美的事物及其关系出发,把确立一般的规律与概念作为美学研究的主要课题,极力排斥形而上学等先验和抽象美学内容。他认为,广义的美,是指具有直接唤起愉悦性的一切东西;但美学和艺术观照中的狭义的美,是指比单纯的感性快感更能使人直接从感性对象中体验到高尚快感的东西。

在分析这种唤起愉悦性(快感)和非愉悦性(不快感)的审美印象时,费希纳设定了六个基本的心理学原理:(1) 美感界限原理。该原理要求审美对象的刺激在它能够产生快感或不快感之前必须达到一定的强度。(2) 审美增强原理。该原理认为两个以上没有矛盾的快感条件联合起来协同辅助,所产生的总体满足感大于任何一种孤立的快感条件所产生的满足感。(3) 多样统一原理。该原理假定人与生俱来的心灵机制在喜欢多样变化的同时,喜欢共同关联的规则性和秩序性,因此,形式上多样统一的对象才具有愉悦性或给人以美感;(4) 无矛盾、一致或真实原理。该原理推测,在心理趋向快感的审美活动中,人们宁可要对象诸表象之间的和谐、一致与真实,也不要其相互矛盾、混乱或谬误。(5) 清晰性原理。该原理要求充分提高审美效果,要求所观照对象的外观或表象应当清清楚楚,而非模模糊糊。(6) 审美联想原理。该原理认为,一件事物引起人们愉快或不愉快的审美印象,可分为直接刺激感官的要素和联想的要素两种。前者主要作用于审美印象的形式方面,后者主要作用于审美印象的内容方面。二者融合协同,便成为造成美的形式与内容的契机。

在具体操作过程中,费希纳通常采用三种方法:(1)选择法。据此让受试者从指定的各种数量比例的同种图形中挑选出最合自己心意的图形。(2)制作法。据此让受试者作出最合自己心意的具有数量比例的图形。(3)统计法。据此以日常用品和艺术作品的形状对受试者进行大量的测试,然后再统计调查它们实现最佳效果时的最单纯的数量关系(如"黄金分割率"等)。后来,齐恩(T. Ziehen,1862—1950)等人对费希纳的实验美学做了系统的批判与研究,对其轻视艺术作品、不考虑快感差异性、完全排斥包括形而上学在内的一切有效理论的做法提出批评和修正,因此在研究态度与方法上显得更富有科学性和灵活性。实验主义美学由于研究的范围过于狭窄而未取得重大的突破,但它的出现使美学研究方法发生转折。从此以后,西方美学领域里的先验的形而上学的演绎方法开始衰落,自然科学和心理科学方法日益盛行。

乙、移情作用

"移情说"(theory of empathy)被认为是立普斯的首创。历史地看,"移情说"是主要是受休谟的"同情说"和叔本华的"静观说"以及诺瓦利斯的"魔幻唯心说"的影响。立普斯的贡献在于直接从心理学和价值论出发研究美学,认为美学是一门关于美和审美价值的心理学学科,其首要任务是科学地描述和阐释审美对象及其审美价值所引发的特殊效果与相应条件。"移情说"认为审美价值是"客观化的自我价值情感",因此在审美关系上强调物我同一或情景交融。在这种"同一"的状态中,人把自己"感入"到对象中,借此将原本隐含在心灵里的情感志趣"外射"到对象中,使其得以寄托和表现,构成"象征性移情作用"。简言之,"移情"是一种立足于主体心理活动的物我交流过程。根据性质,"移情"分为"审美的移情"与"实用的移情"。两者的区别在于前者以审美观照为前提,而后者则以实用态度为前提。审美观照要求观照者超然物表,把对象的内容从现实联系中脱离出来,在纯化的移情作用中于审美对象深处把握表现人的价值的东西。

在《空间美学》一书中,立普斯以古希腊雅典卫城的石柱为例做了如下描述:"在我的眼前,石柱仿佛凝成整体和耸立上腾,就象我自己在镇定自持,昂然挺立,或是抗拒自己身体重量压力而继续维持这种挺立姿态时所做的一样。"这种姿态,令人可喜,其内在充满生气的模样引入同情,从中能够再认识到自己的一种符合自然的和令人愉快的仪表。"所以一切来自空间形式的喜悦……一切审美的喜悦,都是一种令人愉快的同情感。"从物我关系上讲,"在对美的对象进行审美观照时,我感到精力旺盛,活泼,轻松自由或自豪。但是感到这些,并不是面对着对象或与对象对立,而是自己就在对象里面";"在它里面,我的感到愉快的自我和使我感到愉快的对象并不是分割开来成为两回事,这两方面都是同一个自我,即直接经验到的自我"。① 总之,移情作用就是把自己的情感意趣"外射"或"寄托"到对象之中,使对象化为客观的自我,在这里,自我和对象的对立消失了,或则说,这种对立并不曾存在。

如此一来,美感好像是对一种对象的欣赏,实质上是对于自我的欣赏。说到底,美与审美价值,又像唯心主义美学所认为的那样,完全发乎于心,完全是主观的东西了。另外,按其形态,立普斯把"移情作用"分为"积极的"和"消极的"两种。前者产生愉悦性情感(快感),其对象是"美";后者产生非愉悦性情感(不快感或痛感),其对象是"丑"。顺便提及,对于"移情说",英国学者浮龙·李(Vernon Lee, 1856—1935)后来以流畅的文笔做了进一步的阐述和推广。她以心理内省的方法记叙了自己观照一只花瓶时的情绪变化和感觉特征。同时,还以"山立起来"(The mountain rises)为例,总结了审美移情作用的整个过程,认为山原本是静止的,"山的立起是由我们意识到自己抬起眼睛、头或颈时所引起的一个观念"而已,因此,移情不过是把我们自己的动态的经验和运动的观念赋予外物形相罢了。②

丙、内模仿说

"移情说"的提出,的确震动了当时的西方美学界,同时也激发了深入的探讨热情。"内模仿说"(theory of inner imitation)便是一个直接的产物,或者说是"移情说"的一个变种。

这一学说的倡导者谷鲁斯(Karl Groos,1861—1946)不仅受立普

---

① 朱光潜:《西方美学史》,上卷,第604—613页;参阅北京大学哲学系美学研究室编:《西方美学家论美和美感》,第271—276页。

② 同上。

斯的影响，而且受席勒及其"游戏说"的影响。他认为人具有游戏和模仿的本能，这两者在一般审美活动中总是密切联系在一起的。人只有以游戏的态度观赏对象时，才能有审美的欣赏或模仿。这种模仿大半内在而不外显，是一种"内模仿"，有别于大半外现于筋肉动作的一般知觉的模仿。质而论之，"内模仿"就是人在内心里模仿外界事物精神上或物质上的特点。在此过程中，人会体验到一种并不外显的运动感觉。比如看跑马，真正的模仿是不能实现的，所以只能心领神会地模仿马的跑动，享受这种内模仿的快感。这就是一种最简单、最基本也最纯粹的审美欣赏。

　　表面看来，谷鲁斯把"内模仿"视为审美活动的主要内容，立普斯把"移情作用"视为审美活动的主要内容。但在实际上两者并不互相排斥，是一种"你中有我、我中有你"的关系。比如，立普斯在论述"移情作用"时，也谈模仿，认为在物我融为一体的状态中，我想象自己被转运到那形体里面去了，意识到我和它完全同一起来了。感觉到自己在所见到的形体里活动、自由、轻松和自豪，这就是审美的模仿，而这种模仿同时也就是审美的移情作用。同样，谷鲁斯在论述"内模仿"时，也涉及"移情作用"，认为在这一心理过程中，人心把旁人(或物)的经验看作仿佛就是自己的；人假定本无生命的对象具有某些与人类一样的心理情况并且亲身经历或玩味一番；人内在地参加一个外在对象的动作；人想象一个静止的物体会发出某种运动；"人把自己的内心同情所产生的那种心情移置到对象上去，例如说到崇高事物严肃，美的事物喜悦之类"。可见，两人的主要区别在于各有侧重：立普斯的"移情说"侧重的是由我及物的一面，谷鲁斯的"内模仿说"侧重的是由物及我的一面。

　　丁、距离定律

　　在"移情说"的启示下，瑞士美学家布洛(Edward Bullough，1880—1934)提出了著名的"距离说"。像立普斯一样，布洛也是从心理学角度研究美学的，并且从根本上否定美的纯粹客观性，放弃对美的本质及其客观因素的追究。他在1912年发表的《心理距离》一书中，着重论证了两种不同的距离概念，即"空间距离"(spatial distance)和"心理距离"(psychical distance)。"空间距离"又分为"现实的空间距离"和

"象征的空间距离"。前者是指观赏者与观赏对象之间保持的实际距离,后者是指观赏对象之内的空间距离,如绘画作品中透视法所造成的远近和明暗等立体效果。而审美则主要有赖于"心理距离"。这种距离出现在观赏者与能够打动人心的观赏对象之间。它作为一种审美原理,使审美对象超出实用的功利范围,使其审美价值有别于实用的或功利的、科学的或社会(伦理)的价值,同时又使观赏者的情感意趣通过移情作用外化为客观现象的特征,借此引发出审美活动与不同于快感的美感。

无论是观赏或创造艺术美(如裸体绘画),还是观赏自然美(如海上大雾),距离不仅是审美判断标准,而且是审美悟性本身。总之,"美,最广义的审美价值,没有距离的间隔就不可能成立"。当然,距离具有易变性。距离丧失,就意味着审美鉴赏力的丧失。"距离丧失可能出于如下两种原因:或失之于'距离太近',或失之于'距离太远'。'距离太近'是主体方面常见的通病;而'距离太远'则是艺术的通病,过去的情形尤其是这样。"[①]

戊、异质同构论

令当代美学家们(如 Herbert Read)赞叹不已的是完形或"格式塔"(Gestalt)心理学美学的研究成果。完形心理学认为部分相加不等于全体或大于整体之和,强调"似动运动"和"场效应"等概念。该学派的主要代表人物阿恩海姆(Rudolf Arnheim)将这些基本理论具体而系统地运用于艺术,特别是视知觉与艺术两者之间关系的分析研究。比如,在解释视觉艺术中的似动现象时,他认为绘画作品或静物中的运动感觉并非由联想或移情作用引起,而是由艺术作品的形象结构所唤起的鉴赏者大脑皮层中的场效应引起的。在论述真正的观赏活动或艺术经验时,他认为那不再是一种对外部事物的纯认识活动,而是一种将观赏者卷入其中的激动的参与状态。因为,人在观赏时,对象的主要式样并没有被他的神经系统原原本本地复制出来,而是在他的神经系统中唤起了一种与对象的力的结构相同形的力的式样。这种

[①] 北京大学哲学系美学研究室编:《西方美学家论美和美感》,第276—278页;另参阅布洛:《作为艺术因素与审美原则的"心理距离说"》,见《美学译文》(2)(北京:中国社会科学出版社,1982年),第92—107页。

不同质而同形的力的结构便是审美观赏活动的心理基础,也就是著名的"异质同构说"。

阿恩海姆是在论证艺术的表现性与象征性的过程中提出这一观点的。其理论依据是主要是詹姆斯(William James,1842—1910)对心理事实与物理现实之间的同一性的论述。原话是这样说的:"必须指出,为这些作者们所激励强调的活动与情感之间的不等同,并不象乍一看上去那样绝对。在一般情况下,我们不仅从时间的连续中看到心理事实与物理现实之间的同一性,而且在它们的某些属性当中,比如其强度和响度、简单性和复杂性、流畅性和阻塞性、安静性和骚乱性中,也同样能看到它们之间的同一性。"①这就是说,两种媒质(一个是物质的,另一个是非物质的)虽然性质不同,但它们之间在结构上还是可以等同的。比如,我们在观看舞蹈时,会觉得那悲哀和欢乐的情绪看上去是直接存在于舞蹈动作之中,这主要是因为舞蹈动作的形式因素与其表现的情绪因素之间,在结构性质上是等同的。实验发现,当要求所有的受试演员分别以舞蹈的艺术形式来表现"悲哀"这一主题时,其动作都是缓慢的,幅度也不大,造型都呈曲线形式,展现出来的张力也都比较小。这说明"悲哀"这种心理情绪,其本身的结构式样在性质上与上述舞蹈动作的结构式样是相似的。一个心情十分悲哀的人,其心理过程也是十分缓慢的,其精神和行为状态也显得软弱无力,缺乏力度与决心。再如,一棵垂柳之所以看上去是悲哀的,并不是因为它看上去象是一个悲哀的人,而是因为垂柳枝条的形状、方向和柔软性本身就传递了一种被动下垂的表现性;或者说,是因为将那种垂柳的形式结构与悲哀的心理结构进行比较后所得出的感受。这种"异质同构"不仅可以当作一个审美观赏原理,而且还可以用为一种艺术创作原理,使艺术家们注意从不同的事物之中寻找和表现它们的等同点。"例如,当诗人吟诵出'燕子(刀切似地)掠过天'空'时,他实际上已经在一把锋利的刀子和一只在天空中迅疾飞过的燕子之间找到了共同点。"②这种比喻正是利用了"异质同构"的原理,创造了一个如此

---

① 转引自阿恩海姆:《艺术与视知觉》(滕守尧等译,北京:中国社会科学出版社,1985年),第614页。
② 同上书,第614—631页。

新鲜、活泼、生动、独特、富有审美价值的诗歌意象。

己、集体无意识

现代心理美学的一大分支是精神分析美学。它对20世纪的艺术创造和思想意识产生了极为广泛而深刻的影响。作为该学派的开创者,弗洛伊德(Sigmund Freud,1856—1939)惯于把精神分析的一些观念和原理应用于艺术和艺术批评,如"无意识"(unconsciousness)、"俄狄浦斯恋母情结"(Oedipus Complex)、"本能欲望""抑制""发泄""移情""转化"和"补偿"方式等。他认为艺术创造的动力来自本能欲望(如性欲),或那些被抑制的但想得到发泄的愿望;艺术创造的目的在于通过艺术表现来实现个人那些最个性化的、充满愿望的幻想,或者说在于实现一种转化——"这种转化缓和了幻想中显得唐突的东西,掩盖了幻想的个性化的起因,并遵循美的规律,用快乐这种补偿方式来取悦于人——这是它们才变成了艺术作品。精神分析学根据艺术享受这一明显作用,毫不困难地指出了隐藏着的本能释放这个源泉……"①

为了证明自己的论点,弗洛伊德特意用自圆其说的方法分析了达·芬奇的绘画,米开朗基罗的雕刻和陀思妥耶夫斯基的小说。弗洛伊德的另一显著特点是关注人类的生活质量及其心理健康,这与他出身医生这一职业不无关系。正是出于这一点,他在对现代文明的缺憾做了深入的分析和揭示,最后得出这样一个发人深省的结论:"为了生活的目的,审美态度稍许防卫了痛苦的威胁,提供了大量的补偿。美的享受具有一种感情的、特殊的、温和的陶醉性质。美没有明显的用处……但文明不能没有它。"②总的说来,弗洛伊德的理论对艺术创造影响极大,但对美学研究影响甚微。

真正对美学产生重要影响的是早年追随弗洛伊德而后来修正其有关理论的荣格(C. G. Jung,1875—1961)与他本人首倡的"集体无意识说"。荣格认为艺术是一种有生命的、自身中包含着自身的东西。艺术在本质上是某种超过个人、象征和代表人类共同命运的永恒的存

---

① 弗洛伊德:《弗洛伊德论美文选》(张唤民等译,上海:知识出版社,1987年),第139页。

② 同上书,第172页。

在,能够纠正时代偏向、补偿和调节人类生活,因此在现代社会生活中起着类似宗教的作用。荣格反对用本能欲望或性欲来解释艺术创造的激情。认为创造激情来源于崇高的理想和伟大的抱负,即一种超出艺术家个人能力的创造自发性或"自主情绪"。自主情绪植根于无意识原型,一般人意识不到其存在。只有当人对外部生活的兴趣减弱,越来越沉醉于自己的内心生活,越来越返回到远古或人类的童年状态时,自主情绪才能获得动力乃至形式,进而暗中制约或影响意识,最终通过艺术得以象征性的表现。""远古或人类的童年"状态也就是荣格后来提出的重要假设——"集体无意识"(collective unconscious)。集体无意识的核心内容是"原型"(archetype)或"原始意象"(primordial image)。

所谓"原型",是我们在无意识中发现的那些不是个人后天获得而是经由遗传具有的性质,是一些先天的固有的直觉形式,是一切心理反映的具有普遍一致性的先验形式,或者说是心理结构的基本模式。在荣格看来,这种模式是人类远古社会生活的遗迹,是重复了亿万次的那些典型经验的浓缩(condense)或沉淀(precipitate)结果。所谓"原始意象"(实际即"原型"),从科学和因果的角度可以将其"设想为一种记忆蕴藏,一处印痕或记忆印痕,它来源于同一种经验的无数过程的凝缩。在这方面它是某些不断发生的心理体验的沉淀,并因而是它们的典型的基本形式"。"集体无意识"是通过"原型"或"原始意象"及其赖以产生的心理背景和心理土壤推导出来的。因此,理解了后者,就等于理解了前者。比如,我们在阅读荣格对"原始意象"的这段诗化描写时,会觉得"集体无意识"这个原本抽象而神秘的概念变得清晰而生动起来。如其所言——

> 每一原始意象中都有着人类精神和人类命运的一块碎片,都有着在我们祖先的理式中重复了无数次的欢乐和悲哀的残余,并且总的说来始终遵循着同样的路线。它就象心理中的一道深深开凿过的河床,生命之流(可以)在这条河床中突然奔涌成一条大江,而不是先前那样在宽阔然而清浅的溪流中向前漫淌。[①]

---

① 荣格:《心理学与文学》(冯川等译,北京:三联书店,1987年),第1—103页。

荣格的这一学说,不仅涉及神话和艺术的起源,而且涉及人的深层心理结构,对研究审美意识和美感的特征具有重要意义。

(2) 信息论美学

信息论是一门应用数理统计的方法来从事信息处理和信息传递的科学。它由美国科学家仙农(Shannon)和维纳(Wiener)于1948年创立,其基本论点认为世界并非只像古典物理学所界定的那样,仅仅是"由物质和能量组成的",而应是"由物质、能量和信息共同组成的"。因为,从现实出发,人类不仅需要和依赖物质与能量这些客观存在物,而且自身生活在信息的汪洋大海之中。现在,随着信息科学的发展,计算机的发明、改进、应用和普及,人们对信息的存在与意义有了实际的体认,对"信息爆炸"或"信息时代"这些抽象的称谓也能够表示理解了。

信息论是当代科学技术发展的主要标志,正不断地渗透到和广泛地应用于各种学科,同时也引发出许多新的边缘学科。信息论美学便是信息论与美学相结合、用信息论的观点与方法解释审美现象的产物,其代表人物是法国的莫尔斯(A. Moles)和德国的本泽(M. Bense)。莫尔斯在1958年发表的《信息论与审美感知》一书中,对这一学科框架原理做了基本阐述。在方法论上,继承和发扬了由费希纳早年开创的实验美学的方向,广泛运用计算机来进行统计、实验、分析和研究工作。

信息论视外部世界的一切为信息,认为"信息是人们在适应外部世界并且使这种适应反作用于外部世界的过程中,同外部世界进行交换的内容的名称",它与物质和能量的主要区别在于它有赖于人对它所用的符号体系的掌握。这样,信息在某种程度上就不是纯粹客观的东西,因为它所用的符号体系,对不同的人来讲会因为理解与掌握的层次不同而产生不同的意义。相应地,信息论美学也认为所有的艺术作品,艺术作品的审美内涵及其表现形式等,都是一种信息,一种不同于科学信息(如物理、化学、生理遗传等)和其他信息(如时事、经济、商品或市场等)的信息形式。正如莫尔斯所言:"所有的艺术作品,广而言之,艺术表现的任何形式,都可以被视为一种信息。它由发送者

(transmitter)——一个有创造力的个人或小团体(即艺术家),发送给来自一个特定社会文化团体的个别接受者(receiver)。传递通道可以是视觉、听觉,或者其他的感受系统。"[1]这便是信息论美学的出发点。所涉及的信息、发送者和接受者,构成了审美系统中的三大主要环节,使审美活动中的主体和客体及其创造者本人均作为研究的对象,试图克服其他美学研究顾此失彼的偏颇性,如下图所示。需要指出的是,信息源植根于现实社会中的物质文化与精神情感生活。审美信息的主要内容或价值形态是真、善、美或假、恶、丑,悲剧性或喜剧性,优雅

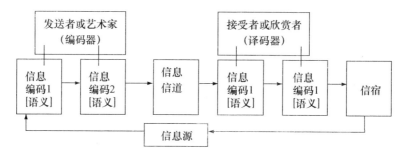

或崇高等,其感性形式如外观、力度、节奏速率和色彩等。所有这些大多表现在三个相关的审美信息领域里:天然形态的审美信息领域(如自然景观)、人脑表象形态的审美信息领域(如心声心画)和人工物化形态的审美信息领域(如艺术作品、人文景观)。编码过程表现为由语义信息(信息的实际内容与语义)到语法信息(即技术信息,或信息的物质属性)的安排、提炼和浓缩过程,实则为从特殊到一般的创造性或艺术化过程。传递信道在表面形式上可以是视觉、听觉或其他感受系统,但在实际审美活动中往往表现为一个将所有感受系统包括在内的立体性感受系统。译码过程与编码过程反其道而行之,经由一般的语法形式去探寻特殊的语义内涵,这是一个涉及主观能动性和创造性的理解、解释和审美的过程,因为欣赏者不应当是被动的接受者。所谓"信宿",就是信息的归宿,或信息传递的目的地。这里要求对译码后得到的信息进行评判,并对有价值的信息进行存贮和吸收,进而内化为个人文化心理结构的成分,用以指导其观赏行为。与此同时,以反

---

[1] 钱学森、刘再复等:《文艺学,美学与现代科学》(北京:中国社会科学出版社,1985年),第491页。

馈或评价的方式不断为艺术创造输送更多的有价值的信息,使艺术信息处于不断发展和变化的动态循环过程之中。

信息论美学研究的重点是艺术作品能给人发送出多少新颖或独特的信息量。由于接受者在一定时间单位中只能理解作品的有限量,因此艺术家为了在有限时间内让欣赏者接受最大的审美信息,就必须探寻到最优的信息,以满足欣赏者的鉴赏力和审美要求。信息论美学认为,信息的可理解性与独创性通常是成反比的:一件作品的可理解性愈大,其独创性就会愈低;其独创性越高,可理解性就越小。这就要求艺术家设法寻求作品中独创性与可理解性辩证统一的最佳点。另外,信息论美学还强调审美信息的确定性与不确定性辩证统一,因为两者如果太过,都会影响到审美价值及其效应。

一般来讲,信息论美学可分为理论部分与实验部分。前者侧重讨论如何将研究对象设置成有一定标准量的模型(相当于计算机的软件设计),后者侧重描述信息、发送者和接受者三方面的特性(相当于具体操作过程)。因此,所依据的美学观念不同,所产生的结果也就有异。信息论美学的可贵之处在于用来统计和分析作品的成分,借此确定作品的特性。另外,还可用来从事多种排列组合的广告、建筑、工业、画面或装潢设计。现代多媒体系统的出现和应用,必然会使信息论美学发生新的变化和发展,同时也必然会促进美学向科学的方向继续迈进。

总体来看,西方美学在发展中经历了一个从"自上而下"到"自下而上"、从概念思辨到科学实证的历史过程。目前,我们了解或研究这一过程,至少有三重意义:其一,若从美学思想史或审美文化史的角度对其加以审视,就不难发现其中有关美的本质、崇高的特征与审美的理想等问题的探讨分析,在相当的程度上有助于我们系统地认识西方美学流变与异质审美文化(heterogeneous aesthetic culture)的基本特点。其二,若从应用美学的角度来重估其中的心理学美学和信息论美学原理,就不难发现有关移情作用、内模仿、心理距离、异质同构和信息流程的种种论述,在一定程度上有益于我们科学地观察和解释日常生活审美实践中的心理与方法等问题。其三,若从跨文化的比较视野出发,去反思中西美学的各自发展路径、理论范式及其旨趣,我们会在思想碰撞或双向对话中发现诸多形同质异的话题或要素,这将会促使我们更加深入和全面地认识彼此的历史脉络与运思方略等,这对促进中国美学的发展具有重要的借鉴意义。

(1996年写于京东杨榆斋,2014年春整理时个别地方稍加补充)

十五　历史语境中的自然美论

南齐陶弘景称："山川之美，古来共谈。"①东方如此，西方亦然。

自从人类社会产生以来，大自然不仅作为人类劳动生存的场所客观地存在着，而且亦作为人类的审美对象客观地存在着。自然界的风光胜景以其丰富多彩的审美价值吸引着古往今来的人们。

在西方美学史上，自然美一直被视为美学研究的基本范畴之一。迄今，有关自然美的本质问题，虽已在美学界争论甚久但尚无定论。故此，有的学者视自然美为美学家的试金石，因为，一切的体系、一切的学说，都要在这里受到检验。

何以至此呢？我们不妨沿着历史的轨迹，在西方古典美学的语境中去检视一下形形色色的自然美论与相关的审美意识。这尽管不会最终解决"什么是自然美"这一难题，但最起码会给予我们一定的启示，会激发我们"温故而知新"的热情或兴致。

1　古希腊与中世纪的审美意识

从古希腊始，有关自然美的本质问题就在唯心论和唯物论这两大派别之间争执不休。要而言之，唯心论者习惯于把美归于审美主体的心灵、理念、主观意识或感受；唯物论者则认为美与审美客体的外形、功用以及自然属性密切相关。

早期唯心论美学的代表人物首推古希腊哲学家柏拉图。他认为

---

① 陶弘景：《答谢中书书》，见《中国古代游记选》（北京：中国旅游出版社，1985年），上册，第26页。

事物的美在于"心灵的聪慧和善良"①,源于"美的本体",具有永恒的、神圣的和纯然一体的美的"理式"或"理念"(Idea or Form)。因为,"一切美的事物都以它为源泉,有了它那一切美的事物才成其为美"②。在当时,由于原始宗教的影响,自然界的一切被人为地涂上了泛神的色彩,这就为柏拉图的"理念"说或"神灵"说提供了广泛的社会基础。在柏拉图及其信徒们看来,一条凌空的彩虹、一片飘动的流云只不过是"理式的影子";彩虹与流云的美不在于其本身的色彩、形状、态势,而在于其反射了上帝的灵光,体现了"理式"的内容。在柏拉图美学思想中,除了"理式说"之外,还有与其并驾齐驱的"心灵说"。柏氏本人十分重视心灵的美,认为心灵的美比形体的美更可珍贵。只有凭借这心灵的美,审美主体才能对美的事物感受更为深刻,才能发掘美的奥秘。对于一个具备心灵美的鉴赏者来说,当他"凭临美的汪洋大海,凝神观照,心中泛起无限欣喜,于是孕育无量数的优美崇高的道理,得到丰富的哲学收获。如此精力弥满之后,他终于一旦豁然贯通唯一的涵盖一切的学问,以美为对象的学问"③。然而,必须提醒的是,柏拉图所言的"心灵的美"在其本质内容上与我们今天所倡的"心灵美"相异有别,它实际上是虚无"理式"的变种,与万能的造物主或神灵直接关联。

亚里士多德是早期唯物论美学的主要倡导者。这位通常被尊为"欧洲美学思想奠基人"的亚氏,在《诗学》这部经典著作里,根据个人对自然景象的观照和感受,对美做出如下界定:"美要依靠体积与安排,一个非常小的活东西不能美,因为我们的观察处于不可感知的时间内,以致模糊不清;一个非常大的活东西,例如一个一千里长的活东西,也不能美,因为不能一览而尽看不出它的整一性。"④

"一个非常小的活东西不能美","一个非常大的活东西也不能美",到底小或大到什么样的程度为适宜呢? 一只癞蛤蟆的体积与安排不是"不可感知的",也不是"模糊不清的"。其圆鼓鼓的两眼形成

---

① 北京大学哲学系美学研究室编:《西方美学家论美和美感》(北京:商务印书馆,1980年),第32页。
② 同上书,第22页。
③ 柏拉图:《文艺对话集》(朱光潜译,北京:人民文学出版社,1980年),第272页。
④ 亚里士多德:《诗学》(北京:人民文学出版社,1982年),第25—26页。

对称,身上裹着一层长满疥囊的厚皮,分布均匀的四只脚支撑着又软又胖的肚子,爬行起来虽显得有些艰难,但跳跃之时却颇有节奏,你能谓其为美蛤蟆吗?谈到模糊与宏大的事物,我们不妨在夜阑人寂之时抬头看看无际的星空吧。镶嵌在广阔天幕上的点点繁星是"模糊不清"的,浩渺空蒙的云河星江也难见其"整一性",可有谁曾否认这永恒寂静中的美呢?

远在亚氏之前,散见于其他哲学家言论中的唯物美观点就已存在。如毕达哥拉斯学派和苏格拉底(Socrates,前469—前399)等人。前者视美为"和谐与比例",是"各部分之间的对称"。① 后者则把美归于"功用",因为,"任何一件东西如果它能很好地实现它在功用方面的目的它就同时是善的又是美的,否则它就是恶的又是丑的"。②

美果真在于"和谐、比例、对称和功用"吗?黄昏时分,残阳夕照、云霞变幻有什么比例、对称呢?所谓色彩的和谐,往往依赖于主观的感受。夕阳如何知道要把这块云染成金黄,给那朵霞涂上血红以构成和谐的色调呢?再说对称。以人体美来说,一位美人在嘴的左角处有一颗美人痣,难道为了对称,非得要在她的嘴的右角处也添加一块黑斑?谈到适用,若以金盾和粪筐为例,战时金盾是适用的,农时粪筐是适用的,据此能说金盾与粪筐都同样是美的吗?以此推演,钻石金条与泥烧成的尿壶相比,若将功用性奉为美的唯一准则,后者显然是美于前者了。可见,将体积、安排、对称、比例、和谐以及功用等混同于美的本质是不科学的。尽管如此,与坚持"理式""神灵"说的唯心论美学的虚无性相比,唯物论美学的实在性在探讨美的特征方面的确跨出了一大步。这些朴素的唯物论者不仅试图把美从缥缈的"理式"王国中解脱出来,而且更重要的是揭示了美的基本条件与客观属性。

在古罗马时期,影响最大的要数新柏拉图学派的领袖普洛丁。普洛丁是当时"理式说"的主要传播者。他继承了柏拉图的客观唯心论美学思想,并将其与基督教的神学观念和东方神秘主义混为一体。普洛丁虽曾也承认过物质世界里有美③,但其美学思想的全部意义都在

---

① 北京大学哲学系美学研究室编:《西方美学家论美和美感》,第13—14页。
② 同上书,第19页。
③ 伍蠡甫主编:《西方文论选》(上海:上海译文出版社,1979年),第137页。

证明物质世界的美不在物质本身而在反映神的光辉。如他本人所说:"它们(物体)之所以美,是由于它们分享得一种理式";事物本身无所谓美丑,但"等到理式来到一件东西上后,把那件东西的各部分加以组织安排,化为一种凝聚的整体,在这过程中就创造出整一性,因为理式本质是整一的……一件东西既化为整一体了,美就安坐在那种东西上面,就使那件东西各部分和全体都美。"①接着,普洛丁在列举了美如何授予房屋和石头(石雕)一例之后,归纳说:"物体美是由于分享一种来自神明的理式而得到的。"毫无疑问,普洛丁所谓的"理式",并非意指心灵的理性判断,而是指柏拉图笔下的"理式世界""美的本体",也就是神。

普洛丁所建立的新柏拉图主义美学思想对中世纪的影响很大,并在长时期支配了宗教艺术的发展。在他之后的神学家圣奥古斯丁与经院派哲学的代表人物圣托马斯等都始终一贯地把美视为上帝的一种属性。上帝就是美的本源,是绝对的、永恒和最高的美。而一切感性的事只是作为借以窥见上帝之美的一种媒介而存在着。或者说,感性事物的美是有限的,它只不过是理式美的摹写,而其本身并无独立可寻的审美价值。

圣奥吉斯丁在早先未皈依基督教之前,曾一度受到毕达哥拉斯派的影响,将美的本质归于"整一"与"和谐",给物体美下的定义是"各部分之间适当比例,再加上一种悦目的颜色"②。但后来他放弃了这一观点,去宣扬新柏拉图主义,以"上帝""理式"来解释美,认为一切物体的美是导源于"我的上帝,万物之主",例如日和月就是上帝的美的作品,而不是什么别的东西。

圣托马斯在他所著的《神学大全》一书中,详尽地论述了他本人那些玄秘繁琐的美学思想。也许鉴于前人的影响(如圣奥古斯丁),他也曾谈及美的三个条件:"第一,完整性或全备性,因为破碎残缺的东西就是丑的;第二,适当的匀称与调和;第三,光辉和色彩。"③然而,令人不可思议的是圣托马斯所罗列的整一、和谐与鲜明等三个形式因素并

---

① 北京大学哲学系美学研究室编:《西方美学家论美和美感》,第54页。
② 同上书,第64页。
③ 伍蠡甫主编:《西方文论选》,第149页。

非属于感性事物本身,而是源于上帝的灵光。因为,在他看来,"一切自然的东西都由神的艺术所创造,可以称之为上帝的艺术作品"①。

2 文艺复兴时期的自然美论

直到文艺复兴时期,神秘主义美学思想与审美趣味才得到有力的批判和摒弃。人本主义者在崇尚科学、反对蒙昧、批判神秘、抨击经院派伪善学说的同时,极力宣扬和提高个人价值,追求现世享受,呼吁人们从希冀天国幸福的梦幻中彻悟猛醒过来,把眼光从"净界"的"玫瑰园"里移到尘世上的人生现实。这一声势浩大的思想文化运动扫荡了中世纪"黑暗时期"的阴霾残雾,开拓了人类历史的新纪元。最终,人复归到人,不再是上帝的奴仆;自然复归到自然,不再是"理式的影子"或上帝的造物。随着大自然审美价值的不断提高,自然风景亦大踏步地跨进一向被宗教神话题材独霸的绘画园地。崇尚自然可以说是人本主义运动的重要成果之一。因为,这些被艺术地再现了的、赞美了真实可感的物质世界和现实生活,致使虚无缥缈的"理式王国"与"天上乐园"相形见绌。

例如,达·芬奇的名作《蒙娜丽莎》不仅以农家平民女子为表现对象,而且引入了风光秀丽的自然作为背景,从而大大地增强了画面的旷远感、层次感和愉悦性。文艺复兴时期的著名画家乔尔乔内(Giorgione,1477—1510)深受达·芬奇的影响,对自然风景的运用描写更为大胆。他的代表作之一《草地上的午餐》着力地展现了令人神往的田园生活,从画面上读者可以窥见出人们诗意般的追求、悠闲自得的生活、绮丽美妙的风景,以及人与自然之间那种宁静和谐的共处关系。

在美学理论方面,以达·芬奇为首的艺术家们主张自然是艺术和科学的对象,认为美感源于事物本事,强调艺术要师法自然,提倡画家要作"自然的儿子",因为"自然事物无穷无尽,我们应当依靠自然";"只有向自然学习",才能配作"自然的儿子"。②(按:"师法自然"属欧洲风景画的传统之一,但在中国山水画的发展过程中却有着远为悠

---

① 伍蠡甫主编:《西方文论选》,第151页。
② 达·芬奇:《芬奇论绘画》(北京:人民美术出版社,1979年),第35—47页。

久的历史,从晋人顾恺之到明末清初的石涛对此皆有独特详尽的论述。如"外师造化""脱胎于山川""搜尽奇峰打草稿""会心山水真如画,妙手丹青真如山"等说法,不仅总结了自然与艺术的关系,而且高度概括了山水画的美学要旨。)

意大利文艺复兴时期的诗人塔索(Tasso,1544—1595)的美学思想与达·芬奇几乎一脉相承。在总结了前人学说的基础上,他重申了"美是自然的一种作品"这一观点,同时还把事物的比例、适度、美好悦目的色泽视为美的要素加以研究。他得出的结论是:比例、适度、色泽本身原来就是美的。不管这些条件"显现在自然事物上还是显现在人为事物上",都会构成美。①

3 英国与荷兰思想家的审美观念

英国17世纪美学家夏夫兹博里在对美所下的定义里注入了真善美为一体的新内容。他说:"凡是美的都是和谐和比例合度的,凡是和谐的和比例合度的就是真的。凡是既美而又真的也就在结果上是愉快的和善的。"他接着阐述:和谐和比例合度"是每件事物的真正旺盛的自然的状况"。对于作为审美主体的人来讲,"眼睛一看到形状,耳朵一听到声音,就立刻认识到美、秀雅与和谐"。②

夏夫兹博里的门徒哈奇生(F. Hatcheson,1694—1747)曾在1725年著有《论美和德行两种观念的根源》一书。因循夏氏的美学思路,哈奇生进而把美分为两种形态:绝对美(或曰本原美,即单就一个对象本身看出来的美)和相对美(或曰比较美,指拿一个对象与其他相关的对象作比较才看出来的美)。他认为,"我们所了解的绝对美是指我们从对象本质里所认识到的那种美,不把对象看作某种其他事物的摹本或形象,从而拿摹本和蓝本进行比较"。③ 显然,哈奇生否定美是"理式的摹写或影子"等唯心论学说,在肯定美的客观性的同时,认为美与审美主体的认识感知能力密切相关系。

---

① 北京大学哲学系美学研究室编:《西方美学家论美和美感》,第73页。
② 同上书,第94—95页。
③ 同上书,第97页。

文艺复兴时期,虽则玄秘的唯心论处于唯物论和人本主义的夹击之下,但并未销声匿迹。17世纪荷兰哲学家和泛神论者斯宾诺莎(Spinoza,1632—1677)就是其代表人物之一。由于泛神论本身的虚无、玄秘和不可知性,斯宾诺莎在论及事物美与不美时曾提出一个似是而非、不了了之的界说。如其所言,"事物就其本身来看,或者把它们归于神的时候,那就既不是美的,也不是丑的"①。此外,他还宣扬"舒适说"或"心理快感说",认为美是对象作用于神经所感到的舒适,与客观事物本身无涉。人们在观赏某一对象时,"如果神经从呈现于眼前的对象所接受的运动使我们舒适,我们就说引起这种运动的对象是美的,而那种引起相反的运动的对象,我们便说是丑的"②。

　　无独有偶。英国思想家休谟几乎重蹈覆辙。在对美的本质问题上,他竭力反对美是事物本身的某种属性的看法,否认美的客观存在。他把主观态度奉为衡量美的唯一标尺,认为"美不是事物本身里的一种性质。它只存在于观赏者的心里,以此推演,各种味和色以及其他一切凭感官接受的性质都不在事物本身,美和丑的情形也是如此"③。若按休谟的审美判断逻辑,那么广为人们赞赏的玫瑰的美必然也与其本身的色泽芬芳无关,因为玫瑰的色和味并非客观存在,而只是我们感觉(视觉和味觉)的结果。这似乎等于说水果糖是甜的,但甜的概念与糖本身的成分毫无直接关联,甜仅仅是品糖者的一种味觉感受而已。如此看来,将美全然推给主观感受的做法是有疑问的。

4　德国美学中的自然美论

　　如同美学在未独立之前于哲学中的地位一样,自然美在相当长的一段时期并未得到足够的重视与系统的研究。到了18世纪启蒙运动时期,卢梭(J. J. Rousseau,1712—1778)所提出的"返回自然"的著名口号,狄德罗(D. Diderot,1713—1784)对美作出的新评价曾一度给自然美的研究工作注入了新的活力。然而,这些呐喊与倡导未能解决实

---

① 北京大学哲学系美学研究室编:《西方美学家论美和美感》,第87页。
② 同上。
③ 同上书,第108页。

质性问题。

在德国美学里,康德曾把自然美作为美学研究的基本课题加以分析。但他从主观唯心主义的方法论和反映论出发,断然敲定"审美的规定根据,我们认为它只能是主观的,不可能是别的"。"若是说一个对象是美的,以此来证明我有鉴赏力,关键是系于我自己心里从这个表象看出什么来而不是系于这事物的存在。"①康德本人的解释,一朵玫瑰花可以说是美的,可这美主要不在花本身的色泽、形状、气味等,而在于观赏者的主观判断里。这种判断是不夹杂任何实用目的、利害感在里面。简言之,玫瑰花以及其他任何感性事物的美,是在人们"无所为而为的凝神观照"(disinterested contemplation)中产生的。可是,康德在对美的分析过程中往往有许多前后矛盾的现象。也许是鉴于思辩论说的实际需要,他把自然事物的美时而归于心灵、主观审美意识与判断,时而又归于形式或物自体的感性表象。如他所说:"为着要评判一项自然美,我无须预先从这对象获得一个概念,知道它是什么物品,即无须知道它的物质方面的合目的性(这目的),而是那单纯的形式本身——不必知晓它的目的——在评判过程中自身令人愉快满意。"②在康德看来,自然美的魅力是常常和美的形式融为一体感染着我们。这种美的形式是一种符合目的性的形式,能够在审美者的心里"单独唤起一种直接的兴趣"。("直接的兴趣"在此处内涵颇广,它与心理快感、道德情感、鉴赏能力以及善良的灵魂有关。)接着,康德把自然事物的单纯的形式与人的联想统为一体来说明鸟语花香的美。他说。由于形式的作用,"百合花的白色导引我们的心意达到纯洁的观念,并且按照着从红到紫的七色秩序,达到:(1)崇高;(2)勇敢;(3)公明正直;(4)友爱;(5)谦逊;(6)不屈;(7)柔和等观念。鸟的歌声宣诉它的快乐和对生活的满意。至少我们这样解释着自然,不管这是不是它的真实的意图(这曰目的)"③。

康德的美学思想在历史上的影响很大。他所倡导的"合目的性"一说曾十分流行。德国著名诗人、作家兼思想家歌德(J. W. Goethe,

---

① 康德:《判断力批判》(北京:商务印书馆,1987年),上卷,第1—2节,第39—41页。
② 同上书,第48节,第157页。
③ 同上书,第42节,第147页。

1749—1832)就深受其影响。歌德本人结合自己的艺术创作实践以及对自然事物的精微观察,极力反对以往的美学家用抽象的名词来解释美,并讥笑他们是自讨苦吃。他认为:"美其实是一种本原现象",是具有感性形象的,可以耳闻目睹的,是和"自然一样丰富多彩"的。但他又着重指出,自然的万物和一切表现并不都是美的。只有事物达到了自然发展的顶峰,"各部分肢体构造都符合它的自然定性,也就是说,符合它的目的才显得美"。①

以橡树为例。这种树只有在它具备勃勃生机、高大强健的树干,与其比例相称的树冠以及配合有和谐有利的自然环境时,才符合它本身的自然定性或目的,才会成为一棵真正美的橡树。"如果这棵橡树生在低洼潮湿的地方,土壤又太肥沃,只要有合适的空间,它就会过早地在树干四周长出无数枝杈,没有什么抵抗它或使它长慢一点的力量,这样它就显不出挺拔嶙峋、盘根错节的姿势,从远处看来,它就像菩提树一样柔弱,仍然不美,至少是没有橡树的美。……最后如果这棵树生在高山坡上,土壤瘦,石头多,它会生出太多的疖疤,不能自由发展,很早就枯凋,不能令人感到惊奇。"②如上所述,歌德一方面断定美源于现实,自然美在于自然事物本身。为了说明美的本质,他不惜全力地凭借事物的感性形象而不是抽象的哲学名词。可另一方面,由于受康德的影响,他把美又夸大为一种近乎超然物外的东西。他所谓的"自然发展的顶峰""自然定性"等不外乎是康德美学体系中"合目的性"一说的延伸。另外,歌德那种以植物学(如对橡树美的分析)和生物学观点(请参阅《歌德对话录》中第134页对婚龄女子美的描写)来解释美的尝试委实令人难以苟同,同时还有把美神秘化或庸俗化之嫌。

到了黑格尔的笔下,自然美又复归到主观意识中去了。黑格尔判定:"有生命的自然事物之所以美,既不是为它本身,也不是由它本身为着要显现而创造出来的。自然美只是为其他对象而美,这就是说,为我们为审美的意识而美。"③黑格尔并非一位纯然的主观唯心论者,

---

① 歌德:《歌德谈话录》(北京:人民文学出版社,1980年),第134页。
② 同上书,第133页。
③ 黑格尔:《美学》(北京:商务印书馆,1979年),第1卷,第106页。

而是一位客观唯心论者。他认为美是可以观照的,是可用感觉接受的东西,但只能在"形象"中见出。这"形象"并非事物本身的表象、形状或体积,而是呈现了与生命和灵魂相关的一种"理念和真实的绝对境界"。用他自己的话来说:自然只有"作为具体的概念和理念的感性显现时",才可以是美的。在黑格尔美学中,思辨的成分居多。故而,他的有些观点常常被视为辩证的、玄秘的、繁杂的、矛盾的混合体。黑格尔所谓的"理念"实际上不是别的,就是概念与(概念所代表的)实在二者的统一。他给美所下的定义——"美是理念的感性显现"——在很大程度上是指理性与感性世界的统一,主观精神与客观精神的统一,或者说是主观审美感受与外在感性形式的统一。

基于上述定义,黑格尔得出如下结论:自然美是"由于感发心情和契合心情得到的一种特性。例如寂静的月夜,平静的山谷,其中有小溪蜿蜒地流着,一望无边波涛汹涌的海洋的雄伟气象,从及星空的肃穆而庄严的气象就是属于这一类。这里的意蕴并不属于对象本身,而是在于所唤醒的心情。我们甚至于说动物美,如果它们现出某一种灵魂的表现,和人的特性有一种契合,例如勇敢、强壮、敏捷、和蔼之类"①。简言之,"自然美只是属于主观心灵的那种美的反映,它所反映的只是一种不完全不完善的形态,而按照它的实体,这种形态原已包涵在心灵里"②。以此逻辑推论,一片丰茂的水草、一朵明艳的云霞、一股飞泻的瀑布,以及荷塘湖面上那碎金如玉的残阳月夜在客观上是无美可言的,而只有当它们与主观情绪感受相适宜契合时,或在审美主体的心灵里唤起一种概念(如恬静、神奇、雄壮、柔和等)才谈得上美。如此说来,自然美不是什么别的,仅仅是一种物与神契、景与情合的产物罢了。黑格尔在立论中往往把自然美统于主观审美意识或心灵感应之中,认为前者是后者"不完全不完善"的反映,这就不仅否定了自然美的客观存在,而且大大贬低了自然美的美学价值。尽管如此,黑格尔仍嫌不足。为了进一步验证"美是理念的感性显现"这一定义,他在转向研究艺术美的同时,以鄙视的态度放弃了对自然美的深入探讨,把自然美从他的美学课题中排除出去了。他声称自然美没有

---

① 黑格尔:《美学》,第1卷,第170页。
② 同上书,第5页。

"观念性的主体性",是有缺陷的、次要的。因此,"从来都没有想到要把自然事物的美单提出来看,就它来成立一种科学,或作出系统的说明。……人们从来没有单从美的观点,把自然界事物提出来排在一起加以比较研究。我们感觉到:就自然美来说,概念既不确定,又没有什么标准,因此,这种比较研究就不会有什么意思"。①

在19世纪的德国,追随康德、黑格尔美学体系,但又将其基本观点改头换面,肆意发挥的要首推叔本华(A. Schopenhauer, 1788—1860)与费歇尔(F. T. Vischer. 1807—1887)。叔本华是"理式表现论"与唯意志论的主要鼓吹者。在对美所从事的研究中,他认为"一切事物都是一种理式(即理念或观念——引者注)的表现,所以一切事物都是美的";"一个对象的特殊美的优点在于:这对象上感动我们的理式本身是高度的意志客观性,因而是意味深长和含义丰富的"。② 如果撇开叔本华所谓的"理式"和"意志"不谈(按:事实上这二者是互通相联的,有关"理式"或"理念"我们在谈及黑格尔以及柏拉图美学思想中已经涉及),单从他给美所下的定义里我们不难发现其症结所在。一切事物果真都是美的吗？现实中果真没有美与丑之分吗？难道鳄鱼、田鼠、开屏的孔雀、飞驰的梅花鹿一样都是美的事物吗？显然,叔本华的美学观除了其玄秘的一面之外,还有其笼统含混的一面,后者主要表现在他抹去了美的事物与丑的事物之间的分界。

费歇尔由于深受黑格尔等人的影响,极力否定现实事物的美的存在价值,主张美是理念在个体的显现,坚持美的产生是有先决条件的,是以审美主体为前提的,同时还强调美是理想与现实的统一。正如他本人所说:"只要仔细地看一看现实中的美,就可能确信,它并不是真正的美",因为"在它身上体现着那带有一切粗糙和不姜细节的生活的现实过程。""一件事物如果能够完全表现出该事物的观念来,它就是美的。""假如原先没有一个主体,美就决不存在。""美就是观念与形象之完全的吻合、完全的一致。"③

---

① 黑格尔:《美学》,第1卷,第5页。
② 北京大学哲学系美学研究室编:《西方美学家论美和美感》,第226页。
③ 同上书,第238页。

5　英美作家论自然美

在美学发展的历史长河中,兴起于19世纪初期、法国大革命之后的浪漫主义文学思潮对提高自然美本身的审美价值与社会地位有着颇为深远的历史意义。在当时,欧洲封建制度日趋没落崩溃,资本主义制度逐渐确立巩固,但由于各阶级对法国革命所抱的态度不同,追求的社会理想各异,从而形成了消极的与积极的浪漫主义文学。这两大派别虽曾在某些方面相互对立,但在对自然的态度上却不乏共同之处。他们在很大程度上继承发扬了18世纪感伤主义文学中"返回自然""吟咏自然"的传统,以大自然为背景,把高山、大海、森林、花草、田园、飞瀑、云霞等作为主要对象加以描绘。与此同时,他们把自然的美与社会现实的丑进行对比,尽情抒发对大自然的感受,寄托自己的理想,宣泄自己对现实的不满,表达自己对生活的希冀或憧憬。在这方面,英国消极浪漫主义诗人、湖畔派的开创者华兹华斯(W. Wordsworth,1770—1850)是首屈一指的代表人物。华兹华斯的自传体长诗《序曲》,抒情诗如《自然物象的影响力》《黄水仙》《风景素描》等诗可以说是描写自然、歌颂自然、赞美自然的范例。

但从宏观角度看,自然美成为人们生活(即物质生活与审美生活)中必不可缺的组成部分是在19世纪中叶。当时,科学发明的新成就促进了资本主义工商业的迅速发展,相应地加剧了各企业部门之间的自由竞争。在弱肉强食、明争暗斗、尔虞我诈的激烈角逐中,资本家为了追求更多的剩余价值,变本加厉地压榨剥削工人,从而破坏了人与人之间正常的社会关系以及社会交往。在这世态炎凉的现实生活中,人们常常感到窒息压抑、苦闷彷徨,心理失去平衡,但又无法摆脱所处困境。故此,人们转向自然;幻想在自然界里觅得一块超脱之地,寻得少许慰藉,求得心理生活的平衡。针对此种情况,对现实不满意且失去信心的华兹华斯曾呼吁人们要"热爱自然",因为"自然永远不会背叛你所呈献给它的爱"。

美国19世纪文坛巨人爱默森(R. W. Emerson,1803—1882)也持同样态度。他在《谈美》一文中对自然美的描述具有一定的代表性。他曾写道:

大自然除去供给人类衣食之需之外,亦满足了一种更高贵的要求——那就是满足了人类爱美之心。……万物之本性果真奇妙,或者可以说人类独具慧眼,能够构形绘影。因此,自然界一切基本形体,如天空、如山岳、如树木、如鸟兽,看了都叫人觉得可喜……人假如朝夕营营,为俗务所累,或者惯与俗人交游,觉得身心受到束缚,一旦回到自然界去,自然就可以发挥它医疗的妙用,恢复身心的本来真知。商人和律师走出纷扰的市街,搁下处世的心机,抬头看见天空树木,就觉得他的人性又恢复了。在自然永恒的寂静之中,他们悟出了自己的本来面目。①

从以上引文中不难看出,爱默森笔下的自然不仅作为人类的生活场所客观地存在着,而且亦作为一种独特的审美对象客观地存在着。人们欣赏自然,赞美自然,崇尚自然,视自然为人性复归的乐园。毋庸置疑,爱默森对自然美的高度评价在肯定和确立自然美的价值地位方面起了十分积极的作用。然而,我们也不能不看到他给美所下的定义中包含有某些混杂的成分。譬如,他首先断言美在万物那奇妙的、令人可喜的本性里,但转而又把美统统归于事物的外部形式。他认为美"不凭借外物,也不因其有实用目的,只是就万物的线条色彩、运动与排列看来,都可使人怡情悦性"。很明显,爱默森是康德美学思想中"无目的说"(或曰"无功利说")与其他形式主义美学思想的集大成者。另外,他还是古希腊美学中"整一说"的随意发挥者。他曾判定:"美的标准是自然的全体,也是自然或各种形式的总汇。单独而论,没有一件东西可以称是美的。就全体观之,没有一样东西是不美的。"按此逻辑,我们常说的湖光山色美(如西湖美景)只能在自然各形态如湖和山的总体汇合中见出。如若把湖单列出来谈其柔美,或者将山单抽出来论其壮美,这在爱默森看来是不可能的事。事实上,我们认为湖光美,山色亦美,湖光与山色相映更美。实际上,在湖光与山色的单相美与合二为一的整体美之间,并无一条严格的界线;相反,在这两者之间往往存在有一种互为补充或相映成趣的动态关系。

---

① Cf. R. W. Emerson, "Nature", in *The Collected Works of Ralph Waldo Emerson* (Oxford:Oxford University Press, 1971).

6　俄国作家论自然美

在19世纪后期,俄国伟大的现实主义作家托尔斯泰(L. N. Tolstoi,1828—1910)也十分热爱自然,并以极高的技巧生动入地描写了自然。普列汉诺夫称他为"自然美的最富有同情心的鉴赏者"[1]。在这位艺术家的笔下,自然美景活生生地展示在我们面前。在他一篇去瑞士旅行的札记中,我们会发现绮丽的自然美是如何与托尔斯泰的审美心灵交织在一起的。他回忆说:

> 令人惊奇的是,我在克拉兰住了两个月,可是当我在早晨或者特别在午饭后黄昏前已经蒙上阴影的百叶窗前,眺望湖水和倒映在湖中的远处的青山的时候,美每次都使我眼花缭乱,在刹那间用意想不到的力量打动了我的心。……有时候,当我独坐在绿荫如盖的小花园里,良久地眺望这些湖岸和这片湖水的时候,我甚至仿佛从肉体上感到,好像美通过眼睛注入到我的心灵中了。[2]

另在一篇游记中,托尔斯泰还以抒情的、富有诗意的笔调描述了在天人合一的境界里他对自然的无比热爱。他写道:

> 当自然从四面八方包围着我,然后扩展到无际的远方,可是我总是在它怀抱中的时候,我就喜爱自然。当灼热的空气从四面八方包围着我,而且这种空气缭绕着飘向无际的远方的时候,当那些被我坐在上面压死了的最新鲜的草叶成为一望无垠的草地的绿毡的时候,当那些随风摆动、使阴影在我脸上移动不止的树叶形成远处森林的一片蓝色的时候,当你们呼吸的空气成为深不可测的蔚蓝色天空的时候,当不单是你们在自然面前心旷神怡的时候,当无数昆虫在你们周围嗡嗡地打转、牛群悠然地结队而行、小鸟到处啼鸣的时候,我就喜爱自然。[3]

不难看出,托尔斯泰本人是明显地倾向于主客观统一论的美学观

---

[1] 普列汉诺夫:《普列汉诺夫美学论文集》(北京:人民出版社,1983年),第718页。
[2] 同上。
[3] 同上书,第719页。

念的。故此,他认为只有当人们深切地感受到自己与自然浑然一体或物我同一的时候,才会体验到奇妙的自然如何使自己的心灵充满了生命的真正快乐,才能发现、欣赏和喜爱那使人眼花缭乱的自然美。

稍先于托尔斯泰的俄国著名美学家别林斯基(V. G. Belinski, 1811—1848)对美的剖析可以说是揭开了近代唯物主义美学的序幕。别林斯基曾断定:"在活生生的现实里有许多美的事物";"一切美的事物只能包括在活生生的现实里";"哪里有生活,哪里就有诗"。可令人遗憾的是,别林斯基的唯物主义美学观是不够彻底的,是左右摇摆缺乏一贯性的。他的有些观点往往把人带进了五里雾中。例如,他承认美在现实本身,但又相互矛盾地切断了美与美的事物的形式的客观联系;他声称美是客观存在的,但又不能完全摆脱主观唯心主义美学思想的影响或干扰,说什么"美都是从心灵深处发出的,因为大自然景象不可能具有绝对的美,这美隐藏在创造或者观察他们的那个人的心灵里"①。

显然,别林斯基在论证美的本质时,刚把一只脚踩在地上,随着又腾入空中,如此一来,他必然把自然美归于心灵的创造,认为自然美景的勃勃生机是诗人或观赏者用自己的感情、思想添加的,是他们在欣赏惊赞之余,想用大自然的景象来迷惑或惊吓我们。例如高加索的风景,只有在普希金这类诗人的笔下才是迷人的,"因为他用自己的感情给它们添加了生气,因为他怀着这样一种陶醉的心情描写了它们,正像青年人描摹情人的美丽一样。也许,你看到高加索,把现实和诗意想象加以一番对照之后,你会找不到任何相近处也未可知:这是非常自然的,这一切都要看我们心情如何而定,因为生活和自然美隐藏在我们灵魂里的宝库之中"②。

可见,别林斯基在对美的分析中虽曾言中了艺术美化现实的特性(按:艺术家往往凭借自己的想象力把现实人格化、理想化以及典型化。当他把个人的思想感情注入所要描写的对象中时对他本人不仅可以获得最大限度的美感享受,而且还会强烈地感染他的读者),但总的来讲,他是重弹了唯灵论美学的老调。在反映论上,他颠倒了思维

---

① 别林斯基:《别林斯基选集》(上海:上海译文出版社,1979年),第1卷,第241页。
② 同上。

和存在的关系,就像一位不精通御术的人,将车与马摆错了位置,拼命把车往马里套一样。纵观别林斯基美学思想发展的全过程,我们发现他的有些唯灵论美学观点与他早期的唯心主义哲学思想有着不解之缘。别林斯基一开始受了巴枯宁——这位被普列汉诺夫称为"哲学的门外汉"——的影响。由于巴枯宁在介绍哲学时进行了肆意的曲解,致使别林斯基走了一段长长的弯路。在存在与思维的关系上,他曾宣称:"现象乃是观念的果实";"思想之外都是幻想。幻想只有思想才是最本质的,实在的"。别林斯基的如上论点使人想起唯理主义与怀疑主义哲学家笛卡儿的个人表述:

> 我想我所见的一切事物都是假的,我相信我的欺诈的记忆所提供给我的那些东西,没有一件是真的;我想我没有感觉;我相信物体、形状、广袤、运动和位置不过是我心灵的虚伪。那么,还有什么可以认为是真的呢?也许世界上没有什么是确实的。然而,有一件事却是真实确在的,那就是"我怀疑和思想"。因为,"怀疑意味着存在一个怀疑者,思维意味着存在一个思维者"。①

这样,从逻辑上推论的必然结果将是笛卡儿的独断:"我思故我在"(cogito, ergo sum)。当然,反过来也可以说是"我在故我思"(sum, ergo cogito)。这等于说,怀疑与思索是我之为我的存在方式。

在大陆理性主义盛行阶段,笛卡儿曾是欧洲哲学论坛上风靡一时的人物,其追随者亦大有人在。例如,德国哲学家莱布尼兹(G. W. Leibniz, 1646—1716)就是笛卡儿哲学体系中唯灵论的热情鼓吹者。他认为心灵是一个独立的东西,外在的原因不能对其施予影响;知识不是来自外界,而是产生于心灵本身,如同"人类的空间、形状、运动和静止的观念起源于总合的知觉,心灵本身"一样。谈到美,他说:"我们不一定能找到一件事物之所以令人愉快的究竟所在,它给我们的究竟是哪种美,它是通过心灵而不是通过理解力去感觉的。"②

无疑,别林斯基早期的哲学思想不过是笛卡儿、莱布尼兹唯灵论的广延。他把上述唯灵论的法则运用到美学研究中去也是一种必然。

---

① 梯利:《西方哲学史》(葛力译,北京:商务印书馆,1979 年),第 39 页。
② 北京大学哲学系美学研究室编:《西方美学家论美和美感》,第 85 页。

结果,他将自然景象的美视为心灵的创造,认为自然"隐藏在我们灵魂的宝库中",是根据"我们的心情如何而定"。为了进一步论证灵魂在美感经验中的可靠性,他曾形象地把心灵比作一面镜子,把自然景象比作镜中映物,如果"镜子模糊,大自然景象也就模糊;镜子明净,大自然景象也就明净"。① 别林斯基这一精妙的比喻可以说是他对唯灵论美学观的最好注解。然而人们不禁要问:大自然景象的模糊与否难道是本身的缺陷吗?哈哈镜中一位美丽妇人的奇形怪样难道在于物象本身,而与作恶的镜子无关无涉吗?

再则,别林斯基自以为自然景象的生气(即美)是诗人用自己的感情思想添加的,因为"他怀着陶醉的心情描画了它们,正像青年人描摹情人的美丽一样"。不错,有些自然风景一经伟大诗人的艺术魔杖点化之后,显得更为生动美妙,令人喜不自胜。可诗人这"陶醉的心情"是从何而来呢?是从灵魂的宝库还是故作多情?别林斯基所谓的"陶醉的心情"是指我们现在常说的美感。按照唯物主义反映论,这种心理现象只是自然风景的美深深地打动了诗人的心房,从而引起一种如醉似狂、无限神驰的情感波动,而不可能是别的什么东西。当年的普希金是由于被逐于高加索地区,在亲临目睹厄尔布鲁士山的峰峦和捷列加河的急流之时,深受感动,才怀着"陶醉的心情"写下如此美丽的诗句来传达自然界那奇妙的风光胜景:

> 他,漫步在那阴郁的山崖间,
> 当吹来了早晨的清凉的微风时,
> 把好奇的目光投向
> 灰色的、红色的、蓝色的
> 遥远的山的峰峦。
> 好一片壮丽的图画!
> 积雪的永恒的宝库,
> 它们的山峰,在人们的眼睛里,
> 像是一道静止的长练,
> 而在长练中的一座双头的巨像,

---

① 北京大学哲学系美学研究室编:《西方美学家论美和美感》,第241页。

> 辉耀着冰雪的冠冕，
> 伟大的庄严的厄尔布鲁士
> 在蓝色的天空中银光灿灿……

试想，假若普希金不是被流放到了高加索，而是囚禁在一座封闭的高墙深院里，他本人也从未耳闻目睹过高加索的风光，如此一来，任凭这位伟大的诗人有何等"灵魂的宝库"，有何等"陶醉的心情"，有何等纵横驰骋、"精骛八极，心游万仞"的想象力，恐怕也难以"笼天地于形内，挫万物于笔端"。

谈到此处，也许有人会问：你把别林斯基1835年间与现实"妥协"时期的主观美学论点翻来倒去，为何置其在1840年后的客观美学论点于不顾呢？他不也曾提出过"一切美的事物只能包括在活生生的现实里"等唯物主义美学观点吗？是的，而且还不仅仅这些。当别林斯基于1841年与唯灵论以及黑格尔的哲学帽子"致意"道别之后，他在抛弃了唯心主义哲学的同时掌握了费尔巴哈的唯物主义思想。从此，他扬起现实主义的风帆，终于冲出了唯心主义的死港，驶向唯物主义的彼岸。他不仅从现实出发对美的本质进行了有益的探讨，而且对形象思维、艺术典型的意义等作出了较为科学的解释。

从历史角度看，在唯物主义美学发展过程中，从客观现实出发，对美的本质问题作过比较系统的分析论证的要首推车尔尼雪夫斯基（N. G. Chernyshevski, 1828—1889）。车氏运用费尔巴哈的唯物主义思想有力批判了黑格尔的唯心主义美学体系。在反驳黑格尔派的代表人物费歇尔所主张的"真正的美"等唯灵主义美学观点时[①]，车尔尼雪夫斯基针锋相对地提出："客观现实中的美是彻底地美的"；"美感寻求的是好的东西，而不是虚幻地完美的东西。因此就令现实中的美有许多严重的缺点，我们还是满意它的"。[②] 在几乎同一时期撰写的《现代美学概念批判》专论中，车氏还指出："我们认为，自然美的确是美的，而且彻头彻尾都是美的"；"在大自然中一点观念都找不到；在自然里只存在着各种不同质素的不同物质；它们互相冲击，这就开始了

[①] 车尔尼雪夫斯基：《生活与美学》，第3、4、39、52页。
[②] 同上书，第44页。

自然界的生命"。①

在批判争论中,车尔尼雪夫斯基信心十足、滔滔不绝,以雄辩的现实事例往往迫使他的论敌难以还手。他高呼着"美是生活"的口号,为确立唯物主义美学的历史地位作出了应有的贡献。但是,车尔尼雪夫斯基给美所下的定义未免失于空泛笼统。如他所说:"美是生活。——任何东西。凡是人在那里面看得见如他所理解的那种生活的,在他看来就是美的。美的事物,就是使人想起生活的事物。"②毫无疑问,这一立论在原则上是唯物主义的,但在论证上时常表现为一种机械的,甚至带有功利实用色彩的唯物主义。由于他对"生活"未能作出科学的、系统的、"一清二楚"的解释,因此他的美学观时而还暴露出隐隐约约的唯心主义弱点。正如蔡仪在评述车氏美学思想时所说:车尔尼雪夫斯基"由唯物主义观点的定义为出发点,刚走出一步,就转到唯心主义的观点上去了"③。车氏本人对自己的缺点是有认识的而且勇于承认的。他并不想效法果戈理喜剧《钦差大臣》中的法官——贾普金-略普金,"硬说什么都一清二楚"。④ 他还曾在《自评》一文中进而作了自我解剖。他说:"车尔尼雪夫斯基先生未免匆匆滑过了美学同自然观和人生观总体系相接触的交点。在论述流行的美学理论时,他差不多没有谈及它是凭借什么样的总论据,而只凭一片叶子去分析'思想树'的枝丫。"⑤另外,车尔尼雪夫斯基为了旁证"美是生活"这一原则,在论及自然美时,也犯了前后矛盾的毛病。他曾说过"美在自然界中是存在的,而不是由我们的想象把它加到自然界去"。但就在他肯定自然美的客观性的同时,转而又否定了它,给自然美下了这样一个定义:"构成自然美的是我们想起人来(或者预示人格)的东西,自然界的美的事物,只有作为对人的一种暗示才有美的意义。"这就如同说自然美并不在其本身,而主要在于人的主观联想。事实上,联想(如想起人的生活、理想、情操、格调等)只能是增强美感的心理要

---

① 车尔尼雪夫斯基:《车尔尼雪夫斯基论文集》(上海:上海译文出版社,1979年),中卷,第35、40页。
② 车尔尼雪夫斯基:《生活与美学》结论部分。
③ 蔡仪主编:《美学论丛》(北京:中国社会科学出版社,1980年),第2卷,第196页。
④ 伍蠡甫主编:《西方文论选》(上海:上海译文出版社,1979年),第47页。
⑤ 朱光潜:《西方美学史》(北京:人民文学出版社,1979年),第573页。

素,而并不能决定或代替客观存在的自然美。可见,车尔尼雪夫斯基又一次暴露出他的唯物论美学观的不彻底性,或者说是他仍未完全摆脱唯心论、人本主义的束缚,结果对美的本质作了一些不够确切、略嫌肤浅和相互矛盾的表述。

7 法国艺术家论自然美

在18与19世纪的法国,艺术流派层出不穷,影响甚大,如新古典派、浪漫派、印象派、现实(或写实)派与自然主义等。尽管各派艺术家所抱的艺术理想或审美理想不同,所凭借的艺术手段或风格各异,但在对待大自然的态度上却有着惊人一致的地方,都把大自然视为美与艺术的取之不尽的源泉。

新古典派和浪漫派的代表人物安格尔(J. A. D. Ingres,1780—1867)与德拉克洛瓦(E. Delacroix,1798—1863)可以说是两个各树一帜的死对头,但在谈到自然的审美价值与艺术的关系时,都不约而同地认为艺术要从"自然——这个所有伟大的艺术家的真正母亲中汲取力量,自然中所存在的并将永远存在着的宝库如此广大,难以估量,就像大海深处隐藏着万物那样莫测高深、取之不尽"[1]。谈到自然风景与风景绘画,德拉克洛瓦不无动情地感叹道:"在给露水洗净的早晨的风景中,鸟的歌声使景色活跃起来,充满了大自然迷人的魅力,有学问的人和普通的老百姓既不想到线条,也不去想明暗,他们只感到深深的激动,从心底里涌出一种幸福的潜流,就是快感,普桑发现这是绘画的唯一目的。"[2]

成就显著的写实派艺术家们,如库尔贝、米勒、罗丹等,更是师法自然的高手。他们一致认为美存在于现实的大自然中。库尔贝(G. Courbet,1819—1877)宣称:自然界中的美的事物,"以最多种多样的现实形式呈现出来。……作为自然界所提供的美,是比艺术家的所有的传统优越的"[3]。罗丹(A. Rodin,1840—1917)则说得更为肯定:"自然

---

[1] 安格尔:《安格尔论艺术》(沈阳:辽宁美术出版社,1979年),第96页。
[2] 德拉克洛瓦:《德拉克洛瓦论美术和美术家》(沈阳:辽宁美术出版社,1981年),第247—248页。
[3] 北京大学哲学系美学研究室编:《西方美学家论美和美感》,第241页。

总是美的……美是到处都有的。对于我们的眼睛,不是缺少美,而是缺少发现。"①印象派的画家们则把艺术视为"一种与自然平行的和谐体",提倡天真纯朴地接触自然摹写自然,提倡借助绘画艺术中的色和线等手段描写自然界中令人眼花缭乱、变幻莫测的美景,以求在固定性的画布上永留住大自然那流动奇异的美。印象派大师塞尚(P. Cezanne,1839—1906)曾对人讲:"我愿意对你说,我在大自然面前清醒明澈多了。……在我内心里,风景反射着自己,人化着自己,思维着自己。我把它客体化、固定化在我的画布上。"②同时期的伟大艺术家凡·高(V. Van Gogh,1853—1890)等人也重复了这一美学的原则。他说:"我在全部自然中,例如在树木中,见到表情,即人的心灵。"③

令人可喜的是,在这些艺术家的艺术主张与见解中,均包含着富有实践性的现实主义美学因素。他们与以往的唯心主义美学家不同,并不把自然美视为心灵的造物或映物。恰恰相反,他们在肯定自然美的客观的同时,将人和人的心灵连同其思想感情都灌注到自然事物中去了。

从古希腊至今,关于自然美的问题依然是一个开放的课题。从林林总总的自然美论中,人们可以窥知审美意识的历史流变与发展。比较而言,美学家们惯于从本体论和认识论的角度出发,分析和探讨自然美的本质特征,结论大多侧重于抽象的理论形态;艺术家们惯于从价值论和实践论的角度出发,描述和彰显自然的审美意味和参照意义,结论大多侧重于个人的体验与感悟,读来使人倍感亲切。

鉴于自然的不可界说性(undefinability),现当代西方美学界对自然美的专题研究日益稀少,诚如阿多诺(T. W. Adorno)所说,自然美处于"历史的停滞状态"(a standing-still of history)。因为,大多数美学理论家(如 Hussey,Parker,Clark 和 Adorno 等人)虽然肯定自然风景的审美意味(aesthetic significance),但仍然习惯于从"风景如画"或"画境"(picturesque)角度来看待自然美,也就是根据绘画构图的一般方法来选景、框景、观景和论景。即便试图站在文化景观(culturescape)

---

① 参阅罗丹:《罗丹艺术论》(北京:人民美术出版社,1987 年),第 62—73 页。
② 参阅瓦尔特·赫斯:《欧洲现代画派画论选》(北京:人民美术出版社,1980 年),第 21—24 页。
③ 同上书,第 28 页。

的立场来审视自然山水美,也只是将其看作一种"步入野外活动"(stepping out into the open)或游山逛水的观光活动,把大自然看作"一种调适密码"(a cipher of reconciliation),而且终究是要向艺术美过渡的这种局面[1],恐怕在短期内不会出现根本性的变化。

(1993年写于京东杨榆斋)

---

[1] P. E. Sparshott, *The Structure of Aesthetics* (Toronto: University of Toronto Press, 1963), pp. 96-98; T. W. Adorno, "*The Beauty of Nature*", in *Aesthetic Theory* (Trans. C. Lenhardt, London: Routledge & Kegan Paul, 1984), pp. 91-115.

十六　审美文化观溯源与反思

如前所述,美学作为文化的一部分,是文化理想和精神的集中体现。早在18、19世纪的德国古典哲学时期与英国维多利亚时期的文艺批评领域,文化就已成为重要的人文概念,其精神或审美层面备受重视,为审美文化(*asthetischen Kultur*/ aesthetic culture)的发展奠定了历史基础。当我们今日从历史的角度来追溯西方审美文化观的流变过程中,也必然会引起我们对某些问题的反思和觉解。

1 康德与席勒的审美文化理念

在理想主义文化批评的氛围中,德国古典美学家惯于把文化与精神自由联系起来,与构成人类本质力量的内在因素联系起来,与人的内在人格的自我完善联系起来。譬如,康德在《判断力批判》中,曾对"文化"(*Kultur*)做过这样的界定:文化是在理性存在者身上生产一种能力的过程,这种能力旨在实现种种一般目的,从而使理性存在者获得自由。所以,只有文化才会是我们在考虑人类时有理由归之于自然的终极目的(*letzter Zweck*/ultimate purpose),尽管不是任何文化都足以成为自然的这个终极目的。[①] 在康德看来,人作为"有理性的存在者",为了实现"自由"和"满足感"等精神性以及相关的物质性目的,必将运用自己的全部才智和能力投入到创造性的生产或实践活动之中。这种"生产活动"(producing),是人之为人的过程,是人类在精

[①] Immanuel Kant, *Critique of Judgment* (tr. Werner S. Pluhar, Indianapolis:Hackett Publishing Company, 1987), p. 319 [431]. 另参阅康德:《判断力批判》(邓晓芒译,北京:人民出版社,2002年),第287页。

神、心灵和肉体上的"自然力"的发展过程,也就是从自然统治人类的原始状态朝着人类统治自然的主宰状态逐步发展的过程。这种"生产活动"作为结果,有助于人类这一特殊物种日益摆脱动物界的局限,获得"人类内在的质的规定性",即人之为人所应有的纯粹理性、实践理性和审美判断能力。总之,这种"生产活动"的上述属性,无论从目的还是结果上讲,均可以说是完成自然向人生成的过程,是人的内在人格的自我完善过程,同时也是个体对于人类的真善美理想的自觉的人格确认过程。这种"生产活动"所指称的文化,用康德自己的话说,具有管教或训练(*Zucht/Disziplin*)的属性;它作为协助意志进行规定和选择之能力的重要条件,采用了否定的方式,可将人的意志从欲望的专制中解放出来,这不仅使人拥有了自己做出选择的能力,而且使人不再依附于自然物,不再受制于本能冲动的枷锁。① 可见,构成文化的生产或实践活动,在很大程度上等同于人类从必然王国走向自由王国的探索过程。

具体地说,康德所论的"文化"观念,实际上也包括"教养"或"修养"(cultivation)等含义。这种文化修养通常体现在不同的方面,诸如认知能力(cognitive powers)、内心能力(mental powers)、鉴赏能力(taste or aesthetic judgment)、道德情感(moral feeling)以及科学发明与艺术创造等方面。通过以上各个方面的综合作用,人类就可以利用外在和内在的自然来实现自己更高的目的,借此不断地摆脱自身的动物性,逐步地发展自身的人性和德性。尤其是通过科学与艺术的教育或教化,人们不仅可以感悟到普遍可以传达的愉悦、优雅与美感,而且可以更加文明地生活在社会里,可以进一步摆脱感官的主宰,生活在以理性为主导的更为自由的境界里。如此一来,所有那些由自然带给我们的祸害或因人类的争吵与自私而产生的罪恶,也就会召唤着、提升着、坚定着我们灵魂的力量,使之不为这些祸害或罪恶所征服,并让我们感到自己身上蕴藏着一种可用来实现种种更高目的的能力。②

根据康德的看法,影响人类生存方式的文化至少可以分为两种:

---

① Immanuel Kant, *Critique of Judgment*, p. 319〔431〕。另参阅康德:《判断力批判》(邓晓芒译,北京:人民出版社,2002年),第287页。
② Ibid., p. 321〔433—444〕。

一是"技艺文化"(the culture of skill),二是"管教文化"(the culture of discipline)。前者是促进一般目的之能力的重要主观条件,但还不足以协助意志进行规定和选择自个的目的。后者则是前者不可或缺的补充条件,可协助意志完成自个目的的规定与选择过程,可将意志从欲望的专制解放出来,最终使依赖感性冲动的自然人成为诉诸理性的道德人或自由人。① 比较而言,"技艺文化"所侧重的是形而下的器物文化层面(如手工与机械),所强调的是工具的制造和操作技能,所突出的是物质生活资料的生产,这些是人类利用自然来为更高目的服务的基本条件。"管教文化"所侧重的是形而上的观念文化层面(如法律与宗教),所强调的是道德的修养、理性的主导与行为的规范,所突出的是道德伦理与精神生活内容的充实,这些是人类净化自身欲望和培养高贵人性以便实现自由目的的重要条件。在这两者之间,我们可以设想另外一种文化形态,那就是"审美文化"(aesthetic culture)。康德虽未明言,但论述甚多。这种文化所侧重的是情感与心理层面,所强调的是审美的修养或鉴赏力的提高,所突出的是文学艺术的创作及其审美的价值。尤其是文学艺术,一旦达到完美的程度,就成为人文学科(humaniora)的组成部分以及预备教育(Propädeutik)的重要内容。通过这种初步教育,不仅可以培养内心的能力,而且可以成就博爱的"人性"(Humanität)。康德认为"人性"具有两个基本维度:一是普遍的同情感或共鸣感,二是普遍传达内心情思意趣的能力。② 推而论之,前者既是道德感的基础,也是审美感的基础;后者不仅涉及传达的技艺(手法技能),而且需要传达的工具(符号创造)。可见,以文学艺术为重要内容的"预备教育",乃是成就和提升"人性"的有效动力之一。这种"预备教育",显然可以划归到"审美文化"之中。依照康德的逻辑,这种"审美文化"兴许介于"技艺文化"与"管教文化"的交叉地带,似乎扮演着某种下学上达或承下启上的特殊角色。

席勒(F. von Schiller,1759—1805)深受康德的启发和影响,从《判断力批判》中演绎出一种新型的文化模式。在《美育书简》

---

① Immanuel Kant, *Critique of Judgment*, p. 319 [431-432]。另参阅康德:《判断力批判》,第289页。

② Ibid., p. 231 [355]。

(1793—1794)中,席勒把文化与审美直接并轨,提出了"审美文化"(der asthetischen Kultur)这一概念。他认为,"我们现在解释和分辨了人们在判断美的影响和审美文化价值中经常遇到的差异。我们记得在解释这种差异时,实际经验中存在两种类型的美(zweifache Schonheit)。另外,论辩的双方在谈到全面发展的天才时,都断言一种类型的美只是在旁证另一种类型的美。而我们在分辨这一差异时,也区别了人身上与那两种美相对应的双重需求"①。这里所谓的两种美,是指"理念的美"(die Schonheit in der Idee)和"经验的美"(die Schonheit in der Erfahrung)。"理念的美"属于美的最高理想,存在于"实在与形式的尽量完善的结合与均衡之中",这等于说"理念的美"就是理想的美,而理想的美就是现实与形式的统一和谐结果。"经验的美"则具有双重性,通常表现为两种形态的美,一种是"振奋性的美"(die energische Schonheit),另一种是"熔炼性的美"(der schmelzenden Schonheit)。"振奋性的美"产生紧张作用,可以激励或振奋人性(生理与道德),增加人的灵活性与敏捷性,能在松弛的人身上恢复能力,但不能使人抵制粗野与无情的残余;"熔炼性的美"产生松弛作用,可以慰抚或松弛人性(生理与道德),使欲望的暴力与情感的能量得到抑制,使性格摆脱情感的摆布,即在紧张的人身上恢复一定程度的定力,但却不能使人防止某种软弱与无能。在席勒看来,理想的美是整一而不可分割的,但在不同情况下却显示出不同的特性。而在经验里,熔炼性的美与振奋性的美却分别存在。因此,在效果上,理想的美能够产生松弛与紧张的融合与平衡,使人追求振奋与松弛的双重需要得到满足,使人获得宁静和自由与刚健和灵活相结合的心情,"从而使两种对立的人格统一为理想的人"(so wie jene zwei entgegengesetzten Formen der Menschheit in der Einheit des Ideal-Menschen untergehn)。②

席勒在论美与美育的功用的过程中,时常谈及文化、审美文化或审美教育文化。他一再指出:文化的基本任务就是要监视人的感性冲动与理性冲动并确定它们的界限,不仅要对着感性冲动维护理性冲

---

① 席勒:《美育书简》(第16封信)。Cf. Friedirich von Schiller, Uber die asthetische Erziehung des Menschen (On the Aesthetic Education of Man, tr. Elizabeth M. Wilkinson & L. A. Willoughby, Oxford:The Clarendon Press, 1967), pp.114-115.

② 席勒:《美育书简》(第16封信)。

动,而且也要对着理性冲动维护感性冲动,从中造就一种以自由活动为特征的"游戏冲动",借此消除一切强迫,使人打破感性与理性、物质与精神、素材与形式、感觉与思维之间的消极对立,进入全方位的自由状态。这实际上涉及审美文化的根本目的,那就是通过审美教育而将感性的人引向形式和思想,同时又使精神的人回到素材和感性世界①,使人的感性与理性通过审美教育得到充分的发展并达到和谐统一,成为"审美的人"(den asthetischen Menschen),自由的人,人性完满实现的人或全面发展的人。诚如席勒本人所言,审美文化的重要任务之一,就在于使感性的人在美的王国所及的所有领域中成为审美的人,进而成为道德的人,使他能够超越有限的存在和摆脱依赖状态,找到通往无限存在、自律和自由的阳关大道。因为,审美文化能使一切事物服从于美的规律,使自然规律和理性法则都不能束缚人的自由选择,并且在赋予外在生命的形式中展现出内在的生命。② 显然,审美文化在这里直接关系到审美创造,即按照美的规律进行艺术创造的同时也进行人格的创造,这样才有可能从人所"赋予外在生命的形式中",也就是在人所创造的对象或人化自然的成果中,"展现出内在的生命",展现出精神生命的象征意义或真善美的价值形态。

从理论上看,席勒对美的探讨,主要是沿着康德的思路,力求避免理性派与经验论的片面性,试图对两者予以调和。但不同的是,席勒把美作为文化与教育的核心内容,并将其置于人性的高度和历史发展的背景下加以研究,努力从感性与理性、物质与精神、自然与道德以及真、善、美的统一中去揭示美的客观性和功能性。从目的上看,席勒作为当时德国知识界的活跃分子,受法国大革命的启发而渴望自由,于是想凭借哲学探讨来建立真正的政治自由,假道美学问题来解决经验界的现实问题,通过美使人走向精神的自由与独立。不过,他由于"不满意于法国革命者所理解的自由,而要给自由一种理想化的唯心主义解释:自由不是政治经济的自由行使和享受,而是精神上的解放和完美的人格的形成;因此达到自由的路径不是政治经济的革命而是审美

---

① 席勒:《美育书简》,第 13 封信,第 85—87 页;第 18 封信,第 122—123 页。
② 同上书,第 23 封信,第 164—169 页。

的教育,至少是须先有审美教育,才有政治经济改革的条件"①。所以,他便以浪漫主义的情怀,基于乌托邦的空想,无限地夸大了审美文化与审美教育的作用,以期从学理上证明自己相关论点的内在意义。这一点对英国维多利亚时期以及后世的审美文化观念,均产生了直接或间接的影响。

2 斯宾塞的审美文化观

流行于德国古典时期的"文化"要义,在当时的英国依然有效,并且与审美趣味和人格修养密切地联系在一起。因此,维多利亚时期(Victorian Times, 1837—1901)的一些人文学者十分强调文化的审美特性。这方面的主要代表人物除了罗斯金之外,还有斯宾塞、莫里斯、阿诺德和佩特等人。②

赫伯特·斯宾塞(Herbert Spencer, 1820—1903)是一位社会哲学家,进化论的积极倡导者,社会学有机学派的奠基人,被誉为"维多利亚时期的亚里士多德"。他曾建立了一套宏大的"综合哲学体系"(system of synthetic philosophy),涉及生物学、心理学、伦理学、社会学和美学等不同领域。斯宾塞的美学思想涉及游戏说、审美文化、艺术教育论和艺术进化说,主要见于《论教育》(Education)、《进步:规律与起因》(Progress, Its Law and Cause)、《社会学原理》(Principles of Sociology)、《心理学原理》(Principles of Psychology)第二卷《美感》(Aesthetic Sentiment)等著作以及其他一些论文与随笔之中。

在1861年出版的《论教育》一书里,斯宾塞将"审美文化"(aesthetic culture)作为"科学文化"(scientific culture)的补充提了出来,并从教育的完整性与艺术的伦理学角度探讨了"审美文化"在社会人生中的意义。他断言,人生的需求是多方面的,而以"轻松和娱乐的活动来填补闲暇时间",是生活中不可缺少的组成部分。这类活动主要涉及"对大自然和文学艺术的欣赏",因为(1)它们具有丰富的审美文化价值与审美愉悦效应,不仅使文学艺术成为可能,而且使个体与社会

---

① 朱光潜:《西方美学史》(北京:人民文学出版社,1979年),下卷,第443页。
② 王柯平:《西方审美文化的绵延》,见《浙江学刊》1998年第2期,第86—91页。

生活成为可能;(2) 绘画、雕塑、音乐、诗歌与建筑等文学艺术,是"文明生活的精华"(efflorescence of civilized life),如果没有这些东西,没有由各种自然美所引发的情感,生活就会失去一半魅力;(3) 在很大程度上,审美文化是产生人类幸福的因素,或者从根本上说,审美文化是"人类幸福的根本需要"(fundamental requisite of human happiness);(4) 构成审美文化的各类文学艺术,具有来自但却高于文明生活的超越价值,其基本任务在于创造一种健康的文明生活,因此,服务于这一目的的审美文化应当占有至高的地位;(5) 审美文化的上述内容既然在生活的闲暇组成部分中占有重要的地位,那么也应当在教育的闲暇组成部分中占有同样重要的地位。① 最后一点显然是就艺术教育的必要性而言的。但总的说来,"审美文化"这一概念在斯宾塞的心目中,主要在于通过教育来不断提升人们创造美(艺术)的能力和培养人们欣赏美(包括艺术美和自然美)的趣味,最终旨在丰富人类的生活内容和改善人类生活的质量。

斯宾塞的审美文化思想也体现在他所倡导的社会有机论和社会进化论中。在《社会学原理》第三卷里,他从职业制度的角度考察了医生、诗人、剧作家、舞蹈家、音乐家、建筑家、雕塑家、画家、演员、史学家和教师等职业的演化历史,借此突破了审美文化的教育学局限,扩大了审美文化的社会学内涵,主张对审美活动进行社会学及进化论研究,这实际上已经走在法国学者丹纳的审美社会学研究之前,对后世学者的直接或间接影响是不言而喻的。斯宾塞在阐述各种职业所产生的自然与社会因素时,从中总结出各自形成过程及其特点进化的共性。譬如,他将舞蹈家和作曲家的职业形成的源头追溯到原始歌舞,也就是那种与战争和宗教活动关联密切的原始歌舞。在古时,当人们看到远征的国王或首领得胜归来时,就会情不自禁地载歌载舞、夹道欢迎,以表达喜悦之情。久而久之,这些歌舞就演化为固定的形式、节奏和韵律,并且与战争和宗教活动经常结合在一起。《圣经》中就有以色列将领大卫战胜腓力斯人后凯旋时受到妇女载歌载舞、

---

① Herbert Spencer,"Health and Art", from *Education* (1861), in Robert Peters (ed.), *Victorians on Literature and Art*,(London:Peter Owen Limited, 1964), pp. 200-203.

夹道欢迎的记载。①

当然,从社会关系的角度来看,各类艺术家的职业形成也与社会分工不无关系。斯宾塞认为,社会主要有三种职能:保卫人民安全、规范社会生活和维持人民生活。但是,随着社会与经济的发展,当防卫、规约和民生这三种基本需求都得到满足之后,还需要什么东西来满足人民不断增长的需求和提高他们的生活质量呢?那就是文学艺术。于是,诗人、画家、雕塑家等职业便应运而生。他们的作品给人带来欢乐、智慧、优雅和美的享受,他们在社会上发挥着各自的特长,为提高人的精神和审美生活尽职尽责。就拿舞蹈来说。早期的舞蹈主要用于两种场合:宗教祭祀与政治礼仪。最初,舞蹈主要是在神坛或部族领袖前表演,后来慢慢蔓延出去,逐步发展成为宫廷社交舞蹈,最后才成为民间娱乐活动。在此过程中,舞蹈形式日益多样,赋予了更多的审美含义。这对于丰富人民的生活和提高人民的鉴赏水平起着重要的作用。

值得一提的是,在英国工业革命之后的19世纪,艺术与科学的关系一直是社会各界十分关注的话题。比较而言,科学处于主导地位。艺术与其他娱乐活动处于从属地位,这是按照各自的实际价值和重要意义来排序的。在斯宾塞看来,文学艺术创作是有前提的,是建立在使个人生活和社会生活成为可能的诸项条件基础上的。这如同养花,从培育一株植物开始,到最后开出美丽的花朵,按理说花朵应是压倒一切的成果。然而,深谙养花之道的人明白,根叶乃是花开的前提条件,其内在重要性大于花朵本身。以此推论,建筑、雕塑、油画、音乐和诗歌等艺术,可谓文化生活中的花朵,似乎具有超出一切的价值,但如果抛开健全的文化生活这一根基,那就无从谈起。艺术与科学的关系,也是如此。斯宾塞就曾断言:"最高级的艺术以科学为其根基。若无科学,便无完美的艺术创作和欣赏。"②这一论点如果从上述条件论的角度来看,似乎有些道理。但从艺术创作本身而论,这显然是荒诞不经之谈。因为经验告诉们我,科学与艺术所因循的方法和追求的目

---

① Herbert Spencer, *The Principles of Sociology*, in *The Works of Herbert Spencer*, Vol. XIII, (Osnabruck: Otto Zeller, 1966), pp. 200-205.

② Herbert Spencer, *Education: Intellectual, Moral, and Physical* (Otto: Osnabrück, 1966), p. 39.

标,犹如两股道上行驶的火车,在积极意义上可以说是并行不悖,在消极意义上可以说是两不相及,尽管在材料发掘和制作工艺上两者具有一定联系。虽然斯宾塞辩解说:画家与雕塑家务必熟悉人体骨骼肌肉的分布、联系和动作,因为这是科学知识的一部分,是掌握合理的线性透视的关键所在,否则就会使许多绘画与雕塑作品失去其艺术价值。此说也许对西方古典绘画与雕塑艺术具有相对的适用性,但对东方艺术和现代艺术而言则显得无足轻重。另外,斯宾塞倡导的科学-艺术观,也或多或少地折映出斯宾塞思想体系的混杂与艺术观念的偏狭。在标举和崇尚科学的时代,这在很大程度上属于一种随波逐流的认识,对科学和艺术的看法明显带有工具理性色彩。再者,用养花这一带有植物学意味的喻说来比附文艺创作的成果,从常识上可以引起人们一定的共鸣,但细究起来难免有强辩之嫌。要知道,艺术创作绝非像养花育草那样简单。艺术发展的历史经验告诉我们,不是有了所谓的个人生活与社会生活就一定会造就完美的文学艺术及其鉴赏能力。可见,斯宾塞在这里并未抓住问题的根本,而是因循其庸俗的社会学方法和机械进化论观点得出的一般结论而已。

颇为有趣的是,斯宾塞为了提升科学在英国公众乃至教育领域的地位,特意强调科学本身不仅诉诸理性,而且富有诗意。如他所说:科学不仅是雕塑、绘画、音乐与诗歌创作和欣赏的基础,而且其本身就富有诗意(poetic)。① 对于科学研究者而言,他们从研究对象中能体悟到某种诗意,不但不比其他人有所差欠,反而比其他人更为明晰。譬如,一片雪花,在普通人的眼里只是一片雪花,但在显微镜中见过雪花结晶的奇妙形式的人心中,却能引起无限的联想与生动的诗意。在过去,相对于流行的理性主义和工具主义科学观而言,这无疑是一个大胆的假设。在今日,相对于李政道等人提出的科学与艺术关联说,这无疑是一个相当前卫的立论。只可惜,斯宾塞对于科学富有诗意以及科学激发诗歌艺术的观点,仅仅停留在一般的经验性描述之上,并没有展开系统的理论探索与深入分析。

在涉及审美文化教育方面,斯宾塞提出过许多批评性和建设性的

---

① Herbert Spencer, *Education:Intellectual, Moral, and Physical* (Otto:Osnabrück,1966), p.44.

意见,其中有的观点是值得我们关注和反思的:反对矫揉造作的虚饰,讲求人生质量的实质,在重视人文教育的同时也要重视科学教育。为此,他积极呼吁当时的英国教育必须克服如下弊病:"为了花朵而忽略了植物,为了美丽就忘却了实质。"①另外,斯宾塞从人类生活的实际和基础出发,认为艺术生活的扩展是人类物质力量足以强大的结果,同时宣称艺术生活的丰富只有等到人们享有更多的空余时间和剩余精力之后才会成为可能。因为,人们永远只能首先顾及基本的生存需要,随后才有可能考虑审美和精神等其他需要。这种基于社会进化论的艺术观和审美观,虽然道理浅泛,但很有说服力,容易使人联想到马克思的实践哲学观和实践美学观。

历史地看,斯宾塞的审美文化观侧重艺术教育,与西方传统美育思想一脉相承,其中虽然包含着一定的社会、文化与经济等原因,但始终以消解当时社会生活中出现的精神及道德危机为鹄的。他对"审美文化"的思考与论述,尽管不如康德或席勒那样更富有哲学意味和思辨特征,但却具有较大的应用性或可操作性。事实上,"审美文化"这一概念,正是通过斯宾塞的渲染,才引起英国学界与民众更多的关注,由此成为英国维多利亚时期文化诗学建构的参照要素和评价文学艺术的基本准则之一。

3 莫里斯论审美文化与人民艺术

威廉·莫里斯(William Morris,1834—1896)的一生,亲历了工业革命、社会主义运动与工艺美术运动等诸多重大事件,展现了多方面的才能,尤其是在设计艺术发展方面的建树,对后世产生了久远的影响,因此享有"现代设计艺术之父"与"工艺美术运动奠基人"等美誉。

莫里斯通过参与诸多艺术的实践活动,积累了丰富的经验与思想。在约翰·罗斯金的直接启示下,莫里斯认为艺术与道德、政治、宗教和社会紧密相关,只有健全的社会才能产生伟大的艺术;艺术的目的在于创造美和快乐,在于使艺术真正成为"人民的艺术"(art of the

---

① Herbert Spencer, *Education: Intellectual, Moral, and Physical* (Otto: Osnabrück, 1966), p.38.

people)。他曾把维多利亚时期艺术的衰退主因归咎于资本主义社会的工业化生产。因此,他钟爱中世纪艺术,渴望艺术的美好未来,试图用社会主义运动去实现理想的艺术,同时用理想的艺术来重建理想的社会。

在莫里斯的一生中,罗斯金可谓影响最大的良师。正是通过阅读和品察罗斯金的著作和思想,如《现代画家》《建筑的七盏明灯》与《威尼斯的石头建筑》等,莫里斯最终决定选择艺术作为自己毕生的职业。甚至到了垂暮之年,他依然把罗斯金奉为自己参加社会主义运动之前的"思想领袖",宣称若无罗斯金进入其生活,他自己的一生将会是"多么空虚"![1] 罗斯金倡导艺术教育功能,推崇哥特式艺术风格,赞扬中世纪建筑工艺,标举民主性设计和"快乐劳动"(pleasurable labour)等理念,所有这些均对莫里斯产生了深刻的影响,最终促使后者放弃了神学,潜心于艺术,参与工艺设计实践,推广人民艺术思想。

在罗斯金看来,中世纪的工匠是在自由与平等的氛围下工作的,因此具有很大的创造性或创造力,同时也在劳动中享受着无尽的愉悦。因此,中世纪的艺术品不仅体现了工匠的技艺,而且体现了他们的智慧。不幸的是,19世纪的资本主义工业化生产破坏了中世纪那样的工作氛围,机械化导致劳动分工,工人沦为机器的奴隶,他们从劳动中感受不到快乐。所有标准化的模型、精准的打磨和工业社会引以为自豪的东西,都是以牺牲工人的情感和智慧为代价的。

在《威尼斯的石头建筑》一书中,罗斯金分析了这座水城特有的三种建筑艺术潮流:第一种为罗马基督教风格,亦称拜占庭建筑风格,一直延续了多个世纪;第二种为哥特式建筑风格,其鼎盛时期是从13世纪中期延续到15世纪早期,属于威尼斯建筑的核心;第三种为文艺复兴时期的建筑风格。罗斯金继而在《建筑的七盏明灯》里,专门讨论了这三种建筑风格的装饰特点。在他看来,古希腊罗马的建筑装饰风格可谓"顺从性装饰"(servile ornament),因为下等工匠的工作完全依附或受控于主管设计的上等工匠;哥特式建筑的装饰风格可谓"有益性装饰"(constitutional ornament),此时下等工匠虽然地位较为卑微,但

---

[1] William Morris, "How I Became a Socialist", in *Political Writings of William Morris*, pp. 243-234.

已获得解放与自由,可在劳作中实现自己的设计理念;最后,文艺复兴时期的建筑装饰风格可谓"革新性装饰"(revolutionary ornament),这主要是下等工匠翻身得解放、充分发挥才智的结果。不过,罗斯金并不认为文艺复兴就意味着建筑艺术的复兴,他反其道而为之,在高度赞扬中世纪哥特式建筑风格的同时,也积极参与到哥特式建筑风格的创新设计与实际建造之中,譬如亲自参加牛津大学自然博物馆的设计与装饰等。另外,就装饰美本身而论,他认为真正的装饰不能丧失"自身的建筑目的"(its architectural purpose),同时也不能没有"自身的装饰力量"(its decorative power)。装饰的好坏取决于适度。好的装饰不能过于渲染或夸张(overcharged),而坏的装饰总是过于渲染或夸张。①

受罗斯金的影响,莫里斯也反对文艺复兴意味着"艺术新生"的说法,甚至认为文艺复兴是建筑艺术滑坡的开始。就艺术而言,这一时期的艺术家都深受中世纪艺术的影响,他们创造的作品实乃中世纪艺术风格的延续。② 与此同时,莫里斯力图复兴中世纪哥特式手工艺术及其诚实和朴素的风格,这集中体现在1859年同韦伯共同设计的"红屋"建筑和家具之上。该建筑外墙面采用红砖,不加粉刷,保持本色,其外观形式与内部功能彼此呼应,构成整体简洁明快、舒适自然而不矫揉造作的风格特点,成为工艺美术运动的首要标志和建筑史上里程碑式的经典之作。此外,莫里斯一方面倡导手工艺术并反对机器生产,另一方面积极追求实用舒适和明快的设计,提倡简约的风格,凸显真实的质感,力求建筑与设计忠实于材料本身等特点,同时还强调工匠在工作中的自由与快乐。在他的带动下,一些年轻的艺术家和建筑师纷纷效仿,进行设计上的革新,从而在1880—1910年间形成一种设计革新的高潮,对后世的设计运动有着深远的影响。

值得关注的是,维多利亚时期一度时兴古建筑重建运动。罗斯金对此十分反感,宣称这是一种不折不扣的毁坏行为,是一种自欺欺人的愚蠢做法,认为这种重建方式如同扶起死人行走一样没有任何可能

---

① John Ruskin, *Seven Lamps of Architecture* (London et al: Century Hutchinson Ltd., 1988), p.27.
② William Morris, "The Beauty of Life", in *The Collected Works of William Morris*, Vol. XXII (ed. May Morris, London: Routledge Press, 1992), pp.56-57.

或可取之处。① 莫里斯所见略同。他为了维系古建筑特有的风格、生命和精神,为了传承和展现中世纪工匠亲手赋予建筑物的不同灵魂,也极力反对维多利亚时期推倒古建筑重新复制的荒唐之举,为此他还特意创办了"保护古建筑协会",并在一系列讲演中大声疾呼:古建筑群是逝去的艺术纪念碑,若用一种推倒重建的复制方式,那无疑是"在破坏这个国家的历史和艺术"②,因此,在对待古建筑的问题上,他认为只有复原性的修葺而不留模仿痕迹的做法才是可以接受的。

基于对中世纪艺术的偏好,莫里斯也像罗斯金那样,坚持认为艺术品创作是以"非机械化"为先决条件的。在中世纪,工匠可以按照自己的意愿进行劳作,他投入其中的不仅包括体力,而且包括思想、灵魂与情趣。如果能像中世纪的工匠那样工作,才有资格称之为人,才会过上快乐而有意义的生活。③ 正是由于工匠享有劳动的乐趣,并与社会保持着和谐的关系,其劳动产品也就蕴含着创作者的热情与活力,而且更加富有美感。但在工业资本主义社会里,机械化生产导致劳动分工,致使劳动者沦为机器的奴隶,无法从劳动中感受到乐趣,这就等于剥夺了劳动者的创造力,淡化了劳动本身的吸引力,最终也使产品失去了应有的美感。显然,莫里斯把中世纪的艺术或工艺制作完全理想化了,随之把工业资本主义社会的劳动状况完全绝对化了。相关的批判尽管揭示了机械化生产的负面作用,但却忽视了新的生产方式所带来的某些积极作用,譬如减轻劳动负荷或强度等。

可以说,注重艺术精神的鉴赏能力,强调审美品位的怀旧情结,偏爱中世纪手工艺术的心理倾向,加之抵制机械化生产的立场观念,使得莫里斯对工业文明的厌恶感日益加深,他对1851年伦敦世界博览会的尖锐批判就是典型的明证。他无视这届博览会规模空前、震撼人心的轰动效应,反而用"令人惊愕的丑陋"来描述自己参观时的切身感受。在他眼里,工业革命在大幅提高生产效率的同时,也导致许多精湛的手工艺被机器操作所代替的恶果。由于机械化生产使工人沦为机器的奴隶,由于劳动分工使艺术家不愿投身于工业设计,因此,工业

---

① John Ruskin, *Seven Lamps of Architecture*, p. 194.
② William Morris, *The Collected Letters of William Morris*, Vol. I, p. 379.
③ William Morris, "Useful Work versus Useless Toil", in *The Collected Works of William Morris*, Vol. XXIII, p. 144.

化条件下制造出的产品不是粗糙拙劣,就是装饰过度,最终变得庸俗不堪,毫无审美所言。总之,莫里斯同罗斯金一样,都感叹机械化和工业化批量生产造成设计水平下降,都认为速成的工业产品外形简陋粗糙,与传统美学原则背道而驰。为了扭转设计美学的颓势,莫里斯促成了英国"工艺美术协会"的成立,继而掀起了一场轰轰烈烈的"工艺美术运动"。这场运动主张以装饰反对矫饰,提倡精致与合理的设计,保存手工艺的要诀,为现代设计思想的形成与发展奠定了一定的理论基础。

应当看到,罗斯金与莫里斯的艺术理论与审美文化思想,同当时的社会文化语境不无关系。如前所述,从英国工业革命到维多利亚时代,资本主义原始积累与海外商贸扩张取得了瞩目的成就,导致了"富豪社会"(plutocratic society)的诞生。在此背景下,以利润为导向的商业主义(commercialism)蔓延猖獗,主导着社会、文化和经济等各个领域。结果,"唯利是图"几乎成为一种不言而喻的行为准则,因此导致了道德层面上的精神危机,严重殃及个人与社会的生活及其文化品位。于是,人们抑或变得巧取豪夺,"只观花而不植木";抑或变得贪得无厌,只求利而不顾义。诚如莫里斯所分析的那样,这种"富豪社会的无政府状态法则所导致的必然结果"(the necessary consequence of the rule of plutocratic anarchy)就是:(1) 艺术对大众来讲已经脱离了人的日常生活,因为"富豪政体"(plutocracy)与"利润市场"(profit-market)使艺术生产只顾赚钱不管好坏,使表现真情实感的艺术品沦为画商的生财之道;(2) 在财物崇拜的侵害下,艺术行将消亡,美亦黯然失色,英格兰乡间的绿野美景尽管依存,但却笼盖在腐朽的手掌之下,人生充满穷困苦役,一度宁静优雅的居处变得垃圾成堆、惨不忍睹;(3) 商业主义虽然能给我们大多数人带来衣食住宅和舒适享乐,但也必然有一大批赤贫者为其服务;虽然造就许多富人、中产阶级与阔绰的艺匠,但也会使贫穷阶层无可奈何,使艺术走向衰败,使进步的希望化为乌有。因此,莫里斯在呼唤一场旨在打破"富豪社会基础"的"社会革命"的同时,也呼吁一场道德赎救意义上的艺术革命,那就是极力培植和生产一种"人民艺术",一种能够增加"人生乐趣与尊严"、能够表现"人民情感与愿望"的"人民艺术"。通过历史比较,莫里斯认为中世纪的建筑艺术古雅宜人,可以满足社会不同阶层的审美需要。而如今在富豪政体的法则统治下,艺术处于两极状态:一方面是高雅的"理智艺术"(higher intellectual art),阳春白雪,和者盖寡,不为人民大众认知接纳;另一方面则是通俗的"装饰艺术"(decorative or ornamental art),矫揉造作,充斥着"商业的欺骗性"(commercial imposture)。因此,需要振兴一种真正的"人民艺术"。这种艺术不仅能够满足人民的精神文化与"创造性表现需求"(creative-expressive need),而且形式多样,恢宏绚丽,充满希望,追求完美,是高雅艺术赖以发展与永存的基础。要实现这一目标,就必须打破商业主义的垄断,必须消除"商业的贪婪强制"(insatiable compulsion of commerce)。①

自不待言,莫里斯所倡导的"人民艺术",是一种严肃而非庸俗的艺术,是一种"总是追求完美"(with eyes always turned towards perfection)而非商业利润的艺术,是一种展现"教育价值"(educational value)而非"市场价值"(market value)的艺术。据他所言,只有"这种艺术才是人生中不可或缺的"艺术。② 其次,莫里斯沿着斯宾塞关于"审美文化"的思路,继而论述艺术的社会与道德功能。他认为艺术的崇高目的(lofty aim)在于给人以审美愉悦的同时,还有助于恢复人类的尊严和提升人类的精神境界,从而使粗俗变成文雅,使丑陋转向优美,使压抑化为自由,使幸福取代苦难……另外,作为评论家的莫里斯,宣称自己是一位艺术家,并且满怀激情地表白说:"艺术是我赖以生存的东西;艺术是滋补我身心的营养品。如果没有艺术,这个世界对我来说便是一个空洞无聊的世界。因此,可以想象我是多么地热衷于人民艺术。"③再者,莫里斯还不断强调:艺术必须为人民所拥有,必须表达人民的心声;相应地,艺术家必须使自己的创作源于生活,必须担当起引导人民关注艺术并将艺术融入人民生活的职责。因为,真正的艺术,是"为人民所创造,又为人民服务的艺术,这对于创造者和使用者都是一种乐趣"④。只有这样,艺术才能称其为艺术,艺术家才能称其

---

① William Morris,"Art and the People"(1883), in Robert Peters (ed.), *Victorians on Literature and Art*, pp. 279-281.
② Ibid., pp. 290-296.
③ Ibid., pp. 279-281.
④ William Morris,"The Art of the People", in *The Collected Works of William Morris*, Vol. XXII, p. 46.

为艺术家,人民才会享有自由、快乐的生活环境,才能充分挖掘自己的艺术潜能,最终才能实现人人享受劳动乐趣和人人都成为艺术家的理想。为此,莫里斯后来投身到社会主义运动之中,希冀依次来改变庸俗的社会现实与矫揉造作之风,渴望艺术在自由平等的理想社会里,不仅能够表达人民的劳动乐趣,而且能够与劳动及技艺融为一体,从而造就真正的"人民艺术"。由此观之,莫里斯的理想社会不单纯是政治意义上的,而且也是艺术意义上的。在这里,政治与艺术,自由平等与劳动乐趣,美的追求与审美文化,都成为重要的社会生活要素,彼此相关,不可分离。

不难看出,莫里斯试图凭借艺术教育及其审美文化效应,来改善工人阶级的精神文化生活,提高他们的文化修养与鉴赏水平,缩短他们与中上层社会的差距,最终建立一种类似"大同"的理想社会,即一种没有主人与奴隶,没有绅士与无赖,而只有朋友与君子、同舟共济和普天同乐的社会。这种乌托邦空想无疑是浪漫主义思潮在特定社会条件下的产物。这在当时那些满怀浪漫情愫与悲天悯人的精英意识的英国知识分子身上,可以说是一种共同的特征。

此外,莫里斯对机械化工业生产的态度是消极而矛盾的,所导致的最终结果也与他的初衷大异其趣。我们知道,他作为一位富有浪漫情怀的中世纪艺术的推崇者,为了保存艺术的灵性和品格,他真切希望彻底放弃机器,完全恢复手工。但在现实生活中,这只能是一种不切实际的梦想而已。在他自己的作坊里,他要求尽量避免使用机器,由此制作的家具、织物、墙纸和地毯等产品,精致独特,广受欢迎,为他赢得了声誉。但由于他拒绝使用任何工业化的生产方式,结果使其产品成本及其价格日见昂贵,超出了普通大众可以支付的能力,反倒成为富人炫耀自己财富的手段,到头来还是没有跳出"艺术品是富人追求的奢侈品"这一坎陷。实际上,作坊里的工匠也不可能像莫里斯所期盼的那样完全坚持手工劳动方式,他们有时也需要利用机器来减轻体力劳动的负担和单调乏味的重复。后来,莫里斯不得不调整自己的态度,尽管依然坚持反对大范围或过度使用机器,但不再反对用人的心智来操控机器,并且一再提醒人们要争做机器的主人,而不要充当机器的奴隶。①

最后,需要指出的是,莫里斯是一位社会责任感极强的艺术家。他本人身体力行,积极投身于艺术实践和社会变革。他所赋予艺术的种种职能,虽然超出了艺术自身的能力,但对于生活在如今这个物欲横流、浮华庸俗的社会环境里的人们来说,依然具有不可忽视的启示意义。莫里斯提出的相关艺术思想与设计理念,的确不乏深刻灼见,但零零散散未成体系,因此在阅读和把握过程中需要耐心与敏悟。尽管如此,这并不影响莫里斯在设计艺术领域作为杰出理论家和实践者的历史地位。

4 阿诺德论人类完善及其文化

马修·阿诺德是维多利亚时期一位冷眼旁观社会浮华、拒绝粉饰太平而特立独行的诗人兼文论家。他早年从事诗歌创作,试图以此来激发和感染读者,使生活变得活泼而有趣。后来他对自己的诗歌创作越来越不满意,最终在社会责任感的驱动下放弃了诗歌创作而转向文艺和社会批评。他曾在《批评在当前的职能》(The Function of Criticism at the Present Time)一文中表明:文学批评如同文学创作一样,也需要一种创造力(creative power)。这种批评把艺术看成是"世界上所知和所想的最好的东西",其职能出于"理智和精神的目的",是为了"学习和宣传这种最好的东西而做出的一种无功利性的努力"(a disinterested endeavour to learn and propagate the best that is known and thought in the world)。② 比较说来,阿诺德作为批评家的名声,远远胜过他作为诗人的名声。这不仅因为他提出了一个任何社会都无法回避的问题(当新旧传统交替之际学者应该做些什么?),还因为他具有敢于担当责任和胸怀世界的文人气质。他才思敏捷,学识广博,从不拘泥于诗歌或文艺的单一领域,而是尽可能地洞察社会生活的各个方面,以期唤起大众对自身生活的关注和改善。

---

① William Morris,"Some Hints on Pattern-Designing", in *The Collected Works of William Morris*, Vol. XXII, pp. 203-204.
② Matthew Arnold, *Essays in Criticism*(London:Dent, 1964), p. 33.

像莫里斯等人一样,由于对维多利亚时期的社会文化生活深表厌恶,阿诺德也热衷于思考理想社会的建构,并且坚信人类最终将走向完美,人人将得到全面和谐的发展。在他眼里,实现这一理想图景的巨大障碍在于中产阶级的庸俗自满和无政府状态。为此,他接受了浪漫主义的艺术主张,积极推行艺术的教育功能,认为诗歌可以取代宗教和哲学,可以成为思想的源泉。同时,他还借助广义上的文化学说来提升人们的思想与精神境界,设想利用文化原则来澄清思想混乱,避免无政府状态,开辟人类完善之途。他的相关理论主要见于《批评论文集》(Essays in Criticism,1865)、《文化与无政府主义》(Culture and Anarchy, 1869)及《文学与教条》(Literature and Dogma,1873)等著作之中。

阿诺德认为,在维多利亚时期的英国社会,无政府状态的倾向比较严重,人们大多觉得个人利益大于集体利益。因此,他将当时的社会分为三个主要阶层:野蛮人(barbarians)、菲利士人(philistines)和群氓(populace)。他希望通过分析这三个主要阶层,以便找到克服无政府状态的妙方。

阿诺德所谓的"野蛮人",是以讽喻的方式意指贵族阶层。他认为以优雅的骑士风度著称的贵族,一旦走向极端,就会变得傲慢或胆怯。另外,真正的静穆、和谐与高贵,只属于希腊艺术。而贵族所伪装出来的"宁静",却来自他们的"无知"。尽管他们在礼节上会表现出某种"甜美"的气质,但却缺乏对"光明"或"智慧"的追求。这并非因为他们喜欢阴郁黑暗的生活,而是因为他们易受权力与享乐等世俗外物的诱惑。[①] 贵族的文化只重相貌、礼仪与才艺等外在因素,但却忽视勇气、自信与睿智等内在禀赋。于是,贵族阶层貌似优雅,但见识肤浅,在这个日益注重思想的社会里愈发显得无能为力、羸弱不堪。因此,阿诺德将其视为"野蛮人",认为他们缺乏光明与智慧的德行,不足以担当社会的重任。

"菲利士人"意指中产阶级,他们是商人和不信国教的代表,通常把"人人为己"奉为生活信条,害怕强有力的权力中心干扰他们的自由,认为英国人最大的权利和福祉就是"为所欲为"。在很多情况下,

---

① Matthew Arnold, *Culture and Anarchy* (New York:Macmillan Company, 1925), p.100.

他们陷入财富与商业之中不能自拔,所信奉的宗教丝毫无助于精神的解脱,但往往自以为是,标榜自己已经登上发达文化的顶峰。他们钟情于机械、权力与财富,只关注外在的形象,不考虑真正的自我。他们在个人修养上安于现状、附庸风雅,从不追求或理会人类完善的高贵目标。因此,阿诺德将其称作"菲利士人"。①

"群氓"是对下层民众的蔑称,这里主要意指平民或工人阶层。他们一般缺乏同情心和敏捷的行动能力。其中有些人努力工作,希望有朝一日能够进入中产阶级的队伍,爬上统治阶级的宝座。其中还有一些人精力充沛,试图组建一支强大的工人阶级队伍,借此抵制贵族和中产阶级的支配。这部分人致力于工业机械、权力和外物的争夺,也像中产阶级一样,对人类追求内在的完善置之不理。他们中间有许多人言行粗鲁,不讲文明,藏匿在贫穷与肮脏的角落。这个阶层由于长期遭受物质需求的压迫,故此也坚信人的最大幸福就是能够"为所欲为"。他们大摇大摆地走到街上,以此展示这种所谓的自由"特权"。阿诺德认为他们经常是引发暴乱或冲突的源头,因此称其为具有一定破坏力的"群氓"。

比较而言,"野蛮人"思想僵化,力图维持现状;"菲利士人"贪求外物,不顾内心的完善;"群氓"专注于物质追求,试图与中产阶级为伍。这三个阶层越来越多地表现出无政府状态的倾向,致使当时的整个英国社会陷入病态,因此特别需要其中的"异己分子"超越阶级局限,摆脱各种束缚,率先垂范,积极引导民众走向"美好与光明",实现人类追求完善的终极目标。

那么,什么是人类的完善呢?在阿诺德的心目中,人类的完善是一种内在状态,存乎人心,无关外物,需要文化滋养。人类在追寻完善的过程中,应当从内心深处了解自己、透悟世界。从文化角度审视,人类完善是人类各种天赋得以全面和谐发展的结果,是人类获得特有的尊严和愉悦的重要途径。当然,人类完善是所有人的完善,是人类整体走向完善。任何独善其身的完善,并非真正意义上的完善,因此需

---

① "菲利士人"指对人文思想、文化艺术修养等不感兴趣,情趣狭隘,只顾追求物质利益的平庸之辈。在阿诺德看来菲利士人是自由之子、上帝选民的敌人,他们强悍、顽固、不开化;他们庸俗愚昧、墨守成规,让人感到压抑,同时也十分强大。

要携带他人共同走向完善。无疑,人类完善不是一劳永逸的目标,而是永无止境的追求,是不断成长与不断转化的过程。

质而言之,追求完善的过程也就是追求"美好与光明"的过程,只有那些为了"美好与光明"奋斗不息的人们,才有可能达到人类完善的至高境界。在阿诺德所用的术语里,"美好与光明"分别代表着美德与智慧。前者旨在追求美好的事物、行为和思想,最终引导人们达到完满与和谐。后者旨在追求智慧与理性,最终使人成为有胆有识的明哲之士。此两者是人类完善的核心内容,有望拯救人类,使其摆脱庸俗与狭隘,最终使社会充满"美好与光明",使人们充满美德与智慧。

值得一提的是,阿诺德基于西方的传统视域,认为人类的文化精神主要表现为两种类型或两股力量:希伯来精神和希腊精神。[①] 欧洲文明的发展历史,就是这两种文化精神不停碰撞、此起彼伏、相互更迭的历史。概而言之,希腊精神代表智慧、理性与反思能力,强调清醒的头脑、自由的思维与意识的自发性。希伯来精神代表激情、狂放与行为的虔诚,强调秩序、规则、良知与道德信条。前者致力于思想敏锐,追求智慧;后者扎根于宗教信仰,注重顺从。在人类历史上,这两种精神或力量交替成为文明发展的主流。但要看到,仅靠其中单一的精神与力量往往有其两面性。譬如,一个仅以希伯来精神为主导的社会可能是幸福的,因为自由、繁荣、秩序、道德和正义会由此而来。然而,这个社会也可能是不幸的,因为僵死的教条、信仰与价值观容易导致无政府状态。另外,希伯来精神惯于把行动本身作为目的而非手段。由于这一原则在社会生活中遭到滥用,结果使维多利亚时期的英国过于希伯来化,过于崇尚个人自由,最终导致价值失衡与无政府倾向,出现了海德公园暴乱等鲁莽行为。

针对英国的社会生活与道德观念所存在的上述问题,阿诺德不断提醒人们,生活的根本价值与意义大多是由内心世界、思想智慧和美感来决定的;单凭希伯来精神很难提供这方面的真知灼见,也很难满

---

① Lionel Trilling, *Matthew Arnold* (New York: W. W. Norton & Company, Inc., 1939), p.256. 希腊精神和希伯来精神是西方文化的两大源头,前者是古典的,后者是基督教的。它们所包括的思想体系、价值取向、文化风气迥然不同。希腊精神是对美的热爱与追求,思想的活跃与自由;而希伯来精神代表顺服,力主勤勉地履行职责,强调良知、自制。总之一个注重智慧,一个注重服从。阿诺德提倡两者的平衡、全面的发展。

足人类追求完善或全面发展的需要。因此,英国社会亟须引入希腊精神予以补救,需要在两种文化精神中求得平衡。从两种文化精神的互补性上看,希伯来精神强调对上帝的绝对信仰,有助于树立人的理想与道德;希腊精神注重智慧和思想,有助于消解人的无知与鲁莽。比较而言,阿诺德更倾向于推崇希腊文化,认为希腊文化是"美好与光明"的范式,希腊精神更有助于促进人的全面发展,有助于转变人的内心世界,有助于实现人类完善的理想追求。

基于以上认识,阿诺德毅然决然地把"文化"视为人类走向完善的有效途径。在他眼里,"文化"不仅是一种纯粹的求知欲,而且也是一种道义上行善的冲动。① "文化"直接作用于人们的心灵,具有社会、道德与审美等教谕功能,是所有人的共同事业,而非少数人的特权。"文化"一方面需要广泛的教育,需要通过阅读、观察和思考来传播世界上最优秀的思想与知识,使人能够看清事物的本相,能够辨明是非,能够使整个人类迈向更全面、更和谐和更完善的目标。另一方面,"文化"具有诗性美,是对社会及生活的批评,是消除无政府状态的克星,是医治社会流弊的良方。

阿诺德作为批评家,习惯于把文学视为文化在现代社会的化身,同时又把诗歌视为文学的核心。他认为诗歌是对生活的批评,所揭示的是生活的真谛,所展示的是理想与现实的差距。因此,讨论诗歌,也就是讨论文化与人生;从事诗歌批评,也就是从事社会与生活的批评。诚如他在《诗歌研究》("The Study of Poetry")一文中所说:"诗歌作为一种生活批评(criticism of life),是在一定条件下展开的,而这些条件是根据诗性之真(poetic truth)与诗性之美(poetic beauty)的法则确定的。可以说,随着时间的推移,随着其他协助手段的衰败,人类的精神将在诗歌里找到安慰。这种安慰的力量与生活批评的力量成正比,而生活批评的力量则与诗歌的表达力量成正比,在这里,诗歌所表达的东西是卓越的而非低劣的,是美好的而非丑陋的或半美半丑的,是真实的而非虚假的或半真半假的。"② 显然,阿诺德所说的诗歌,是最上乘的诗歌(the best poetry),是集思想与艺术为一体(thought and art in

---

① 阿诺德:《文化与无政府状态》,第41页。
② Matthew Arnold, "The Study of Poetry", in *Essays in Criticism*, pp. 236-237.

one)的诗歌,是完全有别于政治和行政手段中那些江湖骗子式的东西(charlatanism)。因此,他赋予诗歌一种超乎寻常的使命,那就是要用表现真情实感的诗歌来代替日益委顿和言不由衷的宗教。他宣称:"诗歌的前景广大,诗歌的地位高雅,随着时间的推移,我们人类将在诗歌中找到更为安全的港湾。在诗歌里,没有哪个信条不被震撼,没有哪个公认的教义无懈可击,也没有哪个既有的传统不会面临瓦解。我们的宗教已经在事实中、在假定的事实中将自身物化了;我们的宗教将情感附加在事实之上,而这种事实现在已经开始变得无济于事了。但对诗歌而言,思想就是一切,其余的只是幻象或神性幻象的世界。诗歌将情感与思想融为一体,这思想才是事实。今日宗教中最强有力的组成部分,就是宗教意识不到的诗歌。"① 于是,越来越多的人发现,他们为了理解生活,为了求得心灵的安慰,为了寻找精神的依托,不得不转向诗歌而不是宗教,因为他们在诗歌的精品佳作中找到了一种力量,"一种塑造自己、支撑自己和愉悦自己的力量"(a power of forming, sustaining, and delighting us),同时也从诗歌欣赏中找到了一种有利于自己身心健康与人类追求完善的"弥足珍贵的好处"(the most precious benefit)。② 此外,伟大的诗歌还能激起人类最基本的情感,也就是那些潜藏在人性深处的真情实感。这与满嘴仁义道德的虚情假意形成鲜明的对照,同时也比充斥着赞美、慈爱与谦卑之词的教堂弥撒更富有教育意义。更不用说诗歌所表现出的想象力与创造力,更有助于促进人类的全面发展和实现人类追求完善的理想。

综上所述,我们首先需要肯定的是阿诺德的社会责任感与社会批判意识。像维多利亚时期其他杰出的学者一样,阿诺德特立独行,不入俗流,始终保持着一位正直文人的操守,一方面洞察现实的种种流弊,另一方面积极思考各种可能的解决方法。无论是对三个阶层的分析与两种精神的对比,还是对人类完善理想的倡导与文化理念的阐释,都能证明阿诺德个人尽职尽责的可贵品格。当然,无论是从当时还是现在的角度来看,他对文化作用的描述无疑是夸大的,对诗歌乃至文学所赋予的价值也是不切实际的。但要知道,他所提出的相关理

---

① Matthew Arnold, "The Study of Poetry", in *Essays in Criticism*, p. 235.
② Ibid., p. 237.

论学说的重要意义,并非在于自身的可行性,而是在于其超越时空背景的启发性。如果说阿诺德是针对维多利亚时期浮华躁动、道德败坏与自私自利的社会现实展开思考的,那么,时隔百余年之后的今天,我们针对这个同样浮华躁动、道德滑坡与物欲横流的中国社会现实,又当作何感想呢？又当如何思考可能的解决方略呢？举凡有责任、有良知的学者,都不可能回避这一重大而严酷的现实问题。

5 佩特论人生的艺术化

沃尔特·佩特(Walter Pater,1839—1894)这位维多利亚时期的著名学者,几乎过了隐士般的一生,平凡安静,鲜为人知,研读慎思与著书立说是其主要乐趣。他的主要作品包括《文艺复兴》(Studies in the History of the Renaissance,1873)、《快乐主义者马利乌斯》(Marius the Epicurean,1885)、《柏拉图与柏拉图主义》(Plato and Platonism,1893)、《鉴赏集》(Appreciations,1889)和《希腊研究》(Greek Studies,1895)等,其中优美的文体和文雅的遣词给后人留下了殊深的印象和丰富的遗产。

1858年,佩特怀着将来成为一名神父的志向,就读于牛津大学皇后学院。在牛津求学期间,他有幸得到柏拉图研究专家本杰明·休伊特(Benjamin Jowett)的指导,当时他每周提交一篇论文,颇受休伊特的赏识和鼓励,认为这位年轻人"将来会大有作为"[①]。在此期间,佩特还直接或间接接触过当时活跃于文坛的罗斯金与阿诺德等著名文人学者,同时还研习了大量有关德国文化和哲学之类的书籍,广泛涉猎了华兹华斯、济慈和卡莱尔等人的精品佳作,为自己日后的研究和写作打下了坚实的基础。相比之下,罗斯金对他的影响最大,是他走上艺术研究道路的主要动因,因此与莫里斯有着类似的思想经历。

1865年夏,佩特首次造访了意大利,这次旅行意义非凡,打开了他的眼界,揭开了其人生与事业的新篇章。他发现文艺复兴时期的绘画作品中表现出的生活景象,要比他在牛津所见过的情景更丰富、更大

---

① R. M. Seiler (ed.), *The Book Beautiful: Walter Pater and the House of Macmillian* (London et al: The Athlone Press, 1999), p.2.

胆,这便使他开始将意大利文艺复兴同充满自由与快乐的生活联系在一起。

1873年,佩特出版了《文艺复兴》一书,一举奠定了他在艺术与文学评论家的地位,同时也招来了许多负面的批评和误解。后来撰写的《快乐主义者马利乌斯》一书,则是对先前理论观点的发展和矫正。在佩特看来,只要你神宁心静,仔细发掘生活中每一时刻里所蕴藏的精华与曼妙,凝思观照生活中每一瞬间里所展现出的那些优美、积极、富有启发意义的事物,你就会发现生活是多么有滋有味,多么意义无穷。因此,举凡明智敏悟之士,万勿抱着一种追求享乐的态度去游戏人生。随着他自己思想的成熟,佩特还改造了传统的快乐主义学说,将斯多葛式的"责任"融入到伊壁鸠鲁有关快乐的古老教义之中。由此一来,佩特便形成了唯美主义与快乐主义相辅相成的基本思路,其主要目的在于将人生艺术化的追求同艺术鉴赏的敏悟能力结合起来,进而将其予以理论化和具体化,这在维多利亚时期的审美文化思潮中可谓别具一格。

在佩特式唯美主义理论中,最突出的部分是其关于人生即艺术之说。在他看来,艺术本身在于欣赏,人生本身就是目的;人之为人,应从人生目的出发去欣赏艺术,同时应以艺术精神来对待人生。就其思想发展的过程而言,佩特一开始就以近乎宗教崇拜的热情去探索一种有利于充分发掘出人生价值的行为准则。为此,他兼收并蓄,从截然有别的观点中创设出一套与其艺术理论相呼应的人生哲学,这实际上就是在倡导一种有别于宗教、科学和道德的艺术化人生哲学。这种哲学,首先肯定人生苦短,终究一死,但有价值,不可错过。他援引法国作家雨果的话说:我们都是被判死刑的人,只不过生活在一段尚不确定的缓刑期之间。我们有一段停留期,过后便物是人非。在这段时间里,有的人没精打采,有的人慷慨激昂,而那些最聪慧者,至少是"尘俗之子"中的最聪慧者,将其运用到了艺术和诗歌中。我们的唯一机会在于延长生命,在既定的期限内尽可能增加脉搏的跳动。巨大的激情也许能给予我们生命的脉动加快的感觉,给予我们爱情的狂喜与伤痛,给予我们各种无私或自私的热情洋溢的行动——这些行为是我们中的许多人自然而然会产生的。① 正是在这种意义上,艺术与人生没有方式与目的之分,而是彼此互为方式与目的。当人们以艺术化方式去生活时,所体悟到的便是一种艺术化的人生,而不是为了艺术而存活的人生。因此,一个人对艺术的认知与鉴赏,可以彰显出个人生存方式的最佳结果。也就是说,以艺术精神去对待人生,结果必然是艺术化的人生,而非以艺术为目的的人生,艺术在此一刻成为个体和谐存在的一个重要特征。用佩特本人的话说:"以艺术精神对待人生,就使得人生成为方式与目的的合一体。"② 这表明,在佩特心目中,所谓"为艺术而艺术"的说法,并非是要用艺术来充当人生的目的,而是要借助艺术鉴赏使人生更为完满圆融。

佩特的人生哲学与艺术思想合二为一,内容杂糅而折中。譬如,他曾是快乐主义思想的热情推崇者。不过,他所宣扬的不是为了完全满足个体欲望所获得的快乐,而是只能通过高尚的思想、自制与适度才能达到的高于身体享受的精神愉悦。按照伊壁鸠鲁的说法,快乐虽是目的,但这绝非是指放纵或靠身体享受所获得的快乐,而是指一种身无病痛、精神宁静的状态。举凡无节制地开怀畅饮或寻欢作乐,并不能带来真正快乐的生活。因此,人们只有保持理性或清醒的头脑,取舍得当,驱除杂念,才会过上快乐的生活。佩特因循这一思路,为了将其落在实处,特意提醒人们不要追求肉体的快感,而要培养对自然和艺术的审美敏感性,培养能够把握住自然和艺术展现在眼前的那种奇特感觉和印象的敏悟力。

可见,对佩特而言,人生目的不在于坐等感官享受的愉悦,而在于追寻将物质与精神融合为一的炽烈火焰。诚如他在《文艺复兴》的结论部分所言:人生的艺术化或人生的成功之处就在于"能使这种宝石般的火焰炽烈燃烧,且保持着这种心醉神迷的状态……当一切在我们脚下溶化,我们抓住了各种强烈的激情,或者说抓住了种种感官的刺激,这些刺激由奇色异彩、奇妙香味、艺术家的手艺或朋友的面容而来。如果不能每时每刻在我们周围的人中辨别出某种热情的态度,不能在人们的横溢的才华中辨别出其力量分配中的悲剧成分,那么我们

---

① 佩特:《文艺复兴》(张岩冰译,桂林:广西师范大学出版社,2000年),第227页。
② Walter Pater, *Appreciations*, p.62.

就等于在昼短霜寒的日子里,在黄昏之前就昏然睡去……不过请相信,只有激情才能产生这种意气风发、千姿百态的意识之果。诗的激情,美的欲望,对艺术本身的热爱,是此类智慧之极。因为,当艺术降临你的面前之时,它会坦言:它除了在那稍纵即逝的时刻为你提供最高美感之外,不再给你什么"①。这是佩特笔下最为精要的一段文字,当年众多年轻读者对此赞赏不已,据说王尔德本人能够将其倒背如流。

显然,佩特式唯美主义对于艺术太过推崇,这便导致佩特像维多利亚时期的诸多文人学者一样,对当时的艺术处境深表担忧。面对低级的公众趣味与庸俗的文化风尚,佩特虽然生性胆怯,但却勇于担当,大声疾呼纯粹艺术的回归,坚决抵制物质主义和庸俗主义的流弊,试图在艺术和诗歌中寻找人类的精神家园和人生的意义所在,希望在枯燥无味的日常生活中注入某种和谐与美好的向往之光,引导人们以艺术精神去对待人生,通过审美文化与人生的艺术化进入到他所憧憬的理想世界。因为,佩特相信小说主人翁马利乌斯的独白:"正当别人聚精会神于数理、商务或美食之时,他本人却自成一格,生活在优雅的感知河流之中。由于他热爱美,因此获得全身心的自由。"②毋庸置疑,佩特的言行尽管勇气可嘉,但必然会遭遇现实的尴尬。他所推崇的审美文化世界或审美乌托邦,只能在个人心境和情趣的有效调适中自得其乐罢了。

6 20世纪的审美文化批判

20世纪以降,尤其到了20世纪后期,在日益商业化的娱乐主义冲击下,审美文化的流变趋势与其早先的基本理念和精神追求开始不断疏离,几乎到了大异其趣的地步。

由弗兰泽尔(lvo Frenzel)编纂、于1958年在德国法兰克福出版的《哲学》第二卷中,在讨论美学时引用了盖格尔(Moritz Geiger)说过的

---

① 佩特:《文艺复兴》,第226—227页。
② 佩特:《马利乌斯——一个快乐主义者》(陆笑炎译,哈尔滨:哈尔滨出版社,1994年),第153页。

一段饶有意味的话:"没有任何一门其他哲学学科,像美学学科那样如此脆弱地依赖于诸多先决条件。美学犹如风标似的(like a weather-vane),'被一阵阵哲学风、文化风以及科学风(philosophical, cultural, scientific wind blast)吹得摇摆不定。人们一会儿从形而上和规范的角度考察美学,一会儿又以经验的和描述的方式探讨美学;一会儿从艺术家的视界出发来思考美学,一会儿又从消费者的观点出发来对待美学;一会儿把艺术视为美学研究的中心,把自然美当作一种初级阶段,一会儿又把艺术视为自然美的代用品。'"① 从上列描述中,我们可以做出如下推断:把"哲学风""形而上和规范""艺术家的视界"与美学研究联系起来,通常是指哲学美学与艺术哲学的研究;把"文化风"(cultural wind blast)、"经验的"方式与"消费者的观点"与美学研究联系起来,恐怕是指审美文化的研究;而把"科学风"和"描述的"方法与美学研究联系起来,则是指科学美学(如实验美学与心理美学)的研究。

关于"文化风",我们不能不涉及"二战"前后来自英格兰的"风源"——主要由剑桥大学学者利维斯(F. R. Leavis,1895—1978)与其夫人(Q. D. Leavis)所掀起的那场"文学文化"(literary culture)的大讨论。通过他所主编的文学评论杂志《研读》(Scrutiny)与其发表的论著如《大众文明与精英文化》(Mass Civilization and Minority Culture,1930)、《共同的追求》(The Common Pursuit,1948)和《我们时代的英国文学与大学》(English Literature in Our Time and the University,1969)等,利维斯等人一方面极力倡导文学批评应当同生活批评结合起来,应当把作者本人的道德态度纳入文学批评的轨道;另一方面极力推行大学的文学教育课程,认为文学有助于培养和提高人们从事文学鉴赏与评判的"理智和敏感性"(intelligence and sensibility),有助于人格的全面发展和审美素养的提高。② 因为,在他看来,在科技主义与功利主义的驱动下,由机械化手段生产、由大众传媒操纵的以电影、广告和摄影等为代表的大众文化产品(products of mass culture),是利用实用心

---

① T. W. Adorno,*Aesthetic Theory* (trans. C. Lenhardt, London/Boston:Routledge & Kegan Paul, 1984), p.456.

② F. R. Leavis,*The Common Pursuit* (London:Chatto & Windus, 1965).

理学的原理片面追求廉价的感官刺激,实际上没有多少文化可言。而真正的文化,是文学文化,是由文学和艺术生发出来的带有浓厚审美色彩的文化。这一文化观,显然是狭义的和古典式的,是对阿诺德在《文化与无政府》和《批评的职能》等文中所阐述的文化学说的重新强调,即"文化就是通过学习人们迄今所想出的和所说出的最好的东西而达到人类自身之完美的活动。通过这种学习,人们就可以用新鲜的和自由的思想之泉去冲洗掉自己陈旧的观念和习惯"①。

与此同时,早期席勒所倡导的审美文化观念,再次通过马尔库塞(Herbert Marcuse)得以再现,并在一定程度上引起人们的关注。在《爱欲与文明》(1955)一书中,马尔库塞同席勒一样,深刻地觉察到现代文明的弊病与人类生存的困境,即"理性对感性的压抑性独裁"(the repressive tyranny of reason over sensuousness)而导致理性与感性的冲突。因此,他吸收融会了席勒的审美文化思想和弗洛伊德的心理分析原理,呼吁打造一种"无压抑性的文化"(non-repressive culture),也就是马尔库塞式的审美文化。这种文化以调和快感与自由、本能与道德、感性与理性之间的冲突为特征,主张一种可望把工作转化为游戏,把生活转化为审美,把必然转化为自由的"新感性"。② 这种文化一旦成为现实,便会发挥其奇妙的作用,其内在的美虽然本质上属于心灵的王国,但可以由内及外地影响这个世界,不仅能以渗透的方式使直接经验的事物和人物变得高尚起来,而且能使人在不脱离现实生活的同时得到精神的升华。这当然是有条件的。因为,审美文化是以"感知和感受模式的整个革命"(席勒语)为前提的,而在马尔库塞本人看来,"这场革命只有当文明达到生理(物质)与精神(思想)两者最为成熟的境界时才有可能(实现)"(such revolution becomes possible only if civilization has reached the highest physical and intellectual maturity)。③

在20世纪60—70年代的西方,受"文化风"吹拂的美学研究尽管未成主流,但也从未中断。在其他一些美学著作中,"审美文化"的遗

---

① 腾守尧:《大众文化不等于审美文化》,见《新华文摘》1997年第8期,第167页。
② Cf. Herbert Marcuse, *Eros and Civilization* (Boston:Beacon Press, 1955). 另参阅马尔库塞:《美学方面》和《新的感受力》,见《现代美学析疑》(绿原译,北京:文化艺术出版社,1987年)。
③ Herbert Marcuse, *Eros and Civilization*, p.189.

响依然存在。譬如意大利实证马克思主义理论家德拉·沃尔佩(Galvano Della Volpe,1895—1968)的《趣味批判》(Critica del Gusto)一书就涉及"审美文化"问题。该书由米兰费尔特利奈里(Feltrinelli Milano)于1960年出版。在作者谢世之前,此书分别于1963年和1966年再版两次。"审美文化"一说是在论及"当代建筑的关键问题"时使用的。原话的中译文这样说:"告诫(一般艺术理论家们和建筑师们)不要放弃同我们时代的经济、社会、文化现实的接触,从而避免在反映业已耗尽、衰落的过去文化形式的现实中栖身,此种现实在目前情况下,就是资产阶级的美学文化(la cultura estetica borghese)及其形而上学的、浪漫主义的或现象学的'解决'(方式)。否则,我们在美学领域还将沦为唯美主义或尊崇脱离概念(功利及人类的作用)的形象(建筑中的矫揉造作)的俘虏,这种唯美主义极易被建筑革命运动所推翻。"①据1978年英译本中的同一段话,将其译为下列中文:"我认为我们从中合理地提出一种对(一般)艺术理论家和建筑师们来说的确是时下令人关注的忠告。即:我们也同样不可脱离我们这个时代的现实,不可脱离其经济的、社会的与文化的现实。我们也要当心,不可躲进一种反映性的现实之中,或者遁入一种文化的诸形式之中,这种文化属于过去,现已陈腐不堪;在我们这里还是在特殊情况下,这种文化意指资产阶级的审美文化(bourgeois aesthetic culture)连同其各种各样的形而上'解决方式',这些方式抑或是浪漫主义的圈套,或者以牺牲那一(有用的和对人有功能的)概念为代价而过高地估计那一形象(在建筑中是指装饰),在此抗衡中建筑艺术领域的现代革命运动取得了成功。"②

从意大利语和英语的各自行文来看,把"*cultura estetica Borghese*"与"bourgeois aesthetic culture"翻译成"资产阶级的审美文化"是无可非议的。但需要说明的是,沃尔佩使用"资产阶级"这个限定词,多少有点阶级性,但主要用意则是一种包含贬义的讽喻。源自法语的 *bourgeois* 一词,原本是指(中世纪城镇的)"自由民",后来演变为"有

---

① 沃尔佩:《趣味批判》(王柯平、田时纲译,北京:光明日报出版社,1990年),第252页。
② Galvano Della Volpe, *Critique of Taste* (Western Printing Service Ltd, 1978), pp. 247-248。

产者"与"资产阶级",但也包含"实惠"和"舒适"的意思。目前在西方,该词在更多的情况下,是当作贬义词来用,表示"庸俗的""市侩气的"和"因循守旧的"意识或情调。譬如,法语中所说的 gouts bourgeois,是指"庸俗的趣味"而非意识形态政治化的"资产阶级趣味",而 prejuges bourgeois 是指"守旧的成见"而非意识形态政治化的"资产阶级成见"。有鉴于此,我们若把沃尔佩所说的"*la cultura estetica Borghese*"(bourgeois aesthetic culture)译为"庸俗的审美文化"也未尝不可。在沃尔佩看来,这种"庸俗的审美文化"遗患已久。它给大众带来的不是真正具有新"形式"和新"内容"的审美对象,而是浪漫主义、唯美主义和颓废主义美学的残渣,不仅丑陋陈腐、矫揉造作、华而不实,而且毁弃文明、异化人类。

值得注意的是,沃尔佩是在论及当代建筑艺术时提出"资产阶级(或庸俗的)审美文化"这一范畴的。他认为现代建筑艺术重"形象"轻"概念",重外表轻内在;在装饰风格上矫揉造作、华而不实;在功能意义上缺乏人文价值与理性精神,基本上沦为庸俗的唯美主义手中的"俘虏"或者像我们中国人所说的布娃娃,听任其主人随意打扮与摆布。结果,在这种自称是群众性的民主文明之中,普通群众除了生活在丑陋不堪的、非人居住的房屋与嘈杂混乱的城市里以外,再也没有多少文明可言了。结果,"我们的房屋和城镇已经成了人类异化的明显而惊人的表征"。因此,沃尔佩一再呼吁确立一种科学的社会观与文化观,也就是历史唯物主义的社会观与文化观,在此前提下,继而建构民主的社会主义的现代伦理学,以便在各项艺术实践中,指导人们从事真正的艺术创作和欣赏,协助人们摒弃那种浮华虚饰的"庸俗审美文化"——类似德国人(如阿多诺)所嘲讽讥笑的那种矫揉造作、低级庸俗的"赝品文化"或"媚俗文化"(Kitsch culture)。

应当指出,沃尔佩所倡导的"历史唯物主义社会观与文化观",十分强调"历史基础"与历史传承。在"历史即基础"一节中,沃尔佩引用马克思的话说:"困难不在于理解希腊艺术和史诗同一定社会发展形式结合在一起",而在于"它们何以仍然能够给我们以艺术享受,而且在某种方面说还是一种规范和高不可及的范本"(参阅马克思《〈政治经济学批判〉导言》)。沃尔佩从历史的观点出发,认为马克思的阐述表明,"一件艺术作品的历史与社会联系,并非是以机械的或外在的方式对其产生制约作用。相反地,它们在某种程度上是艺术作品——而非其他东西——所给人的特种享受的组成部分。因此,它们必然会汇入艺术作品本身的各个要素之中,或者说,汇入艺术作品的理智与结构实体之中。于是,这种活生生的沉积物(living sediment),即历史基础,将会追溯到艺术作品的具体理性核心。历史基础在艺术作品中的有机存在(organic existence),是唯物主义者专门展现的对象。我们知道那时作品中的主要介质,我们假定现实作为意识形态和各种事实规范的总体,正是通过这种介质得以表现的"①。

在随后的体例分析中,沃尔佩始终贯彻了"历史即基础"这一美学原则或文艺社会学原则。他先从希腊史诗、抒情诗入手,进而逐一剖析了但丁的《神曲》、歌德的《浮士德》、艾略特的《荒原》与马雅可夫斯基的《列宁》以及其他著名诗人的杰作。最终,沃尔佩在建构其"理性诗学"(rational poetics)的过程中,运用语义辩证法分析了诗歌话语的特殊性,提出了"多义独特典型性""有机语义的语境性"或"多义有机语境"等学说,同时还把这一学说当作涵盖和解释一切艺术表现形式与符号意义的总体原理,推广和应用于音乐、建筑、绘画、雕塑和电影等艺术领域(尽管他本人没有忽视各类艺术的特定范式)。

简单说来,活尔佩的"理性诗学"与"语义辩证法"均强调所有审美或艺术符号的"多义性"(polysemic character),这与科学命题的"单义性"(univocal nature)是相对而出的。这种"多义性"或"有机多义性"不仅是以历史为基础,而且体现了历史发展过程中的文化积淀因素与承传特征。活尔佩十分赞赏法国诗人马拉美的一句名诗:"理念,长久愿望的光辉。"据此,他认为艺术不只是塑造形象(或意象)和表现情感,而且也展示和传达理念或思想的光辉,这是因为艺术本身就具有内在的理性和理智本质。譬如诗歌中的隐喻,本身包含着真理性内容。在分析艾略特的《荒原》一诗中,活尔佩甚至不放过诗中所用地名的联想性、隐喻性和可能得以引申的历史性内涵。

在这部使用"审美文化"概念的重要美学著作里,活尔佩于命题讲章中未重复或摆弄"审美文化"这个概念,甚至连"审美的"(estetica/aesthetic)这个一般流于限定性修饰的术语也很少使用,但却将其落实

---

① Galvano Della Volpe, *Critique of Taste* (Western Printing Service Ltd, 1978), p.13.

在对各种艺术及其作品的翔实而精到的分析评判中。也就是说,他总是从相关的历史语境出发,来分析和揭示构成"审美文化"的基本因素(诗歌、绘画、音乐、建筑、电影等)及其辩证语义特征。这期间,他抑或引经据典(从柏拉图、黑格尔到现当代的预言学家),在批评过程中取长补短、兼容并蓄;抑或基于文本和语境,剖析旁证,有感而发。所有这些给人留下的深刻印象是:作者本人不仅谙悉社会、文化、宗教、美学、艺术史,而且十分重视艺术作品和美学研究的传承性,这样才使他的学术立论较少那种空疏或玄诞的流弊,很值得我们汲取。

法兰克福学派的殿军阿多诺也是比较赞同弗兰策尔和盖格尔对美学现状所作的上述描述的。他在五六十年代撰写的《美学理论》(Aesthetic Theory)初稿导言的开篇中,也曾引用他们的相关论说来提示传统美学的废退现象与现代美学左冲右突的游击困境。同时,在讨论自然美的特征时,阿多诺也使用过"审美文化"这一术语。他说:"反思作为今日个体审美文化(individual aesthetic culture)的组成部分,务必消除那种装模作样的架势。"[①]这里所谓的"个体审美文化",从语境看,不仅是指"步入野外"的旅游审美活动,而且也包括文学艺术的欣赏活动。

阿多诺声称他的《美学理论》一书涵盖了自己美学思想的精髓。这部书具有明显的反体系性,内容丰富而庞杂,熔康德、黑格尔、谢林、马克思、本雅明等人与作者自己的思想于一炉,彼此相互参合甚至混淆。要而言之,阿多诺认为传统美学在不断地废退之中,一是自身的基础摇摆不定,二是未能跟上现代艺术的发展,三是不能对人们的审美鉴赏活动与能力进行有效的指导……但是,在论述自然美、艺术美、艺术与社会、艺术与技术、主体与客体等重大美学问题时,阿多诺几乎都是从古典美学入手,几乎都是在梳理传统美学的过程中,提出了自己的见解与洞识。譬如,他极为重视传统美学一直倡导的"精神化"(spiritualization)因素。当然,他所推崇的"精神化"是现代意义的,是有别于传统的。他主张这种通过艺术来表现和张扬的"精神化",是"反世界"(Anti-Welt)的,是揭示和批判人生困境的,是摒弃对现实的

[①] T. W. Adorno, *Aesthetic Theory* (tr. C. Lenhardt, London: Routledge & Kegan Paul, 1984), p. 38.

任何粉饰的,是意在激发人们痛定思痛的自省意识的(或者如他所说的那种"第二反思"的能力的)。在很大程度上,正是基于这种"温故知新"的方法,阿多诺对艺术中的"精神化"因素做了新的阐发和补充,并且联系现实,对以"拜物化"、机械复制与批量生产为基本品性的"文化产业"大张挞伐,甚至断言:文化产业盛行之日,便是审美趣味衰落之时。因此,在《否定的辩证法》与《音乐社会学》等书中,阿多诺对充斥文化市场的那些装模作样的东西(譬如那些"假深沉""假关切"的流行歌曲和为了给人以感觉上的"震撼"而故弄玄虚的表演等)极尽嘲讽之能事,认为这些玩意儿仅具有让人感到一阵眼花缭乱、随之烟消云散的"焰火"(firecracker)效应,而且大多是受追赶时尚的欲望与虚荣心的操纵,其商品化的潜在目的及其人人视为唾手可得的娱乐消遣形式,没有什么值得让人回味的东西,更谈不上有什么持续的可能性了。因为,按照阿多诺的说法,"俯拾即是的东西肯定是没有生命力的。以往艺术的易接近性(accessibility)导致了自身的消亡"①。这些早在50、60年代提出的见解,即便在今天(联系中国文化产业现状)读来,也会让我们大吃一惊,尽管我们不完全赞同阿多诺那种"一风吹"的独断论或一概否定"文化产业"的做法。

值得注意的是,阿多诺非常看好美学的前景。他认为现实生活在急切地呼唤着美学。这种美学应当是一种新的美学,一种适应现代艺术发展的美学。可这种美学单靠艺术家们随兴所至式的高谈阔论是难以建立起来的,它需要理论工作者的积极参与。就是说,艺术家应与理论家携手共建现代美学。就阿多诺本人的情况看,他精通乐律,具有创作和演奏的实践经验。因此,当他从美学角度来审视音乐艺术时,立论十分精当、到位,远非那些与音乐隔了一层的单纯的批评家所能相比。所以,他对建立了复杂的美学体系但对艺术知之甚少的康德和黑格尔颇有微词。这种阿多诺式的自信,对美学研究工作者来讲不失为一种有益的启示。

所以说,无论是今日的文学艺术研究,还是美学或审美文化研究,都不可能割断它们各自与历史的联系。就从事某种审美鉴赏或创作

---

① T. W. Adorno, *Aesthetic Theory*, p. 262.

活动的人而言,美学与艺术史的上遗教(legacy)必然或多或少地影响到他们的审美理想、趣味、心理乃至行为等方面。在此意义上,人不仅是"审美的存在"(aesthetic being),而且是"历史的存在"(historical being)。如此看来,艺术产品作为审美的客体具有历史的承传性,人作为审美的主体具有历史承传性,那么,以这两者为主要研究对象的审美文化,也自然不会忽视对历史的研究,特别是艺术史和美学史演进过程的研究。

另外,关于历史性及其绵延之维,还涉及同一问题的两个方面。一是否定传统美学是不可能的,哪怕你采取的是自欺的"鸵鸟政策"。因为,否定传统美学本身就意味着赋予对方以应有的权利。极力倡导现代艺术和呼吁现代美学的阿多诺也深知这一点,他甚至建议:"在目前,鉴于一种基本的不确定性常有可能破坏艺术存在的理由,所以美学务必回顾历史,从中寻求艺术的概念:艺术似乎只有通过回顾才能凝结成某种整一性,该整一性并非是抽象的,而是艺术具体发展成概念的过程。"①二是在回顾传统学美学时,必须谨防另外一种偏差,即抱着"老皇历"不放的偏颇作法。应该知道,"想要保存类似黑格尔那样的思辨美学,并将其奉为文化丰碑似的那种做法是错误的,而将其完全摒弃,或者以某种假定的艺术经验的直接性将其取而代之的做法也是错误的"②。因此,需要一种真正的"二次反思"(second reflection),而不是那种"假定的"或自以为是的"创新建构"。简单地说,"二次反思"首先需要正视这一现实:一种哲学体系(譬如黑格尔哲学体系)的崩溃并不必然导致其美学思想的完全失效;其次,需要充分利用而非抛弃传统美学思想的基石;最后,需要立足于历史与当代的文化制高点上来揭示其内在的漏洞,继而进行批判性的补救或综合性的创设。舍此,美学的更新恐怕会沦为一派挂空的豪言壮语。

---

① T. W. Adorno, *Aesthetic Theory*, p. 371.
② Ibid., p. 483.

7 追溯过程中的反思与觉解

追溯西方美学中文化理念的嬗变与审美文化的历史绵延，至少会引起我们在如下几个方面的思索与觉解：

（1）西方美学中的文化或文化中的美学，基本上是以两维并行的方式发展演化的。一是侧重审美需要与精神自由的超现实非功利意识，二是肯定道德教化与社会职能的实用目的性和功利性追求。因此，功利主义与超功利主义美学或审美文化的出现，就不是偶然的了。这与中国的儒道互补式文化传统和具体情景是十分近似的。

（2）就美学与文化的关系来看，美学是文化中的组成部分。具体地说，美学在理论形态上和艺术表现上，主要涉及文化的观念或精神层面；体现在言行举止上的相关审美因素（如说话的艺术与风度），涉及文化的语言交际层面；内含一定审美习惯的民俗风情（对乐舞、色彩、狂欢形式的选择与爱好），涉及文化的某些制度层面；而凝结在人造物品或实物对象（如服饰、建筑、工艺与生活用品）中的一些审美理想，则涉及文化的器物层面。维多利亚时期的审美文化研究，既关注社会生活与政治现实问题，又结合艺术实践与具体门类技术，因此在多维的理论向度上更显得生动活泼，更富有借鉴意义，成为这一时期英国美学的显著特点之一。可见，广义上的美学，与文化的不同层面息息相关，与人类生活的各个方面息息相关。因此，研究美学，不能不研究文化；研究文化，也不能不研究美学。这无疑是一种双向性的研究，既探讨美学与文化的相互关系，也分析两者之间的互动作用。在此意义上，审美文化的生成与研究，也就是自然而然的了。

（3）从历史观点来看，20世纪90年代审美文化研究在中国内地的勃兴并在一定范围内成为显学，这委实是件耐人寻味的事情。其中缘由，恐怕与一定历史阶段的社会、文化与经济等背景密切相关。中国学者在讨论审美文化研究与美学学科关系问题时，一般出于两种基本认识：一是基于学科交叉化合的观点，从美学与文化学的结合角度来看待审美文化的学科特性，故此得出类似上述结论："文化学研究文化，不能不研究作为整体文化组成部分之一的审美文化，而审美文化的研究又不能没有美学的指导。美学与文化学的整合,就必然产生一门关于审美文化研究的新学科,这就是审美文化学。审美文化学是美学发展高度综合的必然结果,是美学和文化学合规律性与合目的性的统一。"① 二是从层次关系的角度,认为审美文化是由"审美"与"文化"两维构成,前者表示概括性的抽象理论层面,即各种形式的美学理论与文艺理论,后者代表具体实存的现象层面,即以文学艺术为核心的具有审美价值的具体文化形态。两者虚实互补,是美学研究转型时期的一个建设性思路。② 依此,美学研究与审美文化研究不能彼此脱离,也不能相互代替,前者通过后者得以新生和发展,后者借助前者得以深化和创设。在新的历史时期和新的社会文化语境中,这恐怕是中国学人激活与更新美学研究的一种方式,同时也是赋予审美文化研究和美学研究的一项基本任务。所以,我们不能简单地把 90 年代中国审美文化研究归属于西方审美文化的模拟或顺延结果。但两者的关系是不能否认的,这在话语形式上表露无遗。因此,从历史的语境(historical context)中来追溯西方审美文化的绵延,有助于我们进一步知解研究审美文化的内在动机、当代意义与可能目的。

(4) 从学理上看,有必要对核心概念进行溯本探源式的追述。国内最初炒作审美文化研究时,不少学者对审美文化概念在西方美学史上的流变知之不多,有的认为该概念是"审美+文化=审美文化"的嫁接产物,有的认为该概念在 50 年代出现在苏联,有的则将其追溯至英国维多利亚时期。目前,就我们所掌握的材料看,席勒或许是这一概念的始作俑者。而席勒又是得益于康德美学与文化思想的启发。在席勒的意识中,与艺术和美游戏是审美文化的基本特征,使人格完满并获得精神自由是审美文化的主要目的,而旨在调和形式冲动(理性)与感性冲动(感性)以培养游戏冲动(审美)则是审美文化的实践形式。中国现代美学的生成及其审美形态的建构,特别是审美教育文化

---

① 赵广林:《美学与文化学的整合》,见《文艺研究》1990 年第 6 期。另见李西建:《审美文化学》(武汉:湖北人民出版社,1992 年);林同华:《审美文化学》(北京:东方出版社,1992 年)。

② 周均平:《转型研究:90 年代中国美学话题》,见汝信、王德胜主编:《美学的历史:20 世纪中国美学学术历程》(合肥:安徽教育出版社,2000 年),第 341—366 页。

的发展,与康德和席勒有着直接的承继和变通关系。

(5) 从目的性上看,席勒最早是受法国启蒙运动和康德美学的启发,基于文化的精神性追求,倡导以审美教育为主要实践形式的审美文化,旨在实现精神自由与人格完满,解决社会文化心理问题。斯宾塞是从创造健康的文明生活角度提出审美文化,用以消除和抵制因工业文明和富豪社会所导致的趣味庸俗、拜物主义和享乐主义等文化腐败现象;莫里斯接着从"人民艺术"出发阐释审美文化,借此满足人民的精神文化与创造性表现的需求,同时打造高雅艺术赖以发展和永存的基础。马尔库塞上承席勒,阿诺德下启利维斯,基本上是从追求人格的完善和培养良好的审美敏感性或文学意识角度,来揭示审美文化内涵的。而中国审美文化研究,几乎包容了上述所有目的或意图,在美学研究发展、审美文化功能、解决社会现实问题、建设精神文明和提高大众文化品位等不同层面,均与西方审美文化研究的动力和出发点有相似或暗合之处。

(6) 从中国文化的特质来看,文化与美学更是"你中有我,我中有你",这使得既超越又内在、既感性又超感性的审美活动及其精神追求,在整个华夏文化与美学中具有"形而上"的地位。① 从中国的文化概念所包含的原人文精神,即以礼乐教化为主要内容的道德伦理本位精神,实际上是以审美为特征的。由此生成的以儒家思想为主体的华夏传统美学,其悠久的历史根源来自非酒神型的礼乐文化传统。中国文化注重人生,提倡修养,好谈境界,孔子的乐论,庄子的逍遥,屈原的深情,魏晋的风度,禅宗的空灵,讲究"韵""味""品""妙"等美学范畴,都从不同的角度表明人生的最高境界是"审美境界"(宗白华等),中国的文化是"乐感文化"(李泽厚语),或者说是中国式的审美文化。这在《中西文化相会》的作者诺斯罗普(F. S. C. Northrop)看来,是一种以"无所不包的审美成分"(all-embracing aesthetic component)、"直觉审美特性"(intuitive aesthetic character)与"审美自我"(aesthetic

---

① 李泽厚:《华夏美学》(北京:中外文化出版公司,1989年)。

self)为主导的文化。① 因此,20世纪以降,在西学东渐和新文化运动的冲击下,中国学者借助传统审美文化的惯性去审视、因借、筛选、移植或会通西方美学理论与审美文化思想,无疑是顺理成章的事情了。在这一点上,研究中国美学的德国汉学家卜松山深有感触。他在《以美学为例来反思西方在中国的影响》一文中指出:中国文化与西方文化碰撞的过程中,由于种种原因使得美学具有特殊地位。首先,美学,至少在中国开始接受西方美学时,形成了一个非政治性的空间。相对而言,美学在自由探讨西方思维方式时有较多的余地。其次,从中国备受重视的艺术哲学角度来看,美学所属的领域有着许多与本国传统相通之处,因此在与西方文化碰撞中不像政治社会领域的学说那样备受贬斥和诋毁。相反,20世纪初的中国人面对西方开始为自己的文化定位时,把本国文化视为一种审美文化。当代的中国美学家像李泽厚、刘纲纪等人在总结中国美学的重要特征时,均认为"审美境界为人生的最高境界"②。

(7) 莫里斯所积极倡导的"人民艺术",一方面旨在脱掉艺术的精英外衣,把艺术还给生活,还给人民,还给社会,还给自然和人造景观;另一方面旨在将艺术扩展到人类生活的各个领域,最终使艺术变成日常生活的内容,从而为"人民艺术"开辟更为广阔的创造空间,打下更为坚实的社会基础。与此同时,他还郑重地指出:如果一个社会系统只强调个人奋斗而忽视相互合作,艺术家和工匠就会处于分离状态。这种分离使得艺术家与传统分离,与大众分离。由于这种分离,大众再也无法理解什么是艺术,更不懂得如何热爱艺术;艺术家失去了最能够理解和欣赏他们的观众。在这个意义上,艺术的生存与发展不可能仅仅依靠天才的创造。艺术有赖于在延续传统中迸发出来的艺术

---

① F. S. C. Northrop, *The Meeting of East and West* (New York:The Macmillan Company, 1960), pp. 315-358, 375-404, 461-464. 诺斯罗普认为:"东方文化大多是在审美成分中格物;而西方文化大多是在理论成分中格物。这样,中西会通的结果,均可为发展当今世界上一种完备的哲学和完备的文化理想做出独特的贡献。"(同上书,第375—376页)他还发现,中国文化以审美成分为主要建构,以审美直接性或直觉性(aesthetic immediacy)为基本特征。该特征在西方人看来似乎"自相矛盾",因为它一方面是入世的,关注具体事物,表现为一种明显的现实主义倾向;另一方面又是出世的,极富有思辨性,追求的是道或涅槃的境界,从而使东方的实证主义有别于西方的实证主义。(同上书,第376—377页)

② 卜松山:《与中国作跨文化对话》(刘慧儒等译,北京:中华书局,2000年),第18页。

灵感,有赖于工匠世代相传的知识技能,有赖于通过传统与艺术家紧密结合在一起的大众。因为,"所有艺术,即使是最为上乘的艺术,均受到大众劳动条件的影响。任何人在任何时候试图假造艺术,自以为艺术可以独立于大众的劳动条件,都是徒劳的。也就是说,任何一种宣称自己的艺术是建立在少数人的特殊教育之上的艺术,必定是不现实的,必定是短命的。艺术旨在表达人在劳动中所得到的乐趣"①。这段话委实道出了莫里斯对艺术的起源和艺术生命力的根本看法。如今,从主流角度看,艺术的制作似乎走向两极。在一方面,机械化和数字化的大量复制和拼贴,所生产的大多是具有焰火效应的艺术品,所寻求和提供的大多是廉价而快捷的感官或心理刺激,因此在商业化的社会消费活动中,瞬刻间就会变得平淡无奇或泛滥成灾,最终导致了外部生活环境的恶化,导致了闷闷不乐的社会情绪,甚至导致了艺术的终结或死亡。在另一方面,少数追新猎奇和孤芳自赏的艺术家,表面上热切地希望与大众交流,骨子里却潜含着唯我独尊的精英意识,在艺术创作上喜好标新立异,偏爱故弄玄虚,使装模作样的艺术品外显怪诞然内涵浅泛,不仅与生活彼此脱离,而且与精神相互隔膜,结果难以为多数人所接受,最终沦为少数人把玩的稀有商品。因此,我们有必要重新反思莫里斯的"人民艺术"观,有必要在现实语境中以适宜的方式倡导创生新的人民艺术,有必要参照各种积极的建设性方式来真正救赎和发展现代艺术。要知道,举凡使生活值得一过或更加美好(并非简单的美化或粉饰)、令大众喜闻乐见并给人以精神启示的艺术品,才是艺术的真正价值与生命力所在,才是艺术得以复兴的有效途径。

(8)最后,我们回顾这段历史,也是有意地重新审视和激活以往相关的思想学说,这不仅有利于我们进入审美文化的历史,有利于我们理解审美文化的现状,而且也有利于设想审美文化的未来。诚如威廉姆斯在《文化与社会》一书的结语中所言:"我之所以撰写此书,是因为我认为本书所记载的文化传统有助于提高我们共同的理解力,有助于文化传统的必要延展。所列举的这些思想理念与思维方式,抑或

---

① William Morris, "Art under Plutocracy", in Josephine M. Guy (ed), *The Victorian Age:An Anthology of Sources and Documents* (London:Routledge, 1998), p.440.

潜伏着深入我们灵府的富有生命的种子,抑或包含着一般意义上已经死亡的种子。举凡用以衡量我们认识凡此种种文化因素的尺度,以及用以衡量我们如何取得共识的尺度,实际上兴许就是衡量我们未来的尺度(the measure of our future)。"[1]倘若历史是活生生的历史,倘若传统是延续性的传统,那么其中必然包含着"生命的种子",具有现实的关联意义(relevance),因此可以借鉴和重估;当然,这其中也潜伏着"死亡的种子",残留着历史的陈迹,因此需要批判和扬弃。

(2008年写于京东杨榆斋,刊于《外国美学》2010年第19辑,
其中部分内容以《西方审美文化的绵延》为题刊于
《浙江学刊》1998年第2期)

---

[1] Raymond Williams, *Culture and Society* (London: The Hogarth Press, 1st. ed. 1958, rep. 1981), p. 338.

十七　美学新探的方法与视域

近些年来,美学新探的尝试在不温不火的境况中进行,所涉及的相关方法与视域委实不少。从本章所述中可以看出,历史哲学的下述立场同样适用于美学研究:我们与我们所在的当下,不仅向过去开放,也向未来开放。这就是说,过去、现在与未来三者交汇互鉴,继往开来,在历史效果意识与解释经验上形成某种内在有机的统合性,从而以直接或间接的方式,影响着流变更新的艺术创构与美学发展,同时也育养着人类主体的审美趣味与判断能力。

1　古代诗学的目的性追求

古代诗学可谓元美学形态,其研究对象主要是充满诗性智慧的象征世界。无论在古希腊还是在中国先秦,也就是卡尔·雅斯贝斯所言的"轴心时期"(the axial period),古代诗学都无一例外地彰显出道德教育的属性,其目的性追求均聚焦于"人文化成"或"人文教化"的理想之上。

在古代中国,"人文化成"的理想主要是通过礼乐文化来移风易俗,教化民众和治理天下,也就是引导人们在"观乎人文"的过程中,了解和体察文采、文雅、文操和文明的言行举止与风俗习惯,以便培育德性、养成善行,确保社会有序与人际和谐。这一切均反映在古代推行的"六教"之中,其中注重"温柔敦厚"的《诗》教和"广博易良"的《乐》教,与孔门强调"兴、观、群、怨"的诗学原则有着密切关联。概言之,推崇"人文化成"的中国先秦诸子,常从不同角度标举和谐、仁爱、厚德与自由的人文精神。这种精神在儒家思想里主要表现为中和为美与美善相乐的境界,在道家思想里主要表现为自然为美与清净超然的境界,在古代艺术与审美意识里主要表现为感性活动中的理性精神,美感形式中的生命精神,自然山水中的乐天精神与现实环境中的自由精神,在人格品藻上主要表现为文质彬彬的"君子"与超然物外的"真人"。①

在古希腊,"人文化成"的理想是通过"正确教育"来推行的,其核心内容关乎智慧、勇武、节制和正义等德行的修为,其最终目的在于为城邦培养出"完善的公民"。在此教育的初级阶段,善心为本的诗乐教育与强身为用的体操训练占据重要位置,这一切在集古希腊思想之大成的柏拉图那里,得到系统的归纳和积极的倡导。

质而论之,柏拉图的诗学思想承上启下,强调人文修养,堪称道德诗学。该诗学因循道德理想主义和政治工具论原则,主要由心灵诗学(psycho-poiēsis)和身体诗学(somato-poiēsis)两部分组成。在这里,道德理想主义基于至善的理念,将公民德性与城邦伦理全然理想化了,不仅认为良好的公民德性在一定意义上胜过僵化的法律体系,而且坚信通过正确教育会使这种德性内化在公民的思想意识和行为举止之中。在《理想国》里,这种道德至上的学说,显然超越了法律至上的传统。但在《法礼篇》里,柏拉图虽然持守道德理想主义的原则,但已回归到法律至上的传统界限之内。至于政治工具论,实际上也就是政治实用主义。它基于"为城邦而生,为城邦所用"的信条,从维护城邦的共同利益与和平秩序这一根本目的出发,把对公民实施的艺术教育视为手段,就如同把对公民的法治教育视为手段一样,最终是要把公民培养成保家卫国的战士和遵纪守法的楷模。从目的论上讲,以诗乐教育为主要内容的心灵诗学,是以善心为本,旨在培养健康的心灵,敏锐的美感,理性的精神,智善合一的德行,以便参与管理城邦的政治生活。而以体操训练为主要内容的身体诗学,是以强身为用,旨在练就健美的身材,坚忍的意志,高超的武功,优秀的品质,以便适应保家卫国的军旅生活。柏拉图试想通过心灵诗学与身体诗学的互补性实践,来达到内外双修、文武全才的教育目的,造就身心和谐、美善兼备的

---

① 聂振斌:《中国艺术精神的现代转化》(北京:北京大学出版社,2013 年),第三章。

"完善公民"。①

在古希腊,所谓"完善的公民",意指"美善兼备"的整全人格。这既要有善良的心灵与典雅的品位,同时也要有健美的身体与高超的技能。所谓善良的心灵,不仅是指理智、激情与欲求三个部分和谐互补的内在关系,而且也指拥有智慧、勇敢、节制和正义等主要德性。基于这两种素养的心灵,会使人在价值判断和实际言行方面,能够爱其所应爱,恶其所应恶,为其所应为,其结果既有益于城邦共同的福祉,也有益于个人的福祉。所谓典雅的品位,则是一个由低而高、由浅入深、从感性到理性、从表象到本质的发展和提升过程,首先从个别的美的形体开始,继而归纳出所有形体美的共相,随之探求和鉴赏内在的心灵美,道德和社会美,行为和制度美,逐渐提升到认识最高境界的美自体,由此把握美之为美和善之为善的原因。所谓健美的身体,可从古希腊制度化的体操训练和奥林匹克竞技传统等相关活动予以推测。其具体的成就或形象,可从现存的古希腊人体雕刻作品中见出端倪,从展示的古代陶瓶画作及其场景中找到线索,当然也可以从古罗马时期仿制古希腊雕刻的作品中获取证据。所谓高超的技能,不仅是以各种方式和形态反映在以雕刻和悲剧为代表的古希腊文学艺术中,体现在以神庙和卫城为代表的古希腊建筑遗迹上,同时也沉淀在以金币和饰物为代表的古希腊工艺作品中。

从历史哲学角度看,"轴心时期"对"人文化成"及其目的性追求的深入探讨与历史经验,无论对于过去、现在,还是未来,无疑具有一定的参照或借鉴意义。因为,正是在这个时期,诸多精神天才上下求索,各显其能,为人类精神文化奠定了坚实的基础。后来的艺术创构与艺术教育,均因袭这一传统,试图通过以美启真和以美储善的教育方式,在改善人们艺术鉴赏能力和生存质量的同时,拓展了两条彼此相关的路径:一是形而上的路径,要把人类从物质境界和生命境界推向艺术境界、道德境界乃至宗教境界,并把内圣外王或超凡入圣视为人之为人的最高成就。二是形而下的路径,要把民众教育成合格的公民社会成员,并把国民素养或公民德性列为人之为人的基本准则。第

---

① 王柯平:《心灵诗学的实践准则》与《身体诗学的境界与追求》,见《〈理想国〉的诗学研究》(北京:北京大学出版社,2005年),第88—181页。

一种路径属于理想的假设,第二种路径可谓现实的要求,尽管我们并不排除后者可能包含前者的某些因素与意向。

2 艺术价值,艺术鉴赏与感性综合经验

在艺术领域,"人文化成"的目的性追求,首先要落实在艺术鉴赏能力的培养上。一般说来,此类能力主要源自人们对艺术价值的感悟、体验、理解和鉴赏活动中。在此方面,聂振斌在《中国艺术精神的现代转化》中,比较深入地阐述了艺术的审美价值、道德价值、认识价值和理想信仰价值,由此断定艺术活动(创作与欣赏)是人的生命体验和精神追求的最佳形式和途径,有助于寄托人的精神,陶冶人的情感,洞识人生的真谛,享受审美的自由,等等。①

但就现代艺术价值的生成机制而言,这里至少需要注意三点:其一,对鉴赏者来说,艺术价值与工具价值在审美体验中都是有效的。从哲学反思的立场来确定艺术价值的内在性,重在识别和界定艺术品的内在价值,这涉及艺术品的内在属性,涉及作品内容与形式的特性及其内在关系,关乎艺术品的审美意向及其体验特性。从艺术创构的角度来确立艺术价值的外在性,重在揭示和厘清艺术品的外在价值,这涉及艺术品的外在属性,涉及作品内容与形式和其他事物的联系。②从心理体验的角度来确立艺术的工具价值,旨在感悟和自省艺术品欣赏过程中所体验到的或艺术品所产生的实际影响,这类影响通常取决于欣赏者在体验过程中的敏悟能力。实际上,人们在欣赏艺术品的过程中,除了少数专家有意区分艺术价值与工具价值之外,一般人惯于随兴之所至,在艺术魅力的引导下进入到一种自由体验和自由解悟的状态。

其二,艺术价值固然取决于艺术品自身的结构(形式与内容),可以据此分为绘画价值、诗歌价值和音乐价值等,但其价值变量在一定程度上与鉴赏者不无关系。也就是说,由于艺术品欣赏者的视点、态

---

① 聂振斌:《中国艺术精神的现代转化》,第38—46页。
② Malcolm Budd, *Values of Art: Pictures, Poetry and Music* (London: Penguin Books, 1995), p.5.

度、修养、前见、行为及其心态不同,艺术品会因其表现不同内容和形式而呈现出不同的价值,譬如宗教价值、道德价值、认知价值、情感价值、社会价值、教育价值、历史价值与理疗价值,等等。① 在此过程中,鉴赏者如果偏重其中某一价值,通常与其自身的处境和心态相关。

其三,在诸多现代艺术品中,积极价值有时会与消极价值相纠结,前者有时会被后者所遮蔽。譬如,审美与色情两种东西,在不少现代艺术品中经常交叉或杂糅在一起。两者之间的差别,需要从健康的立场和表现的策略等方面予以识别。首先,要明确审美的东西不全是形式,而是关乎重要的精神内容和生命内容。但在表现审美的东西时,色情的东西经常作为一种佐料或策略,用来有效地强化审美的东西。一旦两者同时出现,美化心理效果的法则——也就是表层艺术效果与深层艺术效果的法则——就会立即发挥作用。此时,审美的魅力会因色情的魅力而得到加强,相应的,当色情的魅力被转化成为审美的魅力之辅助时,其自身也会得到加强。其次,要识别审美与色情两种东西的不同特性与心理关联。在色情的东西中,有一种欲望会把两种性质不同的存在从生理或肉体方面统一起来并从精神方面予以融合;而在审美的东西中,则有一种欲望能把异己的内容所包含的那些心理和生理成分统一起来。再次,要明确审美与色情两种东西在艺术效果上的本质区别。在审美的东西中,怀念与色情的东西的混合物,存在于那些独立存在的深层艺术效果之外,它们在审美之外所产生的效果,只在那些真正的艺术效果的界限周围发挥着作用。② 以上所述,在欣赏现代艺术品时尤为重要,因为性解放与性文化导致了色情内容的泛滥,特别是在一些识别能力和审美素养不高的人群中间,审美与色情两种东西,在他们的眼里几乎被等同视之,由此产生的消极或有害影响,直接渗透到他们的行为与意识之中,甚至泛化为他们的一种生活观念与实际追求,也就是把艺术中幻化的色相当作现实的目标予以追求。在这方面,我们也许有必要重申阿多诺的哲学观,即从道德的角度审视,哲学应该对绝望负责,应该在考察一切事物的同时,从拯救的立场出发来展示自身。这便是阿多诺在《最低限度的道德》里所设定

---

① Malcolm Budd, *Values of Art: Pictures, Poetry and Music*, p. 1.
② 盖格尔:《艺术的意味》(艾彦译,南京:译林出版社,2012 年),第 191—193 页。

的哲学精神,与其《启蒙辩证法》和《否定辩证法》中的主要思想一脉相承。

另外,有关艺术鉴赏的问题,这里至少需要补充四点:(一) 艺术鉴赏涉及的对象,在现代多媒体网络文化中,已然得到大幅度和多样化的扩增,促使观赏的方式从古典美学视野转向现代感性视野,使传统审美经验理论转向开放的感性经验理论,由此加强了感性经验和鉴赏者的主动性。诚如岩城见一所描述的那样,感性经验的对象不再局限于传统意义上主要由诗、乐、舞、雕刻与建筑组成的艺术世界,而是进一步扩展为主要由艺术形象、空间、时间与构形要素(如点、线、物、形状与色彩等)所组成的形象世界,以及主要由古典艺术所呈现出的美的世界、由现代艺术与现代感性论、现代艺术表现与现代感性经验所组成的表现世界。现如今,在新型的感性经验对象中,我们还应加上主要由现代文化产业或现代文化创意产业、由日常生活中的感性经验与审美经验之混合现象组成的生活世界。相应地,在这种基于感性经验理论的感知方式中,心身关系之中已然渗入了语言,从而使感性经验也包含着感觉作用与相关反省活动。有鉴于此,推崇现代感性论的先驱汉斯·佩兹尔特(Henz Paetzold)认为,感知制约着感性经验,使其不能以回溯的方式超越自身。但是,感性经验也不是可以汲而尽之的。感性经验应该被当作感觉和反省的统一。在感性经验上,我们通过反省使用着感觉。① 当然,这种反省是"辩证的反省",是超越以往美的哲学所用的语言和基于感性能动作用的反省。在这里,现代美学不是围绕着形而上的"美的理念"之学,而是把感性经验的固有特性反馈给经验的形式,趋向自己探求的目标。结果,它不是拿着预先给定的尺度(概念和精神)来衡量感性经验,而是根据心身不可分离的过程来阐明感性经验的理论,这便使此时的美学(Ästhetik)回归到希腊词源意义上的感性论(Aisthesis)。但要切记,感性经验总是以形象为根据,无论多么超越的主题,倘若没有形象的变换,都不能被艺术所实现,也不能被感性所经验。② 值得注意的是,这种让美学回归感性的理

---

① 转引自岩城见一:《感性论》(王琢译,北京:商务印书馆,2008年),第196页。另参阅 Henz Paetzold, *Ästhetik der neueren Moderne* (Stutgart, 1990), p.150f.

② 参阅岩城见一:《感性论》,第196—198页。

论,必然会将审美经验转化为感性经验,这实际上是用现象学理论来改造传统美学及其理论范型。在积极意义上,这一改造会将以前的概念与精神悬置起来,会加强鉴赏者直觉观照和感性经验的主动性与创造性;但在消极意义上,这会加剧艺术制作的不确定性,削弱艺术价值取向的历史性,导致艺术形式的多样化和艺术意味的平面化。

(二)艺术鉴赏需要主动而自由的审美介入(aesthetic engagement)。为此,鉴赏者有必要破除西方近现代以来盛行的科学神话观念或崇尚科学认知的惯性心理。通常,西方学者几乎习惯性地认为,科学性的认知或科学中的认知,具有选择的优先性、知识的客观性、真理的普遍性与排他性。如此一来,在对存在事物的评价过程中,人们就会有意无意地根据上述特性,来排列这些存在事物的秩序或等级。长此以往,便构成了西方科学或理性文化的基础,直接影响到美学思维及其理论建构。对此,阿诺德·贝林特(Arnold Berleant)表示质疑,他在《美学与介入》(*Aesthetics and Engagement*)一书中,特意强调了审美经验的自由性。在此类经验中,审美介入作为一种表现形式,理应跳出西方科学或理性文化的窠臼,强调主客体之间的统一性,审美主体的积极参与性,感知觉的统一性。为此,人们应在审美场里,充分使用自己的各种感官能力和感知能力,自由自为地欣赏和评价审美对象。

(三)艺术鉴赏涉及完整的感性审美经验。这种经验有助于升华人生的经验,体察人生的意义,发现生活的情趣,因为该经验特有的完整性,总是伴随着令人回味的生动性与愉悦性。依据杜威的说法,艺术是文明的美容院,甚至在一定意义上代表文明的辉煌成就。这一见解似乎与"文明以止"的中国文化精神或审美精神相通约。在艺术鉴赏过程中,按照汉斯·耀斯的理论,审美经验至少涉及创作(生产)、感受(接受)与净化(交流)等三个环节中的基本经验及其审美快感。借助梅洛-庞蒂的观点,鉴赏者有必要合理利用身体理论和知觉理论,在艺术世界里发掘时空的深度与广度,觉解对象的多样性、特殊性与普遍性,由此进入到一种自在与自为暂时综合而成的自由境界。

需要指出的是,杜威在倡导经验完整性的价值时,主要依据的是他的艺术鉴赏理论与民主自由学说。为此,他首先旗帜鲜明地反对传统的二元论,也就是将艺术经验与其他形式的经验分割开来的二元论,同时宣称艺术哲学家的首要任务就在于恢复下列两种东西的关联性与持续性:(1)艺术作品中得以升华和强化的经验形态,(2)普遍得到承认并构成经验的日常实践、作为与遭遇。[①] 在杜威看来,艺术的经验形态或传统认定的审美经验形态可以作为一般经验的范式,亦如艺术创制可以作为一般活动的范式一样,这一切在人类生活中是普遍存在的,是彼此关联的,是可以引致"重大满足感"的,而这种满足感正是人类生活的终极要点或追求目的之一。其次,杜威认为经验,尤其是完整的经验,是在人类生存之流中对平衡瞬间的独特体认,是人类从中获得情感与精神满足感的重要契机。这主要是因为人的生存是一个有机体与其环境之间进行互动作用的长期过程,其间,人会通过其有机体来利用环境去寻求能量交换的平衡,但这种平衡不是一劳永逸的,而经验作为努力争取平衡和实现平衡的意识和享受,不仅会使人获得暂时的平衡,而且会使人从这种平衡经验中获得"重大的满足感"。再者,杜威断言艺术在人类情感表现方面发挥着独特的作用,能使人类将自己的情感或其他形式的经验有效地传达给他人,这样有助于人的生存这一有机体与其环境产生积极的互动作用,而这种艺术化的表达或传达本身也是这种互动活动的正常组成部分。在这里,艺术所表达的情感经验虽然属于某种独特的审美情感经验,但其与其他自然情感经验并未截然分开。另外,杜威的艺术或审美经验理论似乎偏重艺术消费者的鉴赏活动,而其艺术表现或外化情感经验的理论似乎偏重艺术创制者的创造活动,但他本人更重视艺术消费者与艺术创制者在艺术或审美经验中的互动关系。如他所说,"艺术"这个术语意味着一种作为或制作过程,譬如用黏土造型或用颜料涂抹;而"审美"这一术语意味着鉴赏、感悟与享受之类的经验,在更大程度上是指艺术消费者而非艺术创制者的立场观点,因此不能迫使审美的与艺术的这两者之间的区别变成一种彼此分离的关系。[②] 当然,艺术消费者的经验既涉及主动性,也涉及接受性,相应地,其感受一件艺术品的经验绝非铁板一块,而是一种流动过程。最后,值得关注的是,杜威本人怀有远大的政治目标,那就是要为民主国家的公民提供一种适合他们生活

---

① John Dewey, *Art as Experience* (New York: Milton Balch, 1934), p.3.
② Ibid., p.47.

的哲学。为此,他期望自己的艺术或审美理论在一定程度上也应符合这一目的性追求。在此方面,盖伊(Paul Guyer)特意指出两点:(1)杜威最终把民主奉为个体自由可以从中得到蓬勃发展的一种制度,个体自由之所以从这种制度中最终得到尊重,那是因为个体自由是取得那种令人可以得到重大满足感的经验之条件,而体现这种经验的典型代表恰恰就是艺术。(2)杜威断言艺术有助于成功地沟通人民之间的思想感情,这种沟通对于民主政体的职能取得成功是不可或缺的。实际上,杜威的在下列言说中道出了自己的核心艺术思想,即:"[艺术]表现打破了将人们彼此隔离开来的种种障碍。鉴于艺术是最为普遍的语言形式,鉴于艺术(除文学外)是由公共世界的共同特质构成的,因此便是最为普遍和最为自由的沟通交际形式……艺术融人类与自然为一体,这是一个众所周知的事实。另外,艺术使人意识到人类彼此之间在本源和命运中的融合关系。"①

(四)若将美学回归为感性学的话,那么感性综合经验(aesthetic comprehensive experience)就会成为鉴赏艺术或体悟艺术价值的重要方法。在我看来,这种感性综合经验论,在实际运作过程中涉及艺术符号论、审美价值论和美感积淀论等相关要素。就感性综合经验而论,所谓"感性",意指 aesthetic 而非 sensational 或 sensory,所涉及对象是内含艺术价值和工具价值的事物。所谓"综合",意指"comprehensive"而非"synthetic",所含用意有二,一是指"广泛包括与综合的",二是指"具有或显示(广泛)理解力的"。这后一种含义,近似于康德哲学意义上的"先验综合",它作为一种知性活动,旨在联结种种不同表象,将其所有杂多把握或理解为一种知识。其中这所谓"经验",意指 experience 或 Erlebnis,关乎经历和体验的融会。质而言之,感性综合经验是基于四种内在关联的直观活动:感性直观(aesthetic intuition)、经验直观(empirical intuition)、实践直观(practical intuition)和理智直观(intellectual intuition)。所谓"直观",亦称"直觉",一般是指心灵无需感觉刺激之助,无需先行推理或讨论,便可通过直接的观看、观察或注视,从而在瞬间领悟真理或认识特殊事物的天生能力。不过,我们认为这种"天生能力",在很大程度上是文化心理的历史积淀结果。同

---

① John Dewey, *Art as Experience*, pp. 270–271.

时,我们认为,这种直觉性的感官能力,可以用来作为与外在对象建立直接关系的基础,这在艺术鉴赏中显得至关重要。在此基础上,感性直观作为艺术鉴赏或审美评价的启动机制,就会在鉴赏者与鉴赏对象之间建立一种审美关系,由此可以引致经验直观的积极参与,使得可感对象在心灵中直接呈现出来,继而产生心理联想和审美妙悟的可能性。接下来,鉴赏者作为历史存在与道德存在,通常会借助自己的历史意识和道德意识,进入到实践直观的阶段,由此直接意识和觉解鉴赏对象作为一种特殊情况是否符合普遍法则,也就是符合与共通感(common sense)相关的鉴赏法则或趣味标准,这对从艺术或审美角度来评价鉴赏对象会产生直接而重大的影响。当然,用于艺术鉴赏活动的感性综合经验,在涉及某些具有深度意味和复杂结构的对象时,最终总是需要理智直观来辅助和深化。理智直观作为理性洞见,是在妙赏过程中得出的东西,鉴赏者可借此把握或理解对象中所表现的共相、概念、自明真理以及像上帝一类无法言表的部分。对康德来讲,理智直观是一类经验,在这类经验中,感觉与思想、个别与普遍之间通常的对立关系被克服了。如此一来,原先对立的两者统一起来了。在此意义上,鉴赏者有可能接通感性、经验、实践与理智等四种直观形态,进入到一种自由直观与自由享受的境界。

  自不待言,感性综合经验涉及鉴赏者的文化素养、审美判断和认识能力等要素,这需要正确的教育与有效的修为来奠定基础和促进完善。实际上,这也关系到个人的艺术素养和审美智慧。在此方面,美国人文学者赫什(E. D. Hirsch)在《文化素养》(*Cultural Literacy*)一书中,专门列举了百年来不断使用的 5000 个词条,其中包括历史上的重要人名、著名短语、事件日期、思想概念与理论名称等,涉及体育、艺术、教育、历史、地理、哲学、政治、科学等不同领域。赫什认为,这些内容都是"每个美国人需要知道的东西"(What every American needs to know)。在他看来,美国发展变化的经济,需要提高国民的文化素养,虽然此时美国教育系统持续发展壮大,但其国民文化素养反倒不进则退。于是,他积极呼吁,只有每个人熟悉或掌握了这些词条的背景知识,祖辈与孙辈、白人与黑人,美国人与来自欧洲、亚洲和非洲的外国人,都有可能进行有效交流(effective communication)。这种有效交流,对推动基本福利、国家安宁与经济进步等诸多方面,具有本质意义。[1]他还强调指出,有效交流需要共享的文化(shared culture),这种共享的文化需要把特定信息传布给儿童。文化素养作为现代世界中的本质性教育目的,全然不是自主与空洞的技能,而是取决于能够促进文化修养的文化(literate culture)。如同人文化成(acculturation)的任何其他性相一样,文化素养需要从教育初级阶段开始,坚持不懈地传布特定信息。只有通过积累共享符号(shared symbols),也就是代表共享信息的那些符号,人们才能够与同一社群的其他人进行有效交流或沟通。[2] 我认为,这些共享的符号,既涉及不同的文化领域,也涉及各种艺术类别。另外,虽然艺术教育有助于人们识别这些符号及其含义,但充其量只是整体文化素养教育的一小部分。因此,若就每个人的文化素养乃至每个国民的文化素养来看,艺术教育作为传布这些共享符号的有效途径固然重要,但更有必要从蒙学阶段开始,根据适宜人们认知的科学规律,持续不断地开展文化素养教育,也就是以艺术游戏为开端,包括文、史、哲、社会科学与自然科学在内的博雅教育,至于那些过于政治或宗教意识形态化的教育内容,在本质意义上非但无助于提高受教育者的人文素养,反倒会妨碍其自由思维的健康生成与创新能力的正常发展。

3 美学史研究的范式与方法

西方美学史的研究,发端于古希腊美学思想。从遗存的文献来看,古希腊人对美、善和真的论述,是同步展开的。譬如在柏拉图那里,美、善与真三者,存在内在的有机联系。在审美领域,古希腊人惯于因循"过犹不及"的"适度"原则,试图在理性与感性、德行与知识、科学与艺术之间确立某种均衡与和谐的关系。根据鲍桑葵(Bernard Bosanquet)的研究,古希腊美学思想主要被概括为下列三项原则:形而上学原则、审美原则与道德主义原则。[3] 形而上学原则涉及艺术本体

---

[1] E. D. Hirsch, Jr., *Cultural Literacy: What Every American Needs to Know* (New York: Vintage Books, 1988), p. xii.

[2] Ibid., p. xvii.

[3] Bernard Bosanquet, *A History of Aesthetic* (New York: Meridian Books, 1957), p. 18.

与艺术生成的关联,审美形象与普通事物的区别,艺术摹仿与实在理式的联系,并且由此推导出"美自体"这一使美的事物成其为美的终极原因。审美原则标举美的范畴、审美价值与审美兴趣,关注艺术的形式美,认为多样性统一就是和谐,想象性表现就是艺术,同时把艺术对理式的摹仿视为象征关系,把艺术对自然的摹仿视为再现关系。道德主义原则涉及艺术的性质,艺术表现与感染方式,美的标准与善的关系,道德判断与教化功能等。值得注意的是,在古希腊人的审美意识中,"美"(kallos)是最高的范畴和理想的追求,其自身包含三重意蕴,即在形象或形式意义上呈现为美的价值,在道德或教化意义上表现为善的价值,在精神意义上代表着高贵或高尚的境界。

中国美学史研究的方法论问题,主要囿于从西方引介的美学范式,每分析一种涉及艺术创作的风格或表现方式,每论证一种涉及艺术欣赏的心理感受或反应,总是将其有意与"美"搭配在一起,借此强化或凸显其"美学"或"审美"的属性,自以为这样就设立就了符合美学学科要求的概念或范畴,或者说是建构了中国美学的正当性。① 开启中国美学史研究的前辈学者,在参照西方美学史研究范式的同时,有效地梳理了中国审美意识的历史发展线索和理论要素。但是,他们在进行某些概念构造或理论概括时,有时习惯于借用"美"这一明显带有西方美学范式色彩的词语予以表述。譬如,李泽厚用"狞厉"来概括中国青铜饕餮艺术的特征,本属一个富有中国审美意识的独创性术语,但他依然采用了"狞厉的美"这一表述方式,意在从"美学"或"审美"的立场来描述这种具有威吓神秘力量的怪异形象或象征符号。实际上,当李泽厚在采用《美的历程》这一书名时,便将"美"这一范畴作为研究的重点和贯穿全书的思想线索。后来的中国学者,对此"修辞"方式沿用不绝,在新近出版的各类美学著作中,附加上"美"的概念层出不穷。譬如"中和之美""生生之美""意境之美""气韵生动之美"

---

① 国内不少学者习惯于用"合法性"来描述中国哲学与美学的存在现状或学科地位。所谓"合法性",来自 legitimacy 一词。不过,该词含义既包含"合法性",也意指"正当性"。"合法性"是就家庭财产的继承权而言,与法律规范相关,而"正当性"是就说明一种道理的正当性或某种东西的存在理由而言,与法律规范没有关系。因此,笼统地使用"合法性"来谈论中国哲学或美学,在前意识上就等于将判定中国哲学或美学的存在意义与价值让渡于他者,这一他者抑或代表西方的范式,抑或代表西方的学者。导致这一"权力"让渡心理的主要缘由来自黑格尔的欧洲中心主义思想与西方哲学的正统观念。

等。这一近乎于"削足适履"的概念套用习惯或修辞装饰倾向,近年来引起国内一些学者的反思,其中有的学者特意从译介学和词源学等角度出发,认为将原本意指"感知学"的 aesthetics 汉译为"美学",将原本意指"感知的"的 aesthetic 汉译为"美学的"或"审美的",其结果导致一些研究人员按照西学的规范与逻辑,走上"按字索美"之路,在中国古籍文献与汉语词源中寻找貌似"美"的概念(如"羊大为美"或"羊人为美"),从而导致了中国古代美学研究的种种误区,甚至引致出中国到底有没有"美学"的质疑。如此看来,"美学"在中国语境里,俨然从 aesthetics 蜕变成 beautology,成为专门研究美、美丽或优美的学问。结果,在研究方法论与话语方式上,通常会出现唯"美"主义的理论偏差,形成"以西释中"或"以中证西"的局限,致使传统中国美学的研究被有意无意地推向学术边际,由此描述或串联而成的中国美学史,在很大程度上是以西方美学史的理论范式为参照框架,自身沦为概念性的旁证或资料性的梳理。

颇为有趣的是,在西方学者的美学著述中,有关中国美学的论说,并不经常涉及形形色色的"美",而是经常论证具有艺术价值和美学属性的不同特点。譬如,譬如托马斯·门罗(Thomas Munro)在《东方美学》里,卜松山在《中国的美学和文学理论》里,所论的"气韵"就是"气韵","生动"就是"生动","气质"就是"气质","情景"就是"情景","神"就是"神","志"就是"志","法"就是"法","象"就是"象",凡此种种,不一而足。另外,门罗等西方学者也发现,在中国美学范畴中,"味"似乎要比"美"更为重要。门罗本人更看重中国乃至东方美学不同于西方美学的种种特质,对于其艺术品特有的"精神价值"和欣赏艺术时的内心和谐及其主体性十分看重。

应当看到,中国美学史研究方法论中的误区,在相当程度上是美学的学科化建设所致。我们知道,学科化这一来自西方的范式,总是伴随着科学性、统一性和标准化等观念。张法就此指出:"美学与艺术哲学的名称之争,内蕴着美学的丰富内容,美学应该是美之学,但在西方的学术体系中,却不得不将之进行学科化。学科化,按照西方的文化体系和思维规律,包含两个方面:一是用一种学术逻辑将一门学科放到整体学术体系中的一个合适的位置上去;二是让这一学科本身形成一个逻辑整一的结构体系。要把西方文化在美的学科化问题上的漫长历史演化,归纳为简要之点,基本上是从三个方面进行的:一是从哲学的角度,二是从主体心理的角度,三是从艺术的角度。"[1]于是,在本体论的形而上学意识的引导下,将美之学、艺术之学与美的哲学纳入学科化的美学研究范围,从而造就一种整体化的结构体系。

这种试图把艺术与哲学之内容的真实予以整合或通约的做法,实际上背离了艺术自身的审美属性及其自由精神。这种做法等于借用赞扬艺术的手段,来张扬哲学的思理荣光,结果使美学学科视野下的艺术沦为哲学的附庸,使哲学借助这一附庸得以贵族化。殊不知这两者在本质意义上具有不可通约性。沃尔夫冈·韦尔施(Wolfgang Welch)在《哲学与艺术——多变的关系》一文中指出:"艺术家和文化人寄托于艺术哲学的那种为艺术创造新的文化认可的希望落空了。美学的目的是哲学的贵族化,而非艺术的贵族化。宣告哲学是艺术的维护者,就是把监狱的看守当成越狱的帮手,或把山羊当作园丁。古典艺术哲学在创造认可这一点上——以及在涉及艺术特性的方方面面——完全无效。这一艺术形而上学的绝大部分对于理解实际的艺术,理解艺术品的艺术,由于系统化的原因毫无用处。"[2]这种对古典艺术哲学的否定立场,不由使人联想到早期席勒的类似观点,后者曾将古典艺术哲学贬斥为"空洞的形而上学的夸夸其谈"。不过,古典或传统艺术哲学的失效,并不代表艺术哲学的废除。因为,在事关艺术的诸多问题上,我们若要展开深入的反思与追问,就依然离不开哲学的阐释和分析。譬如,下列问题仍需从艺术哲学角度予以揭示:(1)如果一件艺术品不具备时间上的连续性(譬如一幅绘画,一座雕像,一栋建筑),它何以能够表现总是渐进的生命体验呢?在这样的一个艺术符号与感受形态之间,有什么样的逻辑形式的共同性呢?(2)除艺术家本人之外,每个人是如何认识一件艺术品的内在意义的呢?(3)衡量优秀艺术的尺度何在呢?也就是说,艺术中的"良好鉴赏力"是指什么?(4)美是什么?美与艺术有何关系?(5)艺术的公

---

[1] 张法:《20世纪中西美学原理体系比较研究》(合肥:安徽教育出版社,2007年),第5页。

[2] 韦尔施:《哲学与艺术》,见汝信主编:《外国美学》第21辑(南京:江苏教育出版社,2013年),第304页。

共重要性何在?① 此外,我们还可以从哲学角度,探寻"艺术与人生有何关系?""艺术与社会有何互动?""艺术真理性与社会真理性有何区别?"等问题。

那么,在中国美学史研究的方法上,到底应当借用或吸纳那些有利的因素呢? 有的学者认为,中国美学史研究应当回归自身的历史本位,应当改变西化的话语方式与逻辑论证,应当在重体悟而非重认知的时空范围内,从中国人的生活方式、生活内容与生活品质出发,在原道说和问道说的互补互动中,在赋诗言志与以意逆志的表达和诠释方式中,在礼乐文化史、风俗器物史和思想史的彼此印证中,探索中国审美意识的发展、流变、内在精神、立人准则和艺术化生存的实用智慧,等等。

在我看来,研究中国美学史,除了上列建议之外,有必要借鉴西方行之有效的综合性古典研究方法。这种古典研究的学术意义类似一种知识考古学,可借此洞察和预测人类文化历史发展的过去、现状以及未来的可能走向;但就其现实意义而言,这在一定程度上有助于我们了解古代先贤的思维方式,有助于我们反思既往人文化成的历史遗教,有助于我们克服只知今而不知昔所产生的狭隘观念,同时也有助于我们在保持与历史联系的同时,利用古代文学、艺术和哲学来丰富现代人过于散文化和平面化的生活。在此意义上,当我们解读或重思古典文本的含义(meaning)与意义(significance)时,总是联系相关问题而展开,总与试图解决这些问题的动机密不可分;因此,我们的所作所为,不再是被动的,而是主动地;不再是过去的,而是当下的;不再是生活之外的,而是生活之内的,这一过程本身就是一种精神活动,一种作为行动的思想或作为思想的行动。

需要强调的是,在采用文化历史的方法来研究中国经典中的审美思想时,至少应当考虑以下三个要素:其一,由于时间距离与历史情境的变化,我们对研究对象的理解和认识无论自觉或不自觉,都会基于各自的文化背景、知识结构或现有"前见",在不断尝试与理智想象中努力接近或涉入相关的历史文化语境。自不待言,凭空的想象无异于

---

① Susanne Langer, *Feeling and Form* (New York: Charles Scribner's Sons, 1953), p. 370.

虚构,而合理的想象有助于假设。通常,我们不能断定,但我们可以假定。这假定既要建立在言之有据的论证基础之上,也要经得起反驳与批评的严格考验。其二,对于文化历史的研究应当采用一种超学科的宏观视野,应当将文化历史视为人类精神活动的发展史与演变史,相信历史的根本任务在于描写所有能够从美学角度来感受人类精神的活动。其三,在审视古代贤哲对待人生与人类生存状况的态度时,也要随即思索古代人对待人生与人类生存状况的态度,甚至在参照彼此态度的际遇,将其作为我们现代人重思自己价值诉求时借以踩踏的垫脚石或支撑点。这样,我们就会自觉地反思其中蕴含的道理与值得传承的价值,由此进入到一种鲜活而动态的历史体验之中。

这种历史体验,被克罗齐(Benedetto Croce)称之为一种"作为思想与行动的历史"体验。其间,历史阅读、历史叙述与历史判断三位一体,彼此之间相互促动、启迪和深化。在理想条件下,历史所激活的思想,不再是单纯的或被动的思辨,而是主动且理智的行动。因为,在克罗齐看来,唯有"思想作为行动才是积极的,思想既不是对实在的模仿,也不是装实在的容器;思想活动在提出和解决问题中展开,而不是在被动接受实在的片段中展开;因此,思想不在生活之外,思想甚至就是生活职能;这些看法都应视为从笛卡儿和维柯到康德、黑格尔和当代思想家的全部近代哲学的成果"[①]。这就是说,思想作为行动就在生活之中,就是生活职能本身,就是在提出和解决与生活相关的问题中展开。这里所言的"生活",既关乎希腊人的生活,也关乎现代人的生活,因为人类在生活中所遇到的和所要解决的问题几乎大同小异。在此意义上,克罗齐断言"一切历史都是当代史"。因为,"当生活的发展逐渐需要时,死历史就会复活,过去史就变成现在的。罗马人和希腊人躺在墓穴里,直到文艺复兴欧洲精神重新成熟时,才把他们唤醒";于是,"现在被我们视为编年史的大部分历史,现在对我们沉默不

---

① 克罗齐:《作为思想和行动的历史》(田时纲译,北京:中国社会科学出版社,2005年),第23页。

语的文献,将依次被新生活的光辉所照耀,将重新开口说话"。① 很显然,克罗齐要求人们从现实需要或生活实际出发,应以具有批判意识的研究去复活过去的历史,并用具有时代精神的思维去解读过去的文献,借此使沉默不语的文献发出振聋发聩的新声。当然,我们会根据自身精神的需要与生活的实际,会在解读与思考过程中重估或重构相关的内容,会在审视历史问题与解决现代问题时将两者加以比照和重思。有鉴于此,可将我所推举的上述方法,称作文化历史方法。自不待言,以此来研究古代中国美学思想的经典文本,更需要我们从语言、文献、神话、艺术、风物、民俗、考古、历史、学识、判断乃至思想与行动等方面,尽可能做好全方位的准备。

4 哲学美学的迷宫与主题

20世纪中叶已降,层出不穷的现代艺术与标新立异的文化产业,对传统美学造成巨大冲击,导致其解释力日渐式微,几近废退失效的边缘。在研究此类问题的诸多论著中,其代表作首推阿多诺的《美学理论》。在这本书中,阿多诺集中地表述了自己的哲学美学,其沉奥的思辨与晦涩的文风,犹如一座迷宫,不仅影响最大,而且问题最多,吸引和困惑着不少读者。对国内学者来讲,这一困惑至少源自两个原因,其一是社会文化与政治制度的差异,也就是说,在刚性控制的社会及其文化语境下,要理解发达资本主义社会形态和民主政体里内生的危机与艺术的职责,是比较困难的。其二是阿多诺哲学美学的理论复杂性与话语风格的晦涩性。这一点兴许是阿多诺有意为之。他为了

---

① 克罗齐:《历史学的理论与历史》(田时纲译,北京:中国人民大学出版社,2012年)第11页。为了证明历史复活的内在动因和历史契机,克罗齐在这里还举例说,"文明的原始形式既粗陋又野蛮,它们静着,被忘记了,很少有人关注,或被人误解,直到称作浪漫主义和王朝复辟的欧洲精神的新阶段才获得'同情',即是说,才承认它们是自己现在的兴趣"。(同上书,第11页)。在论及"一切历史都是现代史"这一命题时,克罗齐试图说明人们在进行思考或将要思考历史事件或文献时,就会根据其精神需要重构它们。因此,对克罗齐来说,所有这些曾经或将要被思考的历史事件或文献,也曾是或将是历史。要不然,"若我们仅限于实在历史,限于我们思想活动实际思考的历史,就会容易发现这种历史对多数人来说,既是同一的,又是当代的。当我所处历史时期的文化进程向我提出(补充说我作为个人,可能多余甚至不确切)有关希腊文明或柏拉图哲学或阿提卡风俗中独特习惯的问题时,那一问题就同我的存在相联系"(同上书,第4—5页)。

对抗这个不断趋向通俗化和平面化的时代,为了应和现代艺术的谜语特质,为了抵制理论意义上的"轻易消费",为了构造反体系的交错式"概念星丛",有意采用了艰深的辩证逻辑和哲学思辨,将自己的美学理论置于迷宫般的复杂语境和玄秘性的思想张力之中。如此一来,他似乎可以缓释内心的担忧,也就是担忧自己的美学思想被人不费一番功夫就得以理解或把握。

那么,如何才能走出阿多诺搭建的这座迷宫呢? 在我看来,这至少需要了解其中的三大要素,即:理论线索、思想方法与基本主题。先就第一点而言,我们从阿多诺于1920年发表的《表现主义与艺术真理性》这篇文学评论一直到他于1969年发表的哲学论文中发现,他在自己的美学中融汇了种种不同的哲学思想来源,借此形成一条结构性的理论线索。在这些思想来源中,最具代表性和主导性的因素就是康德的美是道德象征之说,黑格尔的艺术即真理外观之说,马克思的意识形态批判思想,尼采对批判意识形态的怀疑态度,卢卡奇对社会整体性的强调,本雅明对艺术碎片的重视,等等。特别值得注意的是,阿多诺对于德国哲学美学传统十分重视,试图联系当代艺术的社会情境,采用历史哲学的分析方法,着力反思和揭示传统美学规范原有的得失,旨在将艺术的动态力量与概念化的动态力量联合起来,借此从中释放出新的真理性内容。如他所言:"在当代艺术与传统美学彼此冲突的时代,一种切题的艺术哲学理论,被迫将那些遭劫的范畴从概念上转化为处在明确否定过程中的过渡性范畴……现代美学仅能采纳一种形式,那就是在培育理性事物的同时融化传统美学范畴。这样一来,便可从这些范畴中释放出一种新的真理性内容。"① 显然,这是一种接通古今、推陈出新的尝试。因为,阿多诺既看到历史的变化,也看到历史的绵延,认定历史内在于美学的真理性内容之中。为此,他采取了两种明显的步骤:一是表明传统美学规范(譬如"美"这类永恒规范)的短暂性和多变性,揭示其含义是如何随着特定时代的艺术和社会发生变化的。二是将多种哲学立场背靠背地并置在一起,在自我反思、相互比照或彼此抵牾中达到相互矫正(mutual correction)的效果。

---

① T. W. Adorno, *Aesthetic Theory* (trans. C. Lanhardt, London:Routledge & Kegan Paul, 1984), p.468.

譬如,阿多诺巧妙地将康德与黑格尔的两种艺术观并置在一起,前一种强调具体作品的非确定性,后一种认为艺术作为真理性外观。在将其加以对比之后,阿多诺认为这两人均误读了表现在艺术品中的"集体主体性",借此通过超越两者立场的批判反思,让其进入互动互补的修正过程之中。对于阿多诺将美学规范予以历史化的做法,绥德瓦尔(Lambert Zuidervaart)认为至少引致出两种结果:一是揭示了现代艺术与发达资本主义的冲突和统合关系,即通过传统美学的现代转换而服务于社会批判现代主义。二是建构了基于当代视域的哲学美学,不仅从内部出发来解释现代艺术,而且从其他领域或学科汲取思想材料,筑起一种特有的概念环境,组成属于自己理论结构的"概念星丛"。[1] 在此,我们可以看出阿多诺的运思手法与追求目标,即:他试图借助一种概念与其他概念的联系,来接近各种特殊现象及其隐含的社会历史,或者说是试图通过概念之间的相互联系,来呈现出特殊现象及其特定身份的社会历史本质。[2]

至于阿多诺的思想方法,我认为主要是"否定辩证法"和"社会批判理论"。简言之,"否定辩证法"拒绝承认对立各方的潜在同一性或最终综合体。阿多诺虽然一直关注调和的可能性,但他惯于采用辩证逻辑的论证方式,着意凸显对立各方之间的张力,由此揭示对立关系中所孕育的历史变化。通常,主要的对立关系不仅发生在普遍事物与特殊事物之间,同时也发生在狭义的文化与整体的社会之间。在阿多诺的哲学美学中,就存在着需要运用普遍概念与需要尊重特殊事实之间的张力。缓释这一张力的传统方式是通过演绎或归纳,但在阿多诺看来,此两法非但不能公正对待概念之间的冲突,反倒会忽视其中诸多重要细节。于是,他认为美学理应避免走向极端,不要设立任何艺术不能相容的规定,也不要限于琐细的经验数据分类,而是要采用辩证的论述方法,借此弥合流行于物化思想中的演绎法与归纳法之间存在的缝隙。要知道,演绎美学的弊端是从某一原理出发进行推论,结果把艺术置于干巴巴的理论束缚之中,归纳美学的问题是从诸多关联

---

[1] Lambert Zuidervaart, *Adorno's Aesthetic Theory: The Redemption of Illusion* (Cambridge, Mass.: The MIT Press, 1994), p.60.

[2] Ibid., p.61.

性的观察资料中得出结论,最终把艺术导入毫无意义的抽象过程。辩证美学则不然,它因循自身的逻辑要求,在普遍概念与特殊事实之间展开循环论证的同时,既不会将普遍概念转化为单纯的通则,也不会将特殊事实当作单纯的范例,另外也不会掩盖概念与事实之间的张力或冲突。这实际上有赖于现代艺术中包含的普遍性与特殊性之间的"无意识互动"。在阿多诺的心目中,现代艺术所需要的哲学美学至少具有下列两种特质:一要尊重艺术现象的特殊性,二要彰显艺术内涵的普遍性。辩证美学的任务之一就是要将普遍性与特殊性之间的"无意识互动"提升到有意识的水平。① 换言之,辩证美学侧重探索普遍与特殊之间的互惠关系,在此关系中,普遍的东西不是强加给特殊的东西,而是生成于诸种特殊事物的动态之中。总之,辩证美学意味着用否定辩证法的方式在诸多矛盾中进行思索。这些矛盾,不只是逻辑意义上不协调或失当的东西,更是历史社会里不可避免的冲突。

不难看出,与"否定辩证法"有着内在关联的就是"社会批判理论"。因为,当阿多诺试图从现代艺术的内部展开美学批评的过程中,他发现令其关注的现代艺术与自己的哲学美学均属于社会整体,而社会整体正是现代艺术与其哲学美学进行抗争或批判的主要对象。事实上,阿多诺的哲学美学所担负的重要任务,就是阐明现代艺术与其哲学美学是以何种方式参与到它们两者共同反对的社会整体之中的。要知道,社会不仅是滋生艺术的土壤,也是消费艺术的市场,当然也是扭曲或毁灭艺术的推手。反过来,艺术为了维系自身存在的自主性与正当性,必然会在创作者的操纵下以其特有的方式展开抵制,由此产生某种反作用,这种作用主要体现在揭露社会弊端、推动社会解放和维护思想自由等领域。在有的学者看来,阿多诺美学中所采用的方法,在很大程度上具有"内在批判"(immanent critique)的特征。② 这种方法将批判准则置于批判立场之中,所关注的焦点是艺术真理性的要点,所讨论的问题是艺术文本与历史文本中的问题,所揭示的意义是艺术在社会中的当代意义,所深入的领域是社会历史的领域。质而言之,这种"内在批判"既依赖批判的对象,也超越批判的对象。由于这

---

① Lambert Zuidervaart, *Adorno's Aesthetic Theory: The Redemption of Illusion*, pp. 49-50.
② Ibid., pp. xvii-xx.

种依赖性,超越批判对象的过程便呈现出自我批判的特性。故此,阿多诺的哲学美学,总是一如既往地反对哲学原教旨主义,介入现代艺术,追求社会解放,倡导文化救赎。

阿多诺哲学美学的基本主题,是艺术的真理性或真理性内容。阿多诺的主要美学论作,大多是围绕这一主题展开的。其相关思想既不同于海德格尔将艺术神秘化的做法,也有别于维特根斯坦抨击传统美学的方式。从此主题着手,可以说是找到了解读阿多诺美学理论的主要切入点。从《美学理论》中可以看出,阿多诺在探究艺术真理性的过程中,除了剖析艺术的不确定性与谜语特质或不可理解性等问题之外,重点论述了艺术自主性与社会性之间的矛盾张力。正是通过辨析这两者的博弈关系,艺术的真理性才在与社会现实的内在关联中得以彰显。这一点既得益于他的社会批判理论,也得益于他的否定辩证法。

在阿多诺看来,艺术的真理性一方面来自艺术的精神性,另一方面源于艺术的自主性。就前者而言,真正的艺术从本质上说是精神活动,不可能是纯粹直观的东西。这种精神与真理性内容密切相关,在真正的艺术品中与形式相互依存,是照亮现象或表象的光源。如果没有精神之光的拂照,任何现象也就失之为现象。就后者而论,艺术的自主性是其真理性的生成条件。通常,自主性艺术试图独往独来,抵制社会整体或社会化运动,极力想要摆脱这个行政管理世界的支配与干扰。面对这个令其厌恶的现实世界,这种艺术通过表现其中愚蠢与丑恶的东西,旨在暴露和控诉当今社会的弊端。特别是在极权主义国家,其文化政策由于看不到启蒙作用实乃欺骗群众这一情况,自主性艺术更应发挥它的社会批判作用,这样会使它成为与这个社会乃至这个世界不相容的东西。而在阿多诺看来,"只有与这个世界不相容的东西,才是真实的",或者说,才具有真理性或真理性内容。

但是,阿多诺敏锐地指出,艺术的自主性与其社会性之间的相互博弈,绝非一种争强斗胜的竞赛关系。如他所言:"今天,在与社会的关联中,艺术发觉自个处于两难困境。如果艺术抛弃自主性,它就会屈从于既定的秩序;但若艺术想要固守在自主性的范围之中,它照样会被同化过去,在其被指定的位置上无所事事、无所作为。"[1]这表明,艺术的存在具有双重性,也就是自主性与社会性。自主性关乎艺术本体论问题,社会性涉及艺术社会学问题。这两者之间的内在矛盾主要表现为一种两难抉择困境。艺术如果抛弃自主性,让自己走进社会,那就会屈从于社会的现实与既定的秩序,受制于商品社会的魔力,在自身拜物性的不断膨胀中,自失于其中,由此就会走向消亡。反之,艺术若想固守在自主性的范围之内,让社会走进艺术,依靠自身历史不长而且相对微弱的自主性来批判和揭露社会现实与既定秩序的弊病,那至少会面临两种可能的结果:一是在这个行政管理的世界中,艺术只能在被指定或划定的范围内行施相对自律的权力,其结果是行之不远、难有作为;二是商品社会无所不在的魔力会把一切变成商品(就连谋杀、情杀乃至恐怖袭击都不在话下),艺术因此会被同化过去,沦为商品或特殊的商品。如此一来,艺术的存在也会成为问题。如此看来,艺术的双重性显然处于彼此依赖与相互冲突的境地。[2] 从历史根源上看,艺术的自主性总是相对的,而其社会性则是绝对的。在理想情况下,即便艺术不屈从于社会现实与既定秩序,依然能够与社会相对立或坚持其"反世界"的社会批判维度,那在本质意义上还是一种社会性的表现方式罢了。

值得注意的是,阿多诺对于过往那些失之偏颇的艺术哲学颇为不屑。在他眼里,缺少艺术的美学是空洞的,缺少哲学的美学是平庸的,唯有了解艺术同时又熟悉哲学的人,才能从事真正的美学研究。事实上,他具有这两方面的专业素养,他所建构的美学,不同于那种缺少艺术或缺少哲学的艺术哲学,而是兼顾哲学与艺术有机交汇的哲学美学。其中,当他以批判反思的辩证逻辑和转化方法,借用传统美学规范来分析现代艺术或借助现代艺术来反证传统美学规范时,几近于"化腐朽为神奇",从中焕发出新的解释能量,给其注入了现代主义的活力,同时也凸显出其中的历史传承性与有效性。不过,当他把反世界和再启蒙奉为现代艺术的重要目标和存在理由时,他也许太过自信

---

[1] T. W. Adorno, *Aesthetic Theory* (trans. Robert Hullot-Kentor, Minneapolis: University of Minnesota Press, 2002), p. 337.

[2] Ibid., p. 229.

了,对艺术的期望过高了,赋予艺术的使命太过沉重了。这一切促使他将自己的哲学美学推向一种精神化的崇高形态,其突出的表现之一就是他对文化产业的媚俗作用和商品拜物特性深感厌恶,故此想借助富有真理性内容和审美震撼力的艺术来达到文化赎救的目的。但事实告诉我们,他本人似乎也感觉到,这种热衷于文化赎救的浪漫情怀以及他希望艺术所担当的社会义务,一般不是那么容易落实的。因为,在这个物欲横流和拜金主义猖獗的商品化时代,他一再标举的艺术魔力,尚不足以震撼人心,不足以颠覆流行观念,更不足以改变社会现状。其实,在他的意识深处,只是想要革除资本主义社会制度滋生的某些弊端,而不是想要改革这种社会制度本身。在此意义上,阿多诺所推崇的艺术使命,只不过是一种处理社会文化心理问题的修补术而已。这种利用艺术来反世界或除弊端的理念,充其量只是一种意识形态里的实验,与任何形式的社会实践活动有着本质差别。其结果,阿多诺的美学理想,也就是他所构建的艺术乌托邦,只能在心理上和想象中促发个体瞬间解放的意识,但难以在现实生活中开启社会解放的真正动力。要知道,在商品化生产过程的操纵下,当今社会整体是不真实的或虚假的,但却具有主导和掌控的超常力量。这种力量非但不能成全人的本质,反倒将人贬低为附属物。于是,阿多诺试图借助批判理论,来解析和把握社会整体这一对象。他假定批判性整体概念的前提是,"对人们在实践中改造现存整体形成先行性认识。只有从这种认识出发,虚假社会整体那可识别出来的本质才呈现为不真实的"①。但是,我们应当看到,批判与认识社会整体是一回事,改造或完善社会整体则是另一回事。如今,建立一个真正自由和富有人性的社会的可能性日渐萎缩,相应的,将注重认识的哲学引入社会现实的希望,犹如将注重揭露的艺术引入涉及意识的希望一样,都变得日益渺茫起来。

5 艺术界定与审美创构论

本文此前对艺术价值和艺术特性的讨论,并不能代替对艺术本身

---

① 施威蓬豪依塞尔:《阿多诺》(鲁路译,北京:中国人民大学出版社,2008年),第39—40页。

的界定,尽管这个问题一直困扰着诸多艺术理论家、哲学家或美学家。事实上,鉴于现代艺术的不确定性及其多变性,鉴于今日具有包容性的大艺术观的形成与传统艺术边界的不断突破,解决"什么是艺术?"或"艺术何为?"之类问题,就变得愈加困难起来。因此,有的学者对于这方面的努力及其结果深表失望,甚至有意放弃相关的尝试。譬如,莫里斯·维兹(Morris Weitz)在《美学中的理论作用》一文中,干脆提出艺术不可界定的观点。他认为,历史上所有对艺术的界定,均以失败告终;今后任何界定艺术的企图,都必然会失败。其原因在于,艺术没有本质。这就是说,作为一位反本质论者,魏兹对于任何从本体论角度来界定艺术的尝试都不以为然。①

不过,这种反本质主义的主张,并没有阻止其他美学家继续探索的努力。在此方面,乔治·迪基(George Dickie)的艺术学说得到广泛关注。他本人得到同时代哲学家丹托(Arthur Danto)《艺术界》一文的启示,根据艺术作为"人工制品"这一基本特性和认同艺术身份的相关程序,提出了的"艺术惯例论"(the institutional theory of art),试想以社会惯例或机构范围内约定俗成的做法来界定艺术。② 遗憾的是,这一艺术界定只是分类意义上的界定,而非评价意义上的界定。即使有人接受这一立场,也仅能借此来识别艺术的身份,但无法以此来判定艺术的好坏。另外,这一艺术界定虽然在逻辑上能够自圆其说,但当将其应用于公共领域来判别艺术或艺术品时,难免要期待公众态度的转变或调整。因为,在有些人眼里,尽管能让普通事物发生变形的魔法可借助"惯例理论"来呼风唤雨,可诱导人们将原来不被视为艺术的东西视为艺术(这在一定意义上如同"看山看水"的禅宗公案),但在另一些人眼里,这种魔法并不那么灵验,他们对艺术的认同态度总是伴随着艺术传统与历史的视域。

若从效果论的角度来比较,我更看好尼克·藏威尔(Nick Zangwill)提出的"审美创构论"(the aesthetic creation theory),这不单是因为此艺术界定具有理论传承的历史性,而且是因为其自身蕴含着不可

---

① Morris Weitz,"The Role of Theory in Aesthetics", in *The Journal of Aesthetics and Art Criticism*, 15, 27-35.

② George Dickie,"The New Institutional Theory of Art", in Peter Lamarque and Stein H, Oslen(ed. s),*Aesthetics and the Philosophy of Art* (Oxford:Blackwell, 2004), pp. 47-54.

否认的有效解释力。藏威尔的立论,在相当程度上是受比尔斯利(Monroe C. Beardsley)的启发,后者在《艺术的审美意向》一文中指出,界定艺术的根本在于"一种审美意向"(an aesthetic intention)。他认为,"审美意向"虽然不是创制一件艺术品的意向,但却是创制某种东西用以满足这种审美意向的意向。换言之,艺术品不可能在没有任何意向的情况下得以创制出来,正是在此意义上,并不存在没有意向性的艺术品。① 于是,比尔斯利宣称:"只要某种东西是伴随着审美意向被创制出来的,那么一件艺术品也就由此创制出来了。"② 看来,在比尔斯利心目中,唯一能够代表艺术的是艺术品,对艺术品的界定也就等同于对艺术的界定。这种删繁就简的界定,在理论效果上犹如"奥克马的剃刀"。

沿着这一思路,藏威尔进行了有效的补充和扩展。他从艺术哲学的角度出发,检视了传统与现代的艺术观念与艺术之为艺术的基本原则;从艺术形而上学的角度出发,考察了艺术的本质、艺术价值的本质与艺术的审美属性;从审美功能主义角度出发,分析了艺术功能与非艺术功能、审美功能与非审美功能的差异,探寻了艺术品何以得到遗存与传承的根本原因;从艺术与观众的角度出发,论证了理性的艺术活动与感性的审美经验,剖析了艺术观众之间的互动关系,比较了诸种艺术家理论和观众接受理论;从艺术社会学的角度出发,批判反思了艺术的自主性和社会性,区分了在制作艺术与观照美的过程中所体验到的凝思快感和审美快感,对比了对艺术活动和艺术生产进行美学解释与社会学解释的不同性相。最后,藏威尔得出了"艺术即审美创构"的结论。在此审美创构过程中,涉及三个原则或阶段:首先是从审美洞识中获得一个审美理念;其次是将这一理念转化为审美意向;最后是将这一意向融入艺术品的存在之中。艺术品的存在样态,抑或是一对象,抑或是一事件。换言之,这对象或事件之所以被视为艺术品,是因为其在审美创构中经历了下列步骤:(1) 某人洞察到某些审美属性有赖于某些非审美属性,于是进而相信某些非审美属性如果被生产

---

① Monroe C. Beardsley, "An Aesthetic Intention of Art", in Peter Lamarque and Stein H. Oslen(ed. s), *Aesthetics and the Philosophy of Art*, pp. 55-62.
② Ibid., p. 62.

出来的话,那么就会使某些审美属性在这些非审美属性中得以实现。(2)某人有意要通过实现某个对象或事件中的非审美属性,来实现该对象或事件中的那些审美属性。(3)这一意向是凭借那种洞识以适当的方式引致出来的。(4)该对象或事件中审美属性的某些比例,事实上取决于洞察到的对象或事件中的非审美属性。(5)该对象中的那些审美属性是以适当的方式由某人引发出来的,此人有意要通过实现那些非审美属性来实现那些审美属性。如此一来,审美创构理论的要素至少包括三种:一是特殊审美属性对特殊非审美属性的依赖性,二是洞察这种依赖性和有意呈现这种依赖关系的心态,三是这种洞察与意向、意向与艺术品之间的因果关系。相应地,这三种要素包含三种依赖关系:一是特殊审美属性与特殊非审美属性之间的依赖关系,二是特殊审美属性与特殊非审美属性之间的意向性依赖关系,三是洞察与意向以及意向与实际实现非审美属性中的审美属性之间的因果性依赖关系。[①]

所谓审美属性,主要是指具有评价性和实质性的审美属性,前者包括美与丑等,后者包括优雅、娇巧、平衡或狂热等。所谓非审美属性,主要是指物理属性,涉及形状、外观、体积、色彩与声音等。所有这些属性,在转化为艺术品的对象或事件中,都会唤起观赏者的审美快感,这种特殊快感不同于日常普通快感;追求或享受这种快感,是理智和理性的消遣。基于这一理论,便可对几千年来遗存和创构的绝大多数艺术品与艺术活动进行合理的解释,此解释可以有效地帮助人们理解这些艺术品与艺术活动,理解它们何以能够激励我们去做某些事情,何以能够引导我们珍视这些东西,何以能够致使我们重视或在乎艺术本身。在此意义上,我们才会评判哪一种艺术界定或理论是比较优秀的。

以上所述,仅限于笔者颇为关注的部分领域。至于国内外传统美学、批判美学、实践美学、分析美学、实用主义美学、环境美学或生态美学研究的最新进展及其问题,学界同仁自然会做出相应研究,这里无需本人赘述了。

(2013年写于京北山月斋,压缩后刊于《哲学动态》2014年第4期)

---

① Nick Zangwill, *Aesthetic Creation* (Oxford:Oxford University Press, 2012), pp.57-58.

附　　录

1　境界、治学与人生三议题

汉语"境界"一词，包容性广，界义甚难，故常依照具体语境予以推断或厘定。一般来讲，境界或指"疆界"（见郑玄注《诗经·大雅·汉江》"于疆于理"——"正其境界，修其分理"）；或指"景象"（见耶律楚材《外道李浩和景贤霂字韵予再和景贤》诗："我爱北天真境界，乾坤一色雪花霂"）；或指"造诣"（见《无量寿经》："斯义弘深，非我境界"）；或指"意境"（见王世贞《艺苑卮言》："骚赋古选乐府歌行，千变万化，不能出其境界"）。但在梵语中，"境界"（Visaya）作为佛教术语，则意谓"自家势力所及之境土"。① 据"六根""六识""六境"之说，这"势力"非指一般意义上的社会、政治或习惯势力，而是指人的感受感悟能力或敏感性（sensibility）；相应地，这"境界"便指主观感受感悟力之所及的范围与广度。因此，仅凭外物景象，诸如花开、花落、行云、流水，若无主观感受参与，尚不能构成佛教所谓的"境界"。

自王国维（1877—1927）标举"境界"说始，"境界"便逐渐泛化为一个价值判断术语或批评标准，多见于各种有关艺术与人生的理论话语之中。结果，论艺术，则推崇艺术境界；道学问，则讲究治学境界；谈人生，则阐发人生境界。比如，王国维在《人间词话》里断言，"词以境界为最上。有境界则自成高格，自有名句"。"红杏枝头春意闹"与"云破月来花弄影"之所以是名句，是因为各着"闹""弄"二字而"境界

---

① 参阅叶嘉莹：《对〈人间词话〉中境界一辞之义界的探讨》，见姚柯夫编《〈人间词话〉及评论汇编》（北京：书目文献出版社，1983年），第147—159页。

全出"。这"境界","非独谓景也",因为"喜怒哀乐,亦人心中之一境界。故能写真景物、真感情者,谓之有境界。否则谓之无境界"。① 这"境界",显然是艺术境界,是"景物"和"感情"的交融与升华,是外在形象和内在意味的统一与艺术化。这"境界"同常说的"意境"相近,是"'意'——'情理'与'境'——'形神'的统一,是客观景物与主观情趣的统一"。② 王氏随后所论的"造境"与"写境",以及"有我之境"与"无我之境",皆是作为不同的艺术批评标准,就不同的艺术风格与审美经验而言。

在同一部书里,王国维于论词谈艺之际,迁想妙得,有感而发,以"断章取义"的手法,借用诗词的形象、隐喻、象征与联想等特性,提出了著名的治学"三境说":

> 古今之成大事业、大学问者,必经过三种境界:"昨夜西风凋碧树,独上高楼,望尽天涯路",此第一境也;"衣带渐宽终不悔,为伊消得人憔悴",此第二境也;"众里寻他千百度,蓦然回首,那人却在,灯火阑珊处",此第三境也。③

以宋词名句来比拟成就人世功业学问的三种境界,称得上是这位国学大师的独创之举。"昨夜西风凋碧树,独上高楼,望尽天涯路"一句,源自宋代词人晏殊(991—1055)的《蝶恋花》:

> 槛菊愁烟兰泣露,罗幕轻寒,燕子双飞去。明月不谙离恨苦,斜光到晓穿朱户。　昨夜西风凋碧树,独上高楼,望尽天涯路。欲寄彩笺兼尺素,山长水阔知何处!④

菊兰浸露,晚秋寒月,一夜风飘。晨来登高望远,见长林叶落,天地空阔,既感寥廓爽然,又觉孤寂怅惘,难免思念起远方的情人。可见,该词原本是写景以表伤秋,抒情而念恋人。而王氏,断取其中一句喻示治学第一境界,以此暗指高瞻远瞩,博览全貌,选定目标课题或专业方向这一治学的基础。

---

① 参阅王国维:《人间词话》,《〈人间词话〉及评论汇编》。
② 参阅李泽厚:《意境浅谈》,同上书,第160—178页。
③ 参阅王国维:《人间词话》。
④ 参阅胡云翼选注:《宋词选》(上海:上海古籍出版社,1978年)。

"衣带渐宽终不悔,为伊消得人憔悴"两句,源自宋代词人的柳永的《凤栖梧》,也有人认为源自欧阳修(1007—1072)的《蝶恋花》①:

  伫倚危楼风细细,望极春愁,黯黯生天际。草色烟光残照里,无言谁会凭阑意。 拟把疏狂图一醉,对酒当歌,强乐还无味。衣带渐宽终不悔,为伊消得人憔悴。

柳郎词惯以言情著称,读来一片穷愁酸辛,篇篇流溢离怨别恨。这首词也不例外,重在表达相思病患者的凄苦心境与"不悔"之意。而王氏却借用其中最后两句,来表示治学的第二境界,以此暗喻孜孜不倦、百折不挠、刻苦钻研和拼搏奋斗的精神。

"众里寻他千百度,蓦然回首,那人却在,灯火阑珊处"几行,源自宋代词人辛弃疾的《青玉案》(元夕):

  东风夜放花千树,更吹落,星如雨。宝马雕车香满路。凤箫声动,玉壶光转,一夜鱼龙舞。 蛾儿雪柳黄金缕,笑语盈盈暗香去。众里寻他千百度,蓦然回首,那人却在,灯火阑珊处。②

元夕节彩灯辉煌,火树银花,弦管齐奏,歌舞声喧,人流如梭,热闹非凡。可就在这时,"暗香"离去,爱人失散,同伴乱了手脚,急忙四下寻找。东找西找找不到,最后猛然一回头,在灯光零落的地方终于找到了那位亭亭玉立的她,其惊喜之情可想而知。王氏用该词结句来比喻治学的第三境界,其意在于表明穷研物理、追求智慧的学者历尽千辛万苦之后茅塞顿开,于学有所悟、妙手而得之际所体验到的喜不自胜之情。这无疑是长年累月努力钻研的结果,是"精诚所至,金石为开"的佐证。

不消说,这三种治学境界彼此相关而层递,既是个人的经验之谈,也是普遍的治学之道,同时还是对"治学问、道精微"之过程的诗化描述。这里的"境界",当指治学者修养与造诣的"阶段"或层次。这与王氏在《文学小言》中的说法是一致的。

值得一提的是,王国维的立业治学"三境说"与他所推崇的诗哲尼

---

① 参阅《人间词话》脚注与林兴仁《治学三境界与牵强附会》一文。王国维《文学小言》中亦认为是后者,见《王国维美学论文选》(长沙:湖南人民出版社,1987年),第105页。
② 参阅胡云翼选注:《宋词选》(上海:上海古籍出版社,1978年)。

采的"精神三变"说颇有相得益彰之处。在《查拉斯图拉如是说》一书中,尼采以象征的笔法描写了精神变形的过程——即由精神变成骆驼,再由骆驼变成狮子,最后由狮子变成赤婴。这"精神"象征追求真理的精神;这"骆驼"象征强壮忍耐与巨大的负载能力;这"狮子"象征勇猛直前和征服困难的主宰能力。可这些都不足以创新,因此就得变成赤婴。这"赤婴"象征天真与遗忘,象征一个创新的开始。或者用尼采本人的话说,这赤婴是一个创造的游戏、一个原始的动作、一个神圣的肯定。[①] 也就是说,在追求真理的过程中,人的精神与能力也在变化中升华。骆驼精神重于学习、接受与积累;狮子精神重于怀疑、征服与否定;赤婴精神则重于遗忘、自立与创新。这实为一个由接受到扬弃、再到创新的动态发展过程。尼采的本意是讲如何培养独立的人格,如何张扬"冲创的意志",或者说如何成为"超人"。将此说引入治学,虽有牵强之嫌,但也不无道理。依我看,就严格意义上的治学而论,这两种学说是互为补充、彼此参融或相互贯通的。真正的治学者,想必对此有不同程度的亲身体验与领悟。

　　人生哲学作为人生智慧之学,属中国传统文化的主干,因此也植根于其他学科之中。历史悠久的中国文学有别于"西学东渐"后的中国美学。从其发轫之初,便基于"诗以言志"与"文以载道"的统摄性原理。所以,每论及诗词歌赋书画园艺之际,作者总免不了借题发挥,要对人生及其哲理发表一些感慨或感悟、经验之谈或引导性的忠告。《人间词话》也不例外。关于人生境界,王氏虽未直言,但却隐含在所谓的"诗人之境界"和"常人之境界"中。前者"高举远慕,有遗世之意",后者"悲欢离合,羁旅行役之感"。这既是在谈艺术,也是在谈人生;既是在谈艺术的理想、意境及其感染力,也是在谈人生的困境、局限与理想境界;既是在谈艺术与现实人生的本源关系,也是在谈现实人生与艺术的互动影响。在我看来,王国维论诗词,道学问,谈人生,总是"一以贯之"。这"一"不是别的,正是人生的艺术化原则。

　　在现当代中国文化哲学史上,真正对人生境界作过系统探讨的当推冯友兰。在其所著的"贞元六书"之一《新原人》中,冯氏认为世界与人生大约相同,但其意义对各个人不同,加之各个人的"觉解"程度

---

① 参阅尼采:《查拉斯图拉如是说》(北京:文化艺术出版社,1987年),第一部,第二节。

有异，因此各人有各人的人生境界。一般而论，人生境界若基于求同存异的原则，可分为四种：自然境界、功利境界、道德境界、天地境界。①

"自然境界"是人生第一境界。以"浑沌"为基本特征。在此境界中的人，通常天真烂漫，不著不察，他们或"顺才而行"，"行乎其所不得不行，止乎其后不得不止"；或"顺习而行""照例行事"。无论其是顺才而行或顺习而行，他对于其所行之事的性质与意义，往往缺乏了解，没有搞清楚。因此其行为带有一定的盲目性、习惯性或"从众心理"。居此境界的人，在原始社会里很多，在现代工业化社会中也不少。他们并非都是些智力低下的人，并非只能作价值甚低的事功。相反地，他们中间也不乏智力很高的人，但有可能"自有仙才自不知"；他们中间也不乏有所作为的人，但有可能"莫知其然而然"。概而论之，他们的心理状态具有一定的共性，抑或"日出而作，日入而息，不识天工，安知帝力"，抑或"凿井而饮，耕田而食，不识不知，顺帝之则"。就是说，外对事物的性质、客观的法则，内对自己的真我（Real self）、人生的真谛没有清楚的了解或通透的认识。

"功利境界"是人生的第二境界，以"利己"为基本导向。在此境界中的人，对于"自己"及"利益"有清楚的觉解，对其行为的目的十分明确。他们的行为通常以"占有"或"索取"为目的，或求增加自己的财产，或求发展自己的事业，或求增进自己的荣誉。他们不一定如杨朱之流，"拔一毛而利天下，不为也"，一味埋头消极地为我，而是有可能积极奋斗，甚至牺牲自己，但其终极目的，是为己利。当然，这并不排除他们（如秦皇汉武等）的盖世功业，与其主观上为自己而客观上为天下的社会效应。

"道德境界"是人生第三境界，以"行义"为基本准则。在此境界中的人，外对社会性和社会利益、内对人性和个体利益有相当的觉解。因此，深知社会为"全"，个人为"部分"；故人必于所谓"全"中，始能依其性发展。社会与个人，并不是对立的，二者相互依存。有鉴于此，个人的行为以"贡献"为目的，追求的是社会的大利益而非个人的小利益，但这并不排除个人"索取"自己应得的那份东西。道德境界与功利

---

① 参阅冯友兰：《极高明而道中庸》（北京：中国广播电视出版社，1995年），第367—434页。

境界相比,在前者,人即于"取"时,其目的亦是在"与";在后者,人即于"与"时,其目的亦是在"取"。

"天地境界"是人生第四境界,以"事天"为最高理想。在此境界中的人,有完全的高一层的觉解,外知社会之全和宇宙之全,内知人之性且能尽其性。也就是说,他们的修养达到了"知天""知性"的阶段,他们的行为达到了"顺天""事天"的境界,他们的理想达到了"与天地参"的高度——即"为天地立心,为生民立命,为往圣继绝学,为万世开太平"的天人合一境界。他们的生活目的不仅要为个体和社会作贡献,而且要为人类和宇宙作贡献。这是一种从"小我"进入到"大我"的精神飞跃,是真正认识到天地人"三才"互动关系的形上觉解。

需要指出的是,(1) 自然境界与功利境界是人的自然性与社会性的产物,道德境界与天地境界是人追求道德本体与精神超越的结果。在前两种境界中的人,其觉解的程度较低,因此所享受的世界较小,把握自己的"真我"较难;在后两种境界中的人,其觉解的程度较高,因此所享受的世界较大,把握自己的"真我"较易。

(2) 社会的个体,是出于对世界万物及其目的意义的理解,来不断定位和提高自己的人生境界的。因此,从"自然境界"到"功利境界",从"功利境界"到"道德境界",再从"道德境界"到"天地境界",便构成了一个由低向高的动态发展过程。

(3) 从自然与人生的关系角度看,人生境界的发展过程似乎可以分为"天人相浑""天人相分"与"天人合一"的三个阶段。第一阶段以自然性为特征,第二阶段以社会性为特征,第三阶段则以精神性为特征,近似于"正、反、合"的逻辑发展序列,也恰如贺麟先生所说的"主客混一""主客分离"与"主客合一"等三个人生阶段。[①]

(4) 自不待言,人生境界的动态发展过程实际上也是生活质量不断提高的过程,是自我赎救的过程,或者说是超越自我的过程。作为人生最高境界的天地境界,不仅超功利,而且超道德,是人的"精神家园",是人的"安身立命之地"。相应地,在此境界中的人,不仅是社会人(social being),而且是宇宙人(cosmic being),他从比社会更高的观

---

① 参阅贺麟:《自然与人生》,见《儒家思想的新开展》(北京:中国广播电视出版社,1995年),第470—481页。

点看人生,从宇宙和谐与追求永恒的角度看自我的发展与存在的价值。

(5)天地境界作为人生的最高境界,是儒道释三家追求的共同目标。所不同的是,儒家借此来证仁的境界,讲求"仁民爱物""与物无对""万物皆备于我"或"上下与天地同流";道家借此来证道的境界,讲求顺自然,齐万物,"为而不争",返璞归真,"天地与我并生,万物与我为一";佛家则借此来论证禅定或真如的境界,讲求空明寂静,涅槃般若,"一朝风月,万古长空"。

(6)最后,应当看到,天地境界所蕴涵的种种关系(即人与天、人与物和人与人等)是以超功利、超道德为特征,以审美为导向,以自由为指归的。依此,天地境界实则为"审美境界"①"艺术境界"②或自由境界。它不同于浑浑噩噩、懵懵懂懂、生吃闷睡,满足于"活着就行"的自然境界;有别于朝夕营营、功业显赫、宠辱若惊、为名缰利锁所困的功利境界;也超过高风亮节、立己助人、广济天下、追求仁贤高德的道德境界。这种审美境界孜孜以求的是精神的自由与独立的人格,是"燕处超然"(老子语)的生存状态与平静淡远的心理环境。这犹如庄子所言的"天乐"与我们称道的"人乐"之协调统一。前者通常表现为个体身心与自然宇宙的回环激荡、对话沟通或交融认同,后者则一般表现为个体对日常生活经验及其意义的愉悦性和肯定性感受、体悟、省察、审视、回味与珍惜。

(1996年写于京东杨榆斋)

2 才胆识力说的启示③

从事人文学科研究,通常不需要实验室,也不需要大笔经费,但需要具备老一辈学者所说的三个基本条件,那就是兴趣、图书与时间。确切地说,这兴趣是个人喜好阅读和钻研的兴趣,这图书是包括经典

---

① 参阅李泽厚:《华夏美学》(北京:中外文化出版公司,1989年)。
② 参阅宗白华:《中国艺术境界之诞生》,见《美学与意境》(北京:人民出版社,1987年)。
③ 此文根据本人应邀参加2007年于密云召开的青年教师座谈会上的发言整理,题目后加。

文本和经典研究文献的图书,这时间无疑是可自由支配的充裕时间。在这三者之间,钻研最难,此属审问与明辨的过程。一般来说,钻研的成效,既有赖于个人的投入与天分,也有赖于钻研的方式或途径,这些因素都会因人而异,但不乏普遍适用的共性。譬如,治学之道,需以学养思,需在丰富自己知识储备及其结构的同时扩充自己的思域和深化自己的思索,这样可以按照学理要求,将相关的思想言之有据地陈述出来。这显然近乎于"通古今之变"的路数。

当然,在当前这个倡导"创新"的年代,人文学科研究者需要在以学养思的同时,也要以思促学和以思化学,前者是要通过批评反思来促进治学的深度与广度,后者需要借助这种方法将所学到的东西内化为自己思想中的有机成分。如此一来,人们无须死记硬背或博闻强记来表达自己的见识或学识,而是通过思理贯通的方式来内化或消化所学到或所阅读的东西。因为,死记硬背的结果有时好比"酒肉穿肠过",其内容在时间之流中容易遗忘;思理贯通的结果犹如"佛祖心中留",其所学已然化为思想有机体中的有效成分。这样的话,学与思都提升了,"创新"也就有了滋生的土壤。切记,所谓"创新",是指 innovation,也就是"改良或改进",绝非无中生有的发明(invention)或创造(creation)。在人文学科领域,我所理解的"创新",通常意指在原来理论或论证基础上的有效推进、深入与补正。

说到底,人文学科研究者要想在论说或立论上有所"创新",就需要"究天人之际,通古今之变",继而"成一家之言"。此"言"在一般层面上是指"言别人之想言而未言"之言,在较高层面上则是指"言别人之未言也未想言"之言。为此,必须解决好学与思的关系问题。在这方面,孔子的建议对认真的学者来讲依然具有警示作用。那就是"学而不思则罔,思而不学则殆"。毋庸置疑,在学与思的互动互补过程中,学与问两者要密切结合起来,在学的过程中要有问题意识,要把问题意识作为学习研究的主要推动力。至于思,不是天马行空的奇思怪想,而是有合理的假设,有根据的推理,有逻辑的归纳,有深度的探索,等等。

其实,在从事学术研究过程中,只应追求真理而不计利害,总要一方面参照别人成功的经验,另一方面总结自己失败的经验(个人成功的经验当然会持续运用了)。清代文论家叶燮在其著作《原诗》中提出"才胆识力说":"大凡人无才,则心思不出;无胆,则笔墨畏缩;无识,则不能取舍;无力,则不能自成一家。"①

据我初步理解,所谓"才",意指才具、才质、才智、才干或才能,而非上天恩赐的天才、天赋或天资。就做学问而言,一些资深学者认为中等偏上的才质与才智,只要钻研有道,诚心为学,就有可能做出好的成果。所谓"胆",意指胆量、勇气、果敢或破旧立新的精神。俗话说"艺高人胆大",剑术高者有剑胆,文才高者有文胆,虽行业不同,但道理相通。所谓"识",意指学识、见识、辨识乃至与"胆"相关的胆识。在这里,辨识类似于辨别与评判,堪称一种特殊的认知和判断能力。在培养辨识能力的过程中,有必要注意"三讲"原则,即以科学或客观的治学态度,面对前辈与时贤的理论学说,要学会"照着讲""接着讲"与"批着讲",这样才有可能推动学术研究,促进理论发展。所谓"力",意指魄力、能力与创造力,即以合理的方式与严谨的论证,在坚实的基础上,敢于推陈出新,敢于引领风气之先,敢于"成一家之言"。

总体而言,"才""胆""识""力"四者,是有机整体,不可偏废,但比较来看,四者之中属"识"最为根本。叶燮就此指出:

> 大约才、胆、识、力,四者交相为济。苟以有所歉,则不可登作者之坛。四者无缓急,而要在先之以识;使无识,三者俱无所托。无识而有胆,则为妄、为鲁莽、为无知,其言悖理、叛道,蔑如也。无识而有才,虽议论纵横,思致挥霍,而是非淆乱,黑白颠倒,才反为累矣。无识而有力,则坚僻、妄断之辞,足以误人而惑世,为害甚烈。若在骚坛,均为风雅之罪人。惟有识,则能知所从、知所奋、知所决,而后才与胆力,皆确然有以自信;举世非之,举世誉之,而不为其所摇。安有随人之是非以为是非者哉!②

由此可见,"识"具有优先性,因为"识"是基础,如果没有"识",其他三者不是无所依托,就是陷于盲动。当然,其他三者各擅其能,不可忽略,其相互关联如叶燮所示:"无才则情思不敏,无胆则自限天地,无识则难决断,无力则难穷通,才识最为关键,才高识深,则自然胆大力

---

① 叶燮:《原诗》(内篇下)(一),(北京:人民文学出版社1979年),霍松林校注,第16页。
② 叶燮:《原诗》(内篇下)(一),第29页。

胜,而总归于识。有识则断易而行坚,四品者,识尤难得也。"①在这里,叶燮虽然是就诗歌创作而论,但我们可以推而广之,在治学过程中以"识"奠基,兼顾四者的有机化合作用。

如果追根溯源的话,我们发现叶燮的这些观点是总结前人思想所为,其渊源来自唐代历史学家刘知幾的"才学识说"。据《旧唐书·刘子玄传》记载:

> 子玄掌知国史,首尾二十余年,多所撰述,甚为当时所称。礼部尚书郑惟忠尝问子玄曰:"自古已来,文士多而史才少,何也?"对曰:"史才须有三长,世无其人,故史才少也。三长,谓才也,学也,识也。夫有学而无才,亦犹有良田百顷,黄金满籝,而使愚者营生,终不能致于货殖者矣。如有才而无学,亦犹思兼匠石,巧若公输,而家无楩柟斧斤,终不果成其宫室者矣。犹须好是正直,善恶必书,使骄主贼臣,所以知惧,此则为虎傅翼,善无可加,所向无敌者矣。脱苟非其才,不可叨居史任。自夐古已来,能应斯目者,罕见其人。"时人以为知言。②

章太炎曾感叹说:才、学、识三者,得一不易,而兼三尤难,千古多文人而少良史,职是故也。叶燮在《原诗》中也曾强调说:

> 且乎胸中无识之人,即终日勤于学,而亦无益,俗谚谓"两脚书橱"。记诵日多,多益为累。及伸纸落笔时,胸如乱丝,头绪既纷,无从割择,中且馁而胆愈怯,欲言而不能言,或能言而不敢言,矜持于铢两尺蠖之中,既恐不合于古人,又恐贻讥于今人。如三日新妇,动恐失体;又如跛者登临,举恐失足。③

这就是说,如果一个人没有自己的识见洞察,那么即使他拥有关于某一事物的丰富"知识",也毫无助益,犹如"两脚书橱"。这一喻

---

① 叶燮:《原诗》(内篇下)(一),第 29 页。
② 《旧唐书》卷一百二《刘子玄传》(北京:中华书局,1975 年点校本),第 3168—3169 页。《新唐书·刘知幾传》所载为:"礼部尚书郑惟忠尝问:'自古文士多,史才少,何耶?'对口:'史有三长,才、学、识,世罕兼之,故史才少。夫有学无才,犹愚贾操金,不能殖货。有才无学,犹巧匠无楩柟斧斤,弗能成室。善恶必书,使骄君贼臣知惧。此为无可加者。'时以为笃论。"转引自章太炎:《文史通义校注》卷三,内篇三,"史德"篇,注释(五),叶瑛校注(北京:中华书局,1985 年),第 222—223 页。
③ 叶燮:《原诗》,第 25 页。

说，使人联想到"知识项链"之喻。举凡那些凭借记诵积累起来的所谓"知识"，是碎片化的东西，就如同堆放在盘子里的散乱珍珠，因没有串接的金线，故不能形成一串精美的项链。这类人在陈述自己的观点或论证自己的想法时，经常会为了拼贴成文或显示饱学，在担心顾此失彼的思绪中忙于"翻箱倒柜"，着力寻找或比对自己脑子里杂乱堆放的那些记诵材料。殊不知"操千曲而后知音，观千剑而后识器"，一个人真若有洞识高见，就自然会从诸多书本知识中汲取精华或发现问题，会以"六经注我"的方式，有效地利用自己的所学，提出自己的观点，建构自己的论说。

有意思的是，叶燮的这上述说法会把我们引向康德的立场。康德在《纯粹理性批判》一书中曾言：

> 判断力的缺乏本是我们称之为愚蠢的东西，这样一种缺陷是根本无法补救的。一个迟钝或者狭隘的头脑，如果缺乏的只不过是知性所应该具有的程度及其特有的那些概念，是很可以通过学习来装备自己的，甚至能做到博学多识。但由于通常这时往往也会缺乏那种知性（按：指判断力——译者），所以遇到一些饱学之士在运用他们的知识时经常暴露出那种永远无法更正的缺陷来，这就不是什么罕见的事了。[①]

由此可见，一个人可以通过后天的学习记住许多规则，但在运用这些规则时很容易犯规或致错，故只能抽象地看出问题所在但却不能明确辨识与断定，这就是所谓"两脚书橱"带来的后果。所以说，一个人只是"无知"并不可怕[②]，这可以在后天的学习中得到弥补。但是，一个人如果"无识"，那就是致命的打击了，这等于说此人缺乏判断力，可归于愚蠢之列了。要知道，"虽然知性能用规则来进行教导和配备，但判断力却是一种特殊的才能，它根本不能被教导，而只能练习。因此，判断力也是所谓天赋机智的特性，它的缺乏不是任何学习所能补

---

① 康德：《纯粹理性批判》A135＝B174（邓晓芒译，杨祖陶校，北京：人民出版社，2004年），第136页，引文见注释①，引文中括弧中的注释部分有省略。

② 苏格拉底即以"自知无知"作为获得知识的门径，虚怀若谷，有容乃大。当然苏格拉底的"无知"与此处的"无知"是有差别的。苏氏的"无知"更多的是一种策略，一种方法；此处的"无知"意为对现成的具体的知识的不熟悉不了解，这种"无知"可以通过后天的努力学习而弥补。

偿的;因为,虽然学习可以为一个受限制的知性带来充分的、借自别人见解的规则,并仿佛是将之灌输给这知性;然而,正确运用这些规则的能力却必须是属于这个学习者自己的,任何为此目的而试图给他定下来的规则缺了这种天赋都不能防止误用"①。看来,判断力是修为敏悟的结果,是天赋机智的特性,不是依靠一般意义上的苦学或博闻就能成就的本事。但需要注意的是,"识"与"判断力"这两者之间虽有相通之处,但在根基上又是不同的。我们知道,康德的哲学体系是按照牛顿的力学体系和相关概念体系建立起来的,而叶燮的诗学体系是依据艺术感悟与诗性体验的方式设置出来的,就像上大部分中国文论那样,本质上是建立在"象思维"(非概念思维——王树人语)基础之上的②,因此在更大程度上属于一种感性直观与经验直观的杂糅。

(2007 年写于京东杨榆斋)

3 李泽厚画出的"世界图像"

2010 年 6 月 14 日,新出版的《南方人物周刊》(第 20 期)以醒目的文字,对封面人物作了如下描述:"八十李泽厚——寂寞的先知,不再是青年导师,早已告别了革命,中国最有原创性的思想者,还有什么预见?"在这里,我无意对"先知"与"青年导师"这类有趣的称谓加以说明,也无需对"告别革命"与"什么预见"进行阐发,只是想对这位"最具原创性的思想者"的思想成果谈谈自己的一点儿初步看法。其实,现实生活中李泽厚更多像一位有"担当意识的学者"和"孤独的思想者"(a solitary thinker)。

李泽厚是新中国成立以来,极少数有意创设个人思想结构的思想家之一。在其著作里,他尽管常以六经注我的方式来佐证或说明自己的观点,但却一直很少将他人的某段语录置于自己的著作扉页之上。唯有在 2003 年出版、2006 年再版的《历史本体论》里,我们发现一则

---

① 康德:《纯粹理性批判》A133 = B172,中译本第 135—136 页。
② 王树人:《回归原创之思:"象思维"视野下的中国智慧》(南京:江苏人民出版社,2005 年),"绪论",第 1—36 页。

例外。在此书扉页上,他凸显了爱因斯坦(Albert Einstein)的一段话;随后在该书专论"道由情生"一节里,他再次引用了这段话,并且认为"这正是'安身立命'的情感-情况的一种"①。这里所谓的"安身立命",不只是他个人的事情,更是众人的事情,可以说是事关个人、国人与世人的"安身立命"之途。这段引文如是说:

> 人们总想以最适当的方式来画出一幅简化的和易领悟的世界图像,于是他就试图用他的这种世界体系来代替经验的世界,并来征服它。这就是画家、诗人、思想哲学家和自然科学家所做的。他们按照自己的方式去做,个人都把世界体系及其构成作为他的感情生活的支点,以便由此找到他在个人经验的狭小范围里所不能找到的宁静和安宁。②

李泽厚的这一做法表明,他自己不仅欣赏这段话,而且重视这段话。甚至可以推测说,他引用此话不只是为了表示他与原话作者所见略同,而且也是为了言明自己的目的性追求。他自己从50年代初的大学时代(或者更早)开始,就立足于中西文化与哲学传统及其流变,依据"转化性创造"(transformational creation)而非"创造性转换"(creative transformation)的运思方式,进行了持续不断的追问与探索。迄今,历经六十余年,他的思想成果已然构成一幅他自己心目中的"世界图像"。在这幅可游、可居、可观、可赏的图像里,他找到了无法在"个人经验的狭小范围里"难以找到的"宁静和安宁",并且以此作为他个人多年来孜孜以求的"感情生活的支点"。按照爱因斯坦的说法,这幅"世界图像"正是"画家、诗人、思想哲学家和自然科学家所要做的"。那么,李泽厚作为"思想哲学家",他所画出的"世界图像"又是怎样的呢?概括起来至少有这么几点:

其一,他所画出的"世界图像",在表述方式上首先是"简化的和易领悟的",但要真正深入地理解他的相关思想和参透这幅图像,恐怕还需要付出更多的努力。因为,这不仅需要"入乎其内"的文本分析,也需要"出乎其外"的历史反思,同时还需要对相关的中外思想观念进

---

① 李泽厚:《历史本体论》(北京:三联书店,2006年),第112页。
② 李泽厚就此这样注释:"在Max Planck六十岁寿辰上的讲话,见《爱因斯坦文集》第1卷,第101页。"

行跨文化解读及诠释。

其二,他所画出的"世界图像"与其说是全景式的,不如说是半景式的,因此只能从象征意义上予以审视。近年来,据我个人的了解与观察,李泽厚本人虽然旅居美国多年,并且也曾在不同场合声称自己是为人类工作,但他始终情系中国,时时刻刻关注中国的发展与变化,关注中国在世界格局中的地位与作用,并且坚信只要占全世界总人口五分之一的中国问题得到解决,那就是对全世界或整个人类的最大贡献。由此看来,他所描绘的这幅"世界图像",虽然在很大程度上是从人类历史意识出发,以批判哲学和实践哲学为底色,但却以中国文化与建设问题为主调,因此还不能说这是一幅全景式的"世界图像",只能说是一幅半景式的"世界图像"。但无论是从以大(全局)观小(局部)还是从以小观大的角度审视,全景式或半景式的"世界图像"似乎可以自然而然地对接在一起。故此,我们只能从象征意义上来审视这幅所谓的"世界图像"。

其三,他描绘这幅图像的方式在很大程度上是诗性的和富有启发意义的,但却是粗线条的,为二次反思或接着讲留下了外延与拓展的空间。因此,这幅图像更像是一幅大处着眼的写意画而非精描细勾的工笔画。李泽厚自称其思想前后统一、坚持不变之说,实际上包含着不变之变过程。譬如,他对中西语言有着特殊的敏感性,在"文化心理结构"与"积淀"等概念的译介和阐述上,他十分注意名词的变换,故以 formation 取代 structure,以动名词 sedimenting 取代名词 sedimentation,借此突出"结构"与"积淀"的过程性、动态性、开放性,这是他以"最适当的方式"来回应来自学界同仁的批评。

其四,基于个人的初步理解,从其著述组成的这幅图像中,似乎可以分解出四个相互关联的主要组合图景:(1) 基于社会性道德、宗教性道德、"天地国亲师"与改良主义的西体中用图景;(2) 基于有用性、伦理性、情理性与历史意识的实用理性图景;(3) 基于以度立美、以美启真、以美储善与艺术积淀的实践美学图景;(4) 基于巫史传统、度本体和情本体的乐感文化图景。在这些图景中,思想与方法是不可分割的,真善美的分别于合一是有机辨证的。

其五,如何观看和进入这些图景,一般有两种基本路径:一是依据学理进行"何以可能"的追问,由此导向逻辑主义的分析,从中发现内在的逻辑张力和互动关系,譬如工具本体与情本体之间,康德主义与马克思主义之间,儒家思想与工具主义之间,经验主义与逻辑主义之间。这些对应成分无疑都是转化性创造的契机。二是在中国的历史文化语境中展开"是否合乎情理"的评判,由此导向经验主义的解读,从中感悟到思想的启迪和闪耀的灵思,具有经世致用与钩深致远的双向性。

其六,李泽厚是博采众家思想要素、试图建立个人体系的思想家。用一种称谓来概括他的思想向度是相当困难的。但总体而论,我觉得李泽厚更像是一位儒家式的实用主义者。要论证这一点,至少有两个进路:一是靠书写的文本,即走进李泽厚现有的书写文本,二是靠为书写的文本,即走进李泽厚个人的心理世界。按照柏拉图的观点:人间重要的事情难以用文字表达,因此不要过分或完全相信文字。这不仅是语言本身的局限性所致,而且也是社会环境的局限性所致。他在《告别革命》中对改革开放路线的积极评价,对自己历史担当意识的表白,对中国问题的持久关注以及解决中国问题的持久热情,对历史主义和伦理主义二律背反的阐释,等等,均从不同角度构成了这位思想家的家国情怀,尽管老先生近年来多次坦言自己是为全人类工作。

其七,从这幅图像中可以看出,李泽厚深受康德的影响,对概念的构造和使用具有相对系统的自觉意识,有些概念(如实用理性)却是具有既能提起来又能放得下的理论品质,但他委实偏好概念对称性,譬如,以度立美、以美启真、以美储善以及与其相关的自由直观、自由意志、自由享受,可惜的是他对有些概念彼此之间的内在逻辑和递进关系没有展开论述。因此,用心的读者会发现,他的逻辑是散开的,需要在文本的整体语境中把捉;他的用意是深刻的,需要在历史与经验的维度中理解。

最后,当我们从西体中用的角度思考中国问题与解决问题的可能途径之时,或者说,当我们借助于李泽厚画出的这幅"世界图像"来审视他所构想的"世界体系"或他所理解的"经验世界"时,我们又当如何设想和理解我们自己的"世界体系"与"经验世界"?譬如,我们在现实语境中,当如何回应马克·雷纳德(Mark Leonard)在《中国在思考什么?》(*What Does China Think?* 2008)等书里的种种猜想与疑问呢?我想,李泽厚的相关论述就是回答,这些回答不仅是关乎现在的,也是指向未来的,并且为后来的读者或研究者提供了上下求索的**跳板**。

(2011年写于京东杨榆斋)

4 对话与创新之道

长期以来,无论是基于民族或怀旧的情结,还是出于文化或政治的考虑,在围绕"种种主义"(isms)及其价值取向的争论辩驳中,总不难看到一股或隐或显的二元对立的潜流。这种思维定势的确根深蒂固,一直困扰着各类人物,尤其是学术界那些所谓的精英们。为此伤透脑筋的现象学还原论和存在论哲学,在撕开"遮蔽"之网与追求"澄明"之境等方面殚精竭虑,最终确曾获得诸多独特的洞识与超拔的视界,但大多湮没在"显学"的雷鸣声里,因为后者更适合或更能迎合大众的社会文化心理需要与种族文化优越的梦呓。譬如,在有关不同文化发展趋势的讨论中,断言"中西冲突说"者有之,号称"三十年河东,三十年河西"的"以东代西说"者有之,双方的切入点与出发点虽然有别,但思维方式却大同小异,都固守着"不是西风压倒东风,就是东风压倒西风"的两极。当然,也时常吹来一阵阵"东南风"或"西北风",试图以折中或调和的方式来推行"中西融合论"或"多元文化论"等。这无疑是善意的提示,我们毫不怀疑此论倡导者的真诚,但要想真正形成大的气候,似乎还需要在科学的方法论与具体的操作性等领域多下些功夫,否则容易流于空疏或浮泛,最终沦为"说说而已"的通俗话语。

可喜的是,近读滕守尧先生的新作《文化的边缘》,着实让我在不**断**的琢磨与回味中,时而合上时而又打开这部置于案头的"活动文本"(moving text)。《文化的边缘》所展示的图景是独特而深刻的,是理想而富有诗意的。

首先,说其独特,是因为这种"边缘论"不是从先验的图式(apriori schema)出发,不是为了论证和猜测某种文化的优劣与前景而论证和猜测某种文化,而是在突破了二元对立的思维定势与带有沙文主义色彩的中心论的基础上独辟蹊径,彰显了一种集异质文化系统乃至对立的文化价值观念于一体的"边缘地带"。这个"边缘地带"既是宽容的,有大其心以体天下之物、虚其心以受天下之善的胸怀;也是动态的,有回环激荡式的交互作用与"一生二,二生三,三生万物"式的创设功能;同时也是开放自由的,犹如一座公共的合唱舞台,谁都可以上去潇洒一回,形形色色的和谐音与不和谐音,在自由平等的组合中都有可能取得某种程度的共鸣。因此,据我初步的认识,文化的边缘论在根本上不仅有别于文化的绝对冲突论、文化的偶然替代论或文化的机械融合论,而且不同于文化的优劣比较论。前者诚如作者本人所言,是以拆除了阻碍双方交流的界墙的"边缘"为特征,可以容纳或包容敌对双方的文化,促进交流和交融,具有开放、繁荣与多样性,容易产生新生事物,并且像文化的"核子"一样,将新生的文化不断向周边扩散……相反地,后者在相当程度上则以将对立双方隔离开来的"边界"为特征,通常处于隔离、封闭和阻碍双方交流的境地。

第二,说其深刻,是因为"文化的边缘论"从新颖的学术视界揭示了至少三种"隐喻"的互动作用及其形上追求。作者说,"'对话'是造成'文化的边缘'的机制,是人类的一种特殊语言交流方式"。这种"对话"是一种"全新的意识和生活方式的'隐喻'",它破除了形而上学"二元对立"的器维模式,拆除了表象与真实、感性与理性、物质与精神、有限与无限……之间的"边界",并通过他们的对话形成丰富的精神生活和"文化的边缘"。其实,"对话"作为造成"边缘"的机制是一种"隐喻",而这"边缘"本身何尝不是一种"隐喻"呢?这个宽容、动态、开放、自由与"温暖的边缘地带",在拆除了阻碍交融与交流的"界墙"之后,不正是促成新生的基因、养育新生的温床或传布新生的渠道吗?另外,作为"文化的边缘"的追求目的——"创新",不也是一种"隐喻"吗?这种"创新"可以是多层次的,是熔物理的(如基本粒子对撞)、制度的(如对话式教育)与审美的(如对话式拼接艺术)等维度于一炉的"过程",是追求"神性智慧"或"超然智慧"的不二法门。在这里,我们方能进一步体悟和觉解"阴阳互生"或"有无相生,难易相成,长短相形,高下相盈,音声相和,前后相随"等玄言妙语所融含的真谛。

严格说来,"对话""边缘"与"创新"结成了"一而二,二而三"的交互关系,是"你中有我、我中有你"的动态联合体。但必须承认,对话意识是基本前提。这种对话意识,"不仅涉及文化的各个层面,深深地扎根于人类古老的传统中,也涉及着地球和宇宙的深层奥秘。……与中国道家的'道'有着不解之缘,与印度《奥义书》中揭示的神秘传统也有内在的相通之处"。同时与西方后现代文化的对话哲学相辅相成。这种以"反者道之动"的辩证法为理论基石的对话意识,是超越文化的地域边界或文化的历史时空的,因此可以转化为一种"全球意识"或"宇宙意识","将使地球呈现出与以往任何时候不同的风貌,成为人和自然生存的最佳环境"。在以对话意识引导下的人类社会实践中,我们看到的是一个"天人之间、人与人之间、人与作品之间、作品与作品之间全面对话的时代"。其实,实践中的对话网络不止这些。也就是说,我们除了"究天人之际"外,还需"通古今之变",要与历史对话以知兴替或吸取教训,要与现实对话以知来者或善于应对……

第三,说其理想,是因为造成"文化的边缘"的"对话"是一种理想的或理想化的交流方式。作者的确意识到这其中的问题,也就是社会与"个人"给对话造成的阻力,并且断言如果消除了社会集团的"强迫性质",建立起"真正的人际关系",如果推倒了你我的藩篱,确立了真正"与他人心灵沟通"的欲想,理想的"对话"条件也就随之成熟了。可是,在"存在决定意识"的社会现状中,在"他人是我的地狱"之类的生存观念里,要实现真正的"对话"谈何容易。另外,就不同的文化而言,它作为各民族的特殊形式的生存工具,谁能轻易地割舍或为了建构"大同世界"而"无私奉献"呢?取得优势者千方百计想要保持住自己的优势,习惯于摆出一副唯我独尊的架势;失去优势者竭力想在"山不转水转"的历史变迁中将优势重新夺回,充满了再度辉煌的决心。这些似乎无可厚非的情景给"对话"造成的阻力是可以想象的。但是,我们无论从"反者道之动"的事态看,还是从"可持续发展"的目标看,所有这些阻力中又蕴藏着"对话"的契机。因为,谁都明白,在这个"地球村"里,各"文化社团"为了共存共荣,只能求同存异,不能一意孤行,而这一切在很大程度上有赖于建设性的对话与沟通。

另外,说其理想,是因为"对话论"为我们描绘了对理想的社会与生活憧憬。"对话"会造就高深的精神境界和审美文化的追求。"这种追求必将促成当代人精神向更高的层次发展,也会使当代艺术更加丰富多彩。对话精神如果得以实现,我们的文化就会一步步走向古哲们梦想的真、善、美一体的境界,成为人人向往的审美文化。"这可能吗？我们暂且将答案悬置起来而转向另一问题：人类没有理想行吗？如果人人都看破红尘或就事论事，那样的人生不就太乏味了吗？那样何以能够"有诗意地栖居在世上"呢？

最后，说其富有诗意，主要是因为作者对迷人的"边缘地带"所做的诗化阐释。作者认为："对话"所造成的"边缘地带"，是具有丰富美学内涵的地带，欣赏它需要特殊的智慧，而真正理解后则会变成对超然智慧的体悟。譬如，作者将"对话意识"与"边缘地带"引入绘画欣赏，具体地分析了四海的两幅小画（《生命》《牛与二脚陶》）和埃舍尔的两幅作品（《解放》《鱼和鳞》），委实令人耳目一新。这种在"无限的交流意志"（雅斯贝尔斯语）激发下的"对话"与"理解"过程，在主体自由参与和欣赏创新等方面，远比被人家卡着脖子并顺着人家的手指去看"这是什么什么"或"那是什么什么"要舒坦得多，而且也比评论界那些像美食家一样把你领进餐馆给你点菜的做法可靠得多。

总之，《文化的边缘》一书所陈述的对话与创新之道是独特而深刻的，是值得品察一番的，尽管我们也许不完全赞同其中的某些观点。

(1997年写于京东杨榆斋，刊于《文艺研究》1998年第1期，相关引文见滕守尧《文化的边缘》，北京：作家出版社，1997年版)

5　跨越时空的哲学对话

2006年6月22—24日，牛津大学中国学术研究所举办了"希腊与中国古代哲学比较"（Comparative Ancient Philosophy: Greek and Chinese）研讨会，来自英国、中国（包括香港与台湾地区）、美国、瑞典、丹麦、意大利、法国、比利时等多所大学与研究单位的20余位学者会聚一堂，进行了为期3天的讨论。国内应邀参加会议的有中国社会科学院哲学所姚介厚与王柯平、北京师范大学哲学系的廖申白。鉴于讨论的对象为古代先哲，讨论的形式以对话为主，讨论的参与者来自世界各地，因此这次研讨会更像是一次跨越时空的哲学对话。

该会涉及十大论题，包括语言（Language）、悖论（Paradox）、变化（Change）、评注（Commentary）、美学（Aesthetics）、行动（Action）、自我（The Self）、政治哲学（Political philosophy）、理性与感受（Reason and

Feeling)以及仪礼(Ritual)。每论题设定两位发言人,按顺序先"希"后"中"各表。Nicholas Bunnin(牛津大学)与 Chen-kuo Lin(台湾政治大学)从语言分析角度,分别论述了苏格拉底的名称学说和瑜伽修行学派的真理方法。在 Bunnin 看来,苏格拉底的批评与建议是颇为可取的,那就是我们应当从事物本身出发去弄清事物的真相或真实本性,而不应当局限于事物的名称,因为古代那些重要名称的立法者所命名的对象是变化不居的世界,而非恒久永在的世界,故此会有重大失误。有鉴于此,哲学家应当采用适当的方法,一方面要验证那些业已接受的名称,另一方面要以真名称来取代伪名称。在这一领域,中国古代哲学里的正名学说,可以当作一种颇有参照意义的比较视域。

Eric James(剑桥大学)与 Yiu-ming Fung(香港科技大学)专论悖论问题,前者侧重解释芝诺悖论的要旨与概念自律性;后者侧重阐明中国传统思维的关联理性特征。西方的汉学家如 Marcel Granet, Joseph Needham, A. C. Graham and Roger Ames 等人,在分析中国的思维习惯与特点时,一般因袭"关联思维"(correlative thinking)这条线索,将其与分析思维对立起来,认为前者含有"非逻辑""前逻辑"或"非理性"的意味。实际上,关联思维依然属于理性空间内的思维,或者说是一种关联性或联想性的分析思维。把平行论视为关联思维的特征,实属误解。在中国古代哲学里,平行论的逻辑特征主要显现为理性思维的语义敏感性而非句法敏感性。与古希腊思想家提出的悖论不同的是,先秦思想家的悖论学说,不是源于理论关注,而是出自实际需要,因为他们更感兴趣的是"物性思维模式"(material mode of thinking)而非"形式思维模式"(formal mode of thinking)。

Carlo Natali(威尼斯大学)与 Bent Nielsen(哥本哈根大学)均以变化为题,前者以亚里士多德的自然事件理论为分析对象,揭示人类制造活动(譬如物品制造活动)与自然事件变化之间的类似性;后者根据《系辞传》的要义,剖析变化中的创造性与易变转化的多维向度。Catherine Osborne(东安吉利亚大学)与 Bernhard Fuehrer(伦敦大学)分别从评注与集注的角度,探讨解读古代哲学的方法及其影响。Osborne 比较推崇近古时期希腊学者对亚里士多德作品的评注,认为这些评注具有原创性和独立性,评注家本人也具有胆识和事业心。由此可见,符合学理的评注乃是一项可以创新和推动哲学发展的重要活动。在中国古代思想上,述近乎评注或集注,一直占有重要的位置,重要典籍的集注如汗牛充栋。Fuehrer 发现中国集注的策略因人而异,其导向相应有别。譬如,东汉经学家赵岐所撰的《孟子章句》与宋代理学家朱熹所撰的《孟子集注》,前者侧重于治国术与政治学,后者则侧重于哲学,各自产生的历史影响与学术导向就大不一样。所以,文本自身的细读是贴近和把握原义的重要一环。

谈及美学,David Cooper(杜伦大学)专就柏拉图与亚里士多德的艺术价值观进行了比较,认为柏拉图在《理想国》第十卷中对艺术的态度,不如亚里士多德在《诗学》以及《政治学》中对艺术的态度那么友善,但若比较一下他们对音乐教育作用的论述,就会发现我们很容易夸大他们之间的差异,其实这两人都强调音乐在人格和德性形成方面的重要性。但由于二者对情感在道德中的地位持不同态度,因此对音乐教育职能的理解有所不同。王柯平(中国社会科学院)以墨荀乐辩为例,一方面分析了墨子反审美和荀子重审美的基本意向,另一方面探讨了墨子的否定性功利主义(negative utilitarianism)与荀子的肯定性功利主义(positive utilitarianism)所产生的思想根源以及社会原因,同时进一步阐明了墨荀两人对音乐生成本质的基本认同与实现音乐理想的先决条件。相比之下,墨子的非乐失之简约,虽有一定道理,但却有悖于常情;荀子的乐论,虽颇为周备且富有人性,但却赋予音乐过多承载,因此失之于空泛。

关于行为,哲学家更多是从伦理学角度予以审视。廖申白(北京师范大学)依据亚里士多德的方法,分析了如何"为自己的行为负责"的问题,认为亚氏的责任观念可分为薄厚两层含义:前者基于自愿的概念,后者基于选择的概念。为了说明前者,亚氏凭借的是"绝少的起因"与"暂时的选择";为了说明后者,他只是求助于"原初的选择"。实际上,仅仅利用这种方式想要说明责任还会遇到更多的难题。关于中国早期哲学中的行为概念,肖阳(肯尼恩学院)比较了孟子和庄子的思想,论述了自我、人心、人性与行为之间的关系,认为孟子与亚氏的行为能力观念及其异同问题,是一个值得关注的比较哲学问题。与行为密切相关的是自我问题。Stephen Clark(利物浦大学)从普洛丁的二元论思想来论述自我观念,而 David Wong(杜克大学)则从早期道家倡导的天人合一思想角度,探讨人类身份的关系特征,认为我们的思想、感受与行为与人类以及非人类的他者密切相关。

在政治哲学方面，Janet Coleman（伦敦经济学院）基于亚里士多德论友情的学说，从历史语境出发重新审视了建立和维系重要伙伴关系的可能性。Anne Cheng（巴黎 INALCO）基于中国古代的君权观念，论述了儒家和谐思想与衡量公民权利的内在矛盾。关于理性与感受的问题，Melissa Lane（剑桥大学）以柏拉图的《理想国》为主要参照文本，逐一分析了理性、感受与伦理学的功能与相互作用。Torbjörn Lodén（斯德哥尔摩大学）根据孟子与荀子的思想，分别阐述了理性、感受与伦理学三者的特点与互动关系。最后讨论的是与伦理和宗教相关的仪礼问题，余纪元（纽约州立大学）采用比较哲学的方法，参照孔子所倡导的礼仪观，分别阐述了亚里士多德的社会精神、人类习惯和德性修为学说。Roel Sterckx（剑桥大学）则以中国的古代哲学与宗教活动为背景，详尽地描述和分析了早先的祭祀仪式及其特殊效用。

会议终场讨论由来自剑桥大学的 Geoffrey Lloyd 爵士主持，邀请姚介厚教授进行总评。姚先生认为此次讨论会的特点之一是与会者先行阅读所有论文，随后采用了相互评点对方论文而非宣读各自论文的方式，这样不仅有助于与会者直接切入话题进入讨论，而且有助于与会者在反思中追问，于评点后回应，营造一种活跃而深入、热烈而严肃的对话气氛。当然，这种对话是一个循序渐进的深化过程，需要从特定的历史文化语境出发，通过溯本探源式的研究以便了解他者，同时又借鉴他者更好地认识自己。目前，在文化全球化或全球地域化的背景下，要想增进相互理解的深度和达到跨文化交流沟通的目的，哲学对话的重要性和必要性将日益显示出来。最后，主持人希望这样富有实效的讨论会能够继续举办下去，随之在一片掌声中宣布会议结束。

（2006 年写于京东杨榆斋，刊于《哲学动态》2006 年第 12 期）

6 国际美学新动向

2007 年 7 月 9 日—13 日，国际美学第 17 届国际大会将在土耳其安卡拉中东理工大学和建筑学院召开，所确定的大会主题是"连接沟通种种文化的美学"（Aesthetics Bridging Cultures），相关论题涉及艺术、体育、风景、时尚、科技等各种领域,其重点在于探索多样文化的根源及其不同的表现形态,试图从比较角度来审视东方与西方、传统与当代、艺术与科学、全球与地域、自然与文化、大众与精英、中心与边缘的相互关系,以期松动双方划定的边界或彼此所抱的成见,最终拓展美学研究的范围和提升美学在多元文化语境中的生命活力。

这次大会主题所反映出的当代国际美学新动向,实际上是上一届国际美学大会主题的延展。因此,我们有必要回顾一下上次大会的基本情况。

2004年7月18—23日,国际美学第16届国际大会在巴西里约热内卢联邦大学召开,主办单位为国际美学联合会与巴西美学学会,与会代表约300人,分别来自全世界40多个国家。此次会议的主题为"美学中的变化"(Changes in Aesthetics/Mudanças na Estética),侧重讨论当代艺术与美学领域里所出现的一些新变化。这些变化主要反映在以下几个方面:

(1) 艺术哲学的主要问题与理论批评的变化

从柏拉图的摹仿论、康德的美论与目的论到法兰克福学派阿多诺的新美学与新艺术观念,依然是美学与艺术哲学家讨论、追问和反驳的重要话题。西方的一些学院派哲学家,并非追新猎奇的一族,他们依然故我,按照自己的学术兴趣批判地研究和分析一些传统的美学问题。譬如,巴西学者 Carolina Araujo 比照柏拉图的摹仿论艺术范式,认为这是一种"参照他物进行创制的"传统范式,由此为西方文明建立了一个坚实的基础。然而,现代艺术花样多变,艺术家总是在寻求新的参照物、新的模式和新的视角。结果,柏拉图的摹仿说或艺术形象创作理论失去市场,现代艺术创作也随之失去基本范式。因此,当代艺术需要建立一种基本的范式,美学家需要关注艺术创作活动中可能拒绝接受任何范式的做法与虚无主义的关系。

美学有无目的的问题,不可避免地追溯到康德的理论模式。康德对无利害性、想象与鉴赏力的论述,一方面参考了夏夫兹伯里、阿里森等英国美学家的一些相关思想,另一方面根据自己的认识论和道德论秩序模式总结出一套详尽而系统的美学理论。随着两百年来艺术家的不断实践和改良以及社会、政治和技术的变化,康德的审美哲学一方面不能适应当今人们理解、欣赏和创造艺术的做法,另一方面也不能适应现代美学的理论探索模式。因此,美国学者 Arnold Berleant 认为,康德美学的理论连贯性与历史重要性尽管很大,但其美学是建立在一个不再适合的模式基础之上,其主要思想或多或少地失去了理论上的现实意义。换言之,康德美学的目的论已经不再适用甚至过时了。

鉴于美学理论与艺术感性之间的传统张力,在新的反思活动中或研究过程中需要重估古典美学与现代美学的某些差异,由此入手,进而发掘美学发展的新途径或新方法。艺术作品原本是作为具体的特定事物言说的,所表达或所展现的东西是直接诉诸感觉的。黑格尔就曾认为艺术作品是"体现意义"的形式(forms of embodied meaning)。如此一来,所出现的难题在于:研究艺术的理论必须将自身限制在概念的领域之内,这就意味着这种理论本身或艺术哲学本身势必丧失其特别想要解释的东西。换句话说,理论成了灰色的抽象话语,可艺术原本是活生生的感受对象。把活的说成死的乃是概念化理论的一大弊端。阿多诺在《美学理论》的"导论"部分中,曾就美学"理论"所面对的概念化误区深表担忧,因此在一再重申有必要建构一种新的美学理论,一种基于"具体概念"(concrete concept)之上的美学理论。阿多诺所追求的美学理论是艺术家兼美学家所建构的艺术理论。为此,他一再提醒人们关注美学理论与其概念依据之间的紧张关系。在追问如何才能重新思索美学中感觉与概念之间的联系这一问题的过程中,美国学者 Anthony J. Cascardi 认为,"具体概念"的想法是一种不可能实现的理想模式,美学的批判理论则有助于建构这一模式。

美学与文化人类学模式也是会议讨论的话题之一。来自巴西、波兰、意大利等国的学者,在论及美学与艺术理论问题时,都从不同的角度揭示了文化多样性的意义、文化批评方法的效用、政治文化的影响、全球化与全球地域化的发展趋势,等等。

另外,艺术与审美的价值问题、后现代主义与当代视觉艺术新观念等议题,也吸引了不少的讨论者。Morris Weits 对理论作用的分析,Arthur Danto 对艺术作品的哲学分解、女性主义与马克思主义的美学理论、后结构理论与解构理论,依然引起少数学者的关注和反思。有人总结说:由于现在的人们大多是"用形象来思维"(thinking with images),因此导致现代的"美学没有理论"(aesthetics without theory)。

(2) 日常生活中的美学与美学的再审美化

电子媒介、大众传媒、网络技术、网络文学、视觉文化、电影文化、现代音乐、戏剧舞蹈、环境、建筑、设计等,都与日常生活中的美学有着各种各样的联系,这不仅涉及美学的边界问题和理论范式问题,而且涉及伦理学与政治学等其他领域。那些新的艺术实验与膜拜性的媒介艺术,那些过于标新立异或刻意反文化的艺术乃至审美现象,均会引起相关宗教与政治信仰的反感与抵制。西班牙学者 Luis Alvarez 认为,为了开辟和营造伟大艺术的更高途径和追求个人的自由解放,上述问题值得深入研究。

按照德鲁兹(Giles Deleuze)的感觉逻辑理论,美学臣服于一种痛苦的双重性,一方面代表康德在纯粹理性批判力所阐述的感性理论,另一方面代表反映真实体验的艺术理论。这就要求美学在整合这两方面的意义过程中,使一般体验与真实体验的条件出现趋同现象。在现实事态中,与艺术相关的美学感觉从属于另外一种认识逻辑的感觉,这里面涉及征用系统性组合(expropriation of schematism)的做法。在论述启蒙辩证法与文化产业过程中,霍克海姆与阿多诺审视过这一问题。在他们看来,真正的艺术品能够颠覆这种征用系统性组合的做法,相应地,他们的哲学思考有赖于一种美学的再审美化(a kind of re-aesthetization of aesthetics)。

(3) 时尚美学与东方美学

美学、时尚与文化人类学,也是本次国际美学大会的主要议题之一。譬如,来自意大利与日本等国的一些学者,从时尚文化、文化人类学与考古学的角度,专门论述古往今来的狂欢节庆等活动及其审美特征,这里面不仅涉及狂欢式的消费行为及其心理,而且涉及狂欢哲学、人类形象、鉴赏活动等美学问题。

来自美国和英国的几位学者,在论及环境、建筑与设计的美学问题时,专门对中国的风水文化进行了比较深入的探讨,特别强调风水对空间、方位、气流、直觉、创新等方面的要求。这里面尽管具有神秘主义的色彩和因素,但也特别重视人类与居住环境的日常互动关系以及人类对环境的特殊理解或感知。

(4) 标新立异的动物美学

在论及艺术与审美价值时,德国学者维尔施(Wolfgang Welsch)独辟蹊径,在揭示自然美的不同形态及其价值过程中,专门探索动物王国的美,譬如孔雀开屏、虎豹花纹、蝴蝶翅膀等的图案与形式之美。他将其名曰为动物美学(animal aesthetics)。就此提出以下三组问题:① 我们人类所鉴赏或所认为的动物王国中的美的东西,是否也在相比较的意义上存在于动物身上?我们人类认为感性美的东西,动物是否(有时)也会这样认为?动物有没有美感?在非人类的动物世界,有没有美学、审美感觉或审美鉴赏之类的东西?② 假如以上问题得到正面的肯定回答,那么,人类与动物的审美鉴赏有无重叠之处?我们人类所作的审美评估,与动物有无共同之处?③ 假如有一种前人类(动物)美学的话,假如人类美学在部分程度上是这种前人类美学的继续的话,那么,如何说明我们对待世界的审美态度既是主观的也是客观的这一问题呢?这恐怕需要借助现象学的方法,来澄清相关的概念。

(5) 跨文化美学及其意义

在强调文化多元化的大背景下,跨文化美学(transcultural aesthetics)的研究也引起一些学者的关注。一般说来,中国的学者在谈论跨文化美学的研究方法时,更多的是侧重借鉴他者,对照自己,平等对话,相互启发,进而综合双方的优势特点,以便实现创造性的转换与超越性的理论探索。有的西方学者尽管也看到这一点,但他们更为关注的是借助其他文化与美学的不同视角,来正确理解、批判反思和检视重估本土文化与美学的特征与问题。

波兰学者 Krystyna Wilkoszewska 认为,文化互动、新陈代谢是后现代美学发展的基本态势。所谓跨文化美学,不仅仅是要从一种文化系统跨越到另一种文化系统,而且要意识到任何一种文化中所潜在的跨文化现象。无论是全球主义,还是地方主义,两者都会导致自律性的勃兴,都会对文化形成各种各样的影响。譬如,(1) 面对不同的文化,人们就需要谨慎从事,切勿重复殖民主义的老式做法,而是要以开放的态度来对待那些非同寻常或异质文化现象;(2) 根据跨文化的视角,可以解构欧洲美学中的一些主要思想或理念。问题在于,美学是否做好了范畴转换的准备?美术的观念是否能够发生根本的变化?现代的艺术理念,要求的是普遍性,因此会堵塞理解其他文化之艺术的途径。值得注意的是,其他文化并不像欧洲文化那样,习惯于将艺术与不同形式的人类活动分离开来。

(6) 美学的未来与前景

在 16 届国际美学大会上,不少学者在论及美学的未来与前景时,都从不同角度谈到艺术教育或美育的重要作用。这里所言的艺术教育或美育,不仅包括人们对艺术品的审美鉴赏,而且包括人们对自然美景与环境景观的审美鉴赏。这恐怕是艺术和美学继续存在与发展的重要动因之一。

不难看出,上述一些变化凸显出美学与艺术史、艺术批评、日常生活以及文化多样性(cultural diversity)的联系,在扩展美学研究范围的同时也涉及不同的认识领域,这便要求和促使当前国际美学研究在东西方文化交往中加强相互之间的联系,深化彼此之间在美学思想和艺术经验等方面的交流。同时也应看到,美学领域所出现的一系列变化与问题,与文化的多样性是彼此互动的,也可以说是与文化全球化(globalization)与全球地域化(glocalization)这两大趋势的交叉因应的结果。因此,在当代美学研究过程中,开放的态度与多维的视角是不可或缺的,另外,努力开掘本土的审美文化资源与积极开展跨文化美学研究,对于进行真正意义上的东西方美学对话无疑具有同样重要的作用。

(2008 年写于京东杨榆斋)

7 《美学》复刊词

千禧五年,《美学》复刊。随原有七卷中所选佳篇,集成精本两册,先后呈现于读者。

当年《美学》问世之时,适逢改革开放与文化复兴之初,故尽"筚路蓝缕,以启山林"之能,颇具投石激水、新民开蒙之功。

此刊原以大开本付梓,故有"大美学"之雅称。当时印数虽多,但其读者甚众,若幸得一册,相互传阅,彼此论辩,有关情景或见于讲堂书斋之内,或闻于酒酣耳热之时。举凡敏悟灵思之士,继而推陈出新、著书立说,为中国美学发展广布薪火,是为文坛佳话。

已往盛况,瞬逾廿载,时过境迁。然学问之道常在,美学创构不止,学界需求日增,现今《美学》应时复刊,实属自然而然。

先哲有言:"和实生物,同则不继。""吾爱吾师,更爱真理。"此两说微言大义,法乎其上,源自中西,垂教后世,即本刊学术精神之所系。

目前国内书刊,琳琅满目,蔚为壮观。《美学》忝列其中,当有所为。其办刊宗旨,将师法前贤,光扬和而不同之学风,确立海纳百川之视野,贵真求是,讲究学理,重视创见,力主文以质胜、不以名取,鼓励运思深入、文笔平实,提倡追问探索、辩驳明晰,希冀融贯中外,究天人之际,通古今之变,立一家之言……凡此种种,一任诸君!

为办好此刊,凸显焦点,特奉学界建议,专辟"实践美学论辩"一栏,竭诚欢迎批判创新、百家争鸣,借此大家一同协力,各尽所能,推动学术真正繁荣。

(2005年写于京东杨榆斋,刊于《美学》2005年第1辑)

主要参考文献

中文部分

阿恩海姆:《艺术与视知觉》,滕守尧译,北京:中国社会科学出版社,1985年。
阿诺德:《文化与无政府状态》,韩敏中译,北京:三联书店,2008年。
安格尔:《安格尔论艺术》,朱伯雄译,沈阳:辽宁美术出版社,1979年。
奥夫相尼柯夫主编:《简明美学辞典》,冯申译,北京:知识出版社,1981年。
鲍姆加通:《美学》,简明等译,北京:文化艺术出版社,1987年。
鲍桑葵:《美学史》,张今译,北京:商务印书馆,1985年。
北冈正子:《摩罗诗力说材源考》,何乃英译,北京:北京师范大学出版社,1983年。
北京大学哲学系美学教研室编:《西方美学家论美和美感》,北京:商务印书馆,1980年。
北京大学哲学系美学教研室编:《中国美学史资料选编》,北京:中华书局,1981年。
本尼迪克:《文化模式》,何锡章、黄欢译,北京:华夏出版社,1987年。
本雅明:《翻译者的任务》,见陈永国、马海良编:《本雅明文集》,北京:中国社会科学出版社,1999年。
别林斯基:《别林斯基选集》,上海:上海译文出版社,1979年。
博克:《多元文化与社会进步》,余心安等译,沈阳:辽宁人民出版社,1988年。
柏拉图:《理想国》,郭斌和、张竹明译,北京:商务印书馆,1995年。
柏拉图:《文艺对话集》,朱光潜译,北京:人民文学出版社,1980年。
布洛:《作为艺术因素与审美原则的"心理距离说"》,见《美学译文》,北京:中国社会科学出版社,1982年。
曹利华:《中国传统美学体系探源》,北京:首都师范大学出版社,1994年。
C.恩伯与M.恩伯:《文化的变异》,杜杉杉译,沈阳:辽宁人民出版社,1988年。
车尔尼雪夫斯基:《美学论文选》,北京:人民文学出版社,1957年。
车尔尼雪夫斯基:《车尔尼雪夫斯基论文集》,上海:上海译文出版社,1979年。

陈鼓应:《老庄新论》,上海:上海古籍出版社,1992年。
陈伟:《中国现代美学思想史纲》,上海:上海人民出版社,1993年。
达·芬奇:《芬奇论绘画》,戴勉编译,北京:人民美术出版社,1979年。
大隈重信:《东西方文明之调和》,卞立强等译,北京:中国国际广播出版社,
　　　1992年。
德拉克洛瓦:《德拉克洛瓦论美术和美术家》,沈阳:辽宁美术出版社,1981年。
恩伯:《文化的变异:现代文化人类学通论》,沈阳:辽宁人民出版社,1988年。
张育英:《禅与艺术》,杭州:浙江人民出版社,1993年。
方东美:《方东美新儒学论著辑要》,蒋国宝、周亚洲编,北京:中国广播电视出版
　　　社,1993年。
方东美:《方东美集》,黄克剑主编,北京:群言出版社,1993年。
冯契主编:《中国近代哲学史》,上海:上海人民出版社,1989年。
冯友兰:《中国哲学史新编》,北京:人民出版社,1992年。
冯友兰:《极高明而道中庸》,北京:中国广播电视出版社,1995年。
弗洛伊德:《弗洛伊德论美文选》,上海:知识出版社,1987年。
盖格尔:《艺术的意味》,艾彦译,南京:译林出版社,2012年。
高亨:《老子正诂》,北京:中华书局,1988年。
歌德:《歌德谈话录》,朱光潜译,北京:人民文学出版社,1980年。
葛兆光:《禅宗与中国文化》,上海:上海人民出版社,1986年。
古棣、周英:《老子通》(上部老子校诂),长春:吉林人民出版社,1991年。
韩林德:《境生象外》,北京:三联书店,1995年。
贺麟:《儒家思想的新开展》,北京:中国广播电视出版社,1995年。
黑格尔:《美学》,朱光潜译,北京:商务印书馆,1979年。
洪国梁:《王国维之诗书学》,台北:台湾大学出版委员会,1984年。
胡经之:《中国古典美学丛编》,北京:中华书局,1988年。
胡文仲主编:《文化与交际》,北京:外语教学与研究出版社,1994年。
胡云翼选注:《宋词选》,上海:上海古籍出版社,1978年。
霍埃:《批评的循环》,兰金仁译,沈阳:辽宁人民出版社,1987年。
吉尔伯特、库恩:《美学史》,夏乾丰译,上海:上海译文出版社,1989年。
任晓红:《禅与中国园林》,北京:商务印书馆,1994年。
姜一涵:《中国美学论集》,北京:宝文堂书店,1989年。
今道友信:《东方的美学》,蒋寅等译,北京:三联书店,1991年。
康德:《判断力批判》,宗白华译,北京:商务印书馆,1987年。
康德:《判断力批判》,邓晓芒译,北京:人民出版社,2002年。
康晓城:《先秦儒家诗教思想研究》,台北:文史哲出版社,1988年。

克罗齐:《作为思想和行动的历史》,田时纲译,北京:中国社会科学出版社,
　　2005年。
克罗齐:《历史学的理论与历史》,田时纲译,北京:中国人民大学出版社,2012年。
李普曼编:《当代美学》,北京:光明日报出版社,1986年。
李斯托威尔:《近代美学评述》,蒋孔阳译,上海:上海译文出版社,1980年。
李西建:《审美文化学》,武汉:湖北人民出版社,1992年。
李兴武:《当代西方美学思潮评述》,沈阳:辽宁人民出版社,1989年。
李泽厚:《华夏美学》,北京:中外文化出版公司,1989年。
李泽厚:《实用理性与乐感文化》,北京:三联书店,2005年。
李泽厚:《中国古代思想史论》,北京:人民出版社,1986年。
李泽厚:《美的历程》,北京:文物出版社,1981年。
李泽厚:《禅意盎然》,见《走我自己的路》,北京:三联书店,1986年。
李泽厚、刘纲纪主编:《中国美学史》,北京:中国社会科学出版社,1984年。
笠原仲二:《古代中国人的美意识》,杨若薇译,北京:三联书店,1988年。
林同华:《审美文化学》,北京:东方出版社,1992年。
刘述先:《儒家思想与现代化》,北京:中国广播电视出版社,1992年。
刘再复:《鲁迅美学思想论稿》,北京:中国社会科学出版社,1981年。
老子:《道德经》。
鲁迅:《摩罗诗力说》。
卢善庆:《中国近代美学思想史》,上海:华东师范大学出版社,1991年。
罗丹:《罗丹艺术论》,沈琪译,北京:人民美术出版社,1987年。
李咏吟:《走向比较美学》,合肥:安徽教育出版社,2000年。
马尔库塞:《美学方面》和《新的感受力》,见《现代美学析疑》,绿原译,北京:文化
　　艺术出版社,1987年。
马克思:《一八四四年经济学哲学手稿》,北京:人民出版社,1985年。
曼纽什:《怀疑论美学》,古城里译,沈阳:辽宁人民出版社,1990年。
门罗:《东方美学》,欧建平译,北京:中国人民大学出版社,1990年。
糜文开、裴普贤:《诗经欣赏与研究》,台北:三民书局,1972年。
敏泽:《中国美学思想史》,济南:齐鲁书社,1987年。
牟宗三:《中西哲学之会通十四讲》,上海:上海古籍出版社,1998年。
尼采:《查拉斯图拉如是说》,尹溟译,北京:文化艺术出版社,1987年。
聂振斌:《中国近代美学思想史》,北京:中国社会科学出版社,1991年。
聂振斌等:《艺术化生存》,成都:四川人民出版社,1997年。
聂振斌:《中国艺术精神的现代转化》,北京:北京大学出版社,2013年。
佩特:《文艺复兴》,张岩冰译,桂林:广西师范大学出版社,2000年。

庞朴:《庞朴文集》第四卷,济南:山东大学出版社,2005 年。

普列汉诺夫:《普列汉诺夫美学论文集》,北京:人民出版社,1983 年。

卜松山:《与中国作跨文化对话》,刘慧儒、张国刚等译,北京:中华书局,2000 年。

钱学森,刘再复等:《文艺学,美学与现代科学》,北京:中国社会科学出版社,
    1985 年。

钱锺书:《谈艺录》,北京:中华书局,1993 年。

任继愈主编:《中国哲学史》,北京:人民出版社,1985 年。

荣格:《心理学与文学》,冯川等译,北京:三联书店,1987 年。

汝信、王德胜主编:《美学的历史:20 世纪中国美学学术进程》,合肥:安徽教育出
    版社,2000 年。

山西省孔子学术研究会编:《孔子思想研究文集》,太原:山西人民出版社,
    1988 年。

施威蓬豪依塞尔:《阿多诺》,鲁路译,北京:中国人民大学出版社,2008 年。

叔本华:《作为意志和表象的世界》,石冲白译,北京:商务印书馆,1982 年。

司马迁:《史记》。

孙津:《基督教与美学》,重庆:重庆出版社,1990 年。

《坛经》(宗宝本)。

汤一介:《新轴心时期与中华文化定位》,见《跨文化对话》第 6 期,18—30 页。

陶弘景:《答谢中书书》,见《中国古代游记选》,北京:中国旅游出版社,1985 年。

滕守尧:《文化的边缘》,北京:作家出版社,1997 年。

梯利:《西方哲学史》,葛力译,北京:商务印书馆,1979 年。

瓦尔特·赫斯编著:《欧洲现代画派画论选》,宗白华译,北京:人民美术出版社,
    1980 年。

王国维:《王国维美学论文选》,长沙:湖南人民出版社,1987 年。

王国维:《论近年之学术界》,见《王国维文集》第三卷,北京:中国文史出版社,
    1997 年。

王海林:《佛教美学》,合肥:安徽文艺出版社,1992 年。

王柯平:《中西审美文化随笔》,北京:旅游教育出版社,1999 年。

王柯平:《孔子诗教要旨》,见英文版《中国社会科学》,1996 年第 4 期。

王柯平:《〈理想国〉的诗学研究》,北京:北京大学出版社,2005 年。

王鲁湘等译:《西方学者眼中的西方现代美学》,北京:北京大学出版社,1987 年。

王世德主编:《美学辞典》,北京:知识出版社,1986 年。

王志敏、方册:《佛教与美学》,沈阳:辽宁人民出版社,1989 年。

沃尔佩:《趣味批判》,王柯平、田时纲译,北京:光明日报出版社,1990 年。

汝信主编:《外国美学》第 21 辑,南京:江苏教育出版社,2013 年。

伍蠡甫主编:《西方文论选》,上海:上海译文出版社,1979 年。
席勒:《美育书简》,徐恒醇译,北京:中国文联出版公司,1984 年。
萧兵:《〈楚辞〉审美观琐记》,见中国社会科学院哲学所美学研究室编:《美学》,上海:上海文艺出版社,1981 年。
熊十力:《熊十力集》,黄克剑主编,北京:群言出版社,1993 年。
徐复观:《徐复观集》,黄克剑编,北京:群言出版社,1993 年。
徐复观:《中国艺术精神》,沈阳:春风文艺出版社,1987 年。
许慎:《说文解字》,北京:中华书局,1963 年。
许苏民:《文化哲学》,上海:上海人民出版社,1990 年。
许渊冲编译:《诗经》,长沙:湖南出版社,1993 年。
雪莱:《诗之辩护》,见《英国作家论文学》,汪培基等译,北京:三联书店,1985 年。
亚里士多德:《诗学》,罗念生译,北京:人民文学出版社,1982 年。
雅斯贝尔斯:《悲剧的超越》,北京:工人出版社,1988 年。
岩城见一:《感性论》,王琢译,北京:商务印书馆,2008 年。
杨伯峻:《论语译注》,北京:中华书局,1980 年。
杨启光编著:《文化哲学导论》,广州:暨南大学出版社,1999 年。
杨天宇:《仪礼译注》,上海:上海古籍出版社,1994 年。
杨荫浏:《中国古代音乐史稿》,北京:人民音乐出版社,1981 年。
姚柯夫编:《〈人间词话〉及评论汇编》,北京:书目文献出版社,1983 年。
叶朗:《中国美学史大纲》,上海:上海人民出版社,1987 年。
袁宝泉、陈志贤:《诗经探索》,广州:花城出版社,1987 年。
曾祖荫:《中国古代美学范畴》,武昌:华中工学院出版社,1986 年。
张岱年:《张岱年文集》,北京:清华大学出版社,1989 年。
张法:《20 世纪中西美学原理体系比较研究》,合肥:安徽教育出版社,2007 年。
张文勋:《儒道佛美学思想探索》,北京:中国社会科学出版社,1988 年。
张祥浩编:《唐君毅新儒学论著辑要:文化意识宇宙的探索》,北京:中国广播电视出版社,1993 年。
赵广林:《美学与文化学的整合》,见《文艺研究》,1990 年第 6 期。
周国平主编:《诗人哲学家》,上海:上海人民出版社,1987 年。
《周易》。
周均平:《转型研究:90 年代中国美学话题》,见汝信、王德胜主编:《美学的历史:20 世纪中国美学学术历程》,合肥:安徽教育出版社,2000 年。
朱狄:《当代西方美学》,北京:人民出版社,1984 年。
朱光潜:《西方美学史》上卷,北京:人民文学出版社,1979 年。
朱熹:《诗经集传》,见宋元人注:《四书五经》中册,天津:古籍书店,1988 年。

朱熹:《四书章句集注》,北京:中华书局,1983 年。
朱自清:《朱自清论诗》,上海:上海古籍出版社,1999 年。
竹内敏雄主编:《美学百科辞典》,哈尔滨:黑龙江人民出版社,1986 年。
宗白华:《美学与意境》,北京:人民出版社,1987 年。

外文部分

Adorno, T. W. *Aesthetics Theory* (trans. C. Lenhardt). London: Routledge & Kegan Pall, 1984.

Adorno, T. W. *Aesthetic Theory* (trans. Robert Hullot-Kentor), Minneapolis: University of Minnesota Press, 2002.

Arnold, Matthew. *Culture and Anarchy: An Essay in Social and Political Criticism*. Indianapolis and New York: Bobbes-Merrill, 1971.

Arnold, Matthew. *Essays in Criticism*. London: Dent, 1964.

Arnold, Matthew. *Culture and Anarchy*. New York: Macmillan Company, 1925.

Baldwin, Elaine et al (eds). *Introducing Cultural Studies*. London et al: Prentice Hall Europe, 1999.

Beardsley, Monroe C. "An Aesthetic Intention of Art", in Peter Lamarque and Stein H, Oslen (eds). *Aesthetics and the Philosophy of Art*. Oxford: Blackwell, 2004.

Bennett, Tony. *Culture*. London: Sage Publications, 1998.

Blumer, H. *Symbolic Interactionism: Perspective and Methods*. New Jersey: Prentice Hall, 1969;

Bock, Philip K. *Modern Cultural Anthropology*. New York: Alfred A. Knopf, Inc., 1979.

Bosanquet, Bernard. *A History of Aesthetic*. New York: Meridian Books, 1957.

Budd, Malcolm. *Values of Art: Pictures, Poetry and Music*. London: Penguin Books, 1995.

Charon, J. M. *Symbolic Interactionism*. New Jersey: Prentice Hall, 1979.

Dewey, John. *Art as Experience*. New York: Milton Balch, 1934.

Dickie, George. "The New Institutional Theory of Art", in Peter Lamarque and Stein H, Oslen (eds). *Aesthetics and the Philosophy of Art*. Oxford: Blackwell, 2004.

Eagleton, Terry. *The Idea of Culture*. Oxford: Blackwell Publishers, 2000.

Ember, Carol R. & Melvin Ember. *Cultural Anthropology*. New Jersey: Prentice Hall, Inc., 1985.

Emerson R. *The Collected works of Ralph Waldo Emerson*. Oxford: Oxford University Press, 1971.

Garfinkel, H. *Studies in Ethnomethodology*. New Jersey: Prentice Hall, 1967.

Giddens, B. *The Constitution of Society*. Cambridge/Oxford: Polity Press, 1984.

Hans Haferkamp (ed.). *Social Structure and Culture*. Berlin/New York: Walter de Gruyter, 1989.

Grossberg, Lawrence et al (eds). *Cultural Studies*. New York and London: Routledge, 1992.

Groton, Anne H. *From Alpha to Omega*. Newburyport MA: Focus Information Group, 1995.

Hampshire, S. *Thought and Action*. London: Chatto and Windus, 1969.

Hirsch, E. D. Jr. *Cultural Literacy: What Every American Needs to Know*. New York: Vintage Books, 1988.

Jaspers, Karl, *The Origin and Goal of History*. London: Routledge & Kegan Paul, 1952.

Kant, Immanuel. *Critique of Judgment* (tr. Werner S. Pluhar). Indianapolis: Hackett Publishing Company, 1987.

Langer, Susanne. *Feeling and Form*. New York: Charles Scribner's Sons, 1953.

Leavis, F. R. *The Common Pursuit*. London: Chatto & Windus, 1965.

Lloyd, G. E. *Adversaries and Authorities*. Cambridge: Cambridge University Press, 1996.

Marcuse, Herbert. *Eros and Civilization*. Boston: Beacon Press, 1955.

Margolis, J. *The Arts and the Definition of the Human: Toward a Philosophical Anthropology*. Stanford: Stanford University Press, 2009.

Morris, William. "Art and the People", in Robert Peters (ed.) *Victorians on Literature and Art*. London: Peter Owen Ltd., 1961.

Morris, May (ed). *The Collected Works of William Morris*. London: Routledge Press, 1992.

Morris, William. "Art under Plutocracy", in Josephine M. Guy (ed). *The Victorian Age: An Anthology of Sources and Documents*. London: Routledge, 1998.

Munro, Thomas. *Oriental Aesthetics*. Ohio: The Press of Western Reserve University, 1965.

Northrop, F. S. C. *The Meeting of East and West*. New York: The Macmillan Company, 1960.

Raju, P. R. *Lectures on Comparative Philosophy*. Poona: University of Poona Ganeshkhind, 1970.

Pluzanski, Tadeusz. "Multi-dimensional Dialogue as the Key to Universalism," in the

Journal of Dialogue and Universalism, Vol. X, No. 11, 2000, pp. 57-66.

Ruskin, John. *Seven Lamps of Architecture*. London et al: Century Hutchinson Ltd., 1988.

Searle, J. R. *Speech Acts*. Cambridge: Cambridge University Press, 1969.

Seiler, R. M. (ed.). *The Book Beautiful: Walter Pater and the House of Macmillian*. London et al: The Athlone Press, 1999.

Schiller, Friedirich von. *Uber die asthetische Erziehung des Menschen (On the Aesthetic Education of Man*, tr. Elizabeth M. Wilkinson & L. A. Willoughby). Oxford: The Clarendon Press, 1967.

Shelley, Percey Bysshe. "A Defense of Poetry," in Hazard Adams (ed.). *Critical Theory since Plato*. New York et al: Harcourt Brace Jovanovich, 1971.

Shibutani, T. *Social Processes*. Berkeley et al: University of California Press, 1986.

Smith, Elise C. & Louise Fiber Luce (eds). *Toward Internationalism: Readings in Cross-cultural Communication*. Newbury Publishers, Inc., 1979.

Sparshott, P. E. *The Structure of Aesthetics*. Toronto: University of Toronto Press, 1963.

Spencer, Herbert. "Health and Art", in Robert Peters (ed.). *Victorians on Literature and Art*. London: Peter Owen Limited, 1964.

Spencer, Herbert. *The Works of Herbert Spencer*, Vol. XIII. Osnabruck: Otto Zeller, 1966.

Spencer, Herbert. *Education: Intellectual, Moral, and Physical*. Otto: Osnabrück, 1966.

Stein, Jess (ed.). *The Random House Dictionary of the English Language*. New York: Random House, 1981.

Tannen, Deborah. *You just Don't Understand: Women and Men in Conversation*. New York: Ballantine, 1990.

Tenbruck, Friedrich H. "The Cultural Foundations of Society", in Hans Haferkamp (ed.). *Social Structure and Culture*. Berlin/New York: Walter de Gruyter, 1989.

Thoreau, Henry D. *Walden and the Essay on Civil Disobedience*. New York: Lancer Books, 1968.

Ting-Toomey, Stella. *Communicating Across Cultures*. New York: The Guilford Press, 1999.

Trilling, Lionel. *Matthew Arnold*. New York: W. W. Norton & Company, Inc., 1939.

Tylor, Edward B. *Primitive Culture: Researches into the Development of Mythology, Philosophy, Religion, Language, Art and Custom*. Boston: Estes and Lauriat, 1874.

Volpe, Galvano Della. *Critique of Taste*. London:Western Printing Service Ltd. , 1978.

Weitz, Morris. "The Role of Theory in Aesthetics", in The Journal of Aesthetics and Art Criticism, 15(1956), pp. 27-35. Also see Dabney Townsend (ed.). *Aesthetics:Classic Readings from Western Tradition*. New York:Wadsworth, 2001; Beijing:Peking University Press, 2002.

Williams, Raymond. *Keywords:A Vocabulary of Culture and Society*. Britain:Fontana, 1979.

Williams, Raymond. "The Analysis of Culture", in *The Long Revolution*. Harmondsworth:Pelican Books, 1961.

Williams, Raymond. *Culture and Society*. London:The Hogarth Press, 1st ed. 1958, rep. 1981.

Winch, O. *The Idea of a Social Science*. London:Routledge & Kegan Paul, 1958.

Wittgenstein, Ludwig, *Philosophical Investigations* (Trans. G. E. M. Anscombe). New York:Macmillan Company, 1964.

Zangwill, Nick. *Aesthetic Creation*. Oxford:Oxford University Press, 2012.

Zuidervaart, Lambert. *Adorno's Aesthetic Theory:The Redemption of Illusion*. Cambridge, Mass. :The MIT Press, 1994.